鄂温克历史文化发展史

EWENKE LISHI WENHUA FAZHANSHI

阿本千　著

中国社会科学出版社

图书在版编目（CIP）数据

鄂温克历史文化发展史／阿本千著 . —北京：中国社会科学出版社，2015. 2
ISBN 978-7-5161-5600-1

Ⅰ．①鄂…　Ⅱ．①阿…　Ⅲ．①鄂温克族—民族历史—中国　②鄂温克族—民族文化—中国　Ⅳ．①K282.3

中国版本图书馆 CIP 数据核字（2015）第 037463 号

出 版 人	赵剑英
责任编辑	王　茵
责任校对	任晓晓
责任印制	王　超

出　　版	中国社会科学出版社
社　　址	北京鼓楼西大街甲 158 号（邮编 100720）
网　　址	http://www.csspw.com.cn
	中文域名:中国社科网　　010-64070619
发 行 部	010-84083685
门 市 部	010-84029450
经　　销	新华书店及其他书店

印　　刷	北京君升印刷有限公司
装　　订	廊坊市广阳区广增装订厂
版　　次	2015 年 2 月第 1 版
印　　次	2015 年 2 月第 1 次印刷

开　　本	787×1092　1/16
印　　张	27.75
插　　页	2
字　　数	441 千字
定　　价	89.00 元

自 序

鄂温克族，是中华民族大家庭中的一员，是我国人口较少的北方边疆地区的游猎和游牧民族，有着悠久的历史和传统文化。

鄂温克，是鄂温克族的自称，全称"俄格都乌日尼贝"，汉语意为"住在大山林中的人们"。

鄂温克，有语言，无文字，语言属阿尔泰语系—通古斯语族—鄂温克语支。

中国鄂温克族，在新中国成立前被称为"索伦"、"通古斯"、"雅库特"三个部分，主要分布在内蒙古自治区和黑龙江省土地肥沃的嫩江流域中上游地区和水草丰美的呼伦贝尔草原，动植物资源丰富、素有"林海"之美称的巍巍大兴安岭耸立其间，还分布在新疆塔城等地。

鄂温克族，作为人类族群之一，有自己的形成和发展过程，要想了解鄂温克族，就要研究鄂温克族的历史。研究它那悠久的历史和传统文化，可以了解它独具特色的民族历史和文化发展史，以及民族的精神、民族的性格和民族的真善美。

一

鄂温克，从久远的年代走来，在漫长的历史岁月里，根植于氏族繁衍、狩猎生产和氏族生活，以森林为家园，走山穿林，风餐露宿，坎坎坷坷，在山林中循环走了很长的路。他们走过春秋，走过冬夏，走过风浪，一代接一代，前赴后继，历经沧桑，奋斗不息，造就了具有森林狩猎文化特色的生产、生活方式，谱写了独具特色的民族历史和文化发展史。

追忆鄂温克族的社会历史轨迹，鄂温克族的发展史有两个"最长"，一是狩猎生产历史最长，二是氏族生活历史最长。我在写作《鄂温克人》一书中把这两个"最长"作为切入点，从一部分人的活动和一件事的由来入手，顺着鄂温克人的祖先走过的历程，探索来龙去脉，抓住鄂温克族的历史脉络、发展规律，顺藤摸瓜，上溯到久远的年代直至狩猎和氏族的起源。

狩猎起源于旧石器时代中期，人种形成于旧石器时代晚期，距今约18000年，人类进入氏族社会阶段，人类形成"氏族公社"，初为母系制，语系形成，氏族盛兴群猎。

随着人类劳动技能的进步，手工业开始发展，磨制石器出现，人类进入中石器时代，语系分离，民族处于萌芽状态，人类广泛使用"弓箭"狩猎，这成为人类重要的生产活动。根据野生动物分布的种类不同，狩猎逐渐趋于专业化，形成了"猎鹿人"、"猎牛人"、"猎马人"、"猎羊人"等比较持久的狩猎集团，而在贝加尔湖一带原始森林中的古代鄂温克人，以体大肉多的鹿科动物为生活资料来源，成为"猎鹿人"集团，形成了"以猎为主，捕鱼和采集业"相结合的生产、生活方式。

氏族公社在发展过程中，由于集体力量的壮大和经济活动范围的扩大，它们联合起来形成"部落共同体"，经济和文化发展方向也随之发生变化，一些部落放弃狩猎，在平原河谷地带开拓新兴产业，进入新石器时代，民族形成。

二

鄂温克人的祖先则不同，他们仍坚持狩猎生产和氏族生活，以狩猎经济和文化为发展方向。狩猎与氏族相结合，形成一种新的生产力和生产关系，两者相适应，狩猎为支柱经济，氏族为社会结构，成为鄂温克社会历史的"两条主线"，即经济和社会的框架，承载着鄂温克社会向前发展，在共同的斗争中凝聚成民族要素，以"鄂温克"名称联合起来形成了同一的古代民族。

　　人类社会进入青铜器时代，在地球的北半部陆地和岛屿苔原高地森林中先后出现的驯鹿驯养业传播到鄂温克社会，在贝加尔湖一带苔原高地森林中生活的古代鄂温克人也驯化野生驯鹿为半驯养式驯鹿，创造了动物驯养业，他们也有史以来第一次有了可支配的动物，有了比较稳定的食物来源，也有了可乘骑、驮运货物的交通工具，方便了猎人们游猎于数千里的山林中；而驯鹿也因此被人们称为"森林之舟"、"神兽"。

　　驯鹿驯养业的出现和发展，给鄂温克人带来了巨大的财富，使男人在经济上处于支配地位，促进了鄂温克氏族社会由母系制过渡到父系制，氏族首领由女性改为男性担任，建立起了以父居制为基础的父系制氏族社会。

三

　　鄂温克人的祖先，由母系制过渡到父系制后，由于经济发展、人口增长、民族要素进一步完善，驯养驯鹿和狩猎生产活动的范围需要扩大。于是，古代鄂温克人以驯鹿为交通工具，从公元1世纪起，逐渐从发源地贝加尔湖地区向外扩展，向西沿通古斯卡河（安加拉河）、叶尼塞河至鄂毕—额尔齐斯河谷；向北沿维季姆河、勒拿河至北冰洋，其中有一支向勒拿河以东至鄂霍茨克海及堪察加半岛；向东自贝加尔湖至黑龙江上游、外兴安岭，再向外兴安岭以南的精奇里江（结雅河）流域地区广袤的山林地带游猎生活。而在西伯利亚的大部分地区，以及贝加尔湖以东至黑龙江上游以东地区形成了"大分散、小聚居"的分布格局。

　　古代鄂温克人从贝加尔湖向外扩展后，分布很广，接近了临近民族，外界也发现了山林中有森林猎人，鄂温克人也望见了大山外的世界。但在当时的历史条件下，外界可能不知道他们是什么族群。中原王朝管辖东北地区后，也没有以"鄂温克"名称记载，而是每个朝代都以鄂温克人当时分布的地域和生产、生活的特点给出了自己的名称，如南北朝至隋唐时期称"室韦人"，元代称"林木中百姓"，明代称"女真人和北山野人"。

如此众多的不同名称接二连三地张冠李戴，也没有抹掉鄂温克这一名称，因为鄂温克人不论哪一部分都称自己是鄂温克人。

四

　　时代发展到 17 世纪，东北亚地区风云变幻，东北地区的女真族再次复兴，由白山（长白山）到黑水（黑龙江）统一东北地区时，一贯用掠夺性战争实现统一事业的清统治者，自 1639 年 12 月至 1643 年 5 月，向正在发展中的"索伦部"诉诸武力，连续发动三次战役，斩杀无辜居民，掠夺牲畜和财物，致使索伦部鄂温克人落难，卷入了复杂多变的关系中。他们把索伦部首领博穆博果尔押送盛京（今沈阳）外，把其余鄂温克人当俘虏引渡过来 14595 人，分别发落到沈阳、锦州等内地各处为军役和奴隶，其中有 2304 人被流放到嫩江流域（今齐齐哈尔附近的昂昂溪和古龙沙漠、沼泽地带），编成 8 个牛录（佐）。他们不久于 1644 年向西北方向的大兴安岭发展，延伸至雅鲁河、济沁河流域山河之间居住，保持了"索伦"之称。

　　1643 年 6 月，沙俄远征军从西伯利亚地区入侵黑龙江流域地区，战火蔓延，致使黑龙江上游的达斡尔人和一部分索伦鄂温克人，在清朝政府的同意下，自 1653 年起背井离乡，渡江越岭，南迁至大兴安岭、嫩江流域地区居住。

　　清朝把大兴安岭东麓浅山区诺敏河、格尼河、阿伦河、音河、雅鲁河、济沁河、绰尔河、托信河、洮儿河上游索伦山居住的鄂温克人，以及嫩江上游两岸平原地带从事农耕生活的达斡尔人和一部分鄂温克人，纳入八旗制轨道，从 1667 年开始编佐，以佐领取代氏族制，统称为"布特哈打牲部"，下设"阿巴"（围猎场）和甲喇（亦作扎兰）分别管辖各佐。从此，索伦鄂温克人、达斡尔人和鄂伦春人就成为了嫩江流域、大兴安岭浅山区的主要居民，也成为了清朝征调兵源的基地，平时猎貂纳贡，战时出征打仗。

五

1685 年 6 月—1686 年 6 月，在黑龙江上游，中俄双方两次雅克萨之战后，1689 年 9 月 7 日中俄签订《尼布楚条约》，以格尔必齐河、石大兴安岭（外大兴安岭）和额尔古纳河为两国的分界线，额尔古纳河北岸属俄国、南岸属中国。不久，于 1727 年 9 月 1 日，中俄签订《布连斯奇条约》划分中俄中段边界，与《尼布楚条约》相连接。从此，由于边界的变化，鄂温克族按照当时居住的地域分别归属俄国和中国，而鄂温克人就开始成为了"跨界民族"，在俄国的被称为"通古斯人"，在中国的被称为"索伦人"。

中俄签订《尼布楚条约》后，呼伦贝尔地区成为了祖国北部边疆前沿，当地又无居民可充当驻防兵，基本上处于有边无防状态。

清朝政府为了加强呼伦贝尔段的防务，从 1731 年开始从布特哈地区挑选戍边兵丁 3000 人，其中索伦鄂温克兵 1636 人、达斡尔兵 730 人、鄂伦春兵 359 人、巴尔虎蒙古兵 275 人，还有未经兵丁测量的老、弱、残兵丁 796 人以及其眷属。

1732 年（雍正十年）夏季，戍边官兵进驻呼伦贝尔草原，以"索伦"之称，编成"索伦左右两翼八旗"，今人称"索伦部"。巴达哈为索伦左翼总管，总管衙门设在伊敏河西岸胡吉日托海（今鄂温克族自治旗巴彦托海镇，亦称"南屯"），往额尔古纳河通往俄国道路边界一带，驻牧于伊敏河东、锡尼河北、大兴安岭西，北至额尔古纳河。博尔本察（鄂温克族）掌管呼伦贝尔关防兼右翼总管，总管衙门设在西屯（今海拉尔西南军用机场），往哈拉哈河喀尔喀蒙古边界一带防守，驻牧于哈拉哈河右岸，伊敏河西至呼伦湖之间地带。

清统治者一向认为索伦（鄂温克）人骁勇善战，而将其当作一支劲旅推上军事舞台，在康熙、雍正、乾隆年间，他们多次参加反击外国入侵和在国内平息民族分裂的战争。他们金戈铁马，远涉西北、西南边疆及东南沿海直至台湾等地，转战 22 个省。他们吃苦耐劳，奋勇效力，英勇作战，涌现出许多战功赫赫的英雄人物，据不完全统计，因战功胜任总管、副都统、都统、将军级高官的有 37 人，他们为捍卫中华江山和边疆人民的安宁做出了重大贡献。

1820 年，有一部分使鹿鄂温克人从俄国境内勒拿河流域迁出 700 多人，迁入中国境内的有索罗共、结力克、柯尔他昆、布勒多特 4 个氏族，共有 75 户、300 多人，驯鹿 600 多头。不久，这 4 个氏族中又分化出了库德林、索罗托斯 2 个氏族，共 6 个氏族，其中的一部分于 1858 年迁至大兴安岭西北部原始森林中过着游猎生活，他们就是今日的敖鲁古雅使鹿鄂温克人，在日伪时期被称为"雅库特人"。他们的前来不仅增加了中国的鄂温克族人口，而且在中国的鹿科动物中增加了驯鹿品种，使中国成了有驯鹿的国家。

1858 年 5 月 28 日，中俄签订了《瑷珲条约》，以黑龙江为界，黑龙江以北、外兴安岭以南 60 多万平方公里的中国领土割让给了俄国。居住在黑龙江以北、外兴安岭以南领土上的鄂温克人也归属了俄国。而鄂温克族的绝大多数人口在俄国，据俄国政府 1897 年的人口普查，当时在俄国的鄂温克人有 100 多个氏族，人口为 64500 人，其中在后贝加尔地区的就有 33500 人。

鄂温克族进入文明时代以后，经历过几个朝代，其中接触最多、出力最大、受害最深的是在清代。清统治者对鄂温克族采取强制与怀柔相结合的政策，先征服，后利用，让他们战时出征打仗、平时猎貂纳贡，把兵役和劳役负担压在鄂温克人身上。清代频繁的战争把鄂温克人推上军事舞台，他们为捍卫大清江山，西征南战，转战四方，奋勇效力，英勇作战，虽然打了很多胜仗，也涌现了很多英雄人物，但长年累月的战争，死伤者甚多，其生还者十不一二也，不死于战争，即死于瘴烟之地；加上成年男子长期在外，长达十年、二十年之久，不能回归家庭，成年男女长期分别两处，后代繁衍日益萎缩，人口不断下降，到清咸丰、同治、光绪年间，鄂温克族户口凋零，难以再戎马出征，他们为统治者付出了最大的民族牺牲。

清代的兵役和劳役之苦，致使鄂温克族人口减少，生产力下降，经济衰退，陷入困境中不能自拔。

六

　　辛亥年，即 1911 年 10 月 10 日，武昌起义成功，以孙中山为代表的革命党人取得了胜利，推翻了清王朝，开启了民主共和的新纪元。1912 年成为中华民国元年。

　　改朝换代，八旗制解体，自然解除了套在鄂温克人身上的兵役和劳役负担，解放了生产力，从征的青壮年返回家乡，与家人团聚，休养生息，鄂温克人有了发展生产和改善生活的机遇。

　　苏联十月社会主义革命胜利后，居住在俄国境内贝加尔湖以东、石勒喀河与额尔古纳河之间、尼布楚以西、满洲里以东地区的"乌鲁楞圭"、"敖嫩宝日金"、"乌者恩"等地的一部分游牧通古斯鄂温克人，于 1919 年陆续迁入中国呼伦贝尔草原特尼河、莫尔格勒河流域居住，从事畜牧业生产，他们就是今日的陈巴尔虎旗鄂温克苏木的鄂温克人。

　　1931 年 9 月 18 日，日本帝国主义入侵我国东北地区，发动了九一八事变，由于蒋介石的不抵抗政策，东北军忍辱退出沈阳，日军相继占领辽宁、吉林两省，当年 11 月 3 日，日军以伪军为前驱进犯黑龙江省嫩江桥，马占山将军指挥东北军奋勇抵抗，打响了"江桥战役"，东北军英勇顽强，最终因寡不敌众而失败。

　　1932 年 3 月 1 日，日本帝国主义扶持清朝末代皇帝宣统帝爱新觉罗·溥仪，在长春（改称新京）建立伪满洲国。东北地区沦陷为殖民地，伪满政府还拉拢东蒙地区上层人物，在新京专设兴安局，接着于 4 月 5 日设兴安省，把东蒙地区划分为兴安东、南、西、北四省，其中布特哈、呼伦贝尔地区分别划分为兴安东省和兴安北省，实行法西斯统治。

七

　　世界反法西斯战争即将胜利的时候，1945 年 8 月 8 日苏联对日宣战，出兵俄国东北地区，8 月 15 日，日本帝国主义宣布无条件投降。可是，国民党反动派大举北犯，派陆、海、空军前往东北地区强占铁路沿线各大、中城市。于是，中国共产党也派遣大批党、政、军干部，进入东北地区开展工作，1945 年 11 月 15 日，在齐齐哈尔组建了嫩江省人民政府，同时也组建了东北民主联军嫩江军区。在深入内蒙古东部地区的共产党员和革命干部开展革命工作的影响下，鄂温克族中的一些进步人士、进步青年响应号召，纷纷走上革命道路，有的在农区参加土改斗争，有的在牧区参加民主改革斗争，有的还参军参战，奔赴解放战争前线。

1949 年 10 月 1 日，中华人民共和国成立，鄂温克族人民也和各族人民一样成了新中国的主人，进入了崭新的时代。鄂温克族人民在党的民族政策的光辉照耀下，以极大的热情投入社会主义革命和建设事业，发愤图强，努力奋斗。随着政治、经济、文化、教育、卫生事业的发展，鄂温克族从经济基础到上层建筑都发生了巨大变化，在鄂温克族人民聚集地方呈现出了"政治安定、经济发展、人口增长"的新局面。

中国共产党实行各民族一律平等的政策，建立起团结、互助的新型民族关系，各少数民族聚集地方实行民族区域自治政策。

按照党的民族政策，内蒙古自治区人民政府于 1958 年 3 月 5 日取消"索伦"、"通古斯"、"雅库特"称谓，恢复并统一了"鄂温克"族称，圆满解决了长期民族分隔的历史问题。从此，鄂温克人以"鄂温克"族称问世，并载入史册。

民族名称恢复统一后，经国务院 1958 年 5 月 29 日全体会议七十七次会议通过，决定撤销索伦旗，在原索伦旗的行政区域内设立鄂温克族自治旗。于 1958 年 8 月 1 日成立了鄂温克族自治旗人民政府。根据党的民族政策，经内蒙古自治区人民政府的批准，散居在其他行政区域内的鄂温克族也相继成立 9 个民族乡人民政府。从此，鄂温克族人民实现了管理自己内部事务的自治权利，这是鄂温克族人民政治生活中的一件大喜事。

鄂温克族人口与分布，根据 2000 年全国第五次人口普查显示，全国鄂温克族人口有 30505 人（其中男 14740 人、女 15765 人）。在内蒙古自治区有 26201 人，分布在呼和浩特市等 12 个盟市中，主要聚居在今呼伦贝尔市的鄂温克族自治旗、莫力达瓦达斡尔族自治旗、鄂伦春自治旗、陈巴尔虎旗、阿荣旗、扎兰屯市、根河市、海拉尔区；黑龙江省有 2706 人，主要分布在齐齐哈尔市及其讷河市等地；新疆维吾尔自治区有 72 人，分布在塔城等地；另外，因工作关系散居北京市等 27 个省市区的有 2676 人。

八

鄂温克是具有悠久历史和传统文化的森林狩猎民族，有自己的形成和发展过程，也具有森林狩猎文化特色的民族历史。

鄂温克族由于狩猎生产历史和氏族社会生活历史最长，很多故事淹没在历史尘埃中朦胧不清，致使经济和社会发展阶段不那么清晰明了，加上文字记载稀少，增加了研究工作的难度，但时断时续在史籍中出现的少量文字记载给研究工作提供了一些线索。

根据古代鄂温克人在经济和社会发展过程中的"两个最长"和"三次转型"及其发展变化，我在 2000 年 6 月出版的《鄂温克人》一书中首次将鄂温克族历史进程概括为"两条主线"和"三个发展阶段"。

两条主线，是指狩猎经济和氏族社会，两者有机结合，既是鄂温克社会历史的脊梁，又是经济和社会的框架，成为古代鄂温克人长期赖以生存的支柱经济和社会结构，一直支撑并贯穿鄂温克社会。

三个发展阶段，是指在狩猎经济和氏族社会框架内经历的发展阶段：第一阶段使用弓箭，实现以猎为主；第二阶段驯鹿驯养业的出现，有了可支配的动物；第三阶段养殖业和种植业兴起，向生产性经济发展。

三个发展阶段的划分，揭开了狩猎经济和氏族社会相结合发展的客观规律，把它作为主线梳理鄂温克历史，豁然贯通，既显现了森林狩猎民族社会历史自身的连续性，又分明了它的经济成分和经济发展阶段。每个阶段都经历了漫长的历程，所幸有许多久远的故事依然鲜活，这些鲜为人知的文化积淀为破解历史难题、克服"断代"现象、疏通鄂温克社会历史提供了依据，使其经济和社会发展阶段清晰明了，首尾相连，生动地展现了鄂温克族森林狩猎文化特色的社会历史风貌。

九

前面说过，鄂温克，是鄂温克族的自称，可是，在史籍中没有以"鄂温克"名称出现过，但鄂温克人不论哪个部分都说自己是鄂温克人，这说明"鄂温克"早已成为鄂温克人普遍认可的一个名称，这不是偶然的巧合，说明鄂温克名称是在久远的历史年代里形成的。

那么，在什么时候出现"鄂温克"这一名称的呢？在原始氏族社会阶段，鄂温克人的祖先形成的"猎鹿人"集团，长期在共同地域内和相同自然环境里，因狩猎目标一致，在共同斗争的过程中，伴随民族要素的形成，出现了"鄂温克"名称。从此以后，鄂温克人不论哪个部分都称自己是鄂温克人。这是多么一致的呼声，说明鄂温克名称已经深入人心，铭刻在鄂温克人的心目中，人们以鄂温克名称联结起来共同发展。

可是，"鄂温克"一词的含义是什么呢？由于鄂温克民族历史悠久，年代久远，加上外界以诸多的名称张冠李戴几乎掩盖了鄂温克名称，也冲淡了鄂温克名称本来意义的相传，致使鄂温克名称的本来意义处于被遗忘的状态，如俄国学者史禄国先生在《北方通古斯的社会组织》一书中记载："有些通古斯集团已经忘掉了这个名称的本来意义……但足以被人看作是来源于鄂温克人的某种原语。"这说明词源肯定出自鄂温克语，还有些学者探讨过"鄂温克"名称的含义，提出过很多假说，在这里不一一列举了。

在《鄂温克族简史》一书中有两种解释：一是"住在大山林中的人们"，一是"住在南山坡的人们"。两种解释都来自鄂温克人的解释，使鹿鄂温克人、通古斯鄂温克人用鄂语解释为"俄格都乌日尼贝"，汉语译为"住在大山林中的人们"；索伦鄂温克人也用鄂语解释为"乌日尼鄂沃日敦特格色贝"，汉译为"南山坡的人们"。这两种解释在说法上虽然有"大山"和"山坡"之别，但意义基本相同，说的都是山林中的人们。这反映了古代鄂温克人与山林紧密相连的关系，体现了鄂温克人的祖先发源于山林中，并以森林为家园，狩猎生产、生活的历史。

鄂温克名称的含义，之所以解释为"住在大山林中的人们"，是指贝加尔湖以东日出的方向，群山连绵，山峰耸立，有一条高达 7000 英尺的大山脉，环绕巴尔古津河中游河谷，一直延伸到高达 6500 英尺以上的伊卡次基山脉，还有雅布诺威山脉隘路高达 4000 英尺，维提姆台地海拔也达 3000 英尺，以及勒拿河、阿玛扎尔河、外兴安岭等地大山林，使鹿鄂温克人都叫"俄哥登"（亦称"俄格都"），而把住在这些大山林中的人们都称"鄂温 Ki"、"鄂温基"，意思是"住在大山林中的人们"。

索伦鄂温克人中曾经相传"下山的人们"之说，一些人误认为是对鄂温克名称的解释。其实，鄂温克名称是早在历史上形成"民族要素"时就已经出现的古老词汇。所谓"下山"的说法，可能是指有一部分鄂温克人在山林中的河谷地带，或者到平原、草原地带从事畜牧业和农业生产、生活的人们而言的。但这只是一部分人的变迁，而且是在接近近代时才发生的，与出现"鄂温克"名称的年代相差数千年。

鄂温克名称的含义，"住在大山林中的人们"之说，大多数人已认同，新闻媒体也广泛使用，从广义上说，可以说得过去，内容也符合鄂温克人在历史上森林狩猎民族的特点。

至于"鄂温克"一词词尾的"克"字，鄂温克语称"Ki"，即"鄂温 Ki"。汉语把"Ki"称为"克"，而成为"鄂温克"。俄语把"Ki"称为"基"，而成为"鄂温克"或"埃文基"。

过去在史籍中曾出现过"通古斯北语支"的说法，新中国恢复并统一"鄂温克"族称后，"通古斯北语支"之说已经不适宜了，而后又出现了"通古斯语支"的说法，这是语族和语支的重复说法。在鄂温克名称已经统一的情况下，还是直接用"鄂温克语支"既名正言顺，又合情合理。

　　　历史只有起点，
　　　没有终点。
　　　历史有过去，
　　　还有未来。
　　　悠久历史，
　　　记录在岁月中。
　　　传承历史，

与时俱进。

历史经验中，

吸取营养。

正确把握今天；

走向未来。

注：

我写过几部书，都以"吴守贵"的名字出版的，这次《鄂温克历史文化发展史》以我自己的"哈拉"（姓氏）"阿本千"作为笔名出版。

目　录

第一章

鄂温克之源

原始人类在旧石器①时代，经历若干万年的长期劳动，从"直立人（猿人）"进化到"早期智人"阶段。所谓"早期智人"，就是他们的体质形态比猿人有了很大进步，但与现代人相比还有不少原始的地方。② 随着人类体质和劳动技能的进步，早期智人的社会组织由原始族群进入"血缘家庭"阶段；又经过数万年的劳动，人类进化到了"晚期智人"阶段，人种和语系形成，人的体质形态与现代人基本没有什么差别。发展到旧石器时代晚期，距今约 18000 年，原始人类由"血缘家庭"进入了"母系氏族公社"阶段。人类社会自此进入原始氏族社会阶段，语系分离，民族处于萌芽状态。

原始人类社会二三百万年的历史长河中，形成民族的历史不足一万年。这说明人种（亦称"种族"）与民族是有区别的，人种以人的体质为特征，是指民族形成以前的人类历史；而民族则是历史上形成的相对稳定的、以各自的特征相区别的人们共同体，也就是人类社会发展到一定历史阶段的产物，它是以共同地域、共同语言、共同经济生活和共同文化上的共同心理素质及风俗习惯为特征而形成的。

第一节　探索民族来源

民族学家吕光天先生说："在人类进入野蛮低级（即新石器时代）阶

---

① 考古学上把制作和使用石器的时代叫作"石器时代"，并按照对石器的加工和利用程度，分期为"旧石器时代"、"中石器时代"和"新石器时代"。其中的"旧石器时代"是最早、最长远的阶段，考古学又划分为旧石器时代前期、中期和后期。

② 沈起炜主编：《华夏五千年》之"先秦秦汉"，上海辞书出版社 1997 年版，第 10 页。

段之前，都是过着游荡的狩猎、采集、捕鱼生活，而鄂温克人的游猎生产方式，正是代表了古人类的某些形态，它虽然有了许多质的变化，却与古人类的漂泊、游荡的生活有着共同性，两者存在着一定的继承性，它给考古学和古人类学提供了一个活的'社会化石'。"①

可见，鄂温克历史源远流长，追根溯源，鄂温克之源，早期也是根植于氏族②繁衍，他们与森林为伴，以森林为家园，氏族与狩猎相结合，生产力与生产关系相适应，生产、生活方式的一致性使他们在共同的斗争中联结起来，形成一种凝聚力，逐渐发展成为语系、语族、语支相同的族群。

那么，鄂温克人在什么时候、从什么地方起源的呢？这是一个久远而复杂的历史问题。由于鄂温克族历史悠久、年代久远，时光的流逝把很多遗迹遗物风化在地下，又把许多故事淹没在历史的尘埃中，给后人留下了不少不解之谜。

鄂温克是一个具有悠久历史和传统文化的森林狩猎民族，19世纪末叶以来，中外学者关注鄂温克族历史，在民族来源问题上各抒己见，众说不一，归纳起来有以下几种说法：一是"黄河、长江下游说"，从假设说起，认为在公元前3000年，也可能更早一些时候，原通古斯人放弃故土，大部分往北或东北迁移。二是"贝加尔湖说"，有考古学③和人类学研究的依据，分为新石器时代说（距今约七八千年前）和铜石并用时代说（公元前2000年），两者之间相差5000多年。三是"西伯利亚通古斯河流域"说，即通古斯卡河（今安加拉河）流域，以及贝加尔湖以东至黑龙江上源石勒喀河流域地区。四是"室韦说"，又说"北室韦和鞠部说"，

---

①　吕光天：《北方民族原始社会形态研究》，宁夏人民出版社1981年版，第8、114页。

②　氏族，由同一血缘关系的亲族组成，为原始社会基本的社会经济单位。形成于旧石器时代后期，初为母系氏族，后代的组成由女系传递，至新石器时代后期基本过渡为父系氏族。氏族内部禁止通婚，实行氏族外婚姻制，实行集体劳动。生产资料公有和平均分配。公共事务由选出的首领管理，重大问题由议事会民主决定。随着金属工具的出现、社会分工的发展、私有制和阶级关系的逐渐确立，氏族解体，并被依地域划分居民和一夫一妻个体家庭联合而成的农村公社所替代，但残迹仍长期保存于阶级社会中。参见《新知识词典》，新知识出版社1958年版，第266页。

③　考古学，是根据古代人类遗留下来的实物研究古代社会历史的科学。实物资料即各种遗迹，大多数埋在地下，考古工作者通过发掘发现它们，进行研究，阐明古代社会经济状况和物质文化面貌，探讨社会历史发展的规律，对于复原没有文字记载的原始社会和少数民族古代历史有着特殊作用。参见曲钦岳主编《当代百科知识大词典》，南京大学出版社1989年版，第108页。

室韦出现于公元 338 年，虽然接近"贝加尔湖"说，但与新石器时代上限相差约 6600 多年，距铜石并用时代相差 2300 多年。五是"安居骨部说"，亦称"乌苏里江说"，缺乏考古学和人类学研究的依据，把女真（满）族的前身"靺鞨"七部的一支"安居骨部"说成是鄂温克族，距今才 1507 年，与新石器时代上限相差约 6500 多年，距铜石并用时代相差 2500 年左右。还有贴在"安居骨部"说上的"从古沃沮到鄂温克族说"。

上述几种说法中，贝加尔湖说，西伯利亚通古斯河流域说，室韦说即北室韦、钵室伟、深末恒室韦及鞠部说，有考古学和人类学研究证明的依据，与鄂温克人中的传说相吻合，鄂温克族社会历史沿革过程也证明了这一点。

第二节　考古发现发源地

根据考古发掘，考古学和人类学研究认为，鄂温克人的祖先早在新石器时代就在贝加尔湖沿岸及贝加尔湖以东至黑龙江上源石勒喀河一带原始森林中繁衍生息。

贝加尔湖是世界上水容量最大的淡水湖，位于东西伯利亚的高山丛林中，海拔 1500 英尺，蓄水量占世界淡水湖的 20%，有 1120 条河注入贝加尔湖，向外流出的只有下安加拉河，

贝加尔湖

向西流 72 公里处坐落有伊尔库茨克城，湖的面积 31500 平方公里，长 635 公里、宽 79 公里，最深处为 1620 米。

湖中水产丰富，有各种植物 850 种，有经营价值的鱼类及动物达 1500 种。它那清澈透明的水面、美丽的湖湾、优良的浴场、风景如画的

景观、连绵不断的山峦及森林，吸引着成千上万的游客。

考古发现之一

苏联 20 世纪 50 年代出版的《西伯利亚及远东地区各民族》[①] 一书的"鄂温克人"一章中记载："在安加拉河谷、色楞格河山上以及勒拿河流域考古发现的圆锥形帐幕、骨制鱼钩、骨制箭簇、桦树皮船，特别是各种各样的装饰品，与 17 世纪鄂温克人的生活用具和服饰相似。人类学和考古学研究证明大多数鄂温克人的人类学特征应追溯到贝加尔湖地区新石器时代[②]特征。这样毫无疑问，古代西伯利亚[③]土著居民可能就是鄂温克人的祖先。然而，无论从鄂温克人的人类学类型看，还是从他们语言及文化来看……贝加尔湖周围是古代讲通古斯语族集团形成过程的地区（也是与突厥、蒙古语言共同形成阿尔泰语系的地区）。他们向东扩散到阿穆尔河（黑龙江）和鄂霍茨克海，向北到勒拿河流域，向西北到叶尼塞河流域，逐渐地同化并驱逐西伯利亚的古亚细亚部落。"

文章中提出的观点不仅与鄂温克人的传说相吻合，而且以"考古发掘"为依据，遵从考古学和人类学研究，揭开了鄂温克族的发源地及其成长发展的序幕。

其一，文章将在贝加尔湖地区几条河流域考古发现的遗迹遗物，特别是"圆锥形帐幕"和"桦树皮船"及其他装饰品，与 17 世纪鄂温克人的生产、生活用具和服饰相比较，通过考古学和人类学研究证明大多数鄂温克人的人类学特征应追溯到"贝加尔湖地区新石器时代特征"。这不仅对于确认鄂温克族的发源地——贝加尔湖提供了重要的依据，而且也指明了

---

① ［苏联］M. G. 列文、L. P. 波达波夫：《西伯利亚及远东地区各民族》，苏立柱译（美国芝加哥大学出版社 1956 年版），载《鄂温克族研究文集》第一辑，内蒙古自治区鄂温克族研究会 1989 年版，第 263 页。

② 新石器时代，是石器时代的最后一个阶段，开始于距今约七八千年前，此时人类广泛使用磨制石器，既光滑又锋利，并能制陶和纺织，还发明了农业和畜牧业，人们开始定居生活，也是母系氏族社会最繁荣的时期。参见《新知识词典》，新知识出版社 1958 年版，第 1379 页。

③ 西伯利亚，分为东西伯利亚、西西伯利亚，叶尼塞河以西平原至乌拉尔山脉为西西伯利亚，叶尼塞河以东至鄂霍茨克海为东西伯利亚。东西伯利亚地势很高，其中叶尼塞河与勒拿河之间的高原（也称"中西伯利亚"）是世界上最大的高原之一，冬长而冷，夏短而凉，群山起伏，森林茂密，河流纵横交错，栖息有各种野生动物。参见《新知识词典》，新知识出版社 1958 年版，第 479 页。

鄂温克族之源可追溯到距今七八千年的新石器时代至中石器时代的线索。

其二，文章提到鄂温克人的人类学特征，应追溯到贝加尔湖地区新石器时代特征后说："这样毫无疑问，古代西伯利亚土著居民可能就是鄂温克人的祖先。"就是说鄂温克人的祖先，早期就是西伯利亚的远古先民。这一结论与鄂温克人中相传的"很早以前，在贝加尔湖沿岸及贝加尔湖东北苔原高地以东至石勒喀河一带只有鄂温克人"的说法相一致。

其三，文章说："无论从鄂温克人的人类学类型来看，还是从他们的语言及文化来看……贝加尔湖周围是讲通古斯语集团形成过程的地区。"之所以称"通古斯"，是因为《黑龙江古代民族史纲》中称"这一族称起源于鄂温克族，因为鄂温克族最初居住、游猎在通古斯卡河流域（今上下安加拉河）而得此名"。

鄂温克，是鄂温克族的自称，17世纪沙皇俄国扩张到西伯利亚地区后，把鄂温克人称"通古斯"人，起初"通古斯"这一称谓单指鄂温克人的，不久他们发现满族等许多民族的语言相同，被西方人采纳于人种学上，成为语言学的术语，称为"通古斯语族"集团。

贝加尔湖流出的下安加拉河一侧　　摄影：崔显义

俄国学者史禄国把鄂温克族称为"北方通古斯"，把满族称为"南方通古斯"。[①] 后来《黑龙江古代民族史纲》一书中说："这种分列，强把一个语族，硬性分割成两个语族，实则混乱，实际上它们是一个语族的三个语支，即满语支（南语支），包括满语群和锡伯语群；鄂温克语支（北语支），包括鄂温克语群、鄂伦春语群、埃文尼语群、涅吉达尔语群；赫哲

---

① 《北方民族原始社会形态研究》一书中记载：阿尔泰山和色楞格河与蒙古、突厥混合形成了阿尔泰语系。后来由贝加尔湖向黑龙江上、中游及东北地区迁移，与黄河流域下游较早迁入东北的通古斯人汇合，形成了南方群体，并与贝加尔湖地区和黑龙江上、中游的北方群体相区别。参见吕光天《北方民族原始社会形态研究》，宁夏人民出版社1981年版，第428页。

语支（东语支），包括赫哲语群、乌尔其语群、奥罗克语群、乌德盖语群。"①

考古发现之二

新中国于 20 世纪 80 年代出版的《鄂温克族简史》一书中记载："早在公元前两千年，即铜石并用时代，鄂温克人的祖先就居住在外贝加尔和贝加尔湖沿岸地区。从考古发掘的材料看，在勒拿河的哈布萨加耶夫古墓和在安加拉河流域的霍和、连科夫卡溪谷遗址，考古发现的新石器时代贝加尔湖沿岸地区居民的服装，近似于鄂温克人的服装。例如在色楞格河左岸上班斯克村对面的佛凡诺夫山上挖掘时，发现人的骨骼，其衣服上带着数十个闪闪发光的贝壳制的圆环，圆环所在的位置与鄂温克人胸前所戴串珠以及萨满的法衣上缀饰的贝壳圆环的位置完全一样。此外，还发现死者的一些白玉制大圆环，与 17 世纪至 18 世纪鄂温克人古代服装上的圆环毫无差别，从而证明最迟在铜石并用时代②，鄂温克人的祖先就已居住在贝加尔湖一带……"③ 这一结论，与鄂温克人的传说相吻合。

这在追溯的时间上虽然晚于新石器时代 5000 多年，但又一次证明鄂温克人的祖先一直到铜石并用时代仍在贝加尔湖一带原始森林中生活。

考古发现之三

《鄂温克族简史》还记载："鄂温克族及其文化沿贝加尔湖地方来源说，也同样被人类学资料所证实，就鄂温克族的人类学类型而言，在黑龙江上源石勒喀河沿岸洞穴中发现的具备鄂温克族一切本质特征的头盖骨，还发现了贝加尔湖一带地方特有的文化装饰。"从地理条件上看，贝加尔湖以东至黑龙江上源石勒喀河一带山连山、水连水，连成一片。如石勒喀河（鄂温克语"希勒喀日"，即"浊水"之意），由较长的斡难河（发源

---

① 干志耿、孙秀仁：《黑龙江古代民族史纲》，黑龙江人民出版社 1987 年版。

② 铜石并用时代，是介于新石器时代和青铜器时代之间的过渡阶段，以红铜的使用为标志，即金属器开始出现的时期，人类将天然铜打制或熔铸为器物，但石器仍占绝对优势，西亚和埃及等地于公元前 4000 年进入铜石并用时代，中国于公元前 2000 年进入铜石并用时代。参见《当代百科知识大词典》，南京大学出版社 1989 年版，第 110 页。

③ 《鄂温克族简史》编写组：《中国少数民族简史丛书·鄂温克族简史》，内蒙古人民出版社 1983 年版，第 5 页。

于雅布洛诺威山东坡）向东流 600 里，与较短的音果达河汇流而形成，然后石勒喀河向东流 800 里，在北纬 53°处大兴安岭北端恩和哈达山下与 970 公里长的额尔古纳河①相汇，形成了黑龙江。

第三节　人物传说发源地

传说之一

使鹿鄂温克人中传说："在我们的故乡勒拿河一带有个'拉姆'（鄂语中称'湖'的意思，即指贝加尔湖），有八个大河注入该湖，在湖里长着许多美丽的水草，水上漂着许多荷花，从湖边看太阳很近，太阳似乎是从湖边升起的，湖周围山很高，鄂温克人的祖先是从湖周围的高山上起源的。"这一传说②，不仅说明了他们的祖先是贝加尔湖周围的高山上起源的，而且把自己的故乡也描绘得山奇水秀，非常美丽。

传说之二

相传："贝加尔湖的日出方向，有一河口，水很深，水中有长着两个角的大蛇，它是从天上下来的动物精灵，能与萨满通话，人们把蛇与龙等同起来，认为是最高神灵。"传说所指的日出方向上的"河口"是指由东流入贝加尔湖的巴尔古津河。所说的"大蛇"反映了人们早期图腾崇拜的习俗，也说明了鄂温克人的祖先早期就在贝加尔湖周围山林中游猎

---

① 额尔古纳河：《旧唐书》称"望建河"，《蒙古秘史》称"额尔古涅河"，《元史》称"也里古纳河"、《明史》称"阿鲁那么连"、清代称"额尔古纳河"。额尔古纳河在阿巴该图山附近，海拉尔河与达兰鄂罗木河的交汇处始称额尔古纳河。额尔古纳河是黑龙江的右上源，流到洛古河附近，与石勒喀河（黑龙江左上源）汇流后始称黑龙江。额尔古纳河河长 970 公里，流域面积 6.17 平方公里。河流上下游地形差异显著，上游阿巴该图至吉拉林段，河谷由开阔（5—10 公里）逐渐变窄（2—3 公里），吉拉林以下河流进入山谷中，两岸山地对峙，河谷宽约 1 公里左右，河槽与地段不明显，河道稳定，宽约 200—300 米，水深 1.5 米，水流平稳，是良好的天然航道。

② 口述史学，又称口碑史学、口头历史，20 世纪 30 年代末正式诞生于美国，是一种借助于现代化手段，特别是录音设备，来收集和分析口头流传的历史资料的研究方法。代表人物有美国史学家阿兰·内文斯。其主要价值在于说明和确定没有留下文献资料的阶级、阶层和社会集团的生活习惯，记述普通人民群众的作用和历史，在人物传说中有明显作用。这一方法在许多国家得以推广和采纳。参见《当代百科知识大词典》，南京大学出版社 1989 年版，第 100 页。

生活。

传说之三

对贝加尔湖的形成，在鄂温克人中传说："我们的祖先很早生活在安加拉河流域的高山密林中时，就发现色楞格河注入安加拉河（通古斯卡河）的汇流处附近的几座山终年烈焰升腾、浓烟滚滚。后来突然山崩地陷，变成汪洋大海，然后形成大湖，把安加拉河隔开，注入该湖的一段为上安加拉河，从该湖流出的另一段为下安加拉河。山崩地陷时淹没了我们的一些祖先，在山崩地陷地段以外的幸存者从久远的年代起在该湖周围和上下两段安加拉河流域山林中生息繁衍，他们就是我们鄂温克人的祖先。"这不仅说明了鄂温克人的祖先与古代西伯利亚土著居民的渊源关系，而且进一步证明了贝加尔湖地区是鄂温克人的祖先肇兴发祥之地。

传说之四

鄂温克族的萨满每逢"跳神"时总是先说一些有关民族根源的话，如那妹塔氏族的萨满在唱词中说："我们的故乡在黑龙江上源的石勒喀河一带，以及阿穆尔河（黑龙江）旁边，阿尔巴金（雅克萨）周围至瑷珲泉水（海兰泡）那边的锡沃赫特山（指从黑龙江上游以东至乌苏里江的大片山林地带）是我们祖先生活过的地方。"从唱词中所说的"地名"来看，是指古代鄂温克人在公元 1 世纪东移后，在黑龙江上游沿岸以东地区活动过的地方。

第四节　结　语

根据考古发现和口碑史学，考古学和人类学研究证明鄂温克人的祖先早在新石器时代（其实可追溯到中石器时代），最迟也在铜石并用时代就已经生活在贝加尔湖沿岸及贝加尔湖以东至石勒喀河一带原始森林中，这是考古学和人类学研究得出的结论。鄂温克人的祖先起源于"贝加尔湖"一带原始森林中，与鄂温克人的传说相吻合，当今居住在俄国境内乌兰乌德市的一位布利亚特女工作人员达尼亚在 1989 年谈话中说："过去沿色楞格河至贝加尔湖、巴尔古津河流域森林中都有过鄂温克人，不知道是什么时候、什么原因，他们迁至巴尔古津以东的古如木砍（布卢汗）、乌兰木汗（乌隆哈）一带或以东的上安加拉河（通古斯卡河）流域居住，距乌兰乌德约 600 多公里。"还有乌兰乌德市旅游局布利亚特工作人员高达，在 2010 年接待旅游团体介绍当地历史地理概况时说："贝加尔湖地区居民，早期有鄂温克人在这里居住；然后有布利亚特人从蒙古高原过来居住；俄罗斯人是从欧洲最后过来的。现在俄罗斯人、布利亚特人占了多数，鄂温克人处于了少数。"这说明鄂温克人的祖先在贝加尔湖一带原始森林中度过了自己的青少年时代，那里是他们延续几千年生产、生活的历史摇篮，它那取之不尽、用之不竭的多种生物资源，哺育了鄂温克人的成长和发展。

可见，新石器时代说和铜石并用时代说都确认了鄂温克人的祖先发源于贝加尔湖一带原始森林中，但向上追溯的时间不一，铜石并用时代晚于新石器时代 5000 年左右，这可能是依据考古发现的实物种类不同而按照当时的时代特征确定的年代所致。其实，从鄂温克人的祖先从久远的年代走过来，狩猎生产和氏族生活历史最长来看，追溯到新石器时代可以说接近了鄂温克人的祖先早期活动的年代；但从人类距今约 18000 年就形成"氏族公社"和盛兴"群猎"活动来看，正如民族学家吕光天先生所说："原始人类社会到了中石器时代，由于人类对石器的加工和利用程度的提高，狩猎工具的改进，狩猎生产力增长最显著的是由于'弓箭'的发明。随着弓箭的使用、狩猎生产规模的扩大，狩猎成为了人类重要而普遍的经济门类。"[①] 这说明弓箭的发明给狩猎的发展以新的推动，成为狩猎可持续发展的动力。从鄂温克人的传说和故事及有关资料记载中得知，鄂温克人的祖先从人类盛兴"群猎"到使用"弓箭"狩猎的中石器时代活动较多，比较活跃，他们使用"弓箭"狩猎，实现以猎为主，形成"猎鹿人"集团，并应用桦树皮制作生产、生活用具，具有了浓厚的中石器时代特征。中石器时代，是由旧石器时代向新石器时代过渡的中间阶段，鄂温克

---

① 吕光天：《北方民族原始社会形态研究》，宁夏人民出版社 1981 年版，第 54 页。中石器时代，是旧石器时代向新石器时代过渡的时期，冰河开始退去，气候转暖的时候，约在距今 11000—7000 年间，地球进入全新世。工具仍以打制石器为主，但由于人类生产技能的进步，出现了局部磨制石器，人们开始广泛使用"弓箭"狩猎。

之源可追溯到贝加尔湖地区中石器时代。

人类进入新石器时代，在经济和文化发展方向上发生变化，有些氏族公社的人们放弃狩猎，走出森林，在平原河谷地带开拓新兴产业时，鄂温克人的祖先没有走出森林，没有放弃狩猎，他们将氏族与狩猎相结合，继续走森林狩猎之路，仍以森林为家园，生死都在大森林中。在中石器时代所形成的狩猎生产、生活方式，顺应了狩猎经济发展的规律，一直以狩猎为经济和氏族生活为发展方向，到新石器时代就与开拓新兴产业的人们处于了不同的社会发展阶段。鄂温克人的祖先在森林中走了很长的路，继承和发展了森林狩猎文化特色的生产、生活方式，谱写了独具特色的民族历史和文化发展史。

鄂温克族作为人类族群之一，有自己的形成和发展过程，他们在漫长的历史岁月里，依靠自己的智慧和力量，一代接一代，历经沧桑，奋斗不息，造就了具有森林狩猎文化特色的生产、生活方式。

关于鄂温克族的历史，长期以来，中外学者经过努力取得了一些研究成果，促进了鄂温克族学术研究事业的发展。但在族源问题上众说不一，各持己见，有的论据不足，使人无所适从，有的不注重叙述鄂温克族的社会历史沿革过程，谈什么迁徙运动。

第二章

艾莫根率先使用弓箭狩猎

人类社会发展到距今约 11000 年时，大自然发生很大变化，冰河退去，地貌变迁，气候转暖，地球进入全新世，给人类带来了良好的自然环境，也为人类开辟了广阔的空间和活动领域。

艾莫根使用弓箭狩猎　　插图：景胜

由于自然环境的变化，加上人类自身劳动技能的进步，原始人类社会进入中石器时代。

中石器时代，是由旧石器时代向新石器时代过渡的中间阶段，距今约 11000—7000 年间，仍以打制石器为主，手工业开始兴起，出现了磨制石器，人们普遍使用经过磨制的石器，不仅形状规整，而且光滑、锋利，为狩猎工具的进一步改进提供了技术条件。早在 28700 多年前中华民族的祖先以树枝的弹力为原理发明的"弓箭"以梧树茎制成箭杆，砮石和兽骨做箭镞，使弓箭成了具有一定射程和杀伤力的新式武器，而人类广泛使用弓箭狩

弓　箭

猎①，如虎添翼，进一步增强了人类征服自然的能力，大大提高了狩猎生产效率，使狩猎生产出现了新的高涨，成了人类普遍获取生活资料的重要手段。

生产的发展，取决于生产工具的改进，弓箭是具有一定射程，又有一定杀伤力的新式武器，用于狩猎生产效果显著。恩格斯曾指出："那时弓箭的出现，同以后时期的铁剑以及文明时期的火器一样，是具有决定意义的武器。"② 这说明弓箭的出现不是一件小事，而是具有划时代意义的大事，弓箭的出现不仅给当时的狩猎以新的推动，使狩猎上升到主导地位，成为一种经济门类，而且还成为了使狩猎生产持续发展的动力。

正如民族学家吕光天先生所说："原始人类社会到了中石器时代，由于人类对石器的加工和利用程度的提高，狩猎工具得到改进，狩猎生产力增长最显著的是'弓箭'的发明，随着弓箭的使用，狩猎生产规模的扩大，狩猎成为了人类重要而普遍的经济门类。"

人类在群猎的过程中，根据野生动物分布种类的不同，以周围生活环境中存在的野兽为对象，即某一地区的猎人集团常常以一种野兽为目标，使狩猎开始向专业化方向发展。弓箭的出现是一个转折点，它使比较持久的狩猎集团成为了"猎鹿人"、"猎马人"、"猎牛人"、"猎羊人"集团。

当时在鄂温克人的祖先中有一位叫"艾莫根"③（"好猎手"之意）的人率先使用"弓箭"狩猎（鄂语称"弓"为"波日"，称"箭"为"聂日"）并传播到共同地域内各氏族公社的人们中，大家积极响应，掀起使用"弓箭"狩猎的热潮，使狩猎生产超出捕鱼和采集业上升到主导地位，成为支柱经济，形成重要的经济门类，成为了古代鄂温克人重要的生产活动。因为鄂温克人所处的山林地带鹿科动物栖息较多，人们以体大肉多的鹿科动物为生活资料来源，形成了"猎鹿人"集团，开创了具有

---

① 贾兰坡：《周口店"北京人"之家》，转引自吕光天《北方民族原始社会形态研究》，宁夏人民出版社 1981 年版，第 54 页。

② 同上。

③ "莫根"在鄂语中指有勇有谋的人，在狩猎生产中猎获野兽较多的能人一般都可称为"莫根"（猎手）；在鄂温克社会历史发展进程中做出过特殊贡献的英雄模范人物则被称为"艾莫根"（"好猎手"之意），在本书中所说的"艾莫根"，是指早在旧石器时代与新石器时代之间的中石器时代，人类广泛使用"弓箭"狩猎时，在鄂温克人的祖先中率先使用"弓箭"狩猎，使狩猎超出采集和捕鱼上升到主导地位，实现以狩猎为主，为推动鄂温克社会生产力的发展做出过重大贡献的人，他们被人们称为"艾莫根"，不能与后来被人们"神化"了的艾莫根混为一谈。

森林狩猎文化特色的"以猎为主，与捕鱼和采集业"相结合的生产、生活方式。

随着弓箭的使用，在狩猎方法上形成了依靠氏族的集体力量，借助弓箭与陷阱相结合为主要形式的围猎，有时几个氏族联合起来共同围猎。传说，艾莫根有一次出猎，包围了一座有鹿的大山。妇女们在山周围设栅栏，留出几个出口，深挖陷阱，用树枝和草盖上。男人手持弓箭在出口处等着，其他男女老少在山上呐喊轰撵，鹿从树林中跑出来，看见出口处就往外窜，结果掉进陷阱里。拿着弓箭的人就乘机射杀，结果在山林中的几只鹿一个都没有跑掉，掉进陷阱的和没有掉进陷阱的在出口处全部被射死。这一传说，生动地描绘了艾莫根使用弓箭与栅栏、陷阱相结合的办法进行围猎的场面，同时也显示了弓箭在狩猎中的威力。

正如鄂温克人传说的那样："很早以前，我们的祖先在贝加尔湖至石勒喀河一带时，狩猎收获很少，吃不饱，主要靠采集野果、草根、苔藓类食物维持生活。后来在我们的祖先中有一个叫'艾莫根'的人，带领氏族的人们使用'弓箭'围猎，打的野兽多了，扩大了食物来源。当时没有锅，就把肉烤着吃，从此大家都吃到了肉，而大家都认为这是我们的领袖人物艾莫根给带来的好处。"

艾莫根率先使用"弓箭"狩猎并推广应用于古代鄂温克人的狩猎生产中，推动了社会生产力的发展，使生产力与生产关系相适应，所增多的猎获物，扩大了人们的生活资料来源。这是鄂温克社会生产力中的第一次飞跃，即鄂温克社会历史发展的第一阶段，而鄂温克人的祖先认为这一飞跃是他们理想中的领袖人物艾莫根带来的。因此，艾莫根从古至今都是鄂温克人心目中大智大勇的英雄人物，受到人们敬仰。

人类历史是通过人物的活动来展现的，艾莫根是在鄂温克族历史上最早出现的一个历史人物。正如美国史学家阿兰·内文斯所说："口碑史学，在记述普通人民群众的历史和作用中有明显作用。"从这个意义上说，艾莫根率先使用"弓箭"开创了以狩猎为主的经济和文化发展方向，开启了鄂温克社会历史。

从此，鄂温克人的祖先，随着劳动技能和思维能力的发展，以传说、故事等形式，言传身教，谱写了以"口碑史学"为特征的民族历史和文化发展史。

第三章

萨跌莫根发现和应用桦树皮

桦树（鄂语称"萨拉板"），是寒带山区的一种耐寒性落叶乔木，诸山皆有，分布很广。在东西伯利亚和黑龙江两岸山区以及东北各地均盛产桦树。桦树皮呈白色或紫色，皮薄有斑纹。树皮易剥，一般在伏天剥皮较好，过了伏天树皮变硬不好剥，但白桦树生命力极强，不因剥皮而枯死，其木质可供制造器具和工艺品。

老猎人在剥桦树皮

插图：景胜

鄂温克人中传说："很早以前，我们的祖先中有一位萨跌莫根（老猎人），在森林中狩猎时发现了裂开的桦树皮还卷着，他用薄石片剥下来，仔细看，既结实又柔软，便想到用它做生活用具，拿回来后交给心灵手巧的妇女们。她们把桦树皮放到水里浸泡，不仅不浸水而更加柔软，于是她们边浸泡边火烤，还捶打，然后用自制的木针①穿上鹿筋捻成的线，缝制种类繁多、形状各异的盆、盒、桶、碗、箱子、簸箕等生活用具。这些用具既轻便又耐用，不怕磕碰，携带方便，特别适合游猎生活。"

桦树皮生活用具的造型，逐渐有了新的发展，经过妇女们精巧加工，图案变得秀丽，风格变得典雅。纹样有几何纹、花草纹和动物纹三种，既

---

① 木针，是用哈克热树的枝心制作的，在落叶松中有一种长得很高、弹性很大，又坚硬的树种，使鹿鄂温克人称哈克热树，古代鄂温克人把它晒干后做成各种生产工具和生活用具，木针就是其中之一。

美观又实用，成为了鄂温克人非常喜爱的生活器具。这种"桦树皮工艺"，装饰风格独特，是鄂温克人早期的艺术珍品，它充分显示了森林狩猎文化特色的生产、生活方式，后来被学者们称为"桦树皮文化"。

妇女在缝制桦树皮用具　　　插图：景胜

对"桦树皮"，人类虽然早在旧石器时代已发现，但没有发展到用"桦树皮"制造容器和用具。在人类还不知陶器为何物时，鄂温克人的祖先就把"桦树皮"广泛应用于生产、生活领域，是一件了不起的大事。正如恩格斯所指出的那样："在陶器未发明之前，是存在着木质容器的。"①

那么，在传说中所说的"很早以前"，究竟有多早呢？学者们认为根据薄石片和使用木针来看，可能发现于旧石器时代和新石器时代中间阶段的中石器时代。

鄂温克人的祖先，夏天还用桦树皮围上人们住的"圆锥形"和"伞形"帐幕，即撮罗子，既挡风又不漏雨，逐渐又扩大到了生产领域。鄂温克人的祖先巴然莫根（"众猎人"之意）群策群力，创造了可渡河用的佳乌，即"桦树皮船"。

佳乌，是用树干做架，树皮包制，接头用红松根当线缝制，针孔和接头处用红松油掺桦树皮油为原料熬成黑色的混合油涂上，不焊一块铁，不铆一颗钉。船身长一丈八尺，高二尺五寸，船腹宽二尺，两端尖细稍向上翘起，船身很轻，一人一手可拎。

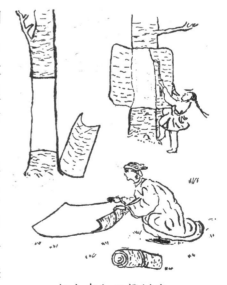

妇女在加工桦树皮

① 恩格斯：《家庭、私有制和国家的起源》，转引自吕光天《北方民族原始社会形态研究》，宁夏人民出版社1981年版，第68页。

　　佳乌的制造成功，使桦树皮的用途扩展到了生产领域，成为了鄂温克人的水上舟楫。用它来渡水、打鱼，也可以乘船狩猎，使用起来很方便，为渔猎民族在山林河谷地带生产、生活提供了水上交通工具。

桦树皮船

　　佳乌是什么时候的产物呢？根据恩格斯所说："狩猎经济随着弓箭的发明，成为主要经济部门时……也产生了用桦树皮制造和编织用具以及独木舟等技术。"从贝加尔湖考古发掘的佳乌来看，鄂温克人的祖先早在中石器时代广泛使用弓箭狩猎时，就创造和使用了桦树皮船。

　　"老猎人"及妇女们发现和应用"桦树皮"制造容器和用具，在当时的历史条件下是一个创举。鄂温克人的祖先依靠自己的智慧和力量，利用森林资源，自力更生，不仅解决了在山野里狩猎生产、生活中所需的起居、饮食、住房等方面的用具问题，而且大大丰富了古代鄂温克人森林狩猎文化特色的生产、生活方式，也为人类社会的进步和发展做出了贡献。

桦树皮盒

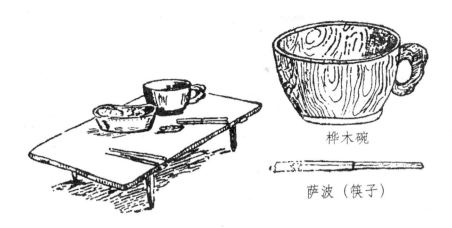

桦木碗

萨波（筷子）

桦树皮工艺品

第四章

古代鄂温克人狩猎生产与氏族生活

狩猎起源于旧石器时代中期，在原始人类的若干万年中，狩猎一直与捕鱼和采集业结合在一起发展到旧石器时代后期（距今约 18000 年）形成"氏族公社"。

氏族，是人类通过血缘关系结合起来的社会团体，既是社会组织，又是经济组织，初为母系制，后为父系制，分为两个阶段发展的。

氏族公社起初一般由几十人组成，为了获取更多的猎物，依靠人的集体力量，盛兴"群猎"，使狩猎成为人类重要的生产活动。

第一节　森林是狩猎生产、生活的自然基础

鄂温克人的祖先在新石器时代，人类在经济和文化发展方向上发生变化的时候，之所以没有放弃狩猎，走出森林，继续以中石器时代所形成的狩猎生产、生活方式，在大森林中游猎生活，是因为森林是狩猎民族繁衍生息的摇篮，森林中的多种生物资源构成了他们索取生活资料生存的自然基础。他们早期就以森林为家园，生死都在大森林中，适应并习惯了森林中的游猎生活，并具备了继续在森林中游猎生活的条件：

（1）自然资源丰富的森林地带，林草繁茂，河流纵横，野生动植物种类繁多，可以通过狩猎、捕鱼、采集，从大自然中索取天然产物，直接受益，吃兽肉、衣兽皮、住"仙人柱"即撮罗子，求得生存的良好空间。

（2）鄂温克人的祖先在长期依附自然和征服自然的斗争中，依靠自己的智慧和力量，创造了游猎生产、生活方式；狩猎与氏族相结合，形成

新的生产关系；桦树皮的应用为他们提供了生产、生活用具；尤其是使用"弓箭"狩猎，提高了狩猎的生产效率，增强了猎人们征服自然的能力。

（3）人类在旧石器时代中期发现了两块石头相撞发出的火星，加上用桦树皮引火，出现了"摩擦取火"方法。"火"的出现，对人类用处可大了，人们可以吃熟食了，也可以取暖，就是在非常寒冷的地方也能生活了。这个

高山森林地带　　　摄影：阿鹏

取火方法，为人类在居住或迁徙期间随时随地用火提供了方便。在漫长的历史岁月里，在深山密林中走山穿林游猎生活的鄂温克人长期使用"摩擦取火"方法，一直使用并保留到17世纪。

（4）在森林中还有很多自然景观，蓝天白云下，群山连绵，山峰耸立，登高望远，风光无限。秋季天高气爽，夜幕降临时可望见星星和月亮；冬季林海深雪没膝；春风吹来，积雪融化，大地回春，山花烂漫；夏季如茵林海一片绿色景象，迷人的森林气息，使猎人们感到似乎生活在天然公园里。

鄂温克人的祖先早期就居住在贝加尔湖周围的色楞格河、安加拉河、巴尔古津河（河谷中游海拔1600英尺）、维季（提）姆河与阿拉玛特河（最低处约2500英尺）流域一带群山连绵、山峰耸立的高原森林中，过着以森林为家园的游猎生活。

在贝加尔湖东北方向延伸的有一条高达7000英尺以上的大山，山脉南部称为哈玛尔大板；还有一直延伸到巴尔古津林区的山脉，名为伊卡特山，山峰高达6500英尺以上；再从西伊卡特山和穆亚山脉起东至雅布洛诺夫山脉，山中隘路高达4000英尺的这片高原地带，被称为维季姆台地，海拔3000英尺。

贝加尔湖地区，特别是维季姆台原高地，由于受海拔高度（2600英

尺）和纬度（北纬53°）的影响，气候特别寒冷，冬季来得很早，7月末或8月初，夜间就已很冷，开始结冰，冬长而冷，温度最低能降到-52℃，积雪很深，在伊卡特山和穆亚山区中的冰雪永不融化；从6月中旬持续到8月末，只有70天的无霜期，在这期间往往发生暴雨，夏季短暂而雨多，秋季短暂而干燥。

　　贝加尔湖地区虽然冬长而冷，夏短而凉，但湖周围山高林密，河流纵横交错，野生动植物资源丰富。在森林中栖息着各种飞禽走兽，分布着野生驯鹿等鹿科动物，是森林猎人赖以生存的天然宝库，鄂温克人的祖先就在这天然宝库——原始森林中繁衍生息。

　　在那冰雪严寒的自然环境里，鄂温克人的祖先不畏艰苦，不怕天寒地冻，不怕风吹雨淋，依靠自己的智慧和力量，在依附自然和征服自然的斗争中，走山穿林，风餐露宿，游猎生活，练就了颇耐劳苦的意志和健壮的体魄，适应并习惯了森林狩猎生产、生活。

　　随着人类劳动技能的进步，原始人类社会进入中石器时代，人类广泛使用"弓箭"

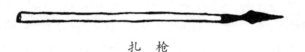

扎　枪

狩猎时，鄂温克人的祖先也在自己的领袖人物"艾莫根"的带领下，从使用"扎枪"狩猎到使用"弓箭"狩猎，不仅给当时的狩猎以新的推动，使狩猎上升到主导地位，而且使狩猎生产持续发展的动力，使古代鄂温克人更加注重狩猎生产，而鄂温克人的整个生活都围绕狩猎生产，一年四季都沉浸在狩猎生产、生活中，追随野兽的踪迹，经常转移，长年累月地游动在广袤的山林之中。

　　在使用弓箭狩猎的年代里，人们主要还是依靠自身的智慧和

狍子　摄影：群力

马鹿　摄影：王建国

力量，在当时的历史条件下，狩猎的主要形式是围猎，随着狩猎经验的积累和狩猎技能的进步，在围猎的方式上，鄂温克人的祖先主要使用公开围

赶，将野兽驱入陷阱、峡谷、沼泽地伺机射杀等方法。

在氏族首领的带领下，男女老少都出动，大家在山野里行猎中遇到有鹿科动物时，立即分散形成包围态势，采取拉网式的方法，白天边呐喊边用木棍喊打树木轰撵野兽，晚上则边呼喊边摇动火把轰吓野兽，将野兽赶向悬崖、峡谷或沼泽地，逐渐缩小包围圈，使野兽惊慌失措，野兽来回奔跑时，猎手用弓箭伺机射杀。

猎取的目标，主要是鹿科动物。如野生驯鹿（索格召）、驼鹿（陶黑）、马鹿（公鹿为"宝俄"、母鹿为"呼玛哈"）、狍（给僧）等动物，它们体大、肉多，比一般动物产量高，能给人们提供较多的衣、食生活资料，特别是它们的骨髓更富有营养，是一种精美的食物。野猪也是鄂温克人最喜爱的肉食。在鹿科动物中狍子很普遍，在山野里到处可见，不管什么季节都能猎获到。狍子虽然体小，一般在 30—40 斤，但对人们用处很大，鄂温克人特别是索伦鄂温克人吃、穿主要靠狍子肉和皮子。狍子肉细嫩、鲜美，是猎民的主要食物，尤其是狍皮因皮软毛暖，是猎人制作皮衣、裤、被的最好材料。

古代鄂温克人始终注重猎取鹿科动物。但鹿科动物的习性和活动规律各有不同，一般都栖息在深山密林中，出没于山林河谷地带，流动性很大，猎人也随着经常转移，采取流动狩猎方式，随时迁徙，追逐出没无常的野兽，特别是马鹿对猎人的警觉性很高，稍有动静和异味就跑掉，增加了猎获的难度。虽然用弓箭狩猎，但起主要作用的还是人类本身，靠人们合群协作的集体力量，靠猎人的智慧、灵敏、观察力和技巧，以及对鹿科动物的习性、活动规律和周围地理环境的熟悉等诸因素综合发挥作用才能猎获野兽。

古代鄂温克人长期生活在氏族制度中，将自己的任何行为都看作是具有社会意义的行为，大家都关心集体、关心别人、关心下一代，特别是中、老年人时刻都在考虑着氏族的生存和发展。他们在管理氏族公社的生产、生活的同时，经常向年轻人传授生产斗争知识和技术，进行跑步、跳跃、爬山、滑雪、游泳、摔跤、射箭以及对自然环境的熟悉和猎获野兽的技巧等训练，而且从小到大一代接一代都是在走山穿林的游猎生活中成长的猎人们，在大自然的严寒酷暑中练就了健壮的体魄；长期在山谷林间游猎生产斗争实践中，练就了机智勇敢的精神，练就了猎获野兽的过硬本领。

一个优秀的猎人，还要不断增强征服自然的能力。其主要表现在观察力和记忆力上，一方面对野生动物的生活习性和活动规律有非凡的观察力，如听觉、视觉特别敏锐，能准确掌握风向，冬夏季都能辨别出野兽的足迹，是新的还是旧的、是惊走的还是自由走的、是公的还是母的；另一方面对自己周围的自然地理环境像熟悉自己的手心一样，如对于走过的道路、山川、河流、地形、地物，

驯 鹿

甚至一草一木都记在心中，了如指掌。这既有利于猎获野兽，以求生存，又有利于保护自己，防止因山火、洪水灾害和猛兽的袭击而丧命。

各种野生动物都有自己的生活习性和活动规律，尤其是马鹿体大，善跑，警觉性很高，嗅觉、视觉、听觉都十分灵敏。它一般在夜间出来吃草、喝水，白天在高山顶上休息，望四面八方，稍有动静或异味就立即跑掉。冬天下雪后，它会在雪地上乱走，然后到下风口待着，猎人很难辨别出它的去向。

对这种狡猾的动物，不掌握它的活动规律和当时的风向，猎人很难接近它，可是具有丰富狩猎经验的鄂温克猎人胸有成竹，不仅能掌握当时的风向，而且运用自如。相传，古代有两个鄂温克青年猎手，一个叫哈达日，另一个叫满地，他们为了显示各自的本领进行比赛，把一块小石头放到睡在山中的鹿身上，而不惊动鹿。首先，哈达日顶着风迅速灵敏地把小石头放到了鹿的身边，又迅速敏捷地回到了原地；然后，满地迅速地到鹿身旁把小石头取回来，也未惊动鹿。这个有趣的故事说明了鄂温克猎人的智慧、机智、灵敏和迅捷。

关于鄂温克人对客观事物的观察和记忆、对周围环境和野生动物的熟悉程度，流传有几句格言：

是猎人都要熟悉山林河道，
是猎人就要掌握野兽的习性。
是猎人就不怕爬冰卧雪，

是猎人就不怕和虎熊做伴。
要是没有日行百里的快腿，
就不能称其为猎人。
要是没有百发百中的箭术，
就不是优秀猎人。

古代鄂温克人虽然共同劳动、共同消费，但由于狩猎生产的不稳定性，在生活资料的获得上也很不稳定。有时打着野兽，可以吃饱，有时许多天也打不着野兽，空着手回来饿肚子，即使使用弓箭后情况有所改善，但也带有极大的偶然性。这种生产条件决定了他们的分配制度必然是平均分配，共同消费，否则，就会有一部分人挨饿。在这种情况下，氏族公社是人们赖以生存的唯一的经济组织形式，而狩猎就由氏族统一组织，经常以氏族为单位，男女劳力都出动，在氏族首领的统一指挥下，很多人集体围猎。为了便于烧肉吃，人们分成若干"火堆"，每堆火选出年岁较大的人当"火长"，他带领一堆火的人参加包围有野兽的山林，捕杀的野兽各火堆的人共同分配。除在围猎期间各火堆的人吃掉以外，围猎后平时吃的肉平均分配，在氏族内因病因故没有来参加的人也有份。

狩猎生产的发展，主要是依靠生产工具的改进和猎人们的智慧和力量，但野生动植物资源是不可忽视的重要因素。古代鄂温克人明白，天上的阳光雨露和地上的千山万水养育了鄂温克人，取之不尽、用之不竭的动植物资源是鄂温克人的衣、食生活资料来源，可见浩瀚的森林是鄂温克人繁衍生息的摇篮，生产、生活的园地，生死都在大森林中，而经常把野生动物栖息的自然环境和人们的生存结合起来考虑，认为如果没有森林也没有野生动物，也就没有鄂温克人的生活资料来源。因此，古代鄂温克人在关心野生动物的同时，更加关心森林资源，与大自然和谐共处，把森林视为自己的朋友和伙伴，把森林与氏族的命运联系在一起，大家都来爱惜森林和保护森林，已经成为鄂温克人的传统习俗，时刻注意防止森林火灾，防止森林受到破坏，而人人注意：

用火用站干倒木烧，
从不砍伐活立木。

搬迁时灭火后才出走，

从不留下未熄灭的火种。

第二节　氏族中女性所发挥的作用

氏族，在鄂温克语中为"给日"，即"哈拉"，含有姓氏的意义，而鄂温克人的祖先所形成的氏族公社，也是以同一"血缘"关系为主，实行氏族外婚姻制，由三种人组成：一是本氏族的人；二是与本氏族男子结婚的女子；三是本氏族所收养和接纳的人。

氏族公社，既是大家庭，又是小社会，有自己的首领，有自己的萨满，也有自己的图腾，是一种山野里的自治体，氏族公社是氏族成员们生产、生活的园地，氏族内部人人平等，共同劳动，共同消费。

氏族公社有三种功能：一是氏族，即姓氏作用；二是管理职能，组织本氏族成员的生产、生活；三是政教合一，母系制时期的女性首领兼任宗教主持人。

古代鄂温克人根植于氏族繁衍，长期在氏族公社中生产、生活，体会到生活有靠山，生命有保障，一代接一代在氏族公社中成长，受到氏族公社的熏陶，对氏族公社有了深厚的感情，也习惯了氏族公社的生活，每个人都把自己的命运与氏族公社联系起来，热爱氏族生活，尊重和遵守氏族公社的各项规则，维护氏族制度。

母系制时期，氏族公社中把男人和女人分成两个部分活动，即男人在一边、女人在一边，但女性处于支配地位，她们不仅关心和保护氏族成员，维持氏族社会秩序，把氏族管理得井井有条，而且还担负管理氏族公社生产、生活的重任，妇女在狩猎生产、生活中与男人一样发挥了重要作用。其表现在：一是组织狩猎生产，并直接参加围猎活动，设陷阱和栅栏围山，然后男女老少上山呐喊轰撵野兽，乘机捉捕或射杀从森林中跑出来的野兽。二是参加捕鱼和采集业生产，由于狩猎存在着不稳定性，为了扩大生活资料来源，捕鱼和采集是仅次于狩猎的重要活动，可以满足自身生活的需要。三是设计和制造渔猎工具，并修补捕鱼工具。四是加工兽皮和缝制衣服。五是管理家务，包括抚育儿童、烤煮食物、守护住所等一系列工作。

　　具有敬业精神的鄂温克人，为了适应走山穿林的游猎生产、生活，营造出别具特色的移动住所，特别是心灵手巧的鄂温克妇女们为了适应严寒酷暑的森林自然环境而加工兽皮缝制的服饰，风格独特，防寒耐用。她们还加工缝制图案秀丽、风格典雅的桦树皮用具，供人们使用。这不仅体现了鄂温克人的智慧和技巧，而且也丰富和发展了森林狩猎文化特色的生产、生活方式。

　　（1）住房，鄂语称"柱"、"柱木"或称"仙人柱"，早期称"阿那格"。这种住房简便而别具特色，外形各异，有圆锥形和伞子形的，适合在深山密林中游猎生活。他们每到一处，就地取材，随时可搭起来，用25根或31根树干搭框架，中间用带叉的3根木杆支撑，再用鹿皮或桦树皮围起来，挡雨雪风寒，中间留一个门，方便人们进出。

　　"柱木"是鄂温克人起居、饮食、生活的地方，一般可容纳3—5人住宿，四周地上铺兽皮，以防潮湿和寒冷。后来用铁链把它挂在带叉的架杆上，下面烧干树枝煮肉食，夏天移到外面，以四个腿的铁架支撑锅。

　　（2）衣兽皮，加工兽皮和缝制服装，是古代鄂温克妇女们的一项重要工作。古代鄂温克人猎取鹿科动物不仅是为了解决食物来源，而且也为了解决衣料来源，如马鹿、驼鹿、驯鹿、狍子皮都是主要衣料来源。

　　加工兽皮的工具是自制的，有带钝齿的木质铲"和得日"，用它来刮掉皮上的泥灰和肉质；再用兽皮做成的发酵剂——"巴拉德"涂在皮板上，等皮板膨胀起来，油脂和残肉与皮板分离

希格勒柱，即撮罗子　　插图：景胜

后，用形似铡刀的"塔拉克文"把皮张上下刮几遍，使之柔软，成为带毛的衣料。

　　缝制皮衣所用的线，是取下鹿科动物的背部和腿的筋晒干后放在木墩

上用木棒捶打，把肉质去掉，剩下的纯筋呈丝状，便可捻成又细又软的线绳。然后再用落叶松中的一种叫"哈克热"树的枝做的木针（据说比骨针还硬）缝制服装。

由鄂温克妇女们缝制出来的皮衣，有冬天穿的皮袄、皮裤，一般都选用每年 10 月、11 月的皮张，毛不长不短，既轻便又耐用，适宜人们穿戴。夏天穿的皮衣、裤，一般用脱毛后的狍子皮。还用狍头皮制作两耳耸立的皮帽，并以鹿爪、狍爪制作靴子，即奇哈米。

加工兽皮的工具

第五章

古代鄂温克人的社会形态

人民群众创造的古老民间文化，可追溯到人类发展的初始阶段，从此人就生活在文化之中，它反映着人们的劳动、生活、理想和追求。人们世世代代锤炼和传承的传统文化，凝聚着民族性格、民族精神、民族的真善美，是人们沟通感情的纽带，也是民族认同的标志。

古代鄂温克人是具有悠久历史和传统文化的森林狩猎民族，早期根植于氏族繁衍、图腾崇拜，信奉萨满教，积蓄的习俗传承于民众之中，表现在人们的思想和行为中，形成一种社会形态。他们坚持氏族制度，持续时间很长，在其母系制的后期，形成一个同一的古代民族。

第一节　萨满教从兴盛到没落

人类在早期没有宗教观念，只知道自然界有益于人类，因此把自然界看得很神秘。人类对大自然，一方面表现出恐惧和软弱；另一方面抗争大自然索取食物生存。这种恐惧自然和依附自然的矛盾状态，正如列宁所说："恐惧创造了神。"[1] 而在人们的意识中形成了自然界的任何事物都有"神灵"的观念，人们崇拜自然，同时也崇拜动物，恐惧创造，成为了人类在原始社会的精神支柱。鄂温克人的祖先原始宗教信仰的形式和偶像，主要有熊、蛇、鸟类等动物。

随着人类的思维意识发展到能产生复杂幻想的地步，人们就产生了宗

---

[1]　高桥盛孝：《萨满教与古代神道》，转引自吕光天《北方民族原始社会形态研究》，宁夏人民出版社1981年版，第277页。

教观念，到了旧石器时代中期出现了宗教，即自然宗教和原始拜物教。尽管它是荒唐的、颠倒的，但它是人类原始文化的重要组成部分，奠定了人类文明的最初基石，也是人类文明发展的基础。

　　萨满教是在旧石器时代晚期，伴随氏族公社的产生出现的，并随着母系氏族公社的形成发展起来，成为了独立的原始宗教。它与母系制氏族公社相结合，实行"政教合一"制，利用古代人们"万物有灵"的观念，倡导自然、动物崇拜，控制了人们的精神世界。

　　鄂温克人的祖先非常重视萨满教，认为自然界的任何事物都有"神灵"，人死后也有"神灵"，而萨满是"神灵"的化身，她交往于人和神之间。每个氏族都设有萨满，以女性为萨满，按照"政教合一"的习俗，一般都由氏族首领兼任宗教主持人。

　　萨满教主持古代人们祭天地、敬祖先、礼鬼神等社会活动。一般在三种情况下进行：一是为人治病，二是举行祭神仪式，三是教新萨满跳神。

　　鄂温克人的祖先在母系制时期，女性萨满具有优越的社会地位，她既是氏族首领，又是宗教主持人，担负着组织生产和指挥生产的责任，关心氏族公社的生产、生活。当氏族遭到猛兽袭击时，萨满就用鼓声吓退猛兽的侵害；当氏族在狩猎中遇到困难时，萨满就用

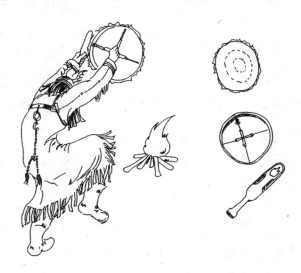

萨满在跳神　　插图：景胜

巫术求助自然给予幻想中的猎物；当氏族中发生疫病时，萨满就跳神驱逐病魔，保卫族人平安。

　　在萨满的人选上，一是世袭；二是神灵指点。在母系制时期萨满的人选只能在女人中产生，能跳神施巫术、念神祠、唱神歌的人，经老萨满领教合格后才被认可。传说："母系制时代在鄂温克人中出现过一位聪明能干的女萨满，名叫尼桑，说是神灵的化身，能登空驾云，跳神给人治病甚至起死回生。"传说得那么"神奇"，是后来人们把她"神化"了的一种

表现。在萨满教控制着人们精神世界的年代里，尼桑萨满是一个聪明、机智、勇敢的女人。萨满这一角色不是一般人能承担的，在氏族中有一定知识、聪明能干、出类拔萃的人才能担任这一角色。

萨满教是在原始狩猎经济基础上产生的，与狩猎生产紧密相连。古代鄂温克人万物有灵的观念，反映到狩猎生产上，幻想神灵给予恩赐，把希望寄托在萨满身上。萨满也经常带领族人奔波于山林中寻找猎物，为族人获取食物求得生存。

出猎前的集会，氏族人都来参加，以飞禽的五脏做动物模型祭神，萨满跳神，早期幻想"强迫"动物神赋予猎物；后期主要向祖先神祈求恩赐猎物。

在行猎时，包围大山后，萨满一边念咒，一边敲鼓，配合氏族男女老少呐喊轰撵野兽。相传有一个神话故事，很早以前，有一个氏族首领带领全氏族的人行猎，围了一个有鹿的大山后，问大家这座山有多少野兽，谁也说不出来有多少野兽。他们在山林中遇见了一个老人，这个老人对氏族首领说："这次能围住×××只野兽，狍子×××只。"等围猎结束后一核对只数，果然和老人说的一样，人们惊讶不已。后来，首领想要与老人见面时，老人已不知去向。此事在鄂温克人中传开后，都认为这个老人就是"山神"，人们认为在山林中的野兽都是山神爷饲养的，认为他是"白纳查神"，人们开始崇拜这位山神，在大树上绘山神爷像，用兽肉献祭。在行猎中，遇到高山、岩洞、卧牛石或怪石时，就认为是白纳查神住的地方。从此，人们每当出猎时，就挑选一棵大树画一个山神祭祀，祈求山神恩赐猎物，这是人们把祖先"神化"的一种表现。

在猎归后，猎获较大的鹿科动物时，由氏族首领（兼萨满）主持举行隆重的庆祝活动，全氏族男女老少都参加。一方面庆贺丰收，感谢在神灵的帮助下猎到了大动物。人们在营地搭一个三角棚，把鹿头放在三角棚上，并把鹿心切开。用鹿心血涂上祖先（小木人偶体）的嘴，把鹿心上的肥肉切成小块，用勺盛进火炭，上面放上鹿肉块及香草使其冒烟。萨满把装祖先神的皮口袋在火上挥动，使神灵和人尝到香味，共同享受胜利果实。此外人们还祈求神灵继续帮助再次猎到更大更多的猎物，在三角棚上把鹿头放在再次出猎的方向上，祈求神灵保佑再次猎到更大更多的猎物。

鄂温克人的祖先在氏族生活过程中，特别是在狩猎生产活动中逐渐适应自然，也体会到了人们自身的力量，力图从困扰自己的自然力中解脱出来，因而逐渐从动物崇拜向祖先崇拜发展，认为超乎寻常的人物是神圣的，死后也有神灵。这种非常人物，也许是该族之创业的远祖；也许是有力气而又勇敢的头目；也许是发明了某种新事物的人。这些人生前能征服自然求生存，维持本氏族内部的秩序，有功于同族人，死后往往被族人们祭祀、祈祷，以表示报功之意。

祖先崇拜产生于原始社会末期，供奉女性为"祖先神"是因为母系制氏族公社中，女性首领担负着管理氏族成员的重任，不仅和男人一样广泛参与采集、捕鱼、狩猎等生产活动，而且关心和保护氏族成员，维持氏族社会秩序，把氏族管理得井井有条，为族人做了很多有益的工作。特别是为族人解除饥饿、疾病，以及在防止猛兽袭击等方面做出过重大贡献的英雄人物，死后族人为了报答她们生前的功劳，一般都供奉为女性"祖先神"，每年举行一次隆重的崇拜仪式，以表示报功之意，祝愿其灵魂愉快，并祈求借助"神灵"依附自然求得生存，保佑族人平安。如母系制时代有一个活了一百多岁的老萨满，在生前为族人做了很多有益的事情，死后族人把她供奉为本氏族的女性"祖先神"。这不仅反映了人们由动物崇拜转变为祖先崇拜，而且也反映了母系制时代妇女的地位和作用。

萨满教是一种原始宗教，没有宗教团体组织，没有成文的经卷，也没有规范化的教义，更没有固定的活动场所，从事宗教活动无固定报酬，和凡人一样参加劳动维持生活。

古代鄂温克人信奉的萨满教，在母系制时期，政教合一，女性氏族首领兼任宗教主持人。后来，母系制过渡到父系制后，氏族首领由女性改为男性担任，政教分离，氏族首领不再兼任宗教主持人，形成了男女萨满同时并存的局面，相传有"九十个女萨满，七十个男萨满"。

由于政教分离，萨满教在氏族组织中没有了统一的主持人，而男女萨满逐渐趋于专业化，分散活动在各"乌力楞"和"毛哄"家庭公社或个人家庭中，成为了"乌力楞"萨满和"毛哄"萨满，与平民一样分散生活在氏族公社和家庭公社中，有时为人治病、教新萨满跳神，也有参与或主持人们祭天地、敬祖先、礼鬼神等社会活动。

父系制后，随着鄂温克原始社会自身经济成分的增多，私有制的产生，社会组织形式、人们的利益分配关系和分配方式的多样化，鄂温克萨满的法衣（也叫"神衣"）有了很大改进。在法衣边缀有流苏、金属实物，有专用帽子，帽檐挂彩色飘带倒垂脸上，有鹿角区分等级，还有铜铃、铃鼓等法器，在重大仪式上穿缝制有五光十色饰物的神衣敲鼓跳神。

鄂温克萨满虽然没有成文的经卷，也没有固定的活动场所，但有自己的法会，"奥米那楞"伊参（"仪式"或"会议"之意）是鄂温克萨满盛大的宗教活动。"奥米那楞"伊参选择最好的季节举行隆重的宗教仪式，由有威望有资格的老萨满主持仪式，穿法衣并戴面具，其他萨满穿法衣跳神，还找几个被治过病的人随着唱萨满曲子，这些人昼夜随着萨满在内圈活动。参加法会的男女老少围上几圈，手拉手摇摆着唱歌、跳舞。

萨满举行法会的次数多少和等级高低，从法帽上可以看出来，举行过一次的在法帽上有六个叉的鹿角；举行过两次的在法帽上有八个叉的鹿角；举行过三次的在法帽上有十个叉的鹿角；举行过四次的在法帽上有十二个叉的鹿角。

萨满教是一种社会现象，它在一定的历史阶段产生和发展，也必然在一定历史条件下消亡。正如恩格斯所说："……随着每次社会制度的巨大变革，人们的观点和观念也发生变革，人们的宗教观念也要发生变革。"萨满教早期没有阶级性，后来随着经济和社会的发展，私有制的产生，萨满教也打上了私有制和阶级的烙印。

鄂温克原始氏族社会在 17 世纪因战争卷

萨满服

入复杂多变的关系，封建意识形态渗入，受周围民族多种宗教的影响，如牧区的索伦鄂温克人受蒙古人喇嘛教（佛教）的影响，通古斯鄂温克人和使鹿鄂温克人受俄罗斯人东正教的影响，但鄂温克人仍以信仰萨满教为主，不过由于各种宗教的渗透，加上鄂温克经济门类逐渐多样化，人们私有观念增长，萨满教也受其影响，逐步改变了原来的面貌。萨满利用人们对它的信仰，由尽义务发展到收取牛马羊和钱财物，说是给人看病又无药可用，只能靠跳神。随着思想观念的进步，人们逐渐淡化了对萨满教的信仰，至此萨满教也逐渐从兴盛走向没落，只是在个别地方仍保留有残余。

　　对"萨满"这一词的含义，在史书中有几种解释：一种是"因兴奋而狂舞的人"；一种是"极为不安、流动和疯狂的人"；一种是"知者"或"神通者"（意为明白事理的人）。这三种说法，前两种是从表情和动作上解释的，后一种是从词义上解释的，说到了萨满的文化内涵，符合萨满因"知者"或"神通者"而受到人们信仰和尊敬的历史事实。

　　"萨满"一词，是通古斯语族所固有的，是通古斯语中的"知者"或"神通者"之意。是从鄂温克语中"萨满"借用来的，通古斯语各族认为，极为不安、激动和疯狂的人就要成为"萨满"，但要经过传授和一系列仪式，才能逐渐成为正式萨满。

　　"萨满"一词传入西方，是 18 世纪伴随各国列强对中国的侵略开始的。1692—1696 年沙皇彼得大帝派遣使团来中国，其中有两个荷兰人，有一个叫伊斯特的人把"萨满"这一名称介绍到了欧洲。① 此后，18 世纪下半叶到 19 世纪初，有不少外国人来我国黑龙江流域和其他地方进行"探险"和"旅行"，考察萨满教的情况，并对其进行报道。萨满教开始成为世界学术研究的新领域，到 20 世纪初已成为中外学者研究的"热门"。

　　萨满教是原始宗教之一，它是人类的思维已发展到能产生幻想时候的产物，又伴随原始氏族社会发展起来，在人类历史上持续了数万年，进入阶级社会后在有些民族中又存在了相当长时间。正如恩格斯所说的那样，"宗教不过是人间的力量采取了超人间力量的形式"，以万物有灵的观念控制了人们的意识形态，以虚幻和歪曲的方法，调节人与自然的矛盾。但它反映了人类在原始社会时期的意识形态，尽管它是荒诞的、颠倒的，但它是人类原始文化的重要组成部分，奠定了人类文明的最初基石，也是人类文明历史发展的基础。它的世界观渗透于原始社会的各个方面，渗透于人们的生产活动中，渗透于当时的社会组织中，渗透于人们的意识形态中。正如马克思曾说过的那样："要认识已死亡的动物的身体组织必须研究遗骨的结构。"那么同样，要研究人类的意识形态和社会制度，必须要研究宗教，它虽然是古人类意识形态的一种残余，但却是研究人类早期意

　　① 《东洋文化史大系（宋元时代）》，第 273 页，转引自吕光天《北方民族原始社会形态研究》，宁夏人民出版社 1981 年版，第 25 页。

识形态的"活化石"，它可以帮助我们了解人类文化发展的由来，尤其是对于研究宗教、哲学、医学、文学艺术的起源都具有重要的学术价值。

第二节　古代鄂温克人传承的习俗

鄂温克人的祖先积蓄的习俗①，与母系制氏族社会相伴而生，内涵丰富，形式多样，渗透于人们的思想和行为中，能产生最大的感召力，与狩猎和氏族生活相适应，传承于民众之中，形成习俗，即民俗文化，是我们认知历史、传承文明的文化瑰宝。

古代鄂温克人的民俗文化是粗略的，氏族公社起初只有几十人，既是大家庭又是小社会，是散居在山野里的若干自治体，是氏族成员们生产、生活的园地。氏族公社内部禁止通婚，实行氏族外婚姻制，是氏族制度中最根本的一条原则，也是氏族社会中的一个重要特征，是必须遵守的习俗。

鄂温克人的祖先长期以森林为家园，在狩猎生产和氏族生活中，在依附自然和征服自然的斗争中，各种自然现象对人们的影响，加上人们自身所产生的复杂幻想，出现的动物崇拜和祖先崇拜的祭祀活动，氏族与成员、男人与女人、长辈与晚辈之间的关系，以及人们的喜怒哀乐，都反映到社会生活中，表现为"真、善、美"与"邪、恶、丑"的社会现象，以及正义与邪恶的斗争。

鄂温克人的祖先经常回顾在实践中所获得的认识和经验，积累成为知识，逐渐成为精神财富，成为继往开来的精神动力，老年人对年轻人经常进行传统教育，讲古论今，传授生产、生活知识，内容丰富，生动感人，鼓舞斗志，催人奋进，具有深刻的教育意义，目的在于增强人们的智慧和力量，培育人们勤劳、勇敢精神，艰苦奋斗，追求真理，树立起团结友爱，尊老爱友，兄弟、姐妹相爱，助人为乐的人格魅力。

鄂温克人讲究礼节，热情好客，在语言中也没有骂人的词汇，老人们

① 在《中国民俗》一书中记载："习俗，即民俗，民俗历史悠久，与人类相伴而生，传承于民众之中，在传统社会中，一般叫'风俗'、'民风'、'习俗'、'谣俗'"等，直至1927年，中山大学成立民俗学会，创办《民俗》周刊时，才使"民俗"一词成为固定的学术名词。

也经常讲"不以规矩不成方圆"之类的话，而鄂温克人在屋内的座位都有长幼之分，其中在长幼之间最通行的礼节是屈膝"请安"（鄂语称"爱雅"或"爱罕"），年轻人见到长辈或老年人时就"请安"施礼，在屋里见到老人既请安又敬烟，后来有马以后在野外骑着马遇上老人也赶紧下马请安。

"习俗"是一种十分敏感而复杂的社会现象。随着人们思维意识的发展，鄂温克人的祖先提高了明辨是非的能力，凡是有利于人们生存和发展的事，都认为是好的而受到维护和歌颂；反之，都认为是坏的而对其防范、诅咒、抵制，这种思想逐渐发展成了分明正义与邪恶的道德观念和社会行为。在理顺各方面的关系过程中，以氏族外婚姻制为原则，人们逐渐发展出相对稳定的风俗习惯，如信仰、婚礼、丧葬、祭祀、节庆、礼仪、禁忌等习俗。

民俗的广泛存在对社会和民众的行为产生巨大的规范作用，各氏族公社为了维持氏族的生产、生活秩序和维护氏族的共同利益，建立起民主和谐的社会风气，并不断对其进行补充和深化，使之逐渐成为了具有一定约束力而人们又能共同遵守的规则，成为了氏族制度的重要组成部分，为鄂温克人的生存和发展发挥了重要作用。

从贝加尔湖沿岸的萨玛基尔、贝加尔湖与巴尔古津河之间巴尔古津山脉的巴利克基尔、上安加拉河与维提姆河之间巴翁特湖边的图鲁亚基尔、贝加尔湖东北维提姆台原高地的拉克西卡基尔等老氏族的传统习俗来看，氏族习俗具有以下特点：

（1）氏族由同一血缘关系的亲族组成，实行氏族外婚制，并举行婚礼。

（2）每个氏族都有自己的名称，一般都以动物为图腾代表自己的氏族。

（3）氏族成员民主选举年长而有经验的人为氏族首领，领导和管理氏族的事务。

（4）由氏族酋长统一指挥生产，共同劳动，平均分配，没有劳动力的家庭也能分得一份。

（5）氏族中的重大问题，由年长者组成的氏族会议决定，由氏族首领贯彻执行。

（6）氏族全体成员在萨满的主持下，每年都举行祭祀祖先和祭"敖包"等活动，祈祷祖先神灵保佑族人平安。

（7）人死后，特别是氏族首领和萨满死后举行丧礼，安葬在树上，即"风葬"。

（8）教育族人树立良好的社会道德观念，维护氏族的共同利益，遵守氏族规则。

（9）调解氏族内部发生的矛盾和纠纷，处理违规违纪的人和事。

（10）调解与外氏族之间的关系，特别注意与有婚姻关系的氏族保持密切联系。

鄂温克人数千年来在氏族公社的熏陶中所形成的风俗，是在狩猎经济基础上发展起来的，它反映了森林狩猎文化特色的生产、生活方式，并传承于民众之中，不断传播，规范人们的社会生活，树立良好社会风尚，直至成为了传世习俗。

但从母系制过渡到父系制后，随着原始氏族社会结构的变化，民族要素进一步完善，人们共同心理素质增强，社会发展，经济成分逐渐增多，封建意识形态渗透，私有制产生，社会组织形式、人们的利益分配方式多样化，鄂温克人根据所处的自然环境的不同，传承和发展了内容丰富和形式多样且具有民族性、群众性和相对稳定性的一些习俗，其中有许多健康而有益的习俗传承至今。

第三节　民族要素的形成和发展

在《黑龙江古代民族史纲》一书中记载："人类起源、人种形成、民族出现，这三者在时间上相差极远，在科学上分属自然科学和社会科学两个不同范畴，但有一定内在联系。"[1] 说明人类的出现，已有三四百万年的历史，经过了人类起源、人种形成、民族出现三个发展阶段。但形成民族的历史不足一万年，说明人种与民族有联系，但不是民族，人种以人的体质为特征，是指民族形成前的人类历史，而民族则是历史上形成的、相

---

[1] 干志耿、孙秀仁：《黑龙江古代民族史纲》，黑龙江人民出版社1987年版，第11页。

对稳定的、以各自的特征相区别的人们共同体，也就是人类社会发展到一定历史阶段的产物，它是以共同地域、共同语言、共同经济生活和共同文化上的共同心理素质及风俗习惯为特征而形成的。

有人说："大约距今一万五千年左右，窝居（鄂温克）人受赶着猛犸象的阿留申人的影响，同爱斯基摩人一道，开垦美洲大陆，现在的美国阿拉斯加州留下的窝居人语言'阿拉斯加'（'等待'的意思），为南北美洲留下了蒙古利亚人种（印第安人）。"这是一种没有区分人种与民族的说法，人类体质（人种）只能是一种参考，因为它不是民族共同体的基本特征。

其实，人类经历若干万年的长期劳动，距今五万年前进化到"晚期智人"阶段，在地球的不同地区出现了具有各种体质特征的人种。在旧石器时代晚期人种分化、语系形成，距今一万八千年时形成"氏族公社"后，人类在盛兴"群猎"过程中，由于狩猎生产的发展，经济活动范围扩大，人类逐渐向世界各地分布，在中国华中、华北的种族集团向东北、西北、西南方向迁移，寻找野生动物栖息较多的自然环境生存。加上人类自身劳动技能的进步，进入中石器时代手工业开始出现，为狩猎工具的改进提供了技术条件，人类广泛使用"弓箭"狩猎，致使狩猎生产出现了新高涨，有众多的种族类型集团分化，语系分离，分化出与语系相应的一些语族，民族处于萌芽状态。至新石器时代（距今约六七千年）民族形成，民族是由氏族发展到"部落"而形成的。

可是人类向世界各地分布时，最早在旧石器时代晚期与中石器时代之间，是从中国华北向西北阿尔泰、西伯利亚及通古斯河流迁徙的，形成北方蒙古亚种，后又分化出通古斯人种和古亚细亚人种以及与语族相应的若干分支。其中分布在西伯利亚及通古斯河流的一些氏族，形成"猎鹿人"集团，由氏族发展形成民族，形成了通古斯语族鄂温克语支，而在《黑龙江古代民族史纲》一书中记载："通古斯这一族称起源于鄂温克族，因为鄂温克人的祖先最初居住、游猎在通古斯河（今安加拉河）流域而得此名。"

斯大林在讲了构成民族定义的四个特征之后，又进一步指出："不言而喻，民族与任何历史现象一样，是受变化法则支配的，它有自己的历史，有自己的始末。"① 同样鄂温克族的形成和发展，也和任何历史现象一样，有自己的历史，有自己的发展规律，有自己的始末，也有自己的独特之处。

在鄂温克人中传说："在母系制时代，有一位老妇人担任氏族首领期间，为族人做过很多有益的事情，她活到七八十岁后说：'在共同地域内同一语言的人们都是我的子孙后代。'"她所说的同一语言的人们是指猎鹿人集团的人们，语言是族群的血脉。

猎鹿人集团，是氏族的联盟集团，以狩猎目标的一致性联结长期在共同地域内和相同的自然环境中生活的猎鹿人。他们有时候几个"猎鹿人"集团联合围猎、互相配合、共同斗争，结成了经济上的联系；不同血缘关系的氏族之间联姻，产生亲情关系，结成了密切的社会关系；在共同斗争中他们联结了血脉相连的情感，相互交流中形成的共同语言及习俗，以及狩猎生产、生活方式的一致性，渗透于猎鹿人的意识形态里，表现为共同的心理素质，形成一种巨大的凝聚力。至此"猎鹿人"集团凝聚成民族要素，基本上构成了民族定义的四个基本特征。在这个过程中出现的"鄂温 Ki（克）"名称，正如俄国学者史禄国所说："绝大多数北方通古斯语言中都有'鄂温克'名称，这不是偶然的巧合，而是说明北方通古斯语言和民族志的复合中有某种密切的关系，我有点倾向于用他们自己的名称'鄂温克'来称呼北方通古斯人……"

鄂温克名称的确立，标志着民族要素的形成，在外界似乎是在鲜为人知的情况下，鄂温克人的祖先与世无争的宁静岁月里由原始民族悄然成了一个统一的古代民族。其实不然，民族是处在不同社会发展阶段的各种人们的共同体，是社会发展到一定历史阶段的产物，正如《民族区域自治基本知识》一书中记载："处在人类社会各个历史时期的民族，依次是原始民族、奴隶制民族即古代民族、封建制民族或封建主义即近代民族和资本主义民族和社会主义民族即现代民族。"② 但民族的形成有多元性，有多种文化类型，有互包互容性，也有各自的独特之处。如古代鄂温克人走自己的森林狩猎之路，与平原河谷地带的人们天各一方，处在不同的社会

---

① 《斯大林全集》第 2 卷，第 294 页，转引自布赫主编《民族区域自治基本知识》，中国经济出版社 1989 年版，第 1 页。

② 布赫主编：《民族区域自治基本知识》，中国经济出版社 1989 年版，第 16 页。

发展阶段也同样成了一个民族共同体，并谱写了独具特色的民族历史和文化发展史。

民族要素的形成和发展，标志着古代鄂温克社会的进步，进入了世界民族之林，是鄂温克人的一大盛事。在当时的历史条件下，古代鄂温克人高兴地在森林里，在寂静的夜晚，点燃篝火，跳起环舞（即篝火舞），氏族的男女老少都来参加，跳的人越来越多，顺着太阳运行的方向转动，圆圈越来越大，舞姿活泼，矫健有力，节奏慢慢加快，转得像旋风。在这高潮中舞者和旁观者相呼应，不断喊出"伊坑①—鄂温—伊坑—鄂温"的词句，欢呼着"欢乐之火"和共同的名称。这说明"鄂温克"名称已经深入人心，并表现在社会生活中成为了进一步联结鄂温克人的心灵共同发展的纽带。这一活动又逐渐发展成为共同的民族节日——"瑟宾"（"欢乐、祥和、吉祥"之意）节。"节日"是人与人之间情感的表达，是人们对民族情感的表达，也是人对自然界情感的表达。它的出现使鄂温克人有了自己的"节日"，"节日"活动，起到了凝聚人们的思想感情、增进团结和友谊、振奋民族精神的作用。

从此以后，鄂温克人不论哪个部分都称自己是鄂温克人，虽然在南北朝以后，外界接二连三地给予了很多不同的名称，但鄂温克人把"族称"始终保留在心目中，在民族内部相互之间都以"鄂温克"来称呼，这一名称没有淹没在历史长河中。

第四节　　由口头教育向文字教育发展

人是从猿进化而来的，在进化过程中，劳动起了重要作用。劳动使猿手足分工和直立行走，人是在劳动和语言的推动下发展起来的。

正如恩格斯所说："首先是劳动，然后是语言和劳动一起，成了两个最重要的推动力，在它们的影响下，猿脑就逐渐过渡到人脑。"这说明了一个科学道理：劳动创造了人，也证明了语言是族群的血脉，但人类在相

---

① "伊坑"是指古代鄂温克人歌舞的形式，其形式主要有圈舞，猎人们在深山密林中点燃篝火围成圆圈歌舞，即"篝火舞"。敖鲁古雅的使鹿鄂温克人称"篝火舞"为"高乐不坎"（"欢乐之火"之意），意思是族人们在火一样旺盛的气氛中欢聚，和睦相处。

当长的历史时期里只有语言，没有文字，如中国到了公元前16世纪的商代才出现了比较规范的文字——"甲骨文"。

　　古代鄂温克人作为人类族群之一，同样根植于氏族繁衍，以森林为家园，走山穿林，游猎生活，只有语言，没有文字，而古代鄂温克人的教育状况如何，由于年代久远，也无文字可考证，今人是不得而知的。那么，怎么能了解到古代鄂温克人的教育呢？那就只能从原始氏族社会入手探索，因为到旧石器时代晚期人种和语系形成，进入原始氏族社会阶段，古代鄂温克人所形成的"氏族公社"，既是社会组织，又是经济组织，以氏族公社为切入点进行探索，就可以找到古人口头教育的线索。

　　可见，氏族公社是一个大家庭，是古代鄂温克人生产、生活的园地，是其赖以生存和发展的摇篮，然而氏族公社既是大家庭，又是小社会，是传授知识，教育后代的园地，其中共同劳动是传授和交流生产、生活知识的重要课堂。语族、语支的出现，语言直接发挥了口头传媒作用，古代鄂温克人长期在氏族公社中生产、生活，一代接一代在氏族公社中成长，受到氏族公社的熏陶，热爱氏族公社，维护氏族制度。

　　随着人们劳动技能的进步和思维能力的提高，加上语言的丰富和发展，鄂温克人的祖先经常回顾往事，相互间的交流增多，人们总结生产生活中的经验，积累成为知识，同时也产生了教育观念，而老年人经常以氏族公社为园地，以言传身教的形式对年轻人进行教育，讲古论史，传授生产、生活知识，年轻人也尊重老人，聆听老年人的教导。

　　古代鄂温克人的知识来源于生产、生活斗争实践，是他们在长期依附自然和征服自然的斗争中所获得的认识和经验的总和。这些知识和经验依靠言传身教，代代相传，成为人们承前启后、继往开来的精神动力。

　　在古代鄂温克氏族社会中，老人和长者具有较高的社会地位和威望，他们不仅担任氏族首领，管理氏族的生产、生活，而且经常利用集会活动、劳动间隙、休息时间，以言传与身教相结合的方式对年轻人进行传统教育。

　　老人们讲古论史，一般都以传说、故事等形式，内容丰富，生动感人，鼓舞斗志，催人奋进，具有深刻的教育意义。在鄂温克人中流传有一句格言：

　　老人不讲古

　　后人离了谱

　　意思是老人不讲历史、不讲传统，后人就迷失方向，走错路，做错事。

　　老人以言传身教的形式，对不同的对象，采取不同的内容和方法，经常讲、反复讲，主要以启发、诱导、讨论的方法，提倡自己思考和实际操练，目的在于增强人们的智慧和力量，培育人们勤劳、勇敢的精神，引导人们走正路，艰苦奋斗，追求真理，树立起团结友爱、尊老爱幼、助人为乐的人格魅力。

　　后来，随着鄂温克经济和社会的发展，原始氏族社会结构发生变化，母系制过渡到父系制后，由于人口的增长和驯鹿驯养业的发展，经济活动范围扩大，氏族组织发生变化，氏族属下出现了"乌力楞"家族公社和若干小家庭（户），而鄂温克族社会组织形成了"氏族组织—家族公社—家庭"三个层次。从此，教育形式和方法也随之发生变化，在三个层次中，家庭教育逐渐成为基础，使孩子从小就受到父母亲的启蒙教育，以事明理，辨别善恶，养成良好的道德观念，孩子们还通过参加各种社会活动受到氏族组织和家族公社长老们的教育。

　　古代鄂温克人长期处于原始氏族社会阶段，滞后于时代步伐，进入文明时代以后的 17 世纪末叶才进入接受文字文化教育阶段。在清代康熙三十四年（1695 年）朝廷令黑龙江将军萨布索，于墨尔根（今黑龙江省嫩江县）设学校、设助教官，在索伦（鄂温克）、达斡尔每佐领下选一儿童，学习满文。这是鄂温克族有史以来，由口头传授知识转变为官办学校接受文化（文字）教育之始。

　　文化是民族的灵魂，文字是人类思想的载体，民族的进步和社会的发展离不开文字，文字的力量不可低估，文字使人们增长知识，可以认知历史、认知世界，也可以记述民族和社会发展史，还可以表达人们心中的理想、信仰、追求及喜怒哀乐，使语言在笔下生辉。

　　清统治者在墨尔根办学以后，于乾隆九年（1744 年）在齐齐哈尔、黑龙江（瑷珲）城各设一所学校。清光绪三年（1877 年）在呼伦贝尔索伦左翼衙门所在地今巴彦托海（亦称南屯）办了一所小学，从齐齐哈尔聘任教师，以满汉文字教授本部子弟十余人。光绪三十一年（1905年）在布特哈又设初级师范预科一处，西布特哈（今尼尔基）设小学一所，八旗各佐领选送一名子弟读国书。课程分文武两科，文科授以圣谕广训及大清律四书五经等，武科则学武艺骑射技术。

清光绪二十七年（1901年），沙皇俄国修筑中东铁路时，我国开办学堂之风传到呼伦贝尔地区，索伦左翼镶黄旗（今鄂温克族自治旗巴彦嵯岗苏木）鄂温克人贵福，自幼聪明，好学上进，拜师学到了满文，曾在呼伦贝尔副都统衙门任过笔帖式（秘书），在自己的家乡莫和图村走家串户宣传开办学堂的意义，达斡尔族牧民成吉带头出资，开办的学校人们称为"嵯罗柱"（石头房之意），贵福亲自担任教学，主授满文，后来在贵福的提议下，从布特哈地区聘请一位达斡尔人贺希布来加授汉文课程。

这所学校是巴彦嵯岗人在有识之士的倡导下大家出资献畜造的，也是呼伦贝尔索伦八旗鄂温克、达斡尔人自己创办教育之始，为当地鄂温克、达斡尔人子弟学习识字创造了条件，也为偏僻落后的草原乡村开启了"文化之光"。

还有民国年间，达斡尔名人郭道甫回故里莫和尔图村，由其父荣禄出资献畜，开办了一所男女生兼收的学校，鄂温克副总管达门达动员民工修建，对其给予了大力支持。

到了日伪时期，在少数民族地区虽然设了一些小学、中学，但是为了进行奴化教育，主要以日文为主兼授蒙、汉文。

我国从解放战争时期开始，党和政府采取一系列措施，发展文化教育事业，加强领导，充实教师队伍，使初级教育和中等教育有了很大发展。

第六章

驯鹿驯养业的出现和发展

驯鹿是环北极动物，属于北极鹿家族，是唯一雌雄都长角的鹿种。驯鹿分布于欧洲、亚洲和北美洲的北极、亚北极和泛北极生物区系的苔原、山地和林区中。

人类社会历史发展到青铜器时代。[①] 世界上最早进入青铜器时代的是西亚和埃及等地，始于公元前 3000 年，青铜器的出现对于改进生产工具、提高生产力起到了划时代的作用。

驯鹿驯养业据考证始于青铜器时代，在地球北半部适合的自然、地理条件下，不同时期先后发生在不同的部落、部族中。

现在，全世界共有 20 多个民族驯养驯鹿，人口达 10 万人左右，总计有 250 万头半驯养式驯鹿。

那么，鄂温克人的驯鹿驯养业在古代什么地方、在什么时候，是怎么发展起来的呢？生产的发展，取决于生产工具的改进，青铜器在中国始于公元前 2000 多年前，在贝加尔湖附近及叶尼塞河流域也出土了我国中原类型的各种器物，尤以青铜刀和弓形器最为典型，其形制和河南安阳出土的完全相同，青铜矛也完全一样。这一特征表明贝加尔湖地区和我国中原文化的共同性和整体性在青铜器时代就已形成。我国公元前 17 世纪的商代青铜器高度发达，此时有的地区处于原始社会末期，有的地区已进入奴隶制社会。

青铜器的出现促进了生产力的发展，具有敬业精神的古代鄂温克人使用青铜器箭镞和扎枪头狩猎，大大提高了杀伤力，猎获物就多了，开始有了剩余兽肉，人们把剩余的肉切成条晒肉干，储存起来；有的人活捉野生

---

① 曲钦岳主编：《当代百科知识大词典》，南京大学出版社 1989 年版，第 109 页。

驯鹿崽带回来饲养，只是作为储存食物的另一种形式，数日后再宰杀吃。古代鄂温克人在长期以鹿科动物为目标狩猎的过程中，发现野生驯鹿集群活动，它们性情温顺，有依附于人、接近人、闻声而来的特性，而且头上长着大角，分枝很多，非常美丽壮观，深受猎人们喜爱，因此鄂温克人早就有了驯化其为家畜的意向。

由于狩猎生产工具的改进和狩猎生产效率的提高，有了剩余兽肉，猎人发展到能够支配野生动物的时候，已经具备了驯化动物储存活食物的条件。在俄国伊尔库茨克博物馆收藏的安加拉河流域出土的驯鹿化石和刻于赤色砂岩上的狩猎驯鹿图，以及在贝加尔湖附近山林花岗岩中形成的溪谷上长有驯鹿食用的苔藓，不仅说明了野生驯鹿早就广布于贝加尔湖周围山林中，而且也刻画了贝加尔湖一带古代森林猎人猎取野生驯鹿的生动场面[1]，正如使鹿鄂温克人所说："我们的祖先早就知道驯鹿，在猎取野生驯鹿为生活资料来源的活动中就熟悉了野生驯鹿的习性和活动规律，而我们的祖先在女人当首领的时候（母系制时期）

古代鄂温克人在喂养驯鹿崽　　插图：景胜

就有了驯养的驯鹿。"这说明在母系制时代的后期，最迟在公元前1600年我国青铜器高度发达的时期里，贝加尔湖一带的加洪莫根（八个猎人）在狩猎时，捉住六个野生驯鹿崽，带回来放在栅栏内，有意用苔藓喂养成了家养驯鹿。古代鄂温克人依靠自己的智慧和力量，创造的动物

----

① 吕光天：《北方民族社会形态研究》，宁夏人民出版社1981年版，第140页。

驯养业是一个壮举，又一次推动了鄂温克社会生产力的发展，是在鄂温克社会经济发展史上的第二次飞跃，鄂温克社会进入了狩猎和养鹿相结合的第二个发展阶段。

古代鄂温克人之所以能够驯化和饲养驯鹿，是因为猎人和驯鹿都具备了驯养的条件：一是驯鹿习惯以集群活动，性情温顺，生来有依附于人的特性，喜欢接近人，爱食盐，闻声而来；二是驯鹿以苔藓为食，而苔藓必须有适合生长的自然环境，没有苔藓的地方驯鹿不可能生存，而鄂温克人正是游猎于苔原山林中，便于驯化和驯养驯鹿；三是鄂温克猎人在长期追逐野生驯鹿狩猎的过程中观察和掌握了野生驯鹿的习性和活动规律，能够驯化和饲养驯鹿，也便于将狩猎和驯养结合起来，两全其美。

从此，驯鹿分为两种：一种是人们驯养的驯鹿，鄂语称"奥茸"，属于保护之列，不能轻易宰杀；另一种是野生驯鹿，鄂语称"索格召"，仍然是被猎取之列，猎人有时以驯养的驯鹿引诱野生驯鹿过来乘机刺杀。

驯鹿有丛林带特点，以苔藓（奥靠）和植物嫩叶为食，善于在冻土带森林、沼泽、深雪中行走，仅限于生长苔藓的地带生存，自己觅食。

鄂温克人把驯化过来的驯鹿称"奥茸"，俗称"四不像"，角似鹿非鹿，头似马非马，身似驴非驴，蹄似牛非牛。驯鹿不论雌雄都有角，故亦称角鹿，大角有时可达到15公斤以上，分枝很多，非常美丽壮观，是它生命的精华，驯鹿一般能活到15—20岁。

驯鹿浑身是宝，用途极广，其功能一是役用，可乘骑、驮运、拉爬犁，是个"森林之舟"；二是食用，肉细嫩、鲜美，奶香甜、营养

驯养的驯鹿在宿营地

价值高；三是药用，其茸、鞭、尾、胎、筋均是名贵药材；四是衣用，皮可加工精制皮衣、裤、靴子。

驯鹿驯养业的出现和发展，是天赐良机，继使用"弓箭"后，在鄂温克族的发展史上具有划时代的意义，并产生了极大的经济效益和社会效益。正如恩格斯所说："家畜的驯养业，和畜群的繁殖，创造了前所未有的财富来源，并产生了全新的社会关系。"[①] 驯鹿是鹿科动物中的精英，古代鄂温克人从大自然夺得了部分主动权，第一次有了可支配的动物，成为了食物的生产者，有了比较稳定的食物来源，也有了可乘骑、驮运货物的交通工具，方便了猎人们游猎于数千里的山林中，而驯鹿被人们称为"森林之舟"、"神兽"。

驯鹿驯养业是在狩猎经济基础上产生的，又是在狩猎经济和氏族社会框架内发展的，为鄂温克氏族社会注入了新的经济成分，使生产力与生产关系更加适应，成为古代鄂温克社会经济可持续发展的动力。

驯鹿既是生活资料，又是生产资料，史禄国在《北方通古斯社会组织》一书中对驯鹿的使役作用做过这样的描述："驯鹿在林区的用途是无可比拟的。它可以用来乘骑、驮载。它的脚步平稳、轻松，没有任何粗暴的行动，所以乘骑者不致感到疲劳。它是那样的轻捷，那样的与林区相适应，乘一头好驯鹿一天可以行走 50 英里。如前所述，驯鹿可以毫无困难地在沼泽地上行走，也可穿越灌木丛，踏过碎裂的山岩和倒木，也不易跌倒。它在 1 岁以后就可以驮载，可驮 30 公斤，成年雄驯鹿可驮 65 公斤以上，甚至 80 公斤，而未成年雌驯鹿可驮 30—50 公斤。"[②]

古代鄂温克人从此有了两个得力助手，一个是驯鹿，一个是猎犬。驯鹿成为了猎人出猎时乘骑、驮运货物的交通工具，使猎人游猎于数千里山林中；猎犬嗅觉灵敏，善于发现休息的野兽，主人未赶到时就盯视野兽，阻止野兽逃跑，当野兽受伤后逃跑时可追赶至几十里外，把野兽咬死或咬断它的腿。所以猎人们常说：

①　恩格斯：《家庭、私有制和国家的起源》，载《马克思恩格斯选集》第 4 卷，人民出版社1995 年版，第 48 页。

②　［俄］史禄国：《北方通古斯的社会组织》，吴有刚、赵复兴、孟克译，内蒙古人民出版社1984 年版，第 44 页。

有一只驯鹿，

有一条好猎犬，

打猎时特别省劲。

驯鹿可乘骑驮运货物，

猎犬阻止野兽逃跑，

猎人便于游猎于山林中。

古代鄂温克人的狩猎生产发展成为猎人、弓箭、驯鹿、猎犬的有机结合，出现了少数几个人合伙行猎或单人行猎的可能，是在狩猎生产上的一大进步。

驯鹿是半野生状态，多在野外放养，靠自己觅食，其主要食物是苔藓和蘑菇之类的植物，而经营者为了保证充足的饲料来源，经常更换放养点，驯鹿也几天就回一次放养点，经营者给喂盐；夏天点烟火驱蚊，接羔，割鹿茸；交配期将鹿分圈，提高交配成功率。还要预防疾病和狼害造成的损失。

驯鹿属于北极鹿家族，它是林海雪原中的精灵，它处在西伯利亚独特的地理环境中，冬天气温一般在-40℃至-50℃。冬长而冷、夏短而凉的山林地带经营驯鹿十分艰苦，可是具有敬业精神的鄂温克人不怕天寒地冻，长期在林

骑着驯鹿出猎

中没膝的深雪中循环经营驯鹿，与大自然和谐共存，成为了驯鹿的主人，与驯鹿建立了非常密切的关系，结下了"不解之缘"。驯鹿也成为了鄂温克人的伙伴，他们给驯鹿起名字，并给它戴上铜铃，还为了防止疾病发生把弯曲的柳树条当做"阿隆神"挂在驯鹿脖子上，更不能轻易宰杀。驯鹿成为了鄂温克人的掌上明珠，从物质到精神，渗透到鄂温克人的心灵中，它是鄂温克民族的吉祥物。

　　在其母系制的后期，民族要素的形成，鄂温克名称的确立，加上驯鹿驯养业的出现，不仅给古代鄂温克人增加了新的经济成分，而且使鄂温克经济转变为狩猎和养鹿相结合的经济，这一种新的生产力继续推动着鄂温克社会向前发展，致使母系制过渡到父系制氏族社会。

第七章

母系制向父系制过渡

原始氏族社会，初为母系制，后为父系制，是分为两个阶段发展的，从母系制过渡到父系制，不仅是一件极其重大的事情，而且也是一个十分复杂的过程。

第一节　人口与婚姻关系

生育和生存是人类必备的两大要素，它涵盖了人类社会存在、发展的全部意义，因此，人类在早期就重视血缘、家庭、婚姻关系，认为婚姻是人类生存和发展的重要因素。从感情观点看，性关系产生爱情和欢乐；从生理观点看，性关系使女性妊娠，生儿育女，这说明婚姻关系对于人类生产、人口发展至关重要。

人类早就把婚姻关系视为具有社会意义的行为，关系到人口的延续和增长，而把"血缘家庭"内部婚配关系认为是乱伦，是不道德的行为，因而在形成氏族公社之初就禁止了兄弟姐妹之间的婚姻，实行氏族外婚姻制，建立了新的婚姻关系。

氏族外婚姻制，是母系制氏族公社的一个重要特征，也是氏族制度中最根本的一条原则，是各氏族集团必须尊重和遵守的社会规范，也成为了各氏族集团之间相互交往的纽带，而各氏族集团的经济和社会活动必须适应氏族外婚姻制的需要。鄂温克人的祖先最初主要是供奉自己氏族的"舍卧刻"神，后来为了标志不同血缘氏族集团的记号，以区别不同的氏族，各氏族从他们崇拜的各种动物中选择一种动物为自己氏族的"嘎勒布勒"（"根"之意），即图腾①，而图腾不仅是一个血缘共同体和经济共同体统一的标记，也是标示婚姻单位的重要标志。如媒人到女方家后，女方家首先必须问清是"什么氏族、什么图腾"，如果求婚者是不同图腾的人一定要表示婚姻态度，否则，绝不能答应。这说明不同血缘氏族之间的区别是以不同的图腾来表现的，也说明图腾在母系制的初期对保证实行族外婚姻制起到了重要作用。

但是，由于氏族内部不允许通婚，加上婚姻规则之严格，有时候也出现男女比例失调现象，婚姻常常成为一个难以解决的问题。因此，调整人们的婚姻关系，始终是氏族的主要职责之一。因为鄂温克人口发展缓慢，而非常关爱人生，对于希望成为人口众多民族的鄂温克人来说，增长人口数量就成了最重要的问题之一，而增长人口数量的关键是婚姻问题，主要是以自然增长的方式来实现，这就要鼓励每对夫妇多生子女，并关心儿童的成长；各氏族为了促进人口的增长，与有婚姻关系的氏族之间保持密切关系；帮助已到婚姻年龄的男女青年找配偶；帮助结婚的男女操办婚事；为找配偶有困难的男子设法找到合适的女子；对养育孩子有困难的家庭在经济上给予补助。

如果在人口中出现男女比例失调，或者因女方家长提高条件而出现难题，经氏族出面调解也无效时，经历过若干代子孙的老氏族可以考虑分开，扩大通婚的范围。这说明鄂温克人出于促进人口发展考虑，宁肯把氏族分开也不影响婚姻关系，更不能因为婚姻问题影响人口的发展。

但是，氏族公社内部禁止通婚。实行氏族外婚姻制，不仅是氏族公社必须遵守的一条根本原则，而且是在氏族成员们长期的生产、生活中形成的一种必须遵守的习俗。在母系制的初期，人类乃至鄂温克人的祖先不一定懂得生理科学道理，可是实行氏族外婚姻制的结果，在客观（实际）上已经禁止了近亲结婚。从现在的遗传学来看这种行为是正确的，不仅对人们的身心健康有利，而且在漫长的历史长河中，对提高鄂温克族人口素质产生了积极作用。

人的智力是人口素质的重要方面，俄国学者史禄国说过："我在通古斯

---

① 《华夏五千年》一书中记载："图腾是美洲原居民印第安人语。原始部落往往认为自己与某种动物有亲族关系，而用它做本部落或氏族的象征，叫做图腾。"参见沈起炜主编《华夏五千年》之"先秦秦汉"，上海辞书出版社1997年版，第31页。

各集团中，都遇到过特别聪明的人，其中有男人，也有女人。热爱知识、好钻研、好奇心是通古斯人的一般特征。通古斯人是一个心胸开阔的民族，他们把自己的知识和兴趣不局限于某一方面，在学习外语、学习和借用外民族的知识方面具有非凡的才能。因此，通古斯人的个人智力平均水平要比许多其他民族集团高，但就绝对智力来说，通古斯人当然要低于发达民族单位，可是相对智力在人口中所占比例，可能要高于其他民族集团。"

第二节　母居制转变为父居制

母系制氏族公社，在婚姻关系上是母居制，即对偶婚。随着母系制氏族社会的发展，母系制向父系制过渡，是人类社会发展的必然趋势，引起变化的原因，主要是经济的发展，也有婚姻关系本身的原因，主要是把母居制转变为父居制，建立起父系制氏族社会。

人类社会在新石器时代，开拓新兴产业后，随着生产的发展，男子逐渐在农业、畜牧业和制陶手工业等社会生产中占据主要地位；女子则转向从事纺织、缝纫、养儿育女等家务劳动，降为从属地位。

于是，对偶婚家庭逐渐成为了一夫一妻制家庭，就这样，在中华大地上的先进地区的人们，在距今约 5000 年前时，由母系制进入了父系制氏族社会。

一夫一妻制家庭的形成、私有制的产生、阶级的出现，推动了部落的混合与同化，部族共同体形成始于距今约 4600—4700 年前的黄帝①时代。

---

①　黄帝是姬姓部落的首领，号轩辕氏，也号有熊氏。姬姓部落原居住在陕北和甘肃东部一带，后来逐渐向东发展到大河南北。炎帝是姜姓部落首领，号烈山氏，也就是神农氏。姜姓部落原居住在姜水（今陕西的岐水）流域，后来也逐渐向东发展，与姬姓部落发生冲突，导致了阪泉（今河北涿鹿东南）之战。

在阪泉之战，黄帝得胜后，与炎帝结成联盟，以后姬、姜两姓一直保持着密切关系。

这时，东夷的一支九黎，以今山东为中心，在北至辽东、南抵淮北、西达豫东的广大地区中，散布着许多夷人部落，总称东夷。其首领蚩尤从今山东省西南部向西发展，和炎、黄集团冲突，发生了涿鹿之战。

蚩尤很能打仗，黄帝与蚩尤交战，初战吃了亏，最后才取得胜利，杀了蚩尤。

黄帝取胜后，势力更加强大，打破了氏族、部落的界限，各诸侯都尊轩辕为天子（部落联盟首领），慢慢形成了以黄帝族为主体的华夏族。相传，黄帝死后葬在陕西黄陵县北面的桥山上。现今陵墓修葺完好，四周古柏成林，郁郁参天。

参见曲钦岳主编《当代百科知识大词典》，南京大学出版社 1989 年版，第 76—77 页。

鄂温克人的祖先则不同，他们一直在森林中游猎生产、生活，母系制氏族社会发展缓慢，持续时间很长，滞后于时代步伐，进入父系制氏族社会时间较晚。

那么，古代鄂温克人的母系制氏族社会是在什么时候、怎么样过渡到父系制氏族社会的呢？

古代鄂温克人由母系制向父系制过渡经历了比较复杂的过程，因为鄂温克人的祖先所形成的"氏族公社"是散落在山野里的自治体，每个氏族一般只有几十人，在深山密林中走山穿林，风餐露宿，共同劳动，共同消费。由于狩猎生产在生活资料的获得上的不稳定性，以及在山林中要防猛兽袭击，氏族成员们认为只有在氏族公社中生活才有靠山，生命有保障；加上一代接一代在氏族公社中成长，受到氏族公社的熏陶，他们与氏族公社有了深厚的感情，也习惯了氏族公社的生活，每个人都把自己的命运与氏族公社联系起来，维护氏族制度，尊重和遵守氏族公社的各项规则，恪守纪律。

在鄂温克氏族社会中，母系制持续时间最长，在漫长的母系制时期里鄂温克人坚持母居制，但男人嫁给女人让男人感到很为难，于是出现了"抢婚"之风。正如在鄂温克人中传说的那样："很早以前，结婚都是男人嫁给女人，但年轻男人不肯留在女人家里，常常往回跑。后来出现'抢婚'之后才改为女人嫁到男人家里来居住的"。这种"抢婚"之风，没有任何彩礼和仪式，背着女方家族，夜间偷偷把姑娘抢回男人家里。其实往往是在女方同意之下进行的，对女方家族绝对保密，事成之后才带着礼物到女方家，以得到女方家的认可。这时女方家无可奈何，姑娘已经走了，不管愿意不愿意也只好认可。

"抢婚"之风在客观上起到了一些把母系制转变为父系制的过渡作用，但主要还是由于在青铜器时代驯鹿驯养业的出现，使男人成为了驯鹿的所有者，既狩猎又养鹿，为氏族社会由母系制过渡到父系制提供了物质基础，决定了男女经济地位的转化，使男人在经济上处于支配地位，从而促进氏族社会结构的变革，鄂温克社会由母系制过渡到父系制。这标志着男女之间社会地位的变化，但不是氏族制度的变更，也不是氏族外婚姻制的变化，只是调整氏族公社的管理机制，氏族首领由女性改为男性，在氏族公社的会议中男性有了更多的发言权和表决权。但男人当萨满之事，遭到了母系制社会习惯势力的抵制，女人不愿意放弃萨满教领域，所以经过相当长时间的斗争和磋商，采取男女双方都能接受的措施，才同意了男人当萨满。其条件一是允许男女都可以当萨满；二是女人出嫁后可以继承原女方氏族的萨满，允许不定期地回原氏族进行跳神活动；三是政教分离，氏族首领不再担任宗教主持人。鄂温克氏族社会进入父系制后女性萨满还相当多，相传有"九十个女萨满，七十个男萨满"，形成了男女萨满同时并存的局面。这种局面伴随父系制氏族社会延续很长时间，出现了"一位叫普卡特的男英雄与一位万能的女萨满结为夫妻"的佳话，还相传姐妹俩都当了萨满的故事。

母系制向父系制过渡主要是把母居制转变为父居制，建立起父居制为基础的父系制氏族社会。但改变长期在母系制社会里形成的婚姻观念、婚姻习惯，不是那么容易的事情。女人在母居制时所保有的自由和财产继承权，与男人的经济地位和权势发生了矛盾，女方家族要求男方给予补偿，而各氏族之间、男女双方家族之间经过协商，采取了男女双方都能接受的婚姻形式，一般有三个程序：一是订婚，由男方父母或媒人带上彩礼到女方家求婚，同意了就订婚；二是送"彩礼"，男方带上驯鹿（后来变为牛、马）当"彩礼"到女方家，商定结婚日期，女方家有时留下女婿与姑娘同居几天，这是一种留恋母居制的表现；三是结婚，把女方的姑娘嫁到男方家，搭盖新撮罗子为洞房，女方也以驯鹿为嫁妆陪嫁，纳入本氏族为成员，男方办婚宴，请亲朋好友来助兴，招待好女方家的客人。

在订婚时，男方以送礼的形式给女方礼物，逐渐成为了"彩礼"制度。但不是女人的身价，是一种习俗。

驯鹿驯养业为彩礼制度的形成提供了物资条件，以驯鹿当彩礼，同时女方嫁妆也用驯鹿。如出嫁的女子也用 10 只驯鹿陪嫁，实际上把男方给女方的 10 只驯鹿以陪嫁的形式带回来，成为了一夫一妻制小家庭的个人财产，从而助长了人们的私有欲望，开始产生了私有观念，鄂温克社会的私有制也从此开始萌芽。

父系制后，古代鄂温克人仍以原始氏族社会形态，坚持狩猎经济和氏族制度。男人们发挥更多的智慧和力量，在女人们的积极配合下，狩猎和养鹿相结合，形成新的生产力和生产关系，而在父系制氏族社会向前发展的过程中也发生了诸多变化。

母居制转变为父居制，一夫一妻制家庭的形成，促进了人口的发展，有些氏族由起初的五六十人发展到一百多人，从而引发了氏族组织的分化，但它们没有像其他民族那样向"部落"方向发展，相反为了调整婚姻关系上出现的矛盾以及便于管理和使用驯鹿，老氏族从自身分化出新氏族，有的老氏族中分化出了氏族属下的若干"乌力楞"（"子孙们"之意）家族公社，少则五六个帐幕，多则十一二个帐幕，有新玛楞（家族长），也有自己的萨满，而老氏族就成为了大氏族，首领称"基那斯"。

父系制确立后，男人以打猎为主，女人以管理家务为主。这种分工要求夫妇持久地结合，妻子长久地固定在丈夫的家族内，从而出现了夫妇及子女长久结合在一起的一夫一妻制家庭。

从此，鄂温克族的社会组织形成了氏族组织—家族公社—家庭（户）

氏族属下出现的"乌力楞"帐幕

三个层次，不仅有了婚礼、丧葬、祭祀、禁忌、节庆、礼仪等习俗，而且有了形式多样、具有森林气息的娱乐活动，倾诉他们的喜怒哀乐，以及人生的感悟和祖辈的传说。

鄂温克是一个能歌善舞的民族，在当时的山林里游猎生活条件下，歌舞不是同时发生的，是先有舞蹈、后有民歌的。相继出现的舞蹈有：篝火舞、黑熊搏斗舞、艾达日舞等，在当时只是手舞足蹈，只有脚步声、呼应声，没有唱词。

第八章

鄂温克人从发源地向外扩散

世居贝加尔湖一带原始森林中的古代鄂温克人，在青铜器时代，由于驯鹿驯养业的出现和发展，逐渐从母系制过渡到父系制。由于狩猎与养鹿相结合经济的发展、民族要素的进一步完善、人口的发展，鄂温克社会进入了一个新的发展阶段，以驯鹿为交通工具，逐渐从贝加尔湖地区向外扩散。

第一节　鄂温克人向外扩散的经过

鄂温克氏族社会由母系制过渡到父系制后，由于男人处于支配地位，狩猎与养鹿相结合经济发展，民族要素进一步完善，人口增长，需要进一步扩大驯养驯鹿和狩猎生产活动的范围。古代鄂温克人以驯鹿为交通工具，逐渐从贝加尔湖地区向外扩散，大约从东汉初年，即公元 1 世纪开始，有些氏族联合起来，分为若干部分（鄂语称"梅音"），朝着不同的方向，走山穿林，渡江（河）越岭，风餐露宿，边狩猎边

贝加尔湖乌兰乌得一侧　摄影：崔显义（1998 年）

前进，走了很长的路，向西沿通古斯卡河（安加拉河）、叶尼塞河至鄂毕—额尔齐斯河谷；向北沿维季姆河、勒拿河至北冰洋，再向勒拿河以东至鄂霍茨克海及堪察加半岛，向东贝加尔湖以东至黑龙江上游、外兴安岭，再由外兴安岭以南的精奇里江（结雅河）流域地区广袤的山林地带游猎生产、生活，而在西伯利亚的大部分地区和远东部分地区形成了"大分散、小聚居"的分布格局。

其实，在贝加尔湖沿岸及其东北部的森林地带仍有很多使鹿鄂温克人在原地生产、生活，如萨马基尔老氏族就居住在贝加尔湖岸边，在湖里捕鱼为生；在巴尔古津河与贝加尔湖之间还有老氏族巴利克基尔、利玛基尔、乔勒考基尔、泰普考基尔，以及嘎勒乔尔和阿西瓦特等十几个氏族在那里狩猎并驯养驯鹿为生；巴尔古津河、上安加拉河和维提姆河流域，以及巴翁特湖和奥伦湖之间还散布有很多鄂温克人。

苏联《西伯利亚及远东地区各民族》一书中记载："在西伯利亚地区众多少数民族中，鄂温克是分布最广而人口较多的民族……他们所处的面积近似于西伯利亚地区的百分之七十和苏联远东地区的四分之一……分布在图门斯卡雅、托斯卡雅、克拉斯诺雅茨克、伊尔库茨克、其了茨克、阿穆尔茨克、布利亚特自治共和国、雅库特（今萨哈）自治共和国、卡巴洛夫茨克、萨哈连茨克、赤塔州等地。现在这些地方由于俄罗斯人、雅库特人、布利亚特人的增多，鄂温克人已处于少数。"

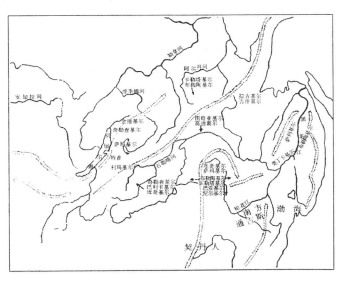

北方通古斯氏族的迁徙

鄂温克人是当时在西伯利亚地区分布最广的民族，有人估算过在西伯利亚地区的 1000 万平方公里中，鄂温克人的足迹遍布 700 万平方公里，占到西伯利亚地区总面积的 70%。这是在鄂温克族历史上前所未有的大迁徙、大分散，如此巨大的变化，真可谓是一个奇迹。之所以能够向四面八方扩散，是狩猎经济与驯鹿驯养业相结合的结果，是具有敬业精神的古代鄂温克人长途跋涉、艰苦奋斗的结果。

但从民族的发展来看，人口很少的少数民族如此大分散小聚居，制约着本民族的进步和发展。各氏族之间相隔较远，不便相互交流，共同的语言和习俗不易得到补充和发展；加上所处自然、地理环境的不同，以及其他民族经济和文化方面的影响，在生产、生活方式上产生差异，逐渐削弱了本民族的原生态特征。

其一，从《中国跨界民族》一书中得知，古代鄂温克人从贝加尔湖向外扩展时，其中有一支鄂温克人在扩展过程中被称为"拉姆特人"，因来自"拉姆湖"（贝加尔湖）而得此名。可是他们向东西伯利亚扩展过程中逐渐分成许多方言和某些民族学特征上互不相干的若干集团，原"拉姆特人"成为"埃文人"部族集团，分布在勒拿河以东的雅库特（今萨哈）自治共和国东北地区、马加丹州鄂霍茨克海沿岸北部、堪察加州的半岛北部以及楚克奇民族区西部。后来，埃文人又有变化，在雅库特和楚克奇的埃文人仍称"埃文人"，在鄂霍茨克海沿岸的埃文人则自称"奥罗奇"（"养鹿人"的意思），在加丹州定居的埃文人自称"梅内"（"住在一个地方"的意思）。

其二，在《西伯利亚及远东地区各民族》一书"鄂温克人"一章中记载："鄂温克人除在苏联以外，还在中国东北地区以及蒙古国的爱罗河支流一带居住。"最近从鄂温克族自治旗锡尼河东苏木其布钦氏、斯仁道力玛二人《通古斯鄂温克文化的体会》一文中得知，蒙古国学者博·仁钦在研究通古斯语言的著作中说："在蒙古国居住着不少通古斯鄂温克人，在车臣汗的宝音德力格尔旗、公朋苏格斯仁旗、扎萨克达西丹达布旗和公官楚克斯仁旗有一千多通古斯鄂温克人，还在哲布尊丹巴活佛众弟子中有八百多名通古斯鄂温克人，主要生活在伊罗河流域。"

博·仁钦先生还说："二十世纪在蒙古生活的通古斯（哈木尼坎）鄂温克人，已经是蒙古化，几乎听不懂本民族语言，其语言已经到了消亡的境地，他们虽然和蒙古人一样创作传唱丰富多彩的歌曲，可是在歌词中没有一句本民族语言，而是全用蒙古语创作的，但从曲调方面听出一点与蒙古歌曲不同的独特的韵味。"

第二节　向外扩散后的生产、生活

　　古代鄂温克人向外扩散的方向和经过各不相同，但都没有走出大森林，还是在浩瀚的大片原始森林中，各自找到了空间广阔而资源丰富的森林地带落脚，重建家园，拓宽了驯养驯鹿和狩猎生产活动的领域。

　　向西北方向扩散的鄂温克人远涉西伯利亚地区各处，有的散落在叶尼塞河和勒拿河之间世界最大高原之一的中西伯利亚地区，与贝加尔湖地区一样，这里气候寒冷，冬长而冷、夏短而凉，无霜期短，一般在 70 天左右；可是森林茂密，河流众多，野生动植物资源丰富，还有驯鹿食用的苔藓类植物，而人甚壮健，惯走山林，颇耐劳苦的鄂温克人则认为可以通过狩猎、捕鱼和采集业，从大自然索取天然产物，直接受益，求得生存的良好空间。

　　猎人们在新的自然环境中，仍以森林为家园，以"氏族公社"为社会单位，以"乌力楞"家族公社为经济实体，自力更生，艰苦奋斗，边狩猎边驯养驯鹿，吃兽肉，衣兽皮，住在伞形的"仙人柱"即撮罗子里。

　　鄂温克人从远古起一直使用"弓箭"和扎枪猎取鹿科动物为生活资料来源，冬天在雪深没膝的高原地带，夏天在纵横交错的河谷地带，但安加拉河（通古斯卡河）、鄂毕河（全长 4070 公里）、叶尼塞河（全长 4130 公里）、勒拿河（全长 4320 公里）、

猎人乘桦树皮船在河里打鱼　插图：景胜

黑龙江等几条大江大河不便涉水从事渔猎生产，于是，具有敬业精神的古代鄂温克人从实际出发，群策群力，依靠自己的智慧和力量，创造了狩猎、捕鱼生产时用的配套工具，使狩猎生产方式有了创新和发展。

　　夏季，在大江大河流域依山傍水居住的人们，继续使用早期创造的

"桦树皮船"（鄂语称"佳乌"）的同时，为了便于涉水，他们以木材制作木船。如勒拿河流域的鄂温克人制作的木船有三种：一是在大江大河上渡水、捕鱼时，用木板衔接的地板船，顺大河下行或横渡时，用木板或以原木连接成的木排；二是如临时渡水时，用杨木抠制的独木船；三是以木做架（平时放在河边），出猎时把驼鹿皮在框架上展开制成的皮船，叫木热克。

冬季，古代鄂温克人为了便于在寒冷的雪原中游猎生产、生活，也创造和使用了搬迁和行猎时使用的雪橇和滑雪板等工具，其中的滑雪板（鄂语称"金勒"）是在雪地上滑行追逐野兽速度最快的一种特殊的滑雪狩猎工具。猎人穿上靠登板面贴有犴皮的滑雪板走山穿林滑行如飞，如天气好，一天可行走80公里，一般徒步需走3天的地方，穿上滑雪板当天就能到。

传说，滑雪板是鄂温克人自己发明的。生活在森林中的鄂温克人可以就地取材自己制作，男人一般都能制作。以松木或桦木做架，犴皮包制，长约九拃，宽一拃半，前端呈弯状，中部弯曲，后端呈坡形，用犴腿皮做的带子系足上，手执上坡下坡时作为"制动的撑杆"，即滑雪棒（赛活古赖），上端安有铁钩，以便上陡坡时勾树借力。

滑雪板既轻便又结实，使用起来滑行如飞。正如元代《一统志》记载的那样："木马如弹弓。系足缴行，可及奔马，二者只可冰雪上行。"猎人穿上滑雪板飞驰在大雪山中，大大加快了追逐野兽的速度，进一步增强了征服自然的能力，提高了狩猎生产效率，促进了狩猎经济的发展。

滑雪板是一种单人使用的滑雪工具，也可以两三个人一组行猎，在使用弓箭和扎枪的年代，为单人行猎创造了条件。猎人穿上滑雪板，一般都能追上鹿、犴、熊等大动物，如亚格鲁其千"乌力楞"的伊肯那奇猎人追打过四个犴、两个鹿，其中的一只鹿追了60多里地才猎住。还有一个叫卡利拉的猎人追一群野猪，共猎住6只野猪。

"滑雪板"和"桦树皮船及木船"两种配套工具的出现，使"弓箭"和扎枪发挥了更大的威力，大大提升了狩猎生产效率，也给猎人们提供了单人或少数几个人合伙行猎的可能。从此以后，古代鄂温克人在狩猎生产上形成了猎人、弓箭、扎枪、驯鹿、猎犬、滑雪板、桦树皮船和木船等一系列配套措施，狩猎手段的多样化取代远古的围猎方式，狩猎逐渐向单人或少数几个人合伙行猎的方向发展。

鄂温克人从小就学滑雪，父亲打猎回来，孩子就拿父亲的滑雪板去练滑雪，自然就学会了。后来仿效滑雪板出现了滑雪游戏，进而发展到滑雪比赛，成为了鄂温克年轻人喜闻乐见的体育活动项目。由氏族或"乌力楞"头人主持，每年2月、3月间，组织青少年举行滑雪比赛，对优胜者给予奖励，以资鼓励。

后来，猎人还模仿鹿科动物的叫声，发明了一种引诱野兽靠近自己的特殊而有趣的口哨，有桦木制的"乌列安"即鹿哨，还有桦树皮制的"皮散库"即狍哨。猎人吹口哨引诱鹿狍靠近自己，如鹿在交配期互相鸣叫寻找对方时，猎人在森林里边走边吹"乌列安"，母鹿闻声而来，公鹿也应声发出呼唤声，待母鹿靠近自己时趁机射杀。还有母狍产仔后，猎人边走边吹"皮散库"发出仔狍声，母狍应声而来时，趁机射杀。

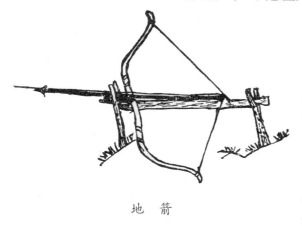

地　箭

后来，弓箭也改制为双层的，里面是桦木，外面是松木，中间夹驼鹿筋，弓弦是鹿皮制的，尖头是铁制的。猎人还利用弓箭的原理发明了一种"地箭"，箭头向上，放在野兽出没必经的路上。猎人知道驼鹿、马鹿喜欢舔吃的一种红色植物生长在河岔之间，冰块凸起之处，猎人就在这里下好地箭，当鹿来吃时，刺射心脏将它致死。

随着引诱母鹿口哨的出现，在古代鄂温克人中也出现了一种"口弦琴"[①]（鄂语称"木克莲"），以口腔起音箱作用，声音婉转缠绵，是猎人们喜闻乐见的一种乐器。相传，口弦琴出现后在森林里发生过一个非常有趣而动人的故事。有一位鄂温克英俊的小伙子，名叫乌和奈，他平时爱弹口弦琴，出猎时也把琴带在身上，有一次他边走边弹起爱慕的歌，唱调

---

① 口弦琴，是古代鄂温克人唯一的乐器，实际上具有亚洲所有民族乐器的特征。鄂温克人称"坑吉普克温"，也称"木克莲"。它是一种里拉形金属竖琴，有一个金属焊接在框架中间，口腔起音箱的作用。琴的细端插在嘴里，然后用舌头微微移动使之颤动，根据口腔的大小发出不同的微弱声音。

优美动听，吹得白云散去，万物欢笑，山林中的百鸟都飞来，在乌和奈头顶上盘旋欢叫，被乌和奈的口弦琴声陶醉的百鸟谈笑风生地说：

你这样英俊的男子汉，
你要找西沃吐汗的小女儿为妻。
她是一个聪明美丽的姑娘，
她是一千朵花中最美丽的一朵花。

乌和奈怦然心动，决意要娶西沃吐汗的小公主为妻，于是直奔西沃吐汗的住地，但由于受西沃吐汗大公主的欺骗，没有见到小公主。可是乌和奈冲破种种阻力，终于与心爱的小公主结为伴侣，过上了幸福美满的生活。

古代鄂温克人从小到大都是在游猎生活中长大的，在长期的狩猎生产活动中，积累了丰富的经验，练就了高超的狩猎本领。传说："进入铁器时代后，有一次一个叫阿聂日的猎人打伤了一只公野猪，这个大公猪急了，露出刺人的牙齿非常凶猛地向猎人扑

猎民吹响自制的鹿犴哨，用它来诱惑鹿、犴的到来，以便捕获。

过来。在这紧急时刻，勇敢而机智灵活的猎人跳起来骑上大公猪身上，顺手拿出猎刀刺进公猪咽喉部，大公猪立即倒下死去。"消息传开，这个猎人被人们誉为与大公猪搏斗的英雄，他的英雄事迹在鄂温克人中代代相传，鼓舞着人们征服自然的斗争精神。

鄂温克语称公猪为"艾达日"，从此以后，模仿猎人与艾达日的搏斗，在鄂温克人中出现

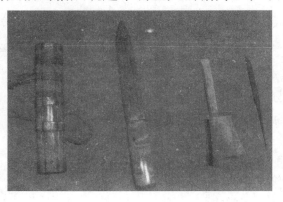

猎民自制的猎刀

了"艾达日舞"。一般由两个人表演，一个扮演拿刀的猎人，另一个扮演非常凶猛的公野猪，开始两个演员上身略向前倾，双手放在膝盖上，起舞时不断地跳跃，同时喊出"嘿—嘿"声，两个演员跳着转换位置数次，作搏斗状，公野猪急了非常凶猛地向猎人扑过来，猎人立即跳起来骑到大公猪身上，拿出猎刀刺进公猪咽喉部，公猪立即倒下。这个舞蹈是民间创作的，没有唱词，反映了鄂温克人的狩猎生产、生活，歌颂了猎人与公野猪搏斗的英雄故事，深受人们喜爱，流传至今。

第九章

南北朝至隋唐时期的鄂温克人

古代鄂温克人向外扩散后接近了一些邻近民族，但在当时的历史条件下，鄂温克人自身经济和文化落后，外界可能不知道他们是什么族群。中原王朝虽然管辖到室韦地区，但也有可能没有与鄂温克人直接沟通，而以鄂温克人当时分布地域和生产、生活的特点给予了不同的名称，如在南北朝至隋唐时期以地域概念出现的"室韦"名称，不分部族、部落统称为"室韦"人。

从此以后，鄂温克族在历朝历代的史籍中没有以"鄂温克"名称出现，直到新中国成立后才恢复并统一了"鄂温克族"族称，并载入史册。

第一节　鲜卑战败匈奴入驻中原

原居内蒙古西部地区的游牧民族匈奴在春秋战国时期发展起来形成军事集团，开始袭扰长城，与秦抗衡，匈奴首领单于头曼的长子冒顿杀父继单于位后，遣兵击败西部的月氏，在公元前 206 年（汉高帝元年）出师袭破燕长城以北的东胡，在塞外北服贝加尔湖以南的丁零部，起初东界至大兴安岭，蒙古高原为匈奴左贤王辖地，还有单于弟于靳王的牧地在北海（贝加尔湖），匈奴单于遣汉使廓吉于北海，又涉苏武于北海放牧时达五六年。

有人因此说贝加尔湖是匈奴族的文化地理区，那就要看匈奴族在贝加尔湖做过什么，留下过什么遗迹遗物，产生过什么经济和文化影响。全然没说。

其实，匈奴袭破东胡时，不愿屈服匈奴的乌桓、鲜卑两支逃到北方，其中的鲜卑拓跋部一直逃到大兴安岭（以鲜卑族名称"鲜卑山"）北端，以猎为生。后来，西汉末年他们在酋长推寅的带领下走出森林，来到呼伦贝尔草原，在呼伦湖一带繁衍生息，发展畜牧业经济，势力扩大。从公元41年（东汉十七年）起侵扰匈奴地，公元85年起与丁零部联兵攻北匈奴，进入乌桓（位于大兴安岭南端阿鲁科尔沁旗以北）驻地。公元87年鲜卑、丁零、乌桓联兵进入左贤王地击北匈奴，大破之，而匈奴遂逃远去，依安侯河（今鄂尔浑河）以西，鲜卑便完全占领了匈奴左贤王地。

鲜卑拓跋部乘胜在公元2世纪初叶，在酋长洁汾的带领下西行南迁，来到匈奴故地云中（今内蒙古呼和浩特市境内托克托县）一带游牧。洁汾的儿子拓跋力徽继承父位，在公元258年带领20万部众在盛乐（今内蒙古和林格尔县北）定居下来，奠定基业，建立早期国家（实际上是部落联盟），与魏、晋通好；力徽之孙穆帝拓跋猗卢南下援晋有功，被晋封为代公、代王，公元310年建立代国，公元313年修筑盛乐城，建都盛乐（今呼和浩特南35公里处），公元376年代国被前秦苻坚所灭；公元371年，什翼犍嫡孙道武帝拓跋珪历经磨难，淝水之战战败前秦，成为塞上一支强大的力量，在牛川（今呼和浩特市东南平川）复国，回归盛乐，自称皇帝，改国号为魏，史称"北魏"。北魏大量吸收中原人士参与盛乐政权建设，坚持民族融合与民族进步，发展农业生产，挥戈扩土，占领山西、河北、辽西及河南、山东各一部分，迁都平城（今山西省大同市），进而迁都洛阳，公元439年统一了中国北方，登上了中国的历史舞台。

第二节　南北朝时期室韦各部中的鄂温克人

据《东北历代疆域史》记载："鲜卑南迁后，留在原居住地的鲜卑，后来成为室韦，即在黑龙江上源的大室韦。"所说的"大室韦"是鲜卑南迁时，留在大兴安岭之北额尔古纳河的鲜卑人，后来以室韦之名出现，还有分布于呼伦贝尔乌洛侯部，北魏以后东移，并融为室韦的一部。

"室韦"一词与鲜卑同出一语"硕桂或锡窝"的转音，即"森林或林丛"之意。在后魏（公元435—公元443年间）把分布于绰尔河以北、嫩江流域、额尔古纳河流域、外兴安岭一带、精奇里江流域、黑龙江上游地区的居民都统称室韦人，即森林居民之意。

据《北史》记载："室韦在北齐（公元550年）后分为五部，即南室韦、北室韦、钵室韦、深末怛室韦和大室韦。"室韦分布在嫩江流域，黑龙江上源及上中游至外兴安岭以南，其活动的范围，在《旧唐书·室韦传》中记载："东至黑水（黑龙江）靺鞨、西至突厥、南接契丹、北至于海。"[①] 这里所说的海，就是今贝加尔湖。其实，室韦不是任何一个民族集团或政治团体的名称，而所谓室韦都是许多彼此不统属于君长、社会发展阶段不同、文化特点相异，甚至语族不同的部落、部族组成的，包括了蒙古、鄂温克、锡伯族祖先的成分。[②]

根据室韦各部所处的地理位置、社会、经济和文化特征来看，正如《东北历代疆域史》引自《北史》所记载的那样，室韦北边分布的古部落北室韦、钵室韦及深末怛室韦与黑龙江流域的索伦（鄂温克）来源关系极为密切，其地理位置都是在兴安岭一带、黑龙江上游、精奇里江流域。

北室韦分为九部，绕吐纥山而居，吐纥山即今小兴安岭。北室韦九部分散在今嫩江上游至精奇里江（俄名结雅河）下游流域。此地气候最冷，降雪很厚，

滑雪板

居民"射猎为务，食肉衣皮，凿冰没水网鱼，地多积雪，惧陷坑阱"，人们因雪大，使用滑雪板（骑术而行）为交通工具，夏天用桦树皮搭屋，人死后将尸体放在树上。

钵室韦，自北室韦"又北行千里至钵室韦，依胡布山而住，人多北室韦，不知为几部落。用桦树皮盖用，其余同北室韦"。胡布山，即玛雅岭，有二水出焉，北曰西林木丹河，南曰牛满河。西林木丹河即今俄国的昔林扎河；牛满河即今俄国的布利亚河。钵室韦在此二水分水岭——玛雅岭一带。

深末怛室韦，因深末怛水而得名。世俗与北室韦同，深末怛水，今结

---

① 《旧唐书》卷199下，北狄（室韦）。

② 张博泉、苏金源、董玉瑛：《东北历代疆域史》，吉林人民出版社1981年版，第89页。

雅河的一支昔林扎河，即西林木丹河。从钵室韦西南四日行至深末怛室韦，而大室韦又在深末怛室韦西北数千里，则今昔林扎河流入结雅河后，海兰泡（今俄罗斯布拉戈维申斯克）以北均属深末怛。

从史书记载看，上述三部不仅地理位置相近，而且社会、经济和文化特征也相似。他们以桦树皮为屋，与后来17世纪鄂温克人居住的白桦皮搭盖的伞子形"仙人柱"，以及他们在冬天下雪后"骑术而行"即使用滑雪板追击野兽，直到不久前鄂温克游猎部落尚保留穿滑雪板在大雪上狩猎的风俗一致。人死后他们还将尸体放在树上风葬，直到新中国成立前，大兴安岭东麓浅山区的鄂温克人尚保有类似的葬法，将尸体用桦树皮包好，悬挂在两树之间，或用木头支起架子，置于森林中，这与史书记载的"父母死，尸则置于树林之上"相吻合，而他们的地理位置也都是在黑龙江上游、外兴安岭以南、精奇里江流域、西南至嫩江上游以东地区，与鄂温克人东移后繁衍生息的地理位置相一致。将当时的社会、经济和文化特征，与17世纪鄂温克族的社会、经济和文化特征加以对照，可以证明北室韦、钵室韦和深末怛室韦地区是一部分使鹿狩猎和步行狩猎鄂温克人所居之地。

当时，在室韦五部中，鄂温克人不仅射猎鹿科动物，又以猎貂著称。据《全辽备考》一文记载："引北史室韦传说，北室韦、钵室韦、深末怛室韦、南室韦皆捕貂为业，冠以狐貂大室尤多貂及青鼠之类，尤其是'北室韦'之貂，毛深而皮大，室韦人岁至宁古塔（今黑龙江省宁安县）交易者两万余人，宁古塔人得之，在七八月间，售贩之京师。"这证明鄂温克人已经进入了商品交易活动，而换回自用的生产工具和生活用品。

上述三部早在我国南北朝时期（公元420—公元589年）就在中原王朝统辖之下，向中原王朝献貂皮等物，与中原王朝保持着朝贡关系，在东魏武定元年（公元543年）又献其方物。

第三节　贝加尔湖东北的鞠部使鹿鄂温克人

在石勒喀河西北至贝加尔湖东北，有鞠国、鞠部，是许多使鹿鄂温克人所居之地，在"拔野谷东北五百里，六日行至其地，无牛、马、羊，使鹿牵车人衣鹿皮，食地苔，其俗聚木为屋"①。其实，鄂温克人从贝加尔湖向外扩散以后，还有很多驯养驯鹿的鄂温克人仍在贝加尔湖沿岸及其东北的维提姆苔原高地一带生活。在公元5世纪《梁书》中，对于我国北方饲养驯鹿的鄂温克人有所记载：其风俗"养鹿如养牛"，有"鹿车"；后来的《新唐书》和《文献通考》也记载了贝加尔湖一带的鞠部饲养驯鹿的情况，说他们是大森林居民。"无羊马、

使鹿鄂温克人在所居地宿营

有鹿"，"以鹿牵车"，这正是使鹿鄂温克人所居之地。这说明鄂温克人自古以来一直生活在贝加尔湖一带地区。

　　维提姆河是后贝加尔北部最大的河流，它发源于伊卡特山东坡，流向东北，最初名为维提姆坎河，与奇纳河汇合后，折向西南，才改成为维提姆河。在这里又接收了两条重要支流扎扎河与季米特河，然后形成一个弓形河湾，转向东北，再接纳右侧支流卡兰加河后，向北流入勒拿河。

驯鹿在宿营地集结

　　维提姆河将贝加尔湖东北高原森林划分为两个不等的部分。西部较大，地势较高并多山，其中较高的大山有朴洛斯科哥尔耶山脉、维提姆斯耶山脉、南伊木斯基山脉、伊卡次基山脉和巴尔古津斯基山脉，被称为巴尔古津林区。其中主要河流有巴尔古津河、上安加拉河和维提姆河，以及巴翁特湖和奥伦湖散布其间。

　　这片高原、河谷、湖泊地带，当时正是鞠部所居之地。在鞠部中每个氏族的历史有长有短，有老氏族也有新氏族。氏族是一种古老的社会形

_____

　　① 拔野谷是指贝加尔湖东北岸边的巴尔古津河，从这里每天平均80里，6日行至其地，正是勒拿河支流维提姆河流域高原林区。

态，鄂温克人的祖先在早期也植根于氏族繁衍，也是维系血亲、区分族别的重要依据。鄂温克人的祖先把氏族称"给日"，含有"姓氏"的意义，而在正式名称后面都带上"给日"（氏族），如萨玛给日、巴利克给日等。因此，在鄂温克氏族体系中，氏族名称词尾带"给日"的一般都是母系氏族社会时期的老氏族。后来，学者们把"给日"转述为"基尔"。所以，氏族名后面带"基尔"的就是老氏族。当时在"鞠"部中有图鲁亚基尔、高吉基尔、奇勒查基尔、金迪基尔、拉克西卡基尔，其中的图鲁亚基尔氏族就居住在巴翁特湖附近。在今巴尔古津市东北巴尔古津河与贝加尔湖之间的巴尔古津斯基山的森林中老氏族还有巴利克基尔、利玛基尔、乔勒考基尔和泰普考基尔，以及嘎勒乔尔和阿西瓦特两个氏族大概也是老氏族。

东部比西部小，由雅布洛诺威山脉（山中隘路高达 4000 英尺）、涅尔查河河谷（下游除外）和奥列克马河上游组成。还包括赤塔河上源、卡兰加河、涅尔楚坎河，被称为涅尔琴斯克林区。其中涅尔查河在雅布洛诺威山以东与它的重要支流涅尔楚坎河相汇，流向南方，然后折向东南汇入石勒喀河。在东南角，位于涅尔查河与石勒喀河之间，可以看到勒拿河支流奥列克马河的上游。

在这片地域里当时有八个老氏族，即拉克西卡基尔、金迪基尔、布勒陶基尔、图鲁亚基尔、安堪嘎基尔、高吉基尔、奇勒查基尔和萨玛基尔。还有两个新氏族，即包尔考奇尔和奥格迪尔，分别属于老氏族高尔基尔和奇勒查基尔，他们起源于维提姆苔原高地，后迁入涅尔琴斯克地域。

由此可见，鞠部是一个大部落，也可能包括巴尔古津和涅尔琴斯克地域在内的"部落联盟"组织，是鄂温克人早期勃兴发祥的重要根据地，也是许多扩散到各地使鹿鄂温克人的故乡。

鞠部与室韦各部一样，早在我国南北朝时期，就在中原王朝的统辖之下，与中原王朝保持着朝贡关系。

公元 7 世纪进入唐朝后，唐朝在北海（今贝加尔湖）周围及其东南设州府，受安北都护府管辖。在贝加尔湖周围骨利干部设阙州（余吾州）。在拔野谷设幽陵都督府（地在贝加尔湖东南），在白霄部设宾州（地在尼布楚，今涅尔琴斯克附近）。

还据《东北历代疆域史》记载："突厥在公元 6 世纪初兴起于阿尔泰

山西南麓的一个游牧部落，臣服于柔然，以冶铁著称，公元 546 年征服
'铁勒'部后，强大起来，建立突厥汗国，后来分裂为西突厥和东突厥两
个汗国。"东突厥建廷于今蒙古国鄂尔浑河上游的都斤山，后移至今蒙古
国图拉河畔，东界至大兴安岭，北界至贝加尔湖，不久发生内乱，被迫迁
漠南，东突厥亡。后来再次复兴，称后突厥，又建都于都斤山，后来被游
牧于鄂尔浑河和色楞格河流域的"回纥"所灭。

　　有人说，贝加尔湖是突厥族的文化地理区，至于北界至贝加尔湖，所
谓"界"是指边界，这不等于突厥人占领过贝加尔湖。

　　后来，在勒拿河出现突厥语族的雅库特人，这又是怎么回事呢？在
《西伯利亚及远东地区各民族》[①] 一书的"鄂温克人"一章中记载："雅
库特人（今萨哈人）逐渐占领鄂温克人居住区并在勒拿河流域定居。"这
证明使鹿鄂温克人早就在勒拿河流域原始森林中居住，而雅库特人是后来
才迁移过来的。那么，雅库特人是从哪里来的，又是什么时候来到勒拿河
的呢？在《西伯利亚及远东地区各民族》一书"鄂温克人"一章中还指
出："突厥语族的雅库特人可能在公元 8 世纪中叶回纥汗国取代东突厥汗
国时，或在公元 10 世纪初叶我国北方少数民族之一的契丹崛起，阿保机
在公元 916 年建立契丹政权，西北至贝加尔湖地区取代吉嘎斯汗国时，雅
库特人从蒙古高原以北、贝加尔湖以西的叶尼塞河的广大地区向北扩散
的。起初他们散布到勒拿河中游地区，赶走鄂温克人，占领鄂温克人居住
地域威吕河等地，然后又继续延伸占领了勒拿河流域整个地区。"这说明
突厥语族的雅库特人不是从贝加尔湖地区迁入勒拿河流域地区的。

第四节　唐代室韦各部的变化与分布

　　公元 7 世纪，我国进入隋唐时期，室韦各部仍处在氏族社会阶段，社
会内部没有统一的君长，各部有首领号莫贺弗，小部千户、大部数千户，
分散在山谷中，集体围猎，有的逐水草而游牧，有的有了少量农业，生产

---

　　① ［苏联］M. G. 列文、L. P. 波达波夫：《西伯利亚及远东地区各民族》，苏立柱译（美国
芝加哥大学出版社 1956 年版），载《鄂温克族研究文集》第一辑，内蒙古自治区鄂温克族研究会
1989 年版。

力水平很低，生活比较艰苦。

隋朝时室韦仍为五部，不相统一，谓南室韦、北室韦、钵室韦、深末怛室韦、大室韦，部名和分布地域与北齐、北周时期相同。

进入唐朝后室韦各部的变化很大。由于唐王朝与东北地区各族在政治、经济和文化上的联系，直接向唐王朝进贡的部落增多了，部落名称也由此发生了变化，其中"北室韦"变化较大。如山北部、如者部、婆莴部、纳北部、黄头部、落坦部都是北室韦九部之一，其中的"黄头部"又迁徙至今吉林农安、乾安、长岭一带居住。

由于部落的增多，部落的分布地域也有了变化。西北起于呼伦贝尔以西，跨中蒙边界之地，即哈拉河以南有塞曷支部；乌尔逊河以西有移塞没部；呼伦湖以南有乌素古部；向北中分敖嫩河与额尔古纳河之间有西室韦部；大兴安岭之北额尔古纳河、石勒喀河与黑龙江汇流处南北有蒙兀室韦（大室韦）；向北外兴安岭以南，精奇里江上中游流域为钵室韦；精奇里江支流西林穆丹河仍为深末怛室韦；黑龙江支流盘古河流域为婆莴部；向西南嫩江上源伊勒呼里山为纳北部；大兴安岭以东雅鲁河流域为那礼部；大兴安岭以东雅鲁河与阿伦河之间为乌丸部；大兴安岭哈拉河源一带为和解部；大兴安岭东南洮儿河中游为乌罗护部；大兴安岭东南洮儿河下游北岸为东室韦部；还有嫩江中下游至呼兰河流域为达末娄部；今吉林省扶余县一带为达垢部。

在唐代贝加尔湖以东至黑龙江上游的室韦各部中，除了蒙兀室韦外，大部分是鄂温克和锡伯族的祖先。唐朝设置室韦都督府管辖了室韦地区居民，任命都督等官职，朝廷记载来朝的室韦都督有阿朱、和解热素（和解是部名，热素是人名）、袄虫生等多人。

鄂温克人中有一种传说，说他们的先代人曾经建立过"固荣"（国家），其实指的是唐朝于公元726年在黑龙江中、上游之间设置的黑水州都督府，治所在黑龙江瑷珲地方，说明黑水州都督府管辖过黑龙江上游的鄂温克人。

第十章

辽金时期的鄂温克人

唐代末年，契丹崛起，联合其他民族统治者建立了多民族政权——辽。他们从东北地区西北疆走向贝加尔湖东巴尔古津河流域；从贝加尔湖往东，到黑龙江上游，经外兴安岭，直抵鄂霍茨克海。

金是女真族完颜部首领阿骨打在抗辽的战争中建立起来的政权，金代在东北疆界的走向，西北部、北部和东部都与辽代相同，东北达库页岛。

第一节　契丹的兴起及其对东北的统一

唐代末年，居于鲜卑故地，今辽西、热河一带的原属东胡的契丹人，仍为游牧部落，分为八部而居，各部首领为大人，推选一大人为长，统率八部。唐代以来，契丹与中原政治、经济、文化的联系，不仅推动了契丹社会经济的发展，而且引起了契丹内部社会的变革。他们的八部大人趁唐朝北边无备，侵扰沿边诸部，大量劫夺财物并掳掠汉族人为奴隶，从事农业生产，由氏族制向封建制飞速发展。

阿保机在未继汗位之前，征讨契丹之北的室韦诸部，连破北室韦、于厥（在黑龙江上游），并降服居住在今嫩江与松花江汇流的大小二黄室韦；又征讨那河（今嫩江）之北的乌丸室韦。黑车子室韦在距离汉界一千余里的沙漠之中，介于契丹与中原之间，契丹为了南犯中原，曾前后六次征伐黑车子室韦，使其成为属部；还有外兴安岭以南的乌古部遣使献伏鹿国俘，伏鹿国即分布于外兴安岭一带的使鹿部，在乌古部之北，即元代"乘鹿出入"的"北山野人"。北山即外兴安岭，他们是居住在外兴安岭以南、精奇里江上中游一带婆芮部室韦的后裔，即使鹿鄂温克人。阿保机还降服贝加尔湖东西山林地带的斡朗改，元代称兀良哈，其中包括贝加尔湖东北森林高原地带的使鹿鄂温克人；接着阿保机率大军统一西北突厥、吐谷浑、党项、沙陀诸部。

阿保机采用"汉"制，改革传统旧制，遭到了八部旧贵族的顽强反抗。阿保机杀尽了八部旧贵族，统一了契丹内部，公元916年在汉族士大夫的协助下，以临潢（今林东一带）为都城，建立契丹政权，到公元947年耶律德光才改称辽。辽倚借兵力强盛，扩大了势力范围，公元926年灭渤海（粟末靺鞨），黑水靺鞨也臣服于契丹，从此靺鞨改称女真，其南者属于契丹籍，号熟女真；其北者不在契丹籍，号生女真。熟女真在松花江流域，生女真在黑龙江流域。生、熟女真之外，在黑龙江中、上游还有"野人"女真或"野居"女真人，他们在原始森林中过着游猎生活，有些中外学者认为他们是当今鄂温克人的先民。

第二节　金朝的建立及其对东北的统一

契丹贵族的倒行逆施，激起了女真各部的无比愤恨，其中在东北部的生女真完颜部为了摆脱辽的统治，作为辽节度使的阿骨打组织能战斗的2500人，于1114年举兵扰辽，连败辽兵，获得许多军械、军区，建立起了强大的军队，占领辽边境数州，并接受契丹、汉族先进文化的影响，女真势力已逐渐巩固。

阿骨打便于1123年正式建国称帝，以会宁省（今黑龙江省阿城县）为都城，国号金，此后女真人亦通称"金人"。

金朝自建国采用"北防南攻"的战略，为了防御北方蒙古人的骚扰，金朝安常五代孙婆卢火都统调用民工东自嫩江右岸卧奇（今莫旗境内）东北一里地经西南，在今扎兰屯市成吉思汗镇附近跨越雅鲁河、经索岳尔齐山，直抵辽国上京临黄府（今赤峰市林东），挖两条并行边壕称"金边壕"，实际上是金朝境内各民族间的防御工事，是个民族矛盾的产物，并不是金代的疆界。

战火爆发后，阿骨打首先摧毁了辽朝在松花江一带的军事力量，接着又攻下了辽控制的"女真"各部的军事重镇黄龙府（今吉林省农安县）。黄龙府被攻下后，辽天祚帝惊恐万分，连忙征调大军，号称 70 万，当时女真兵力只有两万，阿骨打集中兵力击溃辽精锐的护卫军，辽军土崩瓦解，金兵乘胜南下，占领了中国半壁江山。

金太祖在伐辽乘胜之时，也遣宗室子酬斡率领 500 名士兵，征服了分布在黑龙江中游以北的结雅河（精奇里江）流域至外兴安岭以南，以及黑龙江上游一带室韦分布区的鄂温克人。

金朝分别设蒲与路、胡里改路、恤品路三个万户府（后改节度使）管辖了黑龙江和乌苏里江流域地区。蒲与路治所在今齐齐哈尔附近之富裕尔河南岸克东县北 18 里古城址，其辖区东至黑龙江中、上游两岸至外兴安岭。《金史·地理志》载：蒲与路之北三千里之"火鲁火疃谋克"地方为边。"火鲁火疃谋克"即在外兴安岭以南博洛莫达河上游一带。外兴安岭一带当时正是使鹿鄂温克人所居之地。

第三节　　浅谈安居骨部说

《东北历代疆域史》记载："女真族是中国东北部古老民族之一，秦以前称'肃慎'，两汉称'挹娄'，南北朝称'勿吉'，隋唐称'靺鞨'，到辽代才称为'女真'。自古以来，女真族就繁衍在长白山、松花江和黑龙江中下游一带。"[1]

据《东北历代疆域史》记载，在魏、晋、北朝时期，公元 493 年起勿吉逐渐发展，到北齐后音译为靺鞨，分为七部，其中的安居骨又作安车骨，位于黑龙江下游黑水部南或东南，今伯力以南，饶河以北乌苏里江左右，东至海广大地区。日本人石泽发身《东洋历史地图》中称："安居骨于伯力东编北近海处，安居骨系以水得名，元称'宋阿江'（指松花江下游），明称'阿速江'，今为乌苏里江。"

---

①　张博泉、苏金源、董玉瑛：《东北历代疆域史》，吉林人民出版社 1981 年版，第 174 页。

可是，有人提出"靺鞨安居骨部"之说，亦称"乌苏里江"之说，把女真族的前身"靺鞨"的一支"安居骨部"说成是鄂温克族，以安居骨部系以"水"得名为由，说"骨"是鄂温克语中"江、河水"的意思，又以"骨"为依据称"固"与"骨"同音异译，"乌素固"，即乌苏里江。其实，据《东北历代疆域史》记载，在隋、唐时期"乌素固"是室韦最西的一部，与回纥相接，在俱伦泊的西南，俱伦泊为今呼伦池。还在鄂温克语中把"江、河"称"毕日或毕拉"，把"水"叫"沐"，从来没有把"水"叫"骨"的词汇。

《东北历代疆域史》引自《旧唐书·靺鞨传》记载："……安居骨因被高丽破后，奔散微弱，后无闻焉，总有遗人，并为渤海编户。"并于龙泉府（今黑龙江省宁安县东京城）为中心的乌苏里江以东至海的渤海地区编户。后来有一部分奔散至安出虎水，即今哈尔滨市东南的阿什河流域，即金代时的女真完颜部中。

还说："安居骨部从公元 3 世纪开始经历了由东向西、向北大跨度的七次迁徙运动。"其实，勿吉在公元 493 年以后才变为"靺鞨"，有了靺鞨以后才有了靺鞨七部之一"安居骨部"，而安居骨部在公元 581—618 年间被高丽破后才奔散至渤海编户的，与公元 3 世纪相差二三百年，而且已经无力自成体系的安居骨部怎么能七次大跨度地迁徙呢？

后来有一部已经投奔到同族女真完颜部中，有什么可迁徙的呢？而且金代与蒙古处于敌对状态，金边壕以北又是蒙古界地，怎么能分七次大跨度地迁徙呢？

这不仅颠倒了安居骨部奔散的方向和年代，而且把满族和赫哲族的地理方位说成是鄂温克族的地理位置。

民族学者吕光天先生所著的《北方民族原始社会形态》一书中记载："黑龙江下游的各遗址是古代肃慎、挹娄、勿吉、靺鞨等部的祖先的文化遗存，是满族、赫哲等族的祖先。而在贝加尔湖地区和黑龙江上中游和外兴安岭南北的通古斯部落，大多数是森林居民，他们是鄂温克部落的祖先。"这说明鄂温克是自古以来自成体系的古老民族，有自己的发源地，有自己的形成和发展过程，而不是从哪个民族中派生出来的，怎么能说成是几百人逃出来形成的民族呢？

第四节　浅析从古沃沮到鄂温克族说

有人提出"从古沃沮到鄂温克族"之说，秦、汉时期在东北地区涉貊语族中有沃沮人，分北沃沮和东沃沮两个部分。

根据《黑龙江古代民族史纲》一书中记载："涉貊的方位，在东胡之东，肃慎之南，燕之北。"在汉代涉貊系的北沃沮分布在牡丹江以东，图们江流域；东沃沮分布在朝鲜咸镜南道至江原道沿海一带。涉貊语言与东胡相同，而异于肃慎。在汉代二者相貌虽然相同而语言各异，肃慎和涉貊确为不同族系。

肃慎族系后被称为"通古斯语族"，在《黑龙江古代民族史纲》一书中还记载："通古斯这一族称起源于鄂温克族，而鄂温克族最初居住、游猎在通古斯河流而得此名。"说明鄂温克族的先世早期就分布在西伯利亚通古斯卡河（今安加拉河）流域、贝加尔湖以东至黑龙江上游一带地区。

所说的贝加尔湖以东至黑龙江上游一带，在《鄂温克族简史》一书中有记载："鄂温克族及其文化沿贝加尔湖地方来源说，也同样被人类学资料所证实，就鄂温克族的人类类型而言，在黑龙江上源石勒喀河沿岸洞穴中发现了具备鄂温克族一切本质特征的头盖骨，还发现了贝加尔湖一带地方特有的文化装饰。"从地理条件看，贝加尔湖以东至黑龙江上源石勒喀河一带山连山、水连水，连成一片，是鄂温克人的祖先早期生活过的地方。

《黑龙江古代民族史纲》一书中还记载："涉貊原事畜牧兼事渔猎，但是如何转变为农牧民族的呢？其是接受华夏族的影响，转变为农牧民族的。"[①]即使在沃沮人旁边画上驯鹿图也改变不了涉貊早期就已转变为农牧民族的历史事实。

其实，在南北朝时期，对贝加尔湖东北部的鞠部使鹿鄂温克人就已记载为无牛、马、羊，使鹿牵车，人衣鹿皮，食地苔（苔藓），其俗聚木为屋。在公元 5 世纪的《梁书》中记载为"养鹿如养牛"，"有鹿车"。在

---

① 干志耿、孙秀仁：《黑龙江古代民族史纲》，黑龙江人民出版社 1987 年版，第 92 页。

《新唐书》和《文献通考》中说他们是大森林居民，"无牛马羊、有鹿"，"以鹿牵车"。鞠部指的是贝加尔湖东北部使鹿鄂温克人所居之地。

书中还说，古沃沮人的后裔安居鄂温克人，分布在乌苏里江、绥芬河、图们江下游一带，意在贴近安居骨部人。其实，沃沮人语言不同于通古斯语族，与女真靺鞨七部中的安居骨部人不是一个族系，也不是赫哲人的先世，更不是与鄂温克人同一族体。

他们说的古沃沮人后裔安居鄂温克人，不仅缺乏考古学和人类学研究的依据，也没说鄂温克族的社会历史沿袭过程，只说迁徙运动，说从公元3世纪到17世纪共七次分别向西、向北、向东迁徙。可是在公元3世纪女真靺鞨七部中的安居骨部还没出现，谈何迁徙？还说一直到17世纪还在迁徙，是有迁徙，但不是古沃沮人后裔安居骨部人迁徙，而是黑龙江上游以东地区的"索伦部"人向东北地区的大兴安岭、嫩江流域地区迁徙，不能混为一谈。

第十一章

鄂温克人的发明和创造

古人云："谋事在人，成事在天。"古代鄂温克人从久远的年代走来，在漫长的历史岁月里，以森林为家园，走山穿林，以"弓箭"为生产工具，以"驯鹿"为交通工具，游猎生活。为了适应森林狩猎生产、生活的需要，他们依靠自己的智慧和力量，为了便于猎取野生动物为生活资料来源，他们利用森林资源，就地取材发明和创造了桦树皮用具、桦树皮船、滑雪板、木针、乌列安、皮散库等几项狩猎生产配套工具和适应森林生活的用具，丰富和发展了森林狩猎文化特色的生产、生活方式。

第一节　桦树皮的发现和应用

桦树（萨拉板），是寒带山区的一种耐寒性落叶乔木，诸山皆有，分布较广。树皮易剥，一般在伏天剥皮较好，过了伏天树皮变硬不好剥。白桦树生命力极强，不因剥皮而枯死，其木质可供制造器具和工艺品。

对桦树皮（塔勒）人类早已发现，用于取火，在旧石器时代晚期，发明"摩擦取火"技术后，就用桦树皮纤维引火。但当时人类还没有学会用桦树皮制造容器和用具，也不知道制陶和纺织。

据记载，很早以前，鄂温克人的祖先萨跌莫根（"老猎人"之意），在森林（希杰日）中狩猎时发现了裂开的桦树皮，既结实又柔软，便想到用它做用具。猎人把桦树皮拿回来后，交给心灵手巧的妇女，试做了简便用具，又进一步探索，把桦树皮放到水里浸泡，使其更加柔软，还不浸水，就边浇水，边用火烤，缝制了盒、盆、桶等容器、用具。

　　萨跌莫根和妇女用桦树皮成功制作生活用品的消息传遍各氏族集团，掀起了用薄石片剥桦树皮，加工制作器皿、用具的热潮。制作的器皿和用具有圆、方、椭圆、正方等各种形状，不仅有广泛的实用价值，而且造型美观、图案秀丽，是非常珍贵的制品，姑娘出嫁时，还以桦树皮箱子为嫁妆。

　　古代鄂温克人制作桦树皮器皿和用具，之所以能够更快普及，其原因一是生活需要，用途广泛，在没有发明陶瓷器皿之前找到了制作生活用具的途径；二是可以就地取材，制作简便，妇女们可以自己加工制作；三是轻便耐用，不怕磕碰，携带方便，适应游牧生活；四是加工精细，纹样秀丽，风格典雅，既美观又实用，成为人们喜爱的生活用品。

　　后来，随着生产、生活的发展，桦树皮的用途越来越广泛，鄂温克人用20—40根树干搭成"仙人柱"（西格勒柱）即撮罗子，用桦树皮围上，既挡风又遮雨。又用桦树皮围上"车篷"和"储藏棚"，既遮风雨，又挡阳光。特别是把车用桦树皮包上后，成为一种具有特殊风格的交通工具。在生产领域还制造了桦树皮船，猎人用于渡水、打鱼、狩猎。还模仿狍子叫声，用桦树皮制作狍哨（皮散库），以便使狍子接近猎人时伺机射杀。

　　树皮文化不仅在北方，在我国长江流域和东部沿海地区也流行较广，古代在中原更是十分盛行，汉代蔡伦造纸术的发明，就是在中国原有树皮布文化基础上演变而来的，当时把树皮纸称"谷布纸"，用树皮制造钞票，直至唐、宋、金、元时期，通行的纸币又名楮币或楮钞。

　　这种"树皮工艺"，不仅中国有，而且在北美、北极、欧洲，以及在南洋群岛都曾有过，特别是太平洋地区树皮文化比较发达，曾利用树皮制造居室、食具、箱笼等。

　　桦树皮文化是一种独特的文化，从文献记载和考古发掘的遗存中都得到证明，北方渔猎民族自古以来就知道用桦树皮做各种生活和生产用具。民族学家吕光天在《论北方渔猎民族的桦树皮文化》一文中称："北方渔猎民族究竟何时利用桦树皮制造容器的呢？根据鄂温克族的传说，可以找到线索，很早以前，有个老猎人发现桦树皮……并开始用桦树皮制造容器、用具。'很早以前'，究竟多早？根据使用薄石片剥桦树皮来看……可能起源于中石器时代或新石器时代初期，那是还用木针……缝桦树皮器皿。"

　　萨跌莫根（后来人们称他为"桦树皮老人"）发现桦树皮，便想到用它做用具，又指导妇女缝制树皮器皿，丰富和发展了有森林特色的生产和生活方式，在人类和鄂温克族的发展史上做出了历史性的贡献。

　　桦树皮的发展和应用，方便了人们的生产、生活，推动了鄂温克社会经济的发展，也为人类社会的进步和发展做出了贡献，这里也闪耀着鄂温克人的智慧和力量。

第二节　桦树皮船的创造和应用

　　历来依山傍水而居的鄂温克人，在河流众多的山林河谷地带从事渔猎生产，没有水上交通工具，涉水过河很不方便，阻碍着生产的发展。于是，鄂温克巴然莫根（"众猎人"之意）群策群力，利用桦树皮，采用祖传的造船术，开始制造桦树皮船（佳乌）。

　　桦树皮船，是用树干做架，树皮包制，接头用红松根当线缝制，针孔和接头处用红松油掺桦树皮油为原料熬成黑色的混合油涂上，不焊一块铁，不铆一颗钉，船身长一丈八尺，高二尺五寸，船腹宽二尺，两端尖细稍向上翘起，船身很轻，一人一手可拎。

桦树皮船的结构

　　桦树皮船的制造成功，使桦树皮的用途扩展到了生产领域，成为鄂温克人的水上舟楫，方便了渡水、打鱼，也可以乘船狩猎，使用起来很方便，渔猎人自己都能制造，为渔猎民族在山林河谷地带生产、生活提供了水上交通工具。

桦树皮船底面

　　在桦树皮船的影响下，在鄂温克人中相继出现了以木材制作的渡水、捕鱼的舟楫，如临时渡水时，用以杨木抠制的独木船（用时以板子做边）；在大河上渡水、捕鱼时，用木板衔接的地板船；顺大河下行或横渡时，用以木材（或原木）连接的木排；还有以木做架（平常放在河边），出猎时把驼鹿皮在框架上展开制成的皮船（穆热克）。

桦树皮造的船是北方鄂温克、鄂伦春、赫哲等渔猎民族独特的舟楫，而且历史悠久，如《龙沙纪略》载："扎哈小舟……以桦皮为之，载受两三人，随行载于马上，遇水用以渡。"这一记载，说明了桦树皮船轻便而实用，它是北方渔猎民族用于渡水、捕鱼、狩猎的重要生产工具。

那么，我国北方游猎民族使用的桦树皮船，是什么时候的产物呢？根据恩格斯所说："狩猎经济随着弓箭的发明，成为主要经济部门时……也产生了用桦树皮制造和纺织用具以及独木舟等技术。"从在贝加尔湖考古发掘的"桦树皮船"来看，桦树皮船早于木船，可能是中石器时代或新石器时代初期的产物。还据迁居我国的使鹿鄂温克人说："我们后来出现'家族公社'后，各'乌力楞'都有自己的桦树皮船。"这说明古代鄂温克人早就创造和使用了桦树皮船。

我国使鹿鄂温克人还说，在二百多年前我们从勒拿河迁徙到黑龙江后，在大兴安岭北麓漠河一带时，桦树皮船的作用就更大了。发现大兴安岭犴（驼鹿）很多，犴最愿意吃真枯草，而真枯草多生长在水泡，猎民掌握了犴出没的规律，夜间带上桦树皮船隐蔽在水泡旁边，当犴来吃真枯草，头投入水里时，一人快速划船靠近，另一个人用扎枪（给得）猛刺最末肋骨之间，刺进肾脏，又立刻抽出扎枪，伤口进水，犴立即死去。如猎民瓦西利乘桦树皮船一夜间刺杀过三个犴；还有猎民昆都的祖父也乘船一夜间刺杀过两个犴，用几个晚上刺杀过一个犴的就更多了。

桦树皮船的创造和应用，方便了鄂温克猎民的生产、生活，提高了渔猎生产效率，促进了鄂温克社会生产力的发展。这是鄂温克猎民生产斗争的结晶，闪耀着劳动人民的智慧，体现了鄂温克猎民长期同大自然斗争的伟大力量。

第三节　　滑雪板的发明与应用

滑雪板，是古代鄂温克人在冬季深雪中滑行追逐野兽的一种交通工具。在《北史·室韦传》中记载，北室韦分为九部，围绕吐纥山（位于外兴安岭西南端）而居住，气候最冷，降雪很厚……人们因雪大，使用滑雪板（骑术而行）为交通工具，夏天用桦树皮搭屋，人死后将尸体放在树上。这一记载指明了古代鄂温克人在北魏朝或更早一些时候就使用滑雪板的历史。

自古以来，在广阔山林中游猎生活的鄂温克人，为了便于在山高林密、严寒冰冷的林海雪原中生产、生活，早已创造和使用了雪橇、滑雪板等滑雪工具。其中滑雪板（金勒）是在冰天雪地上滑行追逐野兽速度最快的一种特殊滑雪狩猎工具，猎人穿上靠登板面贴有犴皮的滑雪板走山穿林滑行如飞，如天气好，一天可行走80公里，一般徒步需走三天的地方，穿上滑雪板当天就能到。

传说，滑雪板是鄂温克人自己发明的。生活在森林中的鄂温克人可以就地取材自己制作，男人一般都能制作。以松木或桦木做架，犴皮包制，长约九拃，宽一拃半，前端呈弯状，中部弯曲，后端呈坡形，用犴腿皮做的带子系足上，手执上坡下坡时作为"制动的撑杆"，即滑雪棒（赛沃古赖），上端安有铁钩，以便陡坡时勾树借力。

滑雪板既轻便又结实，使用起来滑行如飞，正如元《一统志》记载的那样："木马如弹弓，系足缴行，可及奔马，二者只可冰雪上行。"猎人穿上滑雪板飞驰在大雪山中，大大加快了追逐野兽的速度，进一步增强了征服自然的能力，提高了狩猎生产效率，促进了狩猎经济的发展。

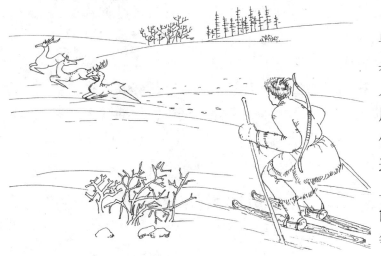

滑雪板是一种单人使用的滑雪工具，也可以两三个人一组行猎，在使用弓箭和扎枪的年代，为单人行猎创造了条件。猎人穿上滑雪板，一般都能追上鹿、犴、熊等大动物，如亚格鲁其千"乌力楞"

猎人穿滑雪板追逐野兽　插图：景胜

的伊肯那奇追打过四个犴、两个鹿，其中的一只鹿追了60多里地才猎获。还有一个叫卡利拉的猎人追一群野猪，共猎住六个野猪。

鄂温克人从小就学滑雪，父亲打猎回来，孩子就拿父亲的滑雪板去练滑雪，自然就学会了。后来仿造滑雪板出现了滑雪游戏，进而发展到滑雪比赛，成为了鄂温克青年人喜闻乐见的体育活动项目。由氏族或"乌力楞"头人主持，每年春季二三月间，一般都组织青少年举行滑雪技术比赛，对优胜者给予奖励，以资鼓励。

滑雪板的出现，为鄂温克人提供了在北方林海雪域中滑行的交通工具，不仅加快了冬季在深雪中追逐野兽的速度，促进了狩猎生产的发展，而且方便了遇有紧急情况时快速传递信息，成为了鄂温克人之间相互交往的交通工具。

很早以前，在勒拿河流域使鹿鄂温克人中，有兄弟二人被雅库特人追踪时，穿上滑雪板逃脱追踪的故事，生动地显示了滑雪板的作用。

勒拿河位于东西伯利亚，地势很高，其中叶尼塞河与勒拿河之间的高原是世界上最大的高原之一，群山起伏，森林茂密，栖息有各种野生动物。

随着贝加尔湖一带政治风云的变幻，距今约一千多年前，雅库特人向勒拿河流域发展，逐渐占领了鄂温克人的居住地，并以人多势众占有了勒拿河流域的统治权，鄂温克人在政治上受压迫，经济上受剥削，很多人陷入了贫困之中。

在这种情况下，有鄂温克兄弟二人，因贫穷在雅库特人家中当奴隶，雅库特人把各种沉重的体力劳动都让兄弟二人干，他们吃不饱，穿不暖，还被打骂。哥哥阿哈和弟弟诺混实在忍受不住痛苦，有一天晚上乘机逃跑，逃到附近的高山洞里，高山背面是一条河，又是冰天雪地，山高雪深，雅库特人追上来怎么办？于是兄弟俩急中生智，在洞口附近找松木（伊热特毛）或桦木做架，用绳系足，制作了简易的滑雪板。

果然，雅库特人追上来，快要到洞口时，兄弟二人穿上滑雪板，往山下滑去，因山高林密弟弟不幸摔死了，哥哥从上往下顺着深雪像飞似的滑下去，雅库特人没有追上，他终于逃出虎口，逃离了雅库特人的追踪。

兄弟二人使用滑雪板逃离雅库特人追踪的消息，很快在勒拿河流域鄂温克人中传开，人们都说兄弟二人真勇敢，是好样的，可惜弟弟死了，鄂温克人都称兄弟二人为"艾尼若"（"好汉"之意）。大家还说，哥哥之所以能够逃离雅库特人的追踪，主要靠了滑雪板的速度，可见滑雪板是好东西。这一故事不仅说明了滑雪板的作用，而更重要的是反映了兄弟二人反抗民族压迫和剥削的斗争精神。

第四节　　古代鄂温克人自制的木针

在《华夏五千年》一书中记载："人类早在山顶洞遗址发现的一枚磨制非常精致的骨针，它出现在一万八千年之前，是一件非常了不起的事情。"根据鄂温克人的传说，很早以前，在我们的祖先中有一位老猎人发现桦树皮，并使用"木针"缝制桦树皮器具来看，古代鄂温克人很早以前就使用木针了，也是一件了不起的事情。

"木针"，是由古代鄂温克人利用北方原始森林中落叶松枝而自制的，在落叶松中有一种长得很高、弹性很大又坚硬的树种，使鹿鄂温克人称"哈克热"树，把它晒干后可制作生产工具和生活用具。木针就是用这种"哈克热"树制作的，通体圆滑，针眼狭小，针尖锋利，可穿针引线缝制桦树皮器具和兽皮衣服，人们不再是赤身露体了，也为猎人们的生产、生活带来了极大的方便，在森林中的鄂温克人把"木针"一直保留到17世纪。

第十二章

元末明初的鄂温克人

第一节 蒙元的兴衰

在唐代经济和文化的影响下，大兴安岭以西的蒙兀（蒙古）室韦逐渐发展，居住在克鲁伦河①、大肯特山一带的蒙兀室韦利用天然的草牧场发展畜牧业，在公元 8—9 世纪，由狩猎业过渡到畜牧业。由于畜牧业的发展，阶级分化，牲畜和牧地成为私有，12 世纪，各部落间展开了争夺牧地和掳掠奴隶的斗争，也速该为首的孛儿只斤部在部落战争中并吞和联合各部，形成了一个强大的部落联盟，即乞颜部。

1162 年，有一次也速该讨伐塔塔尔部胜利归来，俘获了两个头目，一个叫铁木真兀格，一个叫库鲁不花。正在此时也速该之长妻诃额伦生了一个男孩，也速该为庆贺胜利喜得长子，按照蒙古草原上的古老习俗，以俘虏的名字为孩子命名"铁木真"。在当时谁也没有预料到出生于斡难河畔的这个奇异男婴，就是后来的"一代天骄"成吉思汗。

诃额伦出生在弘吉剌部，传说该部踏坏了其他部落的炉灶，最早走出额尔古纳河以南、今根河以北的三河地区，在捕鱼儿海一带草原上游牧后，又向南迁至靠近临黄府（今林东）一带，即今克什克腾旗西北部及达尔泊附近地方，接近汉地，由于受汉族、契丹族的影响，过着牧耕各半

---

① 克鲁伦河：在汉、辽、金史中分别作"卢驹河"、"胪驹河"、"龙居河"、"龙驹河"，《元史》称"怯绿鳞河"、"怯鲁连河"，明代称"饮马河"，清代称"克鲁伦河"。

克鲁伦河发源于蒙古人民共和国肯特山东麓，自西向东流，在呼伦湖西南部新右旗克尔伦苏木西北乌兰恩格尔进入中国境内，东流至东庙东南注入呼伦湖。河全长 1264 公里，在中国境内长达 206.44 公里。

的定居生活。

铁木真长得非常英俊，在不儿罕山（今肯特山）下，远近几百里的人们都知道，乞颜部出了个英雄少年铁木真。也速该于1170年的秋天，领着儿子铁木真前往戈壁东南端的弘吉剌部与德薛禅为儿女定亲。返回的途中遇上塔塔尔部人请也速该下马饮酒，他们在酒里下了毒药，也速该稀里糊涂上马硬撑着往回赶路，回到家后便死去。他在死前说："好马者伤于蹄下，善良者死于义下。"

也速该死后，其子铁木真继父位，当了乞颜部的可汗。铁木真听到扎木合兴兵攻打乞颜部的消息后，为了御敌于境外，率领三万人马，分成十三翼①，沿斡难河南岸、怯绿连河（克鲁伦河）北岸，向呼伦贝尔草原上的扎木合联盟进军。从1201年的十三翼之战开始，至1202年的几场战役，扎木合联盟被瓦解，篾儿乞惕部势力严重削弱，泰赤乌部、塔塔尔部被彻底消灭，弘吉剌部归顺，铁木真的实力得到了前所未有的发展，在蒙古草原上只剩下铁木真的乞颜部、王罕的克烈部和西方的乃蛮部。三家各霸一方，形成鼎足之势。铁木真雄踞东方各部的优良牧场——呼伦贝尔草原这块风水宝地。

铁木真认真分析两大障碍克烈部和乃蛮部之后，先拿克烈部开刀，克烈部大败。克烈部灭亡，草原三分天下铁木真有其二，成为草原上的风云人物。

乃蛮部②是铁木真雄霸草原的最后一个劲敌，夺得蒙古高原中部的统治权，为铁木真西进消灭乃蛮部扫清了道路，提供了有利条件。铁木真率兵向西推进，在铁木真的打击下，仅一天一夜的战斗，乃蛮部落联盟就土崩瓦解。至此，铁木真终于削平了草原诸部，统一了西自阿尔泰山，东到大兴安岭的蒙古各部。

1206年春，在斡难河畔举行"库列尔台"（部落酋长会议），公推铁木真为蒙古大汗，尊称成吉思汗，建立蒙古汗国，以蒙古为国号。铁木真

---

① 十三翼，是按照万、千、百人点数，分成十三个"古列延"。古列延，意为"圈子"，原是指游牧时搭起的环形营地，作为军事上的队列，即"十三营"。

② 据《成吉思汗传》一书记载："乃蛮部，属于突厥语族，可能是吉嘎斯部（吉尔吉斯）的一支，在公元9世纪后期从叶尼塞河迁到蒙古高原西部，占据杭爱山至阿尔泰山周围广阔地域，习俗与蒙古人相似。"

享年 45 岁。

1207 年，成吉思汗遣其长子术赤率领右翼军至贝加尔湖东南一带征服布利亚特、巴尔虎蒙古的同时，也征服了贝加尔湖以东至黑龙江上游的森林居民鄂温克人。

成吉思汗在西征时，没有把克鲁伦河与斡难河之间的达如花赤部（后为达古尔，即达斡尔）编制在出征的军队之中，仍保持其氏族组织，镇守故乡并掌管森林中的居民。接着，成吉思汗率领蒙古铁骑西征，开始了征服世界的战争。

1227 年成吉思汗死后[①]，其幼子托雷监国；1229 年，成吉思汗第三子窝阔台继为大汗，始建和林为都城；窝阔台死后，1251 年，蒙哥继为大汗；蒙哥死后，成吉思汗之孙忽必烈（托雷次子）于 1260 年在开平（后为上都，今内蒙古多伦东南）自立为帝。

忽必烈为帝后，1271 年迁都燕京（后称大都，即今北京），是年，改国号为"元"。1312 年，在和林设岭北行中书省，由属下的和宁路管辖了蒙古本土及贝加尔湖以东至黑龙江上游地区。

蒙古国把贝加尔湖以东至黑龙江上游属于岭北行省和宁路管辖的居民称为"林木中百姓"、"林之民"，包括了森林中的鄂温克人在内，蒙古人把贝加尔湖东北部鞠部使鹿鄂温克人称为"兀良哈"，亦称乌梁海。到了 13 世纪，波斯史学家拉施特哀丁对使鹿鄂温克人有所记载："林木中的兀良哈，盖以其人居大森林之内，故以为名，不可与蒙古种之兀良哈相混也。他们不居帐幕，衣兽皮、野牛（驯鹿）……兀良哈迁徙时用野牛载其物，从不出其所居森林之外，其居屋以树皮编结之，用桦树皮为之。他们所居之地，山岳屹立，森林遍地。"也否定了鄂温克人被称为蒙古之"兀良哈"之说。

元代农民大起义，朱元璋带领农民军在南方节节胜利，1368 年正月建立汉族封建政权，国号明，建元洪武，定都南京。在洪武七年就遣徐达将军率明军 25 万人北上攻克元朝京师大都，推翻了元朝统治，改大都为北平。

---

① 成吉思汗在 1227 年 8 月 25 日病死于西夏灵州（今宁夏回族自治区灵武县）。成吉思汗死后秘不发表，其部下为了骗西夏投降，把成吉思汗的遗体从西夏千里迢迢秘密运回蒙古大本营。参见吴秀水、陆文海《成吉思汗传》，河北人民出版社 1997 年版，第 254 页。

　　此后，东北地区的元朝官员，各拥兵割据一方，结寨自保，其中势力最大的是盘踞在金山（位于辽宁省昌图县 15 公里大台庙）的纳哈出拥兵数万，企图以此割据东北西北部，抗拒明朝。

　　于是，朱元璋派出冯胜为大将军率明军 20 万出师东北地区，采取征战和招抚相结合的战略，招降纳哈出所部及其他各部共二三十万人。接着，1388 年遣蓝玉为大将军率明军 15 万人，出师漠北和林（今蒙古国阿鲁浑河上游额尔德尼招），脱古思帖木儿逃窜，明军追至捕鱼儿海（今贝加尔湖），在捕鱼儿海大败元主脱古思帖木儿（元顺帝孙）之军，招降 7 万余人。至此，漠北削平贝加尔湖以东至东北地区转属明朝管辖。

　　由于明军抵进蒙古高原至呼伦贝尔之时，在斡难河、克鲁伦河之间游牧的达如花赤部人因战火蔓延东移到额尔古纳河、石勒喀河一带居住，又因怕明军深入发生更大战乱的危险，达如花赤部于 14 世纪末叶或 15 世纪初向东发展，迁移到黑龙江上游以东鄂温克人居住区域自由发展。

　　达古尔部是蒙古语族集团，迁居黑龙江上游地区后，与当地的鄂温克人相处，彼此联系，相互影响。据《达古尔蒙古嫩流志》载："惟达古尔部居守故乡，距京遥远五千里，尤以交通不便之故，忽必烈汗于燕京所提倡之文治及宗教未得普及。故达古尔社会仍保持了成吉思汗时代的风气，仍沿用古之 12 世纪蒙古语之达古尔，其社会经济生活环境多与鄂温克人在森林地带狩猎，与鄂温克人发生密切关系之故，其语言自然而然亦少有采纳之处。"这说明达古尔人于 15 世纪初迁居黑龙江后吸收了一些鄂温克语词汇，加上蒙古语词汇的发展，达古尔语与蒙古语产生了一些差异。

第二节　明代对东北地区的统治

　　洪武三十一年（1398 年），朱元璋去世。因朱元璋的长子早逝，所以孙子朱允炆继皇位，年号建文。之后，皇权内部立即发生矛盾，燕王（朱元璋之四子）朱棣带兵南下，建文四年（1402 年）攻陷南京，武力夺得了皇位，年号永乐。

　　朱棣登皇位后，在内地继续巩固和发展社会经济的同时，开始了对边境和周边地区的干涉和控制。永乐元年（1403 年），派使臣到东北地区宣谕政策，招抚各民族。

当时在东北地区，有汉族、蒙古族、女真族等许多民族。汉族主要居住在东北南部的辽东都指挥使司所辖地区；蒙古族主要居住在东北的西部地区；女真族主要居住在开原以北、嫩江以东、东至大海、北至努尔干北海的广大地区之内。

明朝把女真人按照居住地域和进化程度划分为建州女真、海西女真、野人女真三类。其中把居住地区距努尔干北三千余里，黑龙江上游、外兴安岭至鄂霍茨克海北岸山区的不同部族、部落的森林狩猎并驯养驯鹿的鄂温克、鄂伦春等森林居民都包括在女真族之内称为"野人女真"、"北山野人"、"野人"三种。

明人的三种说法，不论从当时和现实来看，都有些不妥：一是据《东北历代疆域史》记载："女真族自古以来，繁衍在长白山、松花江和黑龙江中下游一带"，说明女真人中靠北的海西女真也没有过到黑龙江上游；二是把居住在黑龙江上游至外兴安岭一带森林中同属通古斯语族的有些不同部族、部落的人们也不加区别地都说成是女真人，混淆了民族成分；三是把森林中驯养驯鹿的人说成是"乘鹿出入"的"北山野人"，以及在山林中的河谷地带饲养牛马畜的人说成是"野人"，意味着不开化、不文明的人们。在当时的历史条件下，加上山区自然环境的制约下，偏远山区人们的进化程度在某些方面可能不及建州女真人和海西女真人，但也不是像明人所认为的那样仍处在"野人"阶段。

明代为了对东北地区各民族进行政治统治和军事压制，在东北地区腹地女真人聚居地方设置了很多卫、所军事组织，以军事组织代行地方政府职能，管理各民族的民众之事。

朱棣登基后，因明军已至斡难河，便乘该处鞑靼首领来朝，于永乐三年（1405 年）设海拉尔千户所，建在海拉尔河流域；永乐四年（1406 年）设斡难河卫，建在斡难河流域。

同时，从永乐三年（1405 年）开始，遣明军深入黑龙江下游与阿姆贡河汇合口右岸，元代东征元帅府治所的特林地方设立努尔干卫后，一方面向乌苏里江以东深入至海，另一方面沿黑龙江向上至外兴安岭及贝加尔湖以东地区设置卫、所，管理所谓的"野人"女真（使马鄂温克人）和北山"野人"（使鹿鄂温克人）等各族民众之事。还利用当地各族首领担任指挥、千百户、镇抚等职，"给予印信，俾以旧俗，各统其属，以时朝贡"，并规定服从中央政府征调，还派兵驻守屯田。在卫、所镇守边疆的军队"三分守城，七分种田"，军食出于屯田，解决军队自身的给养。

脱木河卫，永乐四年（1406年），建在外兴安岭南精奇里江（结雅河）支流托姆河流域。后来脱木河卫女真人头目、在脱木河卫担任指挥的那台失等人向朝廷进贡过马。同时，在黑龙江上游沿岸乌剌河建有乌剌河卫。

乌第河卫（亦作兀的河卫），永乐五年（1407年），建在精奇里江以东支流乌第河流域，他们的头人代表外兴安岭一带乘鹿出入山林的"北山野人"朝贡过鲸睛、海象牙等诸物。

卡鲁丹河卫，与乌第河卫同年建在黑龙江上游雅克萨城东北的波罗穆丹河（巴勒达河）流域。此处女真人头目管秃、阿合木、哈剌不花朝贡过钞币、袭衣等物。置野儿丁河卫、卡鲁丹河二卫，命贾虎失等为指挥同知、金事、卫所镇抚、千百户。

乞塔河卫，永乐六年（1408年）11月，赤塔河女真"野人"头目乍里等来朝，在贝加尔湖以东的赤塔河流域设乞塔河卫，命乍里为指挥金事，余为千百户镇抚，赐予如例。

古里河卫，永乐七年（1409年），建于精奇里江上游之一古柳伊河（古里河）流域。该处女真野人头目把秃等来朝，明朝命把秃为古里河卫副千户，余为百户。

督罕河卫，永乐九年（1411年），建于鄂霍茨克海西岸的土古尔河流域，该地女真野人头目玛吉尔等来朝，命玛吉尔为督军河卫指挥。还有哈剌察卫、土鲁亭山卫、罕达河卫、木鲁罕河卫等。同时，在大兴安岭以东的嫩江流域地区也设有很多卫所。

明朝在东北地区设立卫、所的进度很快，截止到1409年，共设立卫、所115处。为了加强对黑龙江、乌苏里江至东海地区的统一管理，在黑龙江下游支流恒滚河畔特林地方的努尔干卫改为努尔干都指挥使司，简称努尔干都司，其辖境北达外兴安岭，西至斡难河，东至库页岛，南至日本海。

明朝长期派官驻军于努尔干，驻军多时达3000人，最少也有500人，轮番戍守，钦差内官亦失哈都指挥康旺等人经常往返于努尔干，可见努尔干都司成为明朝镇守东北边疆的军事指挥中心，也是明朝统治东北边疆地区各族人民的政治中心。

明朝为了实现其政治、军事统治，在管辖区推行军政合一的卫、所制度，在少数民族地区采取了双管齐下的办法：一是利用民族首领为其效力，任命部落、氏族首领，在就近卫、所担任指挥、佥事、千户、百户、镇抚等官职，统其属民，按时朝贡；二是允许氏族组织独立活动，按传统习俗管理民族内部的事务，出现重大事件报告上级政府。在这种行政制度和氏族组织并存，朝廷很少派官派兵驻守的情况下，主要由当地民族首领管理卫、所事务，处理民众之事，也没有外来干扰，因而在明朝年间鄂温克人聚居地方一直处于和平状态，基本保持了社会安定、经济发展、人们安居乐业的局面。

第十三章

养殖业和种植业的兴起

鄂温克人长期处于森林生态环境，狩猎经济与驯鹿驯养业相结合，与驯鹿关系密切，习惯了驯鹿驯养业，认为有驯鹿就可以了，这在某种程度上延缓了畜牧业在鄂温克族中的发展。在元代鄂温克人受邻近蒙古人畜牧业经济的影响，产生了养畜的意向，并出现了养马人，在明代牛马饲养业有了很大发展。

第一节　从养马到养牛持续发展

驯鹿驯养业虽然在鄂温克族的经济发展史上起到过牛马畜牧业的部分作用，但毕竟是半野生半家养的鹿科动物，其性能和作用与家畜不完全一样。驯鹿食用的苔藓不是随处可见，这制约着鄂温克人向广阔的山林、草原、平原、河谷地带活动，于是在自然环境不适宜驯养驯鹿的地方鄂温克人处于步行狩猎状态，需要解决狩猎时用于骑乘、驮运的交通工具。而在贝加尔湖以东林草接合部地带的鄂温克人，在以野生动物毛皮与蒙古人交换牲畜的过程中便产生了饲养牲畜的念头，加上黑龙江上游东岸的鄂温克人在与东北地区女真人的交往过程中也目睹了他们驯养牛马畜，而鄂温克人自己通过多年经营驯鹿，也具备了过渡到畜牧业的条件。

鄂温克人在当时根据狩猎时乘骑的需要，首先对养马产生了兴趣，而优先发展了马，其次是牛。大约在 12 世纪至 13 世纪初，距今约 700 多年前，在贝加尔湖以东自称"纳米雅尔"氏族的鄂温克人中已经出现养马人，而在明朝被称为"使马部"。

畜牧业对鄂温克人是一种新兴产业，刚开始他们不知道怎么饲养牲畜，也不习惯储存干草供牲畜过冬，就是夏季在森林里也很难找到充足的食料，而马到冬季时已筋疲力尽，很难过冬过春。因此，鄂温克人在缺草时根据马吃盐的习惯，喂食加盐的肉干，然后使马习惯于吃生肉，吃肉的马匹可以活到 25 岁，比喂干草的马强壮，能够经受狩猎季节的困苦。

具有敬业精神的鄂温克人，随着形势的变化和社会的发展，进一步开阔视野，增长知识，从元代到明代

猎人在骑马打猎　　　插图：景胜

养马的过程中逐渐认识到牲畜既是生产资料，又是生活资料，牛的肉、乳、皮可给人们提供稳定的生活资料来源，于是又出现了养牛业。从养马（毛仁）到养牛（俄胡日），鄂温克人如鱼得水，拓宽了生产门路，特别是对于部分失去驯鹿而成为徒步狩猎的鄂温克人来说，出猎时有了乘骑、驮运货物的交通工具，也有了稳定的肉、乳食物来源。而且以狩猎为主的同时，既养马又养牛，形成一种新的生产力，给鄂温克

牛　群

人带来了新的财富来源，使鄂温克人向生产性经济迈出了可喜的一步，进入第三个发展阶段，是鄂温克族经济发展史上的一大进步。

牛马畜是食草动物，需要相应的牧草，但山林地带不同于草原地带，

不便饲养牲畜，加上鄂温克人的牛马业是在狩猎经济和氏族社会框架内出现的，离不开山林地带，这在某种程度上制约着牛马畜的生存和发展。但牛马畜自身的繁殖增长和乘骑、驮运使役作用的发挥，以及牛的肉、乳、皮给人们提供的衣、食生活资料来源而带来的经济和社会效益使鄂温克人得到了实惠，大大激发了鄂温克人养牛马畜的积极性。随着牛马畜逐渐向山林中的河谷地带靠拢，鄂温克人仍以狩猎为主的同时，利用山林河谷地带的天然水草资源，饲养牛马畜的人越来越多，到了明代已经从赤塔河发展到黑龙江上游至外兴安岭以南地区。从此，鄂温克人开辟了在山林中的河谷地带养大畜（牛马畜）的途径，也开创了狩猎人可以兼营家畜（牛马畜）的范例。

第二节　饲养牲畜促进了定居生活

鄂温克人的牛马饲养业起初由个人家庭饲养，分散经营，氏族公社没有统一管理，所以，牲畜归个人小家庭所有，所产生的效益也属个人小家庭收益。致力于饲养牛马畜的鄂温克人只能在山林中的河谷地带养畜，夏、秋季在牧草丰盛的河谷地带放牧，冬、春季因雪大在备好干草的固定场地喂养，这引发了饲养牛马畜的鄂温克人住宿地点的变化。他们搬迁到河谷地带起初仍住在"仙人柱"即撮罗子里，后来为了便于经营牛马饲养业，也为了人们自身居住条件的改善，他们逐渐在山林中的河谷地带建造起土木结构的房屋，这引起了氏族组织的分化。在氏族属下出现了"毛哄"（家族）集团，"毛哄"既是生产单位又是消费单位，多则十一二户，少则七八户，有自己的"萨满"，也有自己的"敖包"，共同占有土地、河流、森林、猎场、牧场，逐渐发展成为定居的村屯。随着牛马饲养业的形成，鄂温克人既狩猎又养畜，出现了新的矛盾，由于"毛哄"家族公社的出现，人们逐渐转向定居生活，牛马畜也不能在山林中随处行走，在狩猎生产上形成了"定居行猎"的局面。"定居行猎"在当时有两种形式，一种是集体行猎（也叫季节性行猎），另一种是单人行猎。

集体行猎，是指小集体行猎，少数几个人合伙行猎，也不是常年在山里，所以也叫季节性行猎（鄂语称阿玛仁）。同一"毛哄"（家族）的男人们，在"毛哄达"的统一指挥下远猎，由猎手、弓箭、猎马、猎犬，还有车夫（胡突勒）组成狩猎小组（塔组），选出年长而又有经验的猎手为"塔坦达"。一次远猎时间可长可短，根据猎获物的多少而定，一般在15—20天就可以返回，猎获物仍按传统的习俗统一平均分配。

单人行猎，是指猎人单独行猎，有骑马的，也有步行的，拿着弓箭，领着猎犬，在距家附近的山林中狩猎，一般是当天出猎当天猎归，也能猎获一些狍子之类的动物。

男人行猎时女人们看家护院、饲养牲畜、挤牛奶、理家务、抚育儿童、缝纫衣服、烤煮食物等一系列劳动。

固定住所使鄂温克人适应了在山林河谷地带饲养牛马。夏季可在河谷地带放牧，冬季可备好干草喂养，保证了牲畜安全过冬、过夏。

固定住所引发了种植业萌芽。鄂温克人开辟宅旁园田地，开始种植蔬菜和黄烟，后来迁至嫩江流域地区后为在野外种大田打下了基础。

固定住所使男人按季节乘马进山打猎。出远猎时几家男人合伙，一年出猎几次，每次时间可长可短。

固定住所使女人管理家务、抚育儿女、看护住所、种植蔬菜、饲养牲畜，有时还到野外采集山产品。

固定住所改善了人们的居住条件，它为人们挡风遮雨，防寒防晒，增进了人们的身体健康，促进了人口的发展。

村屯的出现标志着鄂温克人从游猎生活转变为定居生活的开始。伴随牛马畜的发展，养畜的部分鄂温克人逐渐实现了定居，其中的关键是养牛业的出现。牛比马更需要固定场所，所以说牛是促使鄂温克人定居的主要因素，从而可以认定出现养牛业的时间为出现村屯、开始定居生活的时间，可能最迟在明代中期或更早一些。

第十四章

明末清初的鄂温克人

明取代元后，在东北地区实行军政合一的卫、所制度，在少数民族地区采取了双管齐下的措施：一是利用民族首领为其效力，二是允许氏族组织独立活动，以传统世俗管理民族内部的事务。这种军政合一的制度和氏族组织并存，主要由当地民族首领管理卫、所事务，处理民族内部民众之事，因没有外来势力干扰，所以明末鄂温克人聚集地方一直处于和平环境，基本保持了社会安定、人们安居乐业的局面。

鄂温克人在明代经济和文化的影响下，积极发展经济，在从事狩猎生产的同时，利用当地丰富的自然资源，大力发展牛马饲养业。清军征服索伦部时获得马 424 匹、牛 700 头；后来在赤塔地区获牛马 840 头（匹），这说明当时索伦鄂温克人的畜牧业已粗具规模。他们还与邻近地区及内地商人进行贸易往来，促进了自身经济的发展和生活水平的提高。他们盖起土木结构的房屋，转入定居生活，并与邻近的达斡尔人团结合作，沿黑龙江东岸共同建造了很多木城和村屯，改善了居住条件，出现了经济发展、人口增长、社会进步的新局面。

17 世纪初叶，东北地区风云变幻，东北地区女真族再次复兴，建州女真斡朵里部落首领努尔哈赤发誓攻明，反抗明王朝的民族压迫。

努尔哈赤以赫图乌拉为根据地，先从统一分散的奴隶主集团入手，自 1583 年起发动兼并战争，用 5 年时间统一建州五部，形成了以杰出领袖努尔哈赤为首的新兴民族势力，接着又兼并了海西女真四部，努尔哈赤兼并海西女真之时，也是努尔哈赤即将实现统一大业之时。

努尔哈赤在统一女真各部的过程中，于明万历四十三年（1615 年）正式创立了"八旗制"。八旗制度原来是女真族狩猎时的生产组织，在努尔哈赤兼并女真各部的战争中成为军事组织，但依旧保持着社会组织的性质。规定每三百人立一牛录额真，五牛录额真立一甲喇额真，五甲喇额真立一固山（旗）额真。原来只是黄、白、红、蓝四旗，至此，扩充为八旗，四正旗之外，加上了四镶旗，而且规定八旗要共同拥戴一个首领，改变过去的割据形势。

于是，努尔哈赤在明万历四十四年（1616 年），在赫图乌拉之新城（后改名兴京），建立了女真后金政权，称可汗（清太祖），国号大金，年号天命，自命为历史上金国的后裔，成为八旗的共同首领。

努尔哈赤自明万历四十六年（1618 年）起率兵攻明，乘明军不备，攻取抚顺城，明朝调兵 8 万余人，分四路伐金，分进合击，努尔哈赤集中八旗兵 6 万余人，以"凭你几路来，我只一路去"的战略方针，击破抚顺东南的萨尔浒山明军主力 3 万余人，努尔哈赤又乘胜攻取了开原、铁岭，进入了明边墙。1620 年金兵攻陷沈阳，又陷辽阳，努尔哈赤由赫图乌拉迁都沈阳。

1622 年，金兵渡过辽河，收广宁，明军筑宁远城（辽宁兴城）防守，1626 年努尔哈赤率 10 万余人围攻宁远城，久攻不下，明军发红夷大炮反击，努尔哈赤受重伤致死。

1626 年，努尔哈赤死后，其第八子阿巴海即皇太极继皇位。皇太极为了争取时间，整顿内部，与明接洽议和，与明军在锦宁防线保持了对峙状态。

皇太极与明保持对峙期间，在征服朝鲜和蒙古的同时，采取征战和"招抚"相结合的策略。1627—1635 年，通过政治联系招抚了黑龙江下游的费雅喀、奇勒尔及库页人，到 1639 年统一了乌苏里江流域的赫哲、瓦尔喀（亦称库尔喀、库雅拉）人。通过 4 次"招抚"和 15 次征战完成了黑龙江下游、乌苏里江流域和锡沃霍特山脉以东滨海地区沿海诸岛的统一，震撼了黑龙江中、上游各部。

在黑龙江上游地区交错存在着很多部落、部族。据《索伦诸部内属述略》一文记载："国初时有萨哈连部（虽属东海，其实在黑龙江之东）、卦尔察部、萨哈尔察部、呼（虎）尔哈部、索伦部……及使鹿之喀木尼堪部，皆索伦之别也。"

　　明末，女真族在东北地区再次复兴时，认为黑龙江上游的鄂温克人是另一个地区的女真人，而以地域概念用女真语称为"索罗乃"（意为"河上游人"）之"索莪罗"（"自由民"之意），他们同时把黑龙江下游及乌苏里江岸边的赫哲人称为"赫斤乃"（"河边人"之意）。由此看来，"索伦"之称是由"索罗乃"或"索莪罗"转化而来。不久在"后金"政权的文献中启用了"索伦"之名，最早见于天聪八年（1634 年）的《太宗实录》中。从此，鄂温克族以"索伦"之称闻名。

　　那么，博穆博果尔管辖的城屯有多少呢？在清代圣武述略二《索伦诸部内属述略》一文《雅克萨城考》一书中记载有下列几个城屯：

　　雅克萨城一作雅克塞城，时为博穆博果尔属人所据。

　　铎陈城，时为博穆博果尔属人所据，铎陈城在黑龙江城西北九百里。

　　阿萨津城，时为博穆博果尔属人所据，阿萨津城在黑龙江城西北九百里。

　　多金城，时为博穆博果尔属人所据，一作锦城，在黑龙江城西北一千三百余里。

　　乌库勒城，一作乌库尔城，一作伍库尔城，一作厄库尔城，时有达尔布尼、汉必尔岱四人聚七屯之人于此，在黑龙江城西北一千三百余里。

　　乌鲁苏城，即乌鲁苏木丹城，博穆博果尔居此城，在黑龙江城西北三百里，城北即库尔喀故地、西乌鲁苏河湾；乌鲁苏河湾即乌鲁苏穆丹，在黑龙江城西北三百二十里，即黑龙江中流环绕之湾也。

　　郭博勒屯，屯长曰温布特，初附博穆博果尔，后归顺，一作郭博尔，在黑龙江城西北一百余里。

　　博和哩屯，屯长曰额喷，初附博穆博果尔，后归顺，博和哩河在黑龙江城南一百五十里。

　　噶勒达逊屯，屯长曰科奇纳，初附博穆博果尔，后归顺，或曰即噶里达苏屯也。

　　穆丹屯，屯长曰诺奇尼，初附博穆博果尔，后归顺，一作纳木丹屯。

　　都孙屯，屯长曰奇鲁特，初附博穆博果尔，后归顺，一作尼都逊屯。

　　乌尔堪屯，屯长曰博卓户，初附博穆博果尔，后归顺，在黑龙江城北六百七十里，一作乌喇喀屯。

德笃勒屯，屯长曰科约布鲁，初附博穆博果尔，后归顺，一作德都尔屯。

海伦屯，附博穆博果尔，为大兵剿平，通称凯喇尔一河，亦作转也，当即此海伦矣。

额苏哩屯，附博穆博果尔，为大兵剿平，额苏哩城，在黑龙江城西北八十余里。

额尔图屯，附博穆博果尔，为大兵剿平，额勒格河，在黑龙江城西北一千三百里。

可是，鄂温克人早已扩散到很多地方，分布很广，明末清初在女真人面前出现的只有三个部分，即索伦部、索伦别部、喀木尼堪部。这三个部分鄂温克人都有自己的活动地域，有各自的首领，相互之间没有隶属关系。

索伦部，即索伦本部，居住在黑龙江上源石勒喀河、外兴安岭以南至精奇里江一带的鄂温克人，由明代的"北山室韦"等几个大氏族组成，有涂格敦、杜拉日（尔）、那哈塔三个大氏族，还有卜拉穆、墨尔迪勒、乌力斯、敖拉给日等氏族，人口多，经济势力雄厚，其中一个氏族的首领本博果日（汉译为"胖乎乎"之意），后转音为博穆博果尔，是一位有建树的人，并被拥戴为共同的大首领。

索伦别部，即索伦部之一，居住在贝加尔湖以东赤塔河、音果达河、涅尔查河至尼布楚①河以西山林中狩猎并养马的鄂温克人，亦称"使马部"，有 15 个氏族，其中杜拉给特氏族以根特木耳为首领。

喀木尼堪（地名），居住在贝加尔湖东北勒拿河支流维提姆河（又称温多河）苔原高地一带的鄂温克人，亦称"使鹿部"，有 15 个氏族，其氏族首领有叶雷、舍尔库特、巴古奈、土古素等人。

建立清政权后，上述三个部分鄂温克人的首领，也顺应潮流，先后分别来京朝贡，表示过臣服于清朝。可是，天有不测风云，一贯以掠夺性战

---

①　尼布楚，原来是鄂温克人居住的村落，坐落在涅尔查河口、尼布楚河东岸，南距石勒喀河 2 华里。英国人拉文斯坦在其《俄国人在黑龙江》一书中称："尼布楚最初以一个通古斯（鄂温克）族的首领的名字命名，称为尼路德斯可伊。"俄国人占领后，从 1689 年起逐渐兴起，成为一个重要的地方，后更名为涅尔琴斯克。

争实现统一大业的清统治者，不顾把"朝贡"作为政治上确立隶属关系的重要标志，还是诉诸武力，与沙皇俄国军队在鄂温克族聚居地方形成了夹击之势，先后征服了以叶雷、博穆博果尔、根特木耳为首的三个部分的鄂温克人。

第十五章

叶雷使鹿鄂温克人的遭遇

17世纪初，明末清初，在贝加尔湖东北勒拿河支流维提姆河一带居住的使鹿（驯养驯鹿）鄂温克人，共有15个氏族，各氏族都有自己的氏族首领和萨满，其首领有叶雷、舍尔库特、巴古奈、土古素等人。

勒拿河支流维提姆河，是后贝加尔地区最大的河流。它发源于伊卡特山东坡，流向东北，最初名为维提姆卡河，与奇纳河汇合后，折向西南，才改称维提姆河。在这里又接纳了两条重要支流扎扎河与吉季米特河，然后形成一个弓形河湾，再次转向东北，在接纳右侧支流卡兰加河后，向北流汇入勒拿河。

16世纪末，沙皇俄国向西伯利亚地区扩张，随着哥萨克队伍的深入，许多俄国毛皮商、兵痞、官吏涌进东西伯利亚地区。这些"不速之客"来了就骚扰这里的森林居民，本来这里的鄂温克人正遭受雅库特人统治和压迫，现在又来了俄罗斯人，强征野生动物贵重毛皮，烧杀抢掠，无恶不作，致使勒拿河流域的鄂温克人不得安居，鄂温克人的生命和财产安全受到严重威胁。鄂温克人虽然一方面躲避，一方面反抗，但都遭到了失败。正在这时，于1636年蒙古科尔沁部有67人皆革心向化，皇太极遣阿赖达尔汗率外藩（漠北）蒙古诸贝勒往追茂明安部下逃兵，至距贝加尔湖东北500里的维提姆河（又叫温多河）苔原高地喀木尼堪地方，与使鹿鄂温克人相遇，阿赖达尔汗召见了叶雷、舍尔库特等人，叶雷向清廷献了貂皮等物，阿赖达尔汗也代表清廷向叶雷等人赠送了礼物。叶雷听信阿赖达尔汗的善言带领100多人向东南方向移动，迁入了大兴安岭嫩江上游多布库尔河流域（今鄂伦春自旗境内）居住。

叶雷来到大兴安岭多布库尔河①流域后发现这个地方没有苔藓，而苔藓是驯鹿必需的饲料，叶雷等人考虑驯鹿的生存和发展关系到使鹿人的生产、生活，需要寻找有苔藓的地方，叶雷召集长老们商议，多数人的意见是返回故地，于是叶雷带领族人返回原地。

他们在归途中盗走蒙古科尔沁部占布拉部下 80 匹马和宾图王洪果尔部下 45 匹马，宾图王闻讯后派遣 17 人追击，叶雷等在还击时射杀 3 人，又夺马 17 匹而走。清廷发现叶雷带领族人迁返原地后，当作逃人，皇太极立即下令兴京（赫图乌拉）守将甲喇章京席特库率清兵 22 人，会同宁古塔（今黑龙江省宁安县）守将武巴海率清兵 45 人，自 1637 年 5 月起路经多布库尔河至黑龙江上游博穆博果尔处，博穆博果尔也奉命随同往征叶雷。皇太极还令蒙古科尔沁部土谢图亲王巴达哩卓哩克图发兵往征，亲王遣鄂尔多木卓哩克图率蒙古兵 200 人往尼堪善城驻防，并带 40 名甲士往追，占布拉弟塞尔古楞率兵横截追之，加上亲王吴克善的部队，共约 700 人分路追剿。

清军追剿到维提姆河温多森林苔原高地后，夜间包围了叶雷族人驻地，劝降不从就打，清军借风力，射带火的箭，焚烧营地，乘火势斩杀猎民 94 人，生擒 87 人，并缴获马 56 匹。叶雷偕妻子遁去，杀鹿为食。席特库、吴巴海即率兵搜剿，叶雷得知后，杀妻子逃入深山密林中。清兵深入追至，叶雷射箭抵抗，突然有一只白狐狸（鄂温克语称索里黑）跃起，触叶雷弓而驰，叶雷失手，而被清兵射箭致死，其兄弟偕妻子及 40 人归附。至此，追剿叶雷的战斗活动，历时两个月，到 7 月结束。

战后，在战斗中失散的生存者，经过几年的休整，恢复生产、生活后，为了消除清政权对使鹿鄂温克人的敌对状态，维提姆河一带使鹿部头人墨腾格等 3 人于清崇德七年（1642 年）3 月，赴盛京（今沈阳）向清廷朝贡厚礼，以表归附清政权，清廷宴请并赐给他们鞍马、撒袋、衣、帽、缎布等物。后来闻讯清取代明后，居住在贝加尔湖以东奥洛克玛河的使鹿鄂温克喇克奇氏族头人喇巴奇等人于清顺治三年（1646 年）前往北

---

① 多布库尔河，发源于大兴安岭伊勒呼里山南侧，海拔 1196 米，河长 329 公里，流域面积 5883 平方公里。

京向清廷朝贡貂皮等物。顺治十七年（1660 年）居住在维提姆河支流卡连卡河和尼布楚河上游的使鹿鄂温克布勒特氏族头人布勒、苏定葛等人来北京向清廷朝贡貂皮，康熙三年（1664 年）卡连卡河使鹿鄂温克氏族头人布勒又第二次来京给清朝贡貂。这说明勒拿河支流维提姆河流域使鹿鄂温克人已归顺了清朝。

综上所述，使鹿鄂温克部叶雷氏族的遭遇，是在 17 世纪中叶，一方面沙皇俄国势力扩张到东西伯利亚，另一方面在我国明朝末年崛起于东北地区的女真（满）族建立金汗国后统一东北地区深入黑龙江流域时，在黑龙江以北，贝加尔湖东北维提姆河流域苔原高地发生的一起历史性事件。

这次事件的起因，从当时的形势来看，一是沙皇俄国派遣的哥萨克和毛皮商对使鹿鄂温克人政治上的压迫和经济上的掠夺，激起了鄂温克人的不满；二是清朝官员阿赖达汗到使鹿鄂温克人地域后，召见叶雷等氏族头人，善言抚慰，赠送礼物，叶雷答应东行，归附清政权。

对于自古以来流动的鄂温克人来说，说迁徙也快，可是来到大兴安岭多布库尔河流域后发现，此地没有苔藓，驯鹿无法生存，关系到驯鹿人的生产、生活，叶雷遇到了难题，清廷也无人过问。在这种情况下，按照鄂温克人的传统习惯，召集氏族中的长老们商议后决定返回，事先事后没有向清廷打招呼，历来不习惯在官方领导和干预下生活的鄂温克人，只知道氏族酋长或长老们决定就行，万万没有想到成了在逃人。世世代代在原始森林中渔猎生活的鄂温克人是一个"自由民"，在当时的历史条件下他们哪里会意识到那么多事，他们想的只是驯鹿，驯鹿没有苔藓不行，这是他们的主导思想，此地没有苔藓是他们返回故地的主要原因，也没有跑到别的地方，来回也不及半年。在当时还没有与俄罗斯划定国界前这里的居民都是中国的属民，不涉及跑到国外的事，可是只知道征服、掠夺的清统治者不顾具体情况，求全责备，小题大做，把叶雷等人当作逃人，杀了那么多人，的确过分。

叶雷等人在归途中盗马而犯下了罪行，对此，清统治者可以派人把马收缴回来，也可以惩办为首的叶雷等人，但清统治者借题发挥，兴师动众，诉诸武力，采取战争的办法，发大兵征讨叶雷等使鹿鄂温克人，追剿至维提姆河温多森林苔原高地，乘夜包围叶雷族人驻地后，焚烧营地，借火势大开杀戒，斩杀平民 94 人，使无辜的猎民惨遭杀害，幸存者流离失所。17 世纪 30 年代，正是沙皇俄国派遣的远征军向我国贝加尔湖以东地区和黑龙江进犯之时，清统治者对沙俄的入侵置之不理，专门对付无辜的森林百姓，致使鄂温克人夹在两国间吃了苦头，又惨遭杀害。

第十六章

清统治者向索伦部诉诸武力

举世闻名的黑龙江，滚滚东流，蜿蜒数千里，在庙街附近注入鄂霍茨克海。

黑龙江，因江水呈黑绿色，蜿蜒地流着像条龙，而以水得名，古称"黑水"，分上、中、下游三个部分。布利亚山脉向上在石勒喀河与额尔古纳河汇流于大兴安岭北端北纬53°处的恩和哈达山下为上源；布利亚山下至乌苏里江为中游；下游在庙街附近流入鄂霍茨克海，全长2850公里。

黑龙江在上游有很多河流注入黑龙江，其中较大的支流——精奇里江发源于外兴安岭，向东南流800里会西林木丹河，江形如弓，复折西300里至额苏里，注入黑龙江。

第一节　正在发展中的索伦部

清代文献《呼伦贝尔》一文中记载："索伦（由上来临之意）为通古斯语族，就中国史籍考察，索伦移居于黑龙江，远在西历第一世纪时……"即公元1世纪，东汉初年起就生活在黑龙江以东，精奇里江、外兴安岭以南的古代鄂温克人。在南北朝时期（公元420—589年）被称为"室韦人"，即森林居民之意。仍为狩猎经济和氏族社会形态，历经沧桑，奋斗不息，发展到元代，受邻近蒙古人畜牧业经济的影响，在元末明初，贝加尔湖以东至黑龙江上游的鄂温克人开拓新的产业，出现了牛马饲养业。

鄂温克人则坚持狩猎生产，并在大力发展养殖业——牛马饲养业的同时，开始与内地来黑龙江瑷珲等地的商人交易。一方面输出黑龙江盛产的优质毛皮和名贵药材；另一方面输入内地先进的生产工具和生活用品。通过交易，鄂温克人活跃了自身经济和社会，促进了社会生产力的发展和人民生活水平的改善。

鄂温克人随着与各族之间经济和文化交往的增多，视野开阔，不仅为了便于经营牛马畜，也为了改善人们自身的居住条件，大家齐心协力，与14世纪末叶或15世纪初叶迁居黑龙江上游以东地区的达斡尔人团结合作。按照异族异姓不混杂的习俗，他们在沿黑龙江东岸建造起很多土木结构的房屋，三面火炕，以纸糊窗，不仅有村屯，也有木城，转入定居生活，他们穿皮衣和布衣，食肉、喝奶，部分以粮为食，有的在宅旁种植蔬菜。

随着黑龙江上游地区经济和社会的发展，在17世纪初，明末清初，距黑龙江城西北320里，在黑龙江中游环绕之乌鲁苏河湾乌鲁苏穆丹城中出现了一位精明强悍、具有敬业精神、开拓进取的英雄人物——博穆博果尔①，他以他的英姿风采在黑龙江上游地区成了远近闻名的风云人物。

清代文献《索伦诸部内属述略》一文中记载："黑龙江为东三省之一，其地居人不尽索伦，也有满洲、有汉军、有达呼尔、有鄂伦春、有

索伦部首领博穆博果尔
插图：孙勇

毕喇尔，则其同乡而别有部落者，世于黑龙江人，不论部族概称索伦，而

---

① 明代文献记述的"乘鹿出入"的"北山野人"，一般认为即鄂温克人与鄂伦春人的直接祖先。因而博穆博果尔所属的呼尔哈部又与鄂温克族的先人属于同一族系，特别是博穆博果尔又是包括鄂温克族在内的索伦部的首领，因而把他的事迹写入鄂温克族的历史，也未为不可。参见古清尧《谈博穆博果尔其人与清军对索伦部的征讨》一文，民族研究编辑部《民族研究》（双月刊）1994年第6期。

黑龙江人居之不疑，亦雅喜以索伦自号说者，谓索伦骁勇闻天下，故借其名自壮，兹记黑龙江诸部事迹，以索伦冠之。”

在黑龙江上游以东地域交错居住着很多不同语言的部落、部族。随着博穆博果尔登上历史舞台，索伦名望的扩大，黑龙江上游诸部自愿以"索伦"为代表，或者借其名称"索伦"，而各部也很自然地概括在了"索伦部"的总称之中，共同拥戴博穆博果尔为首领，其实有的是不同语族的"部落联盟"关系，如蒙古语族的"萨哈尔察部"达斡尔人等。因此，在清代文献中时有出现"索伦部"、"呼尔哈部"和"萨哈尔察部"互为代用的现象。

清统治者在建国初期为了把东北地区的一些地方从明朝接管过来，把"朝贡"作为政治上确立隶属关系的重要标志，但从白山（长白山）到黑水（黑龙江）统一东北地区时，还是以征战和"招抚"相结合的战略征服了四邻各族。

黑龙江上游"索伦部联盟"中的"萨哈尔察部"头人巴尔达齐天聪八年（1634 年）四月起多次赴盛京（今沈阳）入朝进贡，一次就纳贡貂皮 1818 张。1637 年，皇太极为了答谢并利用巴尔达齐，将皇族女儿下嫁给巴尔达齐，招为"额驸"（驸马）。从此，巴尔达齐每次来朝，朝廷礼部满达尔汉迎于五里外，并设大宴款待。

索伦部首领博穆博果尔也为了顺应潮流，崇德二年（1637 年）闰四月率八人来朝，进贡马匹、貂皮。崇德三年（1638 年）十月，又带领瓦代、噶凌阿等人来朝，进贡貂皮、猞狸等物，与大清国建立了朝贡关系，表示臣服于大清国，承认清太宗为他们的最高统治者。

皇太极认为博穆博果尔来朝较晚，朝贡不频，也不那么"益修恭顺"，而对博穆博果尔不太满意，并存有戒心。在《清开国方略》一文中记载皇太极谕曰："黑龙江库尔喀①部索伦（指鄂温克人博穆博果尔），以材武长其部，黑水（黑龙江）诸部惟索伦达虎里为大，博穆博果尔得众心，江南北各城屯俱附之，虑其势盛不可制……"说明皇太极认为索伦部地区广大，博穆博果尔德高望重，怕其势力日益强盛，虑其势盛不可

---

① 黑龙江库尔喀部，即"北路呼尔哈部"。据《黑龙江志稿》记载："呼尔哈者，即布特哈之音转，其民族为索伦及挂尔加、黑斤等狩猎之通古斯民族也。"

制，而对博穆博果尔冷淡，对巴尔达齐礼遇独厚，引起了博穆博果尔心中不平。朝廷官员还挑拨博穆博果尔与巴尔达齐之间的关系，破坏团结，制造分裂，最终激起了博穆博果尔的不满，具有民族气节的博穆博果尔不肯屈服于清统治者推行的民族歧视和民族压迫政策。

当时仍处于从奴隶制向封建制转化时期的清统治者，存在着相当浓厚的奴隶制残余，民族征服性和财富掠夺性十分突出。加上清军与明军连年作战，使满族人民处在水深火热之中，在战场上清军的减员、马匹的死伤、物资的损耗，使得为战争继续提供兵员和物质的能力已经枯竭。清统治者要想摆脱这一困境，积蓄力量，向明朝大举进攻，必须寻找新的出路，向四邻各族发动掠夺性战争，掳掠人员，劫掠物质财富来补充新的兵员和物资，满足贵族、军阀、官僚们的物资要求。

黑龙江流域地域辽阔，土地肥沃，森林茂密，物产丰富，盛产优质貂皮和珍贵毛皮。索伦部经济发展，牛马成群，粮油产量自给有余，人口兴旺。鄂温克、达斡尔、鄂伦春人能骑善射，清统治者视其为宝地，早已注目，并将其地当作掳掠人口、掠夺马匹、劫掠财富的对象。

博穆博果尔归附清政权后，对清统治者的不公平待遇虽然不满意，但在行动上没有"犯上作乱"之事，可是清统治者节外生枝，在博穆博果尔第二次来朝贡后，以不及一年未来朝贡做文章，并借口"既而叛去"，以"莫须有"的罪名向"索伦部"诉诸武力，也许有消除后顾之忧之意，但其主要目的还是为了达到"征服过来，为我效力"。

第二节　遣清军征战索伦部

皇太极自1639年开始遣重兵征讨索伦部，连续发动三次战役，时间长达三年零七个月，其战役经过如下：

（1）第一次战役。从1639年12月2日起，遣清军16000人，分左、右两翼，分进合击索伦部，左翼主将萨穆什喀、副将伊孙，右翼主将索海、副将叶克书。从呼玛河口兵分两路进击，在额尔古纳河口至黑龙江以东沿岸，1300华里内摆开战场，以博穆博果尔属地铎陈、阿萨金、雅克萨、多金四木城为主要攻击目标。

清军前来征战，没有任何准备的博穆博果尔作为"索伦部"的首领临危不惧，勇敢地指挥索伦部民众迎战。四木城人为了保卫生命和财产，纷纷拿起狩猎用的弓箭、扎枪及木棍、石块等为武器奋勇抵抗清军，使清左翼军受阻，右翼军叶克书来助战，火攻木城，焚烧雅克萨城南关，乘火势占领了雅克萨城。

随即萨穆什喀率清军深入乌库勒城，时有达尔布尼、阿哈都护、白库都、汉必尔代四人，集中七个屯之人抗击清军，坚守一整天，至晚上清军举火焚烧乌库勒城之后才失守，博穆博果尔的胞弟噶凌阿等220人被俘，关押于乌库勒城。在这一紧急关头，博穆博果尔顺应民意，为了索伦部的利益，挺身而出，决心背水一战。他一声令下，各城屯民众一呼百应，群起而攻之。博穆博果尔亲自率领乌日穆丹城的索伦兵，动员并调集俄尔吞、奇勒里、精奇里、兀赖布丁屯以东，乌木内克、巴哈纳以西，黑龙江额尔图屯以东，阿里阐以西，两乌喇（河）的索伦、达斡尔、鄂伦春①民众6000人抗击清军。此时清军主将"闻各路报，博穆博果尔索伦之兵来战……兵共六千来袭"，清军惊慌失措，立即集中兵力，准备反击。

博穆博果尔指挥民众队伍袭击了集结在铎陈城一带的清军主力，击毙牛录（佐领）郎图、章京阿尔休、云骑尉穆虎穆定，缴获了正蓝旗后队及辎重，并收复三个村屯。关押在乌库勒城的220人打死看守，冲杀梅勒章京罗奇等人逃出。博穆博果尔乘胜重创清军，打死打伤多人，使清左翼军损失惨重。此举激怒皇太极，主将萨穆什喀、副将伊孙，以指挥失误为由被革职。

索伦部的民众在博穆博果尔的指挥下，英勇作战，重创清左翼军，初战得胜，但与装备精良、训练有素的清军周旋交战达五个多月，不是那么容易的事。后来清廷继续增加兵力，正白、正红、镶黄三旗清军驰入，配合右翼军主力，投入战斗，对博穆博果尔形成包围态势，在激战中死伤多人，博穆博果尔处于被动，奋力拼搏突围，清右翼军索海追赶，斩200人，生擒130人，至此，索伦部终于因寡不敌众而失败，在战斗中亡400人，被俘7604人，清军夺牛、马1128头匹，收毛皮5400张。

---

① 内蒙古少数民族社会历史调查组、中国科学院内蒙古分院历史研究所编：《达斡尔、鄂温克、鄂伦春、赫哲史料摘抄》圣武述略二"索伦诸部内属述略"，1961年版，第8页。

（2）第二次战役。在第一次战役之后，博穆博果尔率部分民众背井离乡，转移到贝加尔湖以东的赤塔河流域休养生息。皇太极闻讯后，自1640年9月21日起，遣甲喇章京席特库和济希哈率外藩（漠北）蒙古兵350人，继续征讨博穆博果尔。席特库经喀尔喀蒙古车臣汗部北边至贝加尔湖西北甘地（堪斯克），俘获博穆博果尔之弟布古德及其民众174人，又向西南经过14天至齐洛台（今俄罗斯境内赤塔市）。此时，博穆博果尔立足未稳，也未得知清军来袭的消息，席特库突然袭击其驻地，擒获博穆博果尔和妻子及其部众956人，获牛、马844头匹。

席特库把博穆博果尔押送到盛京，把刚刚出生几个月的嫡子图麻尔留在蒙古科尔沁部土谢图亲王巴达礼处，次年送往盛京清宫。博穆博果尔后来被封为和硕亲王，于清顺治十三年（1656年）8月22日逝世，享年60岁。[①]

（3）第三次战役。自1643年5月4日起，皇太极还遣护军统领阿萨金和哈宁喀率兵征讨剩余的北路库尔喀部，收服2817人（包括索伦、挂尔加、黑斤等人），获牛、马719头匹。

上述三次战役，战争规模之大，投入兵力之多，持续时间之长，以及战争的残酷性，都大大超过了清统治者任何一次兼并战争，在鄂温克族历史上也前所未有，是在17世纪中叶黑龙江上游地区发生的一场悲剧。从此，索伦鄂温克人卷入复杂多变的关系中。

清军在战争中占领城屯16处，夺牛、马2690头匹。俘获博穆博果尔及索伦部民众11277人，加上巴尔达齐帮助清军引渡过来的3208人，共14485人，分别发落到内地各处。

第一次战役中俘获的7604人，加上巴尔达齐引渡过来的1870人，计9474人，按照皇太极"令其从军役使"的指示，发落到沈阳、锦州等地为军役，编补清军的壮丁共有2709人。这说明在1644年入关的20万清军中也有一部分索伦兵，清统治者达到了掳掠有生力量补充兵员的目的。

第二次战役中俘获的956人，加上第一次战役后1640年7月6日巴尔达齐引渡过来的1348人，共2304人。在《索伦诸部内属述略》一文中记载，皇太极谕之曰："尔等可令索伦来归之众，同郭尔罗斯部众于乌库

---

①　关于博穆博果尔的出生时间，据《清实录》记载，博穆博果尔在1656年（清顺治十三年）8月22日去世，享年60岁，以此来推算，是在1596年，即明万历二十四年出生。

玛勒格伦额苏昂阿察喀地方驻扎耕种，任其择便迁移，视其中有能约束众人，堪为首领者，授予牛录章京，分编牛录。"① 这部分人被流放到嫩江流域齐齐哈尔附近的昂阿插喀（昂昂溪）到格伦额苏（古龙沙漠）的沙漠、沼泽地带，编为八个牛录（佐），称为"牛录索伦"，保持了"索伦"称谓。

第三次战役中收服的 2817 人中的青壮年男子也为军役，编入八旗为兵丁，把妇女、儿童分别赏给了满族出征将领为奴隶。

清统治者把第一、第三次战役中俘获和引渡过来的 12291 人编入八旗为军役和奴隶后，改称为"伊彻满洲"（汉译为"新满洲"之意），列入了满族行列，增加了满族人口。

第三节　战争的后果是一场大浩劫

综上所述，女真（满）族崛起于东北后，清统治者接管明朝管辖地区的各民族以"朝贡"与否作为重要标志。按这个标志衡量，努尔哈赤建立后金汗国的元年（1616 年）第一次遣兵征讨黑龙江流域地区时，清军已经到过博穆博果尔所属之乌音屯、库鲁木图屯、纳屯，这三屯人已经归附并成为纳贡之屯。索伦部头目之一的巴尔达齐从 1634 年起多次朝贡，主要首领博穆博果尔也从 1637 年起朝贡，而且听从朝廷之命，从盛京立即返回，跟随清军参加了征讨使鹿鄂温克部落叶雷的战争，以实际行动表明已归附了清政权，清政权也随即接管了黑龙江上游地区和人民，可以说已经实现了统一。

那么，清统治者为什么还要诉诸武力征服索伦部呢？从战争的起因、经过和后果上来看，正如在《朔方备乘》中记载的那样，清太宗早在遣兵往征黑龙江时就谕之曰："且此地人民语言与我同，携之而来可以为我用……尔之先世本皆我一国之人，载籍俱在，尔尚未知之，是以甘主自外，我皇上久欲收服。"说明清统治者早已打算征服索伦部，其目的是携

---

① 在《索伦诸部内属述略》一文中记载，据额驸巴尔达齐于三月十八日来会云："惟我多科屯人未曾附逆，及大兵所向克捷，于是七屯之人，郭博勒屯之温布特、博和哩屯之额尔喷、噶勒达逊屯之科奇纳、穆丹屯之诺奇尼、都孙屯之奇鲁特、乌尔堪屯之博卓户、德笃勒屯之科的布鲁俱已归附于我，别屯虽现在逃窜，不久终必来归也。"

之而来为其效力，而携之而来的对象主要是同属通古斯语族的索伦（鄂温克）人，因同根同源同语言便于编入满族行列，为军役或奴隶，加之索伦人处在黑龙江流域土地肥沃、森林茂密、物产丰富的地方，清统治者早已虎视眈眈，把它视为一块肥肉，不满足于他们政治上的归顺，不以武力掳掠人口、掠夺牲畜和财富不善罢甘休。

索伦部臣服清政权后，包藏祸心的皇太极对索伦部忠贞不渝的博穆博果尔存有戒心，认为博穆博果尔深得民心，各城屯俱附之，虑其势盛不可制，怕对黑龙江的统治不利，而把博穆博果尔视为拦路虎，试图除掉这个绊脚石，另找恭顺之人。他想让巴尔达齐取代博穆博果尔，利用巴尔达齐为清政府效力，巴尔达齐也积极穿针引线，成为了清统治者在索伦部中的代理人。

存心险恶的皇太极为了对索伦部诉诸武力制造借口，在索伦部中，支持巴尔达齐，打击博穆博果尔，在他们中间挑拨离间，破坏团结，制造分裂，致使博穆博果尔心中不平，激起对清廷的不满，性格柔中有刚的博穆博果尔不肯屈服于清统治者的压迫，表现出对清廷的不恭顺。但在实际行动中没有发生过任何"犯上作乱"之事，而皇太极就以第二次朝贡后，不及一年未来朝贡，视为"既而叛去"，便成为了所谓发大兵征讨的理由。

一贯用掠夺性战争实现统一事业的清统治者，遣兵征服、掠夺索伦部，终于自己揭开了以"朝贡"作为确立隶属关系的外衣，也充分暴露了皇太极"携之而来可以为我用"的本来面目。清军来势凶猛，火攻木城，焚烧城屯，掠夺牲畜和财富，把迫不得已奋起抵抗的民众当作"敌兵"斩杀，给索伦部人民带来了惨重的战争灾难。在这种情况下，博穆博果尔勇敢地担起军事指挥的重任，一声令下各城屯民众揭竿而起，掀起了全民抗战，与装备精良、训练有素的清军周旋交战。

索伦部的民众之所以与清军交战，既不是留恋明朝，也不是不归附清政权，主要是为了捍卫自己的家乡，保卫家乡人民的生命财产安全，愤恨清统治者的民族压迫政策，反对掠夺性战争。清统治者对索伦部发动的三次掠夺性战争，特别是在第一次战争中大张挞伐，是一场大浩劫，把索伦部人民卷进了战争灾难之中。不仅是战争过程残酷，战后给索伦部带来的损害也是极其严重的，其后果主要表现在以下方面：

冲击了正在发展中的索伦部，博穆博果尔沦为阶下囚，社会组织被粉碎，经济遭到破坏。清军还为非作歹，洗劫一空，严重破坏了社会生产力，延缓了鄂温克社会的发展。博穆博果尔属地变为巴尔达齐的属地，由巴尔达齐统辖了黑龙江上游地区，在雅克萨设达斡尔总管镇守。《黑龙江志稿》载："雅克萨旧隶索伦部，博穆博果尔嗣降于清，设总管，以达呼尔倍勒儿守之。"

世居黑龙江流域的索伦（鄂温克）人，除在战争中死伤者外，生存者被裹胁或引渡到内地各处后，在原索伦部中各族人口比例在战后发生了很大变化，鄂温克人不仅在黑龙江减少，而且整个鄂温克族人口也锐减，发落到内地的鄂温克人除了流放到齐齐哈尔附近的 2304 人保持了索伦之称外其余都被改称"新满洲"，增加了满族人口，减少了鄂温克族人口。

清统治者在战后没有留一官一兵管理这一地区，把集中的索伦（鄂温克）人分散到沈阳、锦州、齐齐哈尔附近等地，除了"掳掠有生力量，掠夺牲畜和物资"注入他的战争机器外，看不出有什么"统一"可言。

第四节　战争的起因、经过及其后果的评说

俗话说："前人做事，后人评说"，在当时清取代明，不过就是封建王朝史上的改朝换代，博穆博果尔顺应历史潮流向清朝纳贡，归顺清朝的做法是应当肯定的。然而归顺清廷后，面对清统治者的民族压迫政策，在皇太极征服、掠夺的高压下，敢于领导索伦部人民奋起抗争的行为，也同样值得肯定。他领导索伦部人民反抗清军征服、掠夺的斗争虽然失败了，但他不畏强暴、英勇献身的斗争精神是令人钦佩的，他是具有民族气节而又忠贞不渝的少数民族历史人物，在封建社会各族人民反抗民族压迫的斗争史上，谱写了可歌可泣的英雄壮歌，名留史册。

对于"明末清军对索伦部的战争"，曾有些学者对其战争的起因、经过及其后果发表过论文。如乌云达赖（蒙古族）发表的《论明末清军对索伦部战争的起因及其后果》一文中称，这场战争是民族的浩劫、历史的苦果。他说："索伦部雄踞黑龙江上游，扼守黑龙江咽喉，是捍卫祖国黑龙江流域地区领土的屏障……历史告诉我们，如果索伦部人口没有被掳掠，社会组织没有被砸碎，如果石勒喀河流域地区的阿鲁蒙古诸部没有被

强制迁入内地，索伦别部之喀木尼堪部的一些人没有被杀戮，那么，屡以小股入侵的沙俄侵略者，在索伦部、阿鲁蒙古诸部人民手下，是不堪一击的。"

　　然而，《一六八九年的中俄尼布楚条约》一书中说："当一六三九年博穆博果尔背叛清朝，断绝向清朝入贡。叛乱势力以雅克萨为中心，蔓延于黑龙江中游两岸。但是精奇里江达斡尔族的重要领袖巴尔达齐，却始终站在清朝一边。"① 看来语气重于清史文献中的说法，但说博穆博果尔背叛清朝，有什么"叛乱"活动？表现在哪里？有何根据？全然没提。其实，博穆博果尔顺应当时的潮流两次朝贡，已归顺了清朝，第二次朝贡后不及一年没来朝贡，也没有明确表明断绝向清朝入贡，又没做过"犯上作乱"之事，说是背叛，简直是无稽之谈。说叛乱势力以雅克萨为中心，当时在雅克萨居住的都是正常生产、生活的居民，也没有叛乱的行为和表现，更没有叛乱势力，怎么能蔓延到黑龙江中游两岸呢？如果说蔓延到黑龙江中游两岸的话，那就是清军16000人，分左、右两翼，兵分两路，从额尔古纳河口至黑龙江上游东岸，在1300华里范围内摆开战场，以莫须有的罪名攻打黑龙江上游的"索伦部"。而被皇太极招为"额驸"，在清政权还没有掌握全国统治权以前就站在清政权一边，支持清统治者征服"索伦部"的巴尔达齐被作者视为正面人物。

　　在《民族研究》刊物中，古清尧先生在《谈博穆博果尔其人与清军对索伦部的征讨》一文中称："博穆博果尔'叛'的表现在哪里？全然没说。如果确有'叛'的表现，当时实录及有关文献应有记载，而博穆博果尔'叛'的事实却不见一字记载，而所谓博穆博果尔'制造叛乱'、'叛乱活动'之说，是缺乏确切的史料依据的，亦难以置信。"②

　　在一些近代史籍中凡是反抗清朝封建统治的人物和事件都被肯定了所起的历史作用，但在北方少数民族中遭受清统治者民族压迫的情况下，起来反抗清统治者的博穆博果尔却被认为是"叛乱"，而站在清统治者一边征服另一个兄弟民族的人物则被认为是正面人物，这是不公正的。这种仍站在清统治者的立场上，叙述历史的做法，不仅不利于人们正确地吸取历

---

　　① 北京师范大学清史研究小组：《一六八九年的中俄尼布楚条约》，人民出版社1977年版，第33页。

　　② 古清尧：《谈博穆博果尔其人与清军对索伦部的征讨》，《民族研究》（双月刊）1994年第6期，第82页。

史教训，也不利于民族团结。

第五节　流放的鄂温克人移居雅鲁河流域

清统治者把俘获的 956 人，与 1640 年 7 月 6 日直接从黑龙江上游引渡过来的 1348 人流放在一起，共 2304 人。根据皇太极的旨意，清朝廷理藩院参政尼堪等人前来把流放在今齐齐哈尔附近昂昂溪、古龙沙漠一带的鄂温克人分编为八个牛录，而这部分鄂温克人被称为"牛录索伦"，保持了"索伦"称谓。

皇太极说他们是来归之众，其实这部分鄂温克人是在战争中被俘后被清军从数千里外裹胁和引渡过来的，可想而知，他们没有什么家产可言，几乎一无所有。加上他们生活在一片荒凉的沙漠、沼泽地带，夏无避雨、冬无挡风雪之处，生活处于非常困难的境地，过着食不果腹、衣不遮体的山野生活。

在这困境中饱经风霜的鄂温克人意识到，这不是一向在山谷林间狩猎生活的鄂温克人长久之地，他们需要寻找适合狩猎生产、生活的天然环境来生存和发展。当时摆在他们面前的唯一出路就是向西北的大兴安岭（鄂温克人称"吉登达皖"）迁徙，迁至山林环绕的雅鲁河（鄂温克人称"雅鲁毕日"）流域居住。

清顺治元年（1644 年）5 月，清军主力入关之际，"牛录索伦"鄂温克人为了便于狩猎生产，谋求生存空间，逐渐沿嫩江支流雅鲁河向大兴安岭延伸，从雅鲁河[①]下游至上游落村居住。有的沿嫩江支流绰尔河[②]、雅

---

①　雅鲁河（盖水，《北史》称"善水"）是嫩江支流之一，发源于大兴安岭东侧博克图镇西光头山，海拔 1276 米，河长 388 公里，流域面积 19110 平方公里，流经今牙克石市、扎兰屯市、龙江县、扎赉特旗都尔本新乡都列亮子东北汇入嫩江。其支流有阿木牛河、卧牛河（鄂温克人称"鄂尼毕日"，母亲河之意）、务大哈气河、济沁河、罕达罕河、奇克奈河等。

雅鲁河干流在扎兰屯以上为山地林区，两岸由山地环绕；扎兰屯至龙江县附近一段为丘陵区，地势渐缓；龙江县以下河流进入嫩江平原，两岸多沼泽湿地。

②　绰尔河，发源于大兴安岭顶部石门子站附近 1369 高地南，海拔 1300 米，河长 552 公里，流域面积 17336 平方公里，在托欣河口流出呼盟境，进入兴安盟境内，在黑龙江省江桥西北 9 公里处注入嫩江。主要支流有苏格河、塔尔气河、莫根河、柴河、哈布奇河、托欣河等。

鲁河支流济沁河向大兴安岭山林深处延伸；有的迁至雅鲁河以东的音河①
（《北史》称"刃水"）流域居住；也有少数人迁至大兴安岭腹地诺敏河
上游居住。

雅鲁河中、上游两岸土地肥沃，树木茂盛，水草丰美，野生动植物资
源丰富，是天然的动植物园，素有"山清水秀"之美称，是人类繁衍生
息的天然宝地。

据记载，在嫩江流域及其支流雅鲁河一带，早在新石器时代就有人类
活动，后来也有些朝代相继管辖过这一地区。可是在 17 世纪中叶，鄂温
克人从黑龙江上游南迁至大兴安岭、嫩江流域地区时，雅鲁河流域荒无人
烟，当时人们看得见的只有今成吉思汗镇附近的金边堡遗址②。所谓"金
边堡"（金界壕），实际上是金朝境内民族间的防御工事，是民族矛盾的
产物，并不是金代的疆界。

终年流动于山谷林间游猎生活、惯走山林、人甚壮健、颇耐劳苦的鄂
温克人，迁至大兴安岭后绝大部分人立足于雅鲁河畔，发扬"艰苦奋斗、
自力更生"的精神，一切从头做起，利用当地自然资源，建造房屋，重
建家园。他们从雅鲁河下游至上游建设的村屯有：呼地、济沁达图（济
沁河口）、朱勒其汗（朱家坎、今龙江）、西斯连、龙头格、依玛基诺、
曹哈尔、呼音（碾子山）、尼古占聂勒、古利横、萨拉爱勒（今成吉思汗
镇）、古兰萨（沈吉德营子）、扎聂勒（今扎兰屯）、鄂尼达图（卧牛河
车站）、阿利吉（二道桥）、杜拉萨、哈拉苏 17 个村屯。他们扎根于清澈
透明的雅鲁河畔，而以河名被称为"雅鲁千"，意为住在雅鲁河流域的
人们。

回眸历史，17 世纪 40 年代，清统治者在黑龙江上游发动的掠夺性战
争，使索伦鄂温克人背井离乡，距今已经 300 多年了。可是长期在黑水之
滨繁衍生息的鄂温克人始终没有忘怀生产、生活的故乡，并深深地怀念着
孕育鄂温克人的黑龙江，至今在索伦鄂温克人中还流传着赞美故乡黑龙江
的歌谣：

---

①　音河（亦作阴河，"金史"作颜河）两个源头都发源于维古奇村北约 30 里处的额赫鲁山，
经扎兰屯市、阿荣旗分界线处干流 80 公里，又经甘南县流入嫩江。

②　成吉思汗站址，原为金长城边堡古迹，当时蒙古与金之界地，清末俄国人修筑中东铁路
时，为了纪念元太祖成吉思汗的伟业，即命名为成吉思汗站。

源远流长的黑龙江，内库勒！
鄂温克族在那里发祥，内库勒！
林草丰盛的黑龙江，内库勒！
是我们世代生息的地方，内库勒！

第十七章

哥萨克在黑龙江

16世纪末起，沙皇俄国向西伯利亚地区扩张，1619年在叶尼塞河中游建立叶尼塞斯克城、1632年在勒拿河建立雅库斯克城的时候，俄国人还不知道亚洲有一条黑龙江。1636年俄国军队延伸到阿尔丹河建立塞堡，向当地居民强征贡税时，第一次听到关于黑龙江的消息。于是派莫斯克维金为首的30名哥萨克去寻找黑龙江。他们沿着阿尔丹河、马雅河向东。他们乘船在海中航行时，俘获了几名从南面乌弟河过来的鄂温克人，他们谈到了黑龙江流域的情况。

黑龙江，是指从石勒喀河和额尔古纳河汇流处至叶尔白黑河，与松花江（又称松阿里江）汇合处的一段大河。因水微黑，故称黑水，土人称黑河，旧名浴水、粟末江，北朝称完水，唐朝称望建河，辽朝初称混同江，后改为黑龙江，今黑龙江之名始于辽。满洲人称黑龙江为"萨哈连乌拉"（黑色的河），蒙古人、达斡尔人称"哈日慕仁"（也是黑色的江之意），鄂温克人称"阿玛日"，俄罗斯人称"阿穆尔[①]河"。

---

① 《关于"阿穆尔"的由来》一文中称，关于"阿穆尔"这一名称的由来，有好几种解释，其中许多解释都是没有任何根据的臆测。关于阿穆尔名称由来的意见，安德里耶维奇复述过菲舍尔的论断："……在阿穆尔河口附近基里雅克人把这条河叫'阿玛尔'，俄国人即据此将从石勒喀河和额尔古纳河汇合处起的这条河称作阿穆尔河。早在1639—1640年托木斯克的哥萨克把流入通古斯海（鄂霍茨克海）的大河称作阿穆尔。尔后，波雅克夫沿这条河航行时，即已认为没必要再另起名称。"1951年里舍斯发表了《关于阿穆尔河名称的来源》，作者认为"历史学家菲舍尔的推断接近真实"，并援引了菲舍尔的话："……古时候各大河的河名都是普通名词，鄂霍茨克海附近的通古斯人和基里亚克人称阿穆尔为阿玛尔，阿玛尔的意思是大河。"在索伦（鄂温克）人的语言中，"阿玛日"一词意思是河口。根据维季姆河畔鄂温克人的口述："在石勒喀河附近也可以开采铜矿，从这些铜矿到河口需走五六天，而此河口一直延伸至大海。""河口"的含义是指整个阿穆尔河。图吉尔河畔的鄂温克人向哈巴罗夫讲过，哈巴罗夫也领悟了他们所说的话，即"阿穆尔"或者"阿玛尔"一词不能理解为普通名词"河口"或者"大江"，而是河的专称——"阿玛尔"，被他们转述为"阿穆尔"，这是完全可能的。在鄂温克人的语言中，"河"被称为"毕拉"、"毕拉坎"或者谐音"别列亚"、"布列亚"等，即小河之意。而"阿玛尔"，按鄂温克语正音应该是"阿玛日"，但含义仍是"河口"之意。因此，文章称，有一切理由可以断言："阿穆尔"这一名称，来源于鄂温克语的"阿玛日"一词，意为"大河"或者"河口"。

第一节　哥萨克在黑龙江的烧杀抢掠

关于黑龙江物产富饶的传闻，大大刺激了俄国殖民者的胃口，涌到东西伯利亚地区的冒险家渴望发财致富，而入侵黑龙江便成为他们梦寐以求的目标。一心想发财的俄国商人、官吏、兵痞等大批人员涌到东西伯利亚。雅库茨克发生了严重饥荒，俄国殖民当局把解决粮食危机的希望寄托在侵占我国的黑龙江上。而哥萨克步步逼近黑龙江的时候，也是清统治者从白山（长白山）到黑水（黑龙江）统一东北地区之时，国内外两股势力在黑龙江上游地区构成了夹击之势。皇太极首先向黑龙江上游的索伦部诉诸武力，致使正在发展中的"索伦部"解体，皇太极强迫索伦鄂温克人内迁，使鄂温克人处于复杂多变的关系中。博穆博果尔蒙难，属地变为皇族驸马巴尔达齐的属地，在雅克萨设达斡尔总管倍勒儿镇守。

值此，清统治者基本统一东北地区，清军入关的时机成熟，皇太极开始实施了"打开山海关，迁都内地"的计划。1641年皇太极集中兵力冲破锦宁防线，攻陷锦州，逼近山海关。

1643年皇太极死后，第三子福临继位，叔父多尔衮为摄政王，专理国政。这一变化使清军暂时停止进攻。

1643年，沙俄趁中国政局动荡，清军主力集中于山海关准备入关继续进攻明朝之际，组成了大规模的远征队伍，以雅库茨克文书官瓦西利·波雅科夫为首，共133人，每人都携带火枪，并有一尊火炮和大量的弹药、物资。1643年6月25日，远征队从雅库茨克出发，乘船上溯阿尔丹河及其支流乌楚尔河、戈纳姆河，经过三个多月的行程，到达了外兴安岭丛林中的河源处。波雅科夫为了在隆冬以前赶到中国境内，在戈纳姆留下40人建立越冬站，看守笨重的行装辎重，然后亲自率领92人乘雪橇，从陆路继续前进，跨越外兴安岭，到达了精奇里江（结雅河）支流布利安达河，在该河的下游河口地方遇到了饲养驯鹿的通古斯人。波雅科夫继续往下游走，经过急流河和乌尔河的河口遇见了饲养牛的通古斯人。波雅科夫又走了11天，1643年12月中旬至乌姆列坎河口，才找到了从事农耕生活的达斡尔人居民村庄。

　　达斡尔人淳朴而且慷慨好客，他们热情地接待了这批"不速之客"，给他们送食物并介绍了当地情况。他们探知在西林穆丹河口莫尔迪奇村存有很多粮食时，波雅科夫便派约什科夫·彼得罗夫带领一个分队去抢劫。莫尔迪奇村达斡尔人的三个头目出来款待他们，送来10头公牛和40筐燕麦，而俄国侵略者竟抓住其中二人做人质，并企图进村抢劫。达斡尔人为了保卫自己的家园、营救自己的领袖，奋力抗击侵略者，他们从村里冲出来，猛力攻打俄国人，打死打伤俄兵10人，其余的俄国人退到树林里。"人质"科尔帕被自己的人误伤而死，而杜泽逃脱。4天后，彼得罗夫退到乌穆列坎。

　　对这次的失利，波雅科夫大为恼怒，不给彼得罗夫手下的人分粮食吃，他们便吃树皮掺着少量燕麦和草根，有时还吃在冲突中被杀的人的尸体活命，饥饿使俄军的人数逐渐减少。

　　东北的清军正在虎视眈眈，伺机进关的时候，明朝镇守山海关的宁远总兵吴三桂勾结清军入关，多尔衮率20万清军击败农民军，李自成败退，清军于1644年5月2日进北京，推翻了明朝276年的统治，清朝随即迁都北京。

　　正在这个时候，波雅科夫留在外兴安岭北侧越冬站的俄国人带着辎重物资过来，在精奇里江与波雅科夫会合。波雅科夫得到人员和物资的补充后，便沿着精奇里江下航，窜至黑龙江上，路过松花江口时，派出以叶尔莫林为首的25人侦察队，沿松花江向西推进，骚扰三天，结果被我国朱舍里（虎尔哈）人所歼灭，只有两个人逃了回去。

　　波雅科夫继续下航，依次在朱舍里人、赫哲人、费雅喀人居住地区骚扰，最后来到黑龙江口，度过了第二个冬天。后来，闯进大风大浪的鄂霍茨克海，经过一年多的挣扎，于1646年6月狼狈地回到雅库茨克。波雅科夫匪帮在中国窜扰三年，在我国黑龙江各族人民的打击下，全队133人，被打死饿死的有80人，53人生还，只剩下1/3的人员。随后波雅科夫率人抢走480张貂皮并绑走3名人质。

　　波雅科夫从中国窜回雅库茨克以后三年，沙皇俄国对我国黑龙江又进行了第二次入侵。这次入侵活动是由臭名昭著的叶罗菲·哈巴罗夫组织和指挥的。他在沙皇政府的支持下，用自己的财产招募和装备了一批哥萨克。新任的雅库斯克督军弗兰茨别科夫秉承沙皇的旨意，大力支持哈巴罗夫的侵略计划，供给他大量的武器、弹药、粮食、船只。

1649 年，哈巴罗夫率领 70 名哥萨克出发，沿勒拿河及其支流奥廖克马河而上，在土吉尔河度过冬天。1650 年 1 月，他们越过外兴安岭，侵入中国领土，来到雅克萨以西黑龙江的支流鄂尔（或称乌尔卡）河口。

居住在鄂尔河口的达斡尔人探明俄国哥萨克即将到来的消息后，都已疏散撤离。哈巴罗夫搜索了三个村屯都无人影，当他们停留在第三个村屯的时候，有五个骑马的人来到村外，其中有达斡尔人的首领拉夫凯。

拉夫凯等五人在村外骑在马背上警惕地通过翻译和哈巴罗夫交谈，拉夫凯断然拒绝了侵略者提出的向俄国交税和接受沙皇保护的要求后，飞驰而去，哈巴罗夫想抓住他们，拼命地追赶但没有赶上。

哈巴罗夫一直走到第五个村屯，才抓住了一个达斡尔族老大娘，匪徒们要这位老大娘讲出达斡尔人的去向时，老大娘答复说："达斡尔人就在前面不远的地方，准备抵抗入侵者。"

哈巴罗夫对当前的形势作了分析，认为在前进的道路上即将有一场恶战。他明白自己势力薄弱，仅仅 70 人，又在异国作战，难以战胜人数众多而又意志坚强的黑龙江流域各族人民，便立即决定回国求援。于是，哈巴罗夫把搜索的村屯和搜索到的粮食一把火烧掉，只留一个村和大批粮食，把队伍留在这里，自己于 1650 年 5 月回到了雅库茨克。

哈巴罗夫在雅库茨克招募了 117 人的队伍，雅库茨克督军弗兰茨别科夫在财政和物资上给予了巨大支持，还拨给 21 名哥萨克火枪手。

1650 年底，哈巴罗夫再次来到黑龙江上，首先向雅克萨发动进攻，头人阿尔巴西率领民众英勇抵抗，战斗从中午打到黄昏，最终失败，哥萨克连夜追杀撤退中的老弱妇孺，最后占领了雅克萨。

雅克萨位于额木尔河流入黑龙江的对岸，西北面有连绵高山阻挡着西伯利亚袭来的冷风，山上生长着橡树、桦树，山下还有榆树、榛树、柳树以及遍野的玫瑰，周围是一片开阔的农田、牧场和沼泽地。在满语中"雅克萨"是河流冲刷的河湾，无论从贝加尔湖方向或者从雅库茨克方向进入黑龙江地区，都必须经过这个地方，它是黑龙江上的枢纽。

哈巴罗夫选择雅克萨作为黑龙江上的一个立足点，一面修城堡工事，制造快速的平底木船，做远征黑龙江下游的准备；一面派人四处勒索贡税，捕捉人质，强抢粮食，在雅克萨周围就抢到了足供 5 年食用的粮食。

　　1651 年 6 月，黑龙江气候转暖，哈巴罗夫率领他的全部人马，共 200余人，带着 3 门炮，乘坐平底快船出发了。

　　哈巴罗夫一路烧杀，航行 3 天来到了古伊古达儿村，该村由 3 个小村屯组成，住着 1000 多达斡尔居民和 50 多名满族人（收税的官吏和一些商贩）。当哈巴罗夫的船只停靠到村边时，村里的人们出来站在岸上对抗，不许俄国人上岸，俄国侵略者用火力迫使达斡尔人退进村里，早已准备抗击侵略者的古伊古达尔村民众在敖尔嘎吉依和洛托吉伊两位头人的带领下拿起弓箭、木棍奋起抵抗，俄国人炮击村屯土墙，土墙全部轰塌，他们进村屠杀或擒捉，经过一整夜，直到日出，参加战斗的 234 人全部被杀害，老人、妇女、儿童被杀 427 人，俘虏老弱妇孺 461 人，夺马 237 匹，夺牛 113 头。

　　侵略者在古伊古达儿村制造骇人听闻的暴行后，在这里寻欢作乐待了半个多月。他们下一个掠夺的目标是黑龙江上的要地瑷珲旧城。瑷珲旧城在黑龙江和精奇里江的汇流处，位于黑龙江东岸、精奇里江口以南约半天路程，是当时黑龙江上最大和最富庶的城镇，后来为了纪念在抗俄斗争中英勇牺牲的达斡尔领袖托尔加，人们将它称为"托尔加"城。早在 15 世纪初，明永乐帝朱棣修建了城堡，在 17 世纪前期由清朝额驸巴尔达齐管辖，直到 1649 年巴尔达齐全家迁往北京，在清中央政府供职后，由他的女婿多伦禅和托尔加、乌穆奇管理瑷珲附近及精奇里江①流域地区。

　　哈巴罗夫为防止当地居民躲藏起来，把部队分成两批：一批人携带火枪，轻装乘坐平底船顺流急驶；另一批人带着大炮辎重随后跟进。1651年 8 月 1 日傍晚哈巴罗夫率军来到瑷珲城，突然袭击，多伦禅领导民众抵抗，许多居民被屠杀，多伦禅和托尔加被俘，哈巴罗夫共俘获 270 人。哥萨克把多伦禅和托尔加监禁起来，作为人质。

---

　　①　精奇里江，指黑龙江上游，从外兴安岭（俄国称斯塔诺夫山脉）东南流 800 里汇西林穆丹河，江形如弓，复折而西 300 里汇额苏里，流入黑龙江的一条大河。以布利亚山脉分界，精奇里江包括在黑龙江上游部分中，其河因水微黄，俗称"黄水河"。在中国文献中初被称为"弱水"，后被称为"精奇里江"，又称过"精衣里"、"精溪里"、"精奇尼"和"精集里"等，满洲人和达斡尔人称"丘克尔"，而鄂温克人称"吉一毕拉"和"塞亚毕拉"，俄罗斯人称"结雅河"。从语音上看，俄罗斯人把"吉一"和"塞亚"转述为"结雅"，而称为"结雅河"，说明俄国人采用了鄂温克人对该河的称谓。

　　俄罗斯旅行者马克对结雅河下游地方作过描述，称结雅河口和布利亚山脉之间的地方，阿穆尔河畔土地最肥沃，在低地上有大量的木本植物，有些树木，像柞树、榆树等，有其特殊外形，比同类树木粗壮、美观，阿穆尔河左岸布利亚河原是一片森林地带。

不愿做奴隶的瑷珲城居民秘密串联起来，和侵略者做斗争，1651 年 9 月 13 日凌晨，趁哥萨克们还在睡梦中时，全体居民集体逃走，匪徒们急忙追赶，只抓到了两个掉队的老大娘。这时已进入秋季，寒风开始袭来。哈巴罗夫想在这里过冬，居民逃走使哈巴罗夫的过冬计划落了空，便放火烧掉了瑷珲城和附近村庄，达斡尔人托尔加自尽，哈巴罗夫带着多伦禅做人质，9 月 17 日又沿着黑龙江下驶，寻找越冬的地方。

从精奇里江口到松花江口，即黑龙江中游，村屯密布，居民很多。哈巴罗夫走过了一百多个村屯，一路上劫掠朱舍里（亦称杜切尔，实为"虎尔哈"，女真人的一支）人，因他们不肯缴纳实物税，就砍杀和刺死他们，捣毁村庄，打死许多人，把妇女和牲畜夺为己有。1651 年 10 月 8 日，哈巴罗夫来到了乌苏里江口以下 600 多里赫哲（阿枪）人居住的乌扎拉村，在村边河湾处一个小山头上构筑起了越冬的营地。哈巴罗夫在山头上构筑起了越冬的营地。哈巴罗夫在山头上修筑了堡垒和土墙，俄国匪徒从这个巢穴出发，到周围各地去捕捉人质，抢劫粮食、貂皮，榨取苛重的贡税。

第二节　黑龙江军民的抗俄斗争

几年来遭到沙俄侵略者铁蹄蹂躏的我国黑龙江流域各族人民纷纷到宁古塔（今黑龙江省宁安县），向驻守宁古塔的清朝官员报告：俄国侵略者"彻底破坏了我们的土地，把庄稼割掉了，把我们的妻子和孩子抢走了……请保护我们吧"！这时清王朝还在和南明王朝争夺全国的统治权，在东北只有少量兵力，由昂邦章京留守盛京（今沈阳），黑龙江流域地区由宁古塔章京管辖。

宁古塔章京海色得到盛京的命令后，率清军 600 人出发，参加战斗的还有当地各族人民 1025 人。1652 年 4 月 3 日黎明，中国军队到达乌扎拉村，清军和各族人民英勇作战，冲进营地，把 200 多名匪徒围堵到一处，使其陷入绝望境地。但在这紧急关头，清军指挥官下令不准打死俄国人，全部捉活的。俄国人趁清军停火的机会，用大炮封锁堡墙缺口，并组织反冲锋，最终打败了中国军队。

　　乌扎拉战斗是中俄军队第一次交锋，中国军队虽然失败了，但打击了俄国人的气焰，使俄国人极为恐惧。哈巴罗夫考虑到自己只有 200 多人的一支孤军，四面受敌，得不到增援，感到心惊胆战，力图摆脱这一危险处境。乌扎拉战斗后不到一个月，哈巴罗夫就收拾起赃物，率领部队，离开乌扎拉村，乘船向黑龙江上游撤退。

　　哈巴罗夫逃到牛满河（布利亚河）峡谷，碰到从雅库茨克来的一支增援军，惊魂稍稍安定下来。这支增援军 137 人由契奇金率领，1651 年夏季从雅库茨克出发，10 月到达黑龙江后，在呼玛河过冬。1652 年 5 月俄国派出纳吉巴带领 26 名先遣队寻找哈巴罗夫，一直到黑龙江口，没有碰上哈巴罗夫，便从鄂霍茨克海返回雅库斯克。后来，契奇金和哈巴罗夫的两支侵略军会合后，共 348 人，哈巴罗夫妄图凭借这支武装力量霸占黑龙江流域，但俄国匪徒遇到来自各方的反抗和阻力，草木皆兵，不敢单独出来活动，惊慌和沮丧的情绪终于引发了一场内讧。有 136 名哥萨克反对哈巴罗夫，他们抢夺了 3 艘大船，满载着赃物，离开哈巴罗夫而独立活动，其中的一部分逃回了西伯利亚，一部分继续在黑龙江打家劫舍，最后都被中国各族人民消灭。

　　这场哗变，是对哈巴罗夫野心的又一次沉重打击，队伍减少了 40%，他急忙逃往上游，到达了呼玛河口。这时候哈巴罗夫又得到了新的增援，人数有所增加，但依旧处于动弹不得的困境，他只能死守在呼玛河口至精奇里江口一带。

　　1652 年 3 月，沙皇派出政府官员德米特里·季诺维也夫率领 150 名哥萨克作为先遣队，1653 年 8 月到达黑龙江和哈巴罗夫会合，季诺维也夫给处在困境中的哈巴罗夫注入了一支兴奋剂，带来了沙皇颁赐的奖章，以酬劳哈巴罗夫的侵略扩张功勋，并命令为即将到来的远征军做好准备，抢劫和囤聚大批粮食，供远征军食用。他们在鄂尔河口、雅克萨和精奇里江口筑起三个城堡，作为远征军的据点。

　　季诺维也夫在黑龙江停留没有多久，就带着哈巴罗夫回莫斯科，还带走了一批我国达斡尔人、朱舍里人和费雅喀人，向老沙皇"献俘"。临走之前，他指定奥努夫里·斯捷潘诺夫接替哈巴罗夫，指挥黑龙江上的俄国侵略军。

　　在乌扎拉战斗以后，清政府做了迎击俄国侵略军的准备。1653 年为加强宁古塔的防务，清政府设立了宁古塔昂邦章京，派沙尔虎达担任第一任昂邦章京，还得到了朝鲜人民的大力支援。朝鲜政府不但援助粮食，还派了100名鸟枪手，与中国军队并肩抗击俄国侵略者。

刚刚代替哈巴罗夫执行指挥职务的斯捷潘诺夫，劲头十足地把侵略机器开动起来。1654年6月，斯捷潘诺夫带领370名哥萨克窜到松花江上骚扰，恰好和中朝军队遭遇。斯捷潘诺夫依仗船大枪多，妄图一举消灭中朝军队，而中朝军队共700人，斗志昂扬，奋勇迎战，利用有利地形，设置了工事和埋伏，在江边最高处结阵，向斯捷潘诺夫的船队开炮，斯捷潘诺夫弃舟登岸，向中朝军队寻衅，中朝军队沉重打击了俄国侵略军，哥萨克失败后被迫退军。

斯捷潘诺夫退出松花江，向黑龙江上游逃窜时，路上遇到了从尼布楚过来的别克托夫率领的两批哥萨克63人。斯捷潘诺夫在松花江遭遇战失败后，害怕中国军队来进攻，没有在精奇里江口建筑城堡，而选择了呼玛河口的高山峭壁，建立了呼玛城堡。

1654年以后，黑龙江上的形势对俄国侵略军越来越不利。斯捷潘诺夫盼望的远征军由于俄国西方形势发生重大变化没有到来，而在黑龙江上的俄军陷入了困境，他们还侦知中国军队在松花江上集结，抗俄斗争的烽火到处在燃烧。因此，斯捷潘诺夫匪帮就龟缩在呼玛城堡，拼命加固工事。

呼玛城堡建筑在呼玛河和黑龙江汇流处的一个小岛上，周围是方形土墙，外层有两道栅栏和壕沟，城堡内有几座炮台和新挖的水井。俄军利用高山和小岛的有利地形修筑的呼玛城堡，是当时在黑龙江上最重要、最强固的侵略据点。1654年底，清廷命固山额真明安达理统率官兵往征罗杀（满语称俄罗斯人为"罗杀"），还有黑龙江流域各族人民，如鄂温克使马部的一位氏族酋长根特木耳也带领族人投入了呼玛战斗。1655年3月底，清军从水陆两路接近呼玛，此时，呼玛城堡俄军有500人，清军的人数不详，战斗打响时，俄军在城堡外作战，战斗中有20人被打死后，俄军退入城堡死守。清军包围城堡，从黑龙江对岸用大炮轰击，大炮离城堡太远，不能命中。俄军力图打破包围，冲出城堡反击，但在反击中又有一批俄军被歼灭。

清军乘机于4月3日发起总攻，分三路冲向城堡，战斗进行到第二天黎明，俄军依靠城堡工事和优势火力顽抗，清军为避免太大伤亡而停止了攻势，撤出来在城堡远处扎营，以后僵持了 10 天。

清军来自几千里外的宁古塔，出发时携带的粮食、物资数量有限，不可能持久作战，而俄军则做好了长期被围困的准备，利用工事和火力，拼命死守，争取了时间。清军缺乏粮食物资准备，经不起僵持的局面，很快要发生粮荒，因而撤出了战斗。

在呼玛战斗后，清军在战略战术上有所改变，把作战基地从宁古塔移向乌喇（吉林）、卜魁（齐齐哈尔），以及黑龙江（瑷珲），使基地更接近于前线，并在乌喇旧有船厂的基础上加以修复，修建战船和运输船，解决战争中最迫切的作战工具和运输困难等问题。在上述基地尚未建立之前，清军暂时不进行攻坚作战，而是趁俄军出来掳掠的时候，与各族人民并肩战斗，打击和歼灭敌人。

从呼玛战斗以后，斯捷潘诺夫匪帮仍在黑龙江上抢劫骚扰，粮食问题一天比一天严重起来。由于俄国匪帮连年烧杀抢劫，田地荒芜，加上黑龙江上游的居民纷纷迁往内地，所到之地荒无人烟，哥萨克们自己也垂头丧气了，因为储存的粮食快要吃完了，要想尽办法弄到新的粮食。而斯捷潘诺夫虽然遭到中国各族人民的抵抗，但不得不硬着头皮，冒险出动，到各地去抢劫粮食、貂皮和其他物资。

这时除了斯捷潘诺夫的队伍以外，还有许多俄国匪徒窜入我国境内进行骚扰，其中有一支以索罗金兄弟 3 人为首的 300 人，原来在西伯利亚勒拿河上以抢劫为生，1655 年窜入中国，在松花江口抢劫与我国朱舍里人发生战斗，全部被歼灭。不久以后，斯捷潘诺夫路过这里，发现索罗金匪徒们的尸体以及被朱舍里人击毁的俄国船只。

1657 年，宁古塔昂邦章京沙尔虎达率领清军，在尚坚乌黑袭击并打败了俄军。斯捷潘诺夫匪帮，终于不可避免地走上了灭亡的道路。

1658 年 7 月，斯捷潘诺夫带领 500 名哥萨克，顺黑龙江而下去抢劫粮食，由于当地无粮可抢，他们孤注一掷，沿松花江而上，向我国东北腹地闯去。

沙尔虎达率领清军，分乘 487 艘船只，在松花江和牡丹江的汇流处（黑龙江省依兰附近）严阵以待，俄军陷入了包围，阵脚大乱，有 180 个匪徒脱离大队逃窜，斯捷潘诺夫和 300 多个匪徒已经来不及脱身，经过一场战斗，270 个匪徒被打死和活捉，47 个人漏网，斯捷潘诺夫被击毙。

此后，斯捷潘诺夫的残留部像一群游魂似的在黑龙江东窜西扰，忽分忽合。1660 年，沙尔虎达之子巴海率领清军在黑龙江下游进行扫荡，将黑龙江中下游全境肃清。斯捷潘诺夫残部中有 17 人回到了尼布楚，另一批人则逃回了雅库茨克。

第三节 鄂温克人和达斡尔人的内迁

俄国侵略者在我国黑龙江流域烧杀抢劫，造成当地民不聊生，黑龙江流域各族人民不得不背井离乡迁往东北腹地。居住在黑龙江和精奇里流域的达斡尔、索伦（鄂温克）人纷纷向清政府要求，到嫩江流域落户居住。清顺治十年（1653 年），黑龙江步儿洪屯头目绰奇太请求："我亦是头目……我弟兄们三十家原在步儿洪屯居住……因败于罗禅兵（俄兵），我们六家往这边迁来，后来……十五家寻我来，同我居住，其余因盖房未完，俱暂居住在有牛录索伦处，我亦败于罗禅兵，投皇上来，欲久在达巴代地方居住。"

步儿洪屯头目绰奇太向清政府请求时提到的"有牛录索伦处"，是指 1640 年清统治者向索伦部发动的第二次战争中俘虏的 956 人，加上巴尔达齐帮助清军引渡过来的 1348 人，合计 2304 人，清统治者把这部分索伦（鄂温克）人流放到嫩江流域齐齐哈尔附近雅鲁河与嫩江汇流处的昂昂溪一带，编成八个牛录（佐），后称"牛录索伦"。他们是在俄国入侵我国黑龙江以前就被清统治者裹胁和引渡过来的，是从黑龙江流域第一批来到东北腹地的鄂温克人。

对绰奇太的请求，清廷礼部尚书胡世安议复称："闻彼处去年曾经罗禅来侵犯二次回去，今特差人前往，尔等如不动，仍在原处居住。彼处居住屯民稀少，且罗禅人又详知尔等居住地方，以后如每年来犯，尔等不得安居，路途遥远，又不能一时赴京闻报，必致离散。今差人到彼，尔等即移来单本土索陇（索伦）近弄泥（嫩江）处酌量周围，立屯居住，庶尔等亦得安宁，来往贸易进贡，不致劳苦，各得安生。"

同年，清廷为了减轻边境各族人民的负担，保护他们的安全，也为了切断沙俄侵略者的给养来源，采取了凡受俄兵扰害的居民，一律免纳贡税，并允许他们迁往东北内地安全地方落户居住的措施。从而，黑龙江上游和精奇里江流域的达斡尔、鄂温克人，从清顺治十年（1653 年）起自黑龙江以东背井离乡，渡江越岭，扶老携幼，长途跋涉，陆续迁移到大兴安岭东麓嫩江流域各支流居住。

在黑龙江分散下水时，鄂温克老人们对年轻人说：

> 过了江要找鄂温克人，
> 鄂温克人有标志，
> 头戴狍头皮帽子，
> 衣袖上有箭环图案的人，
> 就是鄂温克人。

不过鄂温克人没有全部从江东过来，只过来一部分人，有敖鲁克腾的部众 2100 多人，加上图勒图、阿布纳、额和内、索嫩扎布根的部众共 4900 多人。关于他们怎么渡江的，渡江后又往哪个方向发展的，从民间的传说中得知，他们为了到达新地方后便于安营扎寨并做好过冬准备，一般都在夏天分期分批以氏族（哈拉）或以毛哄（家族）为单位，有的乘木船，有的游泳集体渡江。他们登陆后老人、妇女、小孩坐牛车，青壮年男人则徒步走。他们由东往西南延伸，一般都先到嫩江上游以东地段，然后按照分族落村和异姓不混杂的习俗分流，有的到讷河、讷谟尔河一带停留居住；有的向嫩江中游以北两岸甘河东南平原地带落村居住；有的过嫩江顺大兴安岭的走向从诺敏河向西南延伸至格尼河、阿伦河、音河、雅鲁河、济沁河、绰尔河、托信河流域依山而居。

达斡尔人陆续全部南迁，来到大兴安岭以东后，他们在嫩江流域两岸平原地带分别落村居住，分布数十屯，东自讷谟尔河之德都勒屯，北至嫩江上游的哈布气屯，南至嫩江之湾扎来特旗界之莫呼尔屯。如巴尔达齐家族在当时就移居嫩江西齐齐哈尔大屯西八里之地——梅斯勒屯以及罔恩屯。

达斡尔、鄂温克人究竟哪一年开始向嫩江流域迁移的呢？据达斡尔族《莫尔丁重修家谱序》说："世祖顺治六年（1649 年）白俄始吞并尼布楚，又东窃据雅克萨城。索伦、达斡尔诸部皆被其侵略，不得安居。遂由黑水之北，扶老携幼，渡江越岭，迁到嫩江、讷河、诺敏、格尼、阿荣、雅鲁等处，分族落村居住，并无混杂异姓人家。"其实，俄国人入侵黑龙江是在别克托夫路经贝加尔湖于 1654 年第一次占领尼布楚以前，他们早在 1643 年 6 月就从东西伯利亚的雅库茨克派遣波雅科夫率领哥萨克直奔黑龙江上，在 1643 年 12 月就到达精奇里江，在精奇里江和黑龙江骚扰 3 年，在我国黑龙江流域各族人民的打击下，全队 133 人，只生还 53 人，于 1646 年 6 月逃回雅库茨克。第二次入侵的哈巴罗夫 1649 年从雅库茨克出发，1650 年 1 月越过外兴安岭来到雅克萨以西黑龙江支流鄂尔河口，在年底占领雅克萨，并修建城堡工事，建立侵略据点后，1651 年 6 月，哈巴罗夫沿黑龙江乘船下驶，一路烧杀抢劫，来到古伊古达儿村要上岸进村抢劫，遭到了达斡尔居民的坚决抵抗，在一整夜的战斗中，俄国匪徒杀死达斡尔人 661 人，制造了骇人听闻的暴行。匪徒们在这里吃喝玩乐后，在 8 月的一个晚上突然袭击黑龙江上的要地瑷珲城，屠杀和俘虏很多居民，在焚烧瑷珲城和附近的村屯后，继续沿黑龙江下驶，一路抢劫朱舍里人，10 月 18 日达乌苏里江赫哲人居住地乌扎拉村过冬。

俄国人在黑龙江流域骚扰的过程中，达斡尔人、鄂温克人一直在黑龙江恪守本土坚持了抗俄斗争，达斡尔人还参加了 1652 年 4 月在乌扎拉村反击俄国侵略军的战斗。这说明他们是不可能轻易离开故土的，只是受尽俄国人各式各样的压榨，忍无可忍，到了不得不背井离乡的时候，才从 1653 年起在清政府的允许下迁往嫩江流域来的，同时还有黑龙江中游和松花江下游的朱舍里（虎尔哈）人、赫哲人也迁移到宁古塔一带居住。

对俄国侵略者在黑龙江上的所作所为，英国历史学家拉文斯坦在他著的《俄国人在黑龙江》一书中说："俄国冒险家由于长期无休止地榨取，贡税无限制地增加，甚至烧杀抢劫，当地的财富很快就枯竭了。当俄国人初到黑龙江上，居民们在那里种田放牧，十年后，居民点和耕作者都找不到了，田地荒芜。后来这个地方生产的粮食不足以维持大大减少了的人口。"[①] 他说的"十年后"与达斡尔、鄂温克人从 1653 年开始迁移的时间是一致的。

---

① ［英］拉文斯坦：《俄国人在黑龙江》，陈霞飞译，商务印书馆 1974 年版，第 23 页。

第十八章

根特木耳事件的始末

根特木耳，杜拉给特哈拉（"哈拉"汉译"姓"之意，即姓杜拉给特），17世纪初，明末清初，居住在贝加尔湖以东赤塔河、音果达河、涅尔查河流域，使马鄂温克部15个氏族中的一个氏族首领（鄂温克语称基那斯），在尼布楚（今涅尔琴斯克）以西音果达河流域山林中从事狩猎。

第一节　根特木耳事件的由来

1652年，俄国侵略军彼得·别克托夫率领100人越过贝加尔湖、色楞格河，沿希洛克河、音果达河窜入贝加尔湖以东地区。他们在向石勒喀河延伸的过程中，一路强征贡税，勒索牲畜和贵重毛皮，甚至烧杀抢劫，激起了当地蒙古人和通古斯（鄂温克）人的愤怒，当地人奋起反抗侵略军。

俄国人别克托夫到达音果达河还没有到达尼布楚的时候，居住在涅尔查河流域的根特木耳同另一个氏族首领毛考代汗一起率领本氏族100多人，于清顺治十年（1653年）渡过额尔古纳河居住在室韦地区，游猎于大兴安岭根河①至海拉尔河流域。清政府发现后，为了利用其征战，任命根特木耳为佐领，并令根特木耳带领本氏族的人配合清军参加了1665年4月反击俄军斯捷潘诺夫的呼玛战斗。后来，在根特木耳和清朝官员交往

① 根河，发源于大兴安岭北部伊吉奇山西南侧，海拔1242米，河长428公里，流域面积15796平方公里，自东北向西南流经根河市、额尔古纳市南部，于四卡北12公里处注入额尔古纳河。主要支流右岸有雅格河、冷不露河、潮查河，左岸有图里河、伊图里河、依根河、库力河等。

的过程中，发生了几件事，在中国少数民族简史丛书《鄂温克族简史》一书中是这样记载的：根特木耳与清统治者的矛盾，有多种说法。其中有两件事值得一提：一是根据俄国档案材料记载，根特木耳在黑龙江以南居住时，曾因诉讼事件，清政府的高级官员未能据实判决，他愤而离开清朝。二是根据传说，根特木耳曾到北京向皇帝报告情况时，由于他是游猎民族，不懂见皇帝的礼节，见了皇帝没有下跪叩头，触怒了皇帝，皇帝下令砍他的头，他便逃回……根特木耳率领其部下在森林中埋伏，打退了追来的清军。后来他率领族人过了额尔古纳河回到尼布楚一带。

根特木耳明白，皇上已降旨问罪，不仅个人性命难保，而且要株连族人，为了逃脱杀头之罪，只好返回原居住地尼布楚。清康熙六年（1667年），根特木耳带领其子女、弟弟和下属共40人又返回尼布楚一带，沙俄如获至宝，盘踞在尼布楚的俄军有意把根特木耳庇护下来。

根特木耳返回故地后，清政府派一名官员扎尔古齐带兵追至尼布楚，向盘踞在这里的俄军索讨根特木耳，但沙俄将军阿尔申斯基不仅赖在中国领土上，还蛮横地拒绝交出根特木耳，扎尔古齐也不敢动武要回来。后来，根特木耳的事就成为了中俄两国政府交涉的外交事件，引渡根特木耳成了两国使节讨论的问题之一。

综上所述，根特木耳事件发生的原因很清楚：一方面是沙俄侵略军入侵我国贝加尔湖以东地区，骚扰鄂温克人居住地，烧杀抢劫，无恶不作。在当地人民生命和财产受到严重威胁的情况下，根特木耳被迫离开故地，渡过额尔古纳河，到大兴安岭一带居住。另一方面因清朝官员处事不公正，特别是因不懂觐见皇帝礼节而惹祸，皇上降旨砍头，清兵又追捕，根特木耳大难临头，在走投无路的情况下，又返回原居住地尼布楚。

当时贝加尔湖以东地区是中国的领土，根特木耳从尼布楚一带来到大兴安岭一带，后来又越过额尔古纳河回到尼布楚一带，都没有越出祖国的领土范围。根特木耳作为清朝的佐领，在诉讼问题上对清朝高级官员的不满，是由于不懂清朝皇帝的礼制而导致的，是清朝内部的矛盾。

根特木耳事件之所以发生，甚至成为清朝政府同沙俄政府之间的争执，成为中俄两国政府交涉的外交事件，除了他个人的原因外，主要是由于沙皇俄国侵占中国领土尼布楚一带地区，并推行殖民主义政策。同时也由于清朝官员不秉公办事以及清朝封建专制皇帝草菅人命，激化了矛盾。

众所周知，民族征服性十分突出的清统治者，对内坚持民族压迫政策，对外却表现得软弱无能。对沙俄入侵我国贝加尔湖以东地区，清朝政府不及时派兵驱逐侵略者，解救当地各族人民的苦难，反而以根特木耳事件大做文章，玩弄外交手段，拖延时间，任由沙俄侵略者残酷压榨北方各族人民。

第二节　对根特木耳事件的评论

对于在沙俄入侵、清朝皇帝砍头治罪的情况下，边疆少数民族中发生的根特木耳事件，在《一六八九年的中俄尼布楚条约》一书①中不提根特木耳从尼布楚过来又返回尼布楚的原因和经过，就说"他受到俄国殖民主义者的引诱"，但对于被引诱的过程与根据均无论证，使读者很难理解有什么引诱。

接着又说："在这一小撮民族败类中，根特木耳是一个最突出的典型。他的问题是中俄冲突中一根重要的导火线。"作者不感到抬高了根特木耳的身价吗？按照清朝官制，佐领是一个基层官员，他既不是朝廷要员，也不是掌管一个方面的军政要员，他虽然被任命为佐领，但只是管理本氏族几十人的一名基层官员罢了。再说，沙俄在根特木耳离开尼布楚前十年（1643 年）就开始入侵我国黑龙江，根特木耳还配合清军参加了抗击俄军的呼玛战斗，说明中俄冲突早已发生，而且沙俄入侵我国完全是沙皇俄国推行扩张主义政策的结果，不是根特木耳引狼入室的，怎么能说成是中俄冲突中一根重要的导火线呢？这种说法使人难以相信。作者还说："根特木耳是一个封建牧主。""以前在石勒喀河和音果达河一带游牧。"实际上，根特木耳既不是封建主又不是牧主，在明代把仍处在原始氏族社会阶段的贝加尔湖以东地区和黑龙江流域的鄂温克人称为"野人"女真，后来经济和社会虽然有所发展，但到 17 世纪中叶，鄂温克人还处在原始氏族社会后期阶段，也没有进入封建主义的大门，封建主从何而来？再说

① 北京师范大学清史研究小组：《一六八九年的中俄尼布楚条约》，人民出版社 1977 年版，第119 页。

他是否牧主，是否过着游牧生活，鄂温克人和蒙古人不同，他们自古以来过着游猎生活，经营畜牧业较晚，受邻近蒙古人的影响，从元代末年才开始饲养马，而他们养马主要是为了狩猎时乘骑驮运使役的需要，他们逐渐也开始养牛。在明代，鄂温克人的牛马业虽然有所发展，但由于山地森林自然地理环境的限制，他们经营的牛马仍然是少量的，根本没有成群的牛、马，所以也没有牧主可言。如果说鄂温克人游牧生活或者出现牧主，那也是在 18 世纪中叶以后，有一部分鄂温克人逐渐迁居森林和草原边缘地带或者到草原地带后才开始全面发展牛、马、羊，进入了以牧为主的生活。这时根特木耳也已不在人世。因此，在 17 世纪中叶，说根特木耳是牧主，是不切合实际的，这显然是脱离鄂温克族经济和社会发展阶段的说法。

作者在著述中说根特木耳组织了一支武装力量，还引证了俄国的史籍说："根特木耳有九个妻子、三十个儿子和三百名武装以长矛、盔甲的战士。"果真是这样吗？大家都知道，人类历史是复杂的，有些事由于年代久远，没有记述的事情不少，记述了的事情也不一定十分准确，这就要看鄂温克族当时的社会历史和社会组织的状况。根特木耳在当时是贝加尔湖以东地区使马鄂温克部 15 个氏族中的一个氏族的首领，因为鄂温克族人口稀少，一个氏族的人口不多，包括男女老少在内一般也就是几十人。在这种情况下 300 名武装的战士从何而来？再说鄂温克族的婚姻关系历来是氏族外婚制，这是鄂温克人自古以来严格遵守的一项制度，要受长老和族人的严格监督。根特木耳作为氏族首领虽然有地位和权力，但当时的氏族社会阶段，不可能有那么多妻子和儿子。

根特木耳的活动和返回尼布楚以后的去向，在鄂温克族中，特别是居住在陈巴尔虎旗通古斯鄂温克人中广泛流传。1956—1958 年，中国少数民族社会历史调查组的学者们深入实地调查后所编的《鄂温克族社会历史调查》资料中记载："根特木耳过额尔古纳河，在根河和海拉尔河一带时，因清朝官员处理问题不公正，引起根特木耳对清朝官员的不满。还有在北京见皇帝报告情况时，由于不懂见皇帝的礼节，见皇帝时没有下跪叩头，触怒了皇帝，皇帝下令要砍他的头，他才逃回尼布楚的。"

根特木耳返回尼布楚一带主要是为了逃脱清朝皇帝对他的杀头之罪，而他得到了俄国占领军的保护，但他没有跑到国外去，仍然在中国领土范围内，在尼布楚以西森林中过着狩猎生活，最终死于狩猎。

第三节　根特木耳的死因众说不一

对根特木耳的死因，说法不一。俄方记载，根特木耳是在1684年去莫斯科的途中死于纳雷姆的；而在民间传说中，根特木耳是在一次狩猎中负伤后死的。

根特木耳在往返几年的过程中体力消耗很大，也没有得到俄方的任何帮助，仍以猎取野生动物为生，生活非常艰苦。传说，有一年秋天，根特木耳和别人一起出猎，在山林中发现一只鹿，鹿角是干的，两人夹攻，另一个人射箭，射在鹿的干角上，箭滑过来射中了根特木耳，他受了重伤，氏族的人要抓这个人治罪。根特木耳说："他不是故意杀我的，我亲眼看见他射的箭滑过来碰上我的。"说完他就死了。

根特木耳死后，氏族的人群龙无首，氏族的长老和有见识的人们商议，根特木耳的儿子是一位有建树的年轻人，推举他为氏族的领袖，可是根特木耳就这么一个儿子，年仅17岁，按照鄂温克人的规矩还不到议事的年龄。后来他儿子到20岁后再商议的时候，提出了两个条件：一是建立自己的军队，二是建立军队给养制度。他还说："俄国人来后常常发生战争，我们建立军队不是为了参与战争，而是为了保卫自己。"长老们听后认为有道理，大家一致同意。可是过一段时间再议的时候，根特木耳的妻子提出，根特木耳在世的时候没有建立军队的意图，也没有建立过军队，所以现在也没有必要建立军队。长老们认为也对，根特木耳的儿子听了母亲的意见后也放弃了建立军队的意图。

此后，根特木耳的儿子到各户说："我年轻缺乏经验，我当不了你们的领袖，要求你们选我的母亲当领袖吧！我来是向你们告别的。"说完，他就离开了大家，不知去向，估计是去了别的氏族那里。

第十九章

布特哈八旗鄂温克人

布特哈，满语"打牲"之意。17世纪中叶，从黑龙江上游南迁至大兴安岭①、嫩江②流域地区的鄂温克人、达斡尔人、鄂伦春人，多数以狩猎为生，故清朝政府把他们统称为"布特哈打牲部"，是清朝初期设置的地方行政区划之一，为我国达斡尔人、鄂温克人、鄂伦春人的主要聚居地，其辖境纵横千余里，包括现在黑龙江省的讷河、甘南、克山、克东、德都（今五大连池市）五县和内蒙古自治区的莫力达瓦达斡尔族自治旗、阿荣旗、鄂伦春自治旗、布特哈旗（今扎兰屯市）等地。

第一节　迁至大兴安岭嫩江流域地区

明末清初，清统治者于1639年12月向黑龙江上游的"索伦部"诉诸武力，连续发动三次战役，使索伦鄂温克人生灵涂炭，他们除把索伦部的

---

①　大兴安岭，亦称内兴安岭，北魏朝时称鲜卑山，《金史·兵志》称"金山"，鄂温克人称"吉登达万"。大兴安岭北起黑龙江、额尔古纳河，南至赤峰市境内西拉木伦河，东接小兴安岭，南护科尔沁草原、松辽和松嫩平原。呈东北—西南走向，长约1400公里，宽200—450公里，面积约32.72万平方公里，海拔在500—1700米。主要山峰有奥科里堆山、大黑山、伊勒呼里山、吉鲁契那山、特莫尔山、犁子山、摹天岭、基尔果山等，其中最高峰为奥科里堆山（1530米）、特莫尔山（1725米）。大兴安岭是呼伦贝尔草原与松嫩平原的天然分界线，贯穿呼盟中西，长约700公里，宽约200—450公里，面积约17.61万平方公里，占大兴安岭总面积的53.8%。

②　嫩江，亦称纳文江，南北朝时称难水、那河，发源于大兴安岭支脉伊勒呼里山的南坡，海拔1074米。干流由北向南流经嫩江镇、尼尔基镇、齐齐哈尔市，在三岔口附近与第二松花江汇合，以下河段称松花江。河流全长1369公里，流域面积243900平方公里。干流自尼尔基以上为上游段，以下为下游段。右岸在呼盟（今呼伦贝尔市）境内的支流有：二根河、那都里河、多布库尔河、欧肯河、甘河、诺敏河、阿伦河、音河、雅鲁河、绰尔河等河流，自西北向东南注入嫩江。

首领博穆博果尔当囚犯押送盛京（今沈阳）外，还裹胁和引渡过来 14500 人（分别发落到沈阳，锦州等内地各处为军役和奴隶），其中的 2304 人被流放到今齐齐哈尔附近的昂昂溪和古龙沙漠、沼泽地带，编成八个牛录（佐），被称为"牛录索伦"，保持了"索伦"之称。

沙漠、沼泽地带，不是一向在山谷林间地带生活的鄂温克人长久之地，而他们为了便于狩猎生产、生活，在 1644 年趁清军主力入关之际，向西北方向的大兴安岭发展，从雅鲁河下游至上游落村居住，有的向东至音河流域居住，有的向西南延伸至济沁河、绰尔河、托欣河、洮儿河上游索伦山一带过着狩猎生活。

雅鲁河流域的村落有：呼地、济沁达图（济沁河口）、朱勒其汉（朱家坎、今龙江县城）、西斯连、龙头格、依玛基尔、曹哈尔、呼音（碾子山）、尼古占聂勒、古利横、萨拉爱勒（今成吉思汗镇）、古兰萨（沈吉德营子）、扎聂勒（今扎兰屯）、鄂尼达图（卧牛河流入雅鲁河处）、阿利吉（二道桥）、杜拉萨、哈拉苏 17 个村屯，共有 300 多户鄂温克人，居住于清澈透明的雅鲁河畔，以河得名"雅鲁千"，意为居住在雅鲁河的人们。

正当清军主力准备入关大举进攻明朝之际，沙皇俄国派遣远征军，于 1643 年 6 月入侵我国黑龙江流域地区，骚扰当地各族居民，强征贡税、强抢粮食、烧杀抢劫，给黑龙江流域各族人民造成了战争灾难，人民不得安宁。而黑龙江上游以东地区的达斡尔人和一部分鄂温克人，在清政府的同意下，自清顺治十年（1653 年）起，背井离乡、渡江越岭，陆续迁移到大兴安岭、嫩江流域各支流居住。

鄂温克人，有敖鲁克腾的部众 2100 多人，加上图勒图、阿布纳、额和内、索嫩、扎布根的部众，共有 4900 多人迁移。

大兴安岭东麓山区　摄影：阿鹏　　　　　嫩江上游

鄂温克人来到大兴安岭以东后，由东往西南延伸，从讷谟尔河、嫩江上游两岸平原地带至诺敏河[1]，又顺大兴安岭的走向延伸至格尼河、阿伦河[2]流域浅山地带，按照分族落村、异姓不混杂的习俗，择便落村居住，后来逐渐与1640年南迁被称为"牛录索伦"的鄂温克人衔接会合。

索伦鄂温克人从黑龙江上游两次南迁，在布特哈地区的鄂温克人合计有7104人，两次南迁在时间上相隔13年之久，南迁的经过和路线也都有所不同。可是，有人在叙述鄂温克族社会历史时，只提后者（指沙俄入侵后的南迁），不提前者（指清军讨伐索伦部后的南迁），以后者取代前者，掩盖清军讨伐索伦部后鄂温克人被发落到内地各处的历史事实，照此下去，不仅模糊了布特哈鄂温克人的由来，而且战争致使鄂温克人被迫南迁的这段历史将会成为被遗忘的历史。

据记载，嫩江流域地区早在新石器时代就有人类活动，东汉末年鲜卑势力已到松、嫩二江汇流处。南北朝时期北齐后室韦五部中的南室韦在今雅鲁河北、龙江、齐齐哈尔一带。隋、唐时期嫩江上游伊勒呼里山为纳北部，大兴安岭甘河流域为如者部，嫩江支流诺敏河流域为山北部，大兴安岭以东雅鲁河流域为那礼部，大兴安岭以东雅鲁河与阿伦河之间为乌丸部，还有辽代的乌古、敌烈二部降金后在雅鲁河与卓尔河流域居住过。金朝东自嫩江右岸宜外奇向西南、跨越雅鲁河，直抵辽国上京临黄府（今赤峰林东）修的"金边壕"，为后人留下了文物古迹。1214年，成吉思汗统一蒙古各部后分封给三弟帖木哥斡赤斤的领地在嫩江流域。1368年，明取代元后，在嫩江以西的雅鲁

"金边壕"遗址　　摄影：阿鹏

---

① 诺敏河，发源于大兴安岭东麓，海拔1102米，河长489公里，流域面积25704平方公里，在尼尔基镇附近分两支注入嫩江。主要支流有马布拉河、托河、牛耳坑河、毕拉河、格尼河等。

② 阿伦河，发源于大兴安岭的博克图腰梁子附近，海拔1202米，河长344公里，流域面积6126平方公里，流经阿荣旗境内，在金边堡以下进入黑龙江省境内，支流多分布于干流的乌司门以上。

河流域设有院里河卫，淖尔河设有卜剌罕卫，阿伦河流域设有阿伦河卫。

但在 17 世纪中叶，鄂温克人、达斡尔人迁居嫩江上中游地区时，金边壕的地脉土垄依然存在，后来成为内蒙古和黑龙江省的分界线，可是长达万里的金长城在当时除了能看得见"金边壕"上屯兵的古堡遗址外，该地区基本上荒无人烟，夏无避雨、冬无挡风雪之处，初来乍到，一切都从头做起，而鄂温克人、达斡尔人、鄂伦春人就成为了开拓布特哈地区的主要居民。

第二节　纳入清代八旗制轨道

清朝起初不知道从黑龙江上游迁来多少氏族、多少人，分布在什么地方，便让各氏族派代表来京，向皇帝报告本氏族的人数、分布地点。在当时有的氏族不敢来，来的氏族代表被皇帝封为本氏族的世袭佐领，而那些没派代表来而又居住在山林中的少数猎人朝廷便不清楚是什么民族。而满洲人、达斡尔人就以"洪阔罗"名之①。

清朝为了加强对这部分"打牲人"的管理，由朝廷理藩院直接管辖，并任命扎木苏、洪吉（鄂温克人）二人为"布特哈打牲部"头人并由洪吉掌印。不久，由理藩院②派陪官马拉、事务值班依都等在齐齐哈尔大屯共同办公处理"布特哈打牲部"的军政事务。

1640 年底被流放到今齐齐哈尔附近编为"八个牛录"鄂温克人的头人布勒，于 1664 年（康熙三年）进京进贡后在建布特哈打牲部之初，被任命为副统衔头领，配合扎木苏、洪吉合作共事，做了很多有益的工作。

清统治者为了使布特哈打牲居民适应其封建统治的需要，战时出征打

---

① 《达斡尔、鄂温克、鄂伦春、赫哲史料摘抄》一书中记载："鄂伦春实亦索伦之别部……鄂伦春与索伦，同一来源，渊源于满语之'鄂伦绰'，即驱使麋鹿部之意……满人及达斡尔人，对居于嫩江右岸西北及阿伦河上游各地之人，以'洪阔罗'名之，系将鄂伦春及索伦混为一族。"

② 理藩院，是清代管理边疆少数民族地区事务的中央机构，还兼管接待藩属国来华使节。编制同于六部，正副长官为尚书、侍郎，官吏由满洲、蒙古人担任。

仗，平时猎貂纳贡，把打牲人纳入"兵民合一"的八旗制①轨道，使其军事化、等级化、封建化。

康熙六年（1667 年）开始，为了不再继续混淆索伦、达斡尔族名，首先从"索伦"总称中分出了达斡尔人的族名，接着按照满洲人八旗制中的佐领制②进行编佐，把氏族制改为佐领制，任命原来的氏族头人为佐领，共 69 员，以佐领制取代了氏族制。

在编佐的基础上，清统治者为了便于兵丁测量和猎貂纳贡，在布特哈打牲部之下、佐之上的中间环

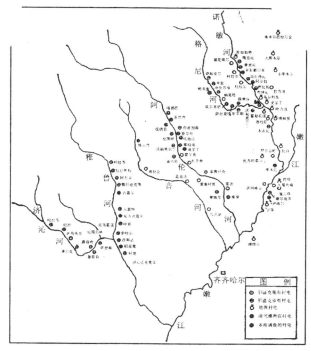

诺敏、格尼、阿伦、音、雅鲁、济沁河流域
鄂温克族分布图

① 八旗制，是清代一种"兵民合一"的特殊社会组织形式，既统民，又统兵。努尔哈赤起兵后，根据战争需要，把原来女真族狩猎时采用的临时性组织形式，加以改组扩大，编成长期的正式组织。规定每 300 人编一牛录，每牛录设一甲喇额真（汉译参领），每五甲喇构成一个"固山"即"旗"。1601 年初设黄、白、红、蓝四旗，合为满洲八旗。后金把全部人丁编入八旗，分属于牛录、甲喇和固山额真，平时耕猎为民，战时从征为兵，其军政费用、官役公差皆分派给八旗各牛录承担。八旗制具有军、政、财、经各方面职能。天聪九年（1635 年），皇太极就降附的蒙古人设"八旗蒙古"，崇德七年（1642 年），又将降附的汉人设"八旗汉军"，合为二十四旗。清军入关后，满族统治者利用八旗制度加强对人民的控制，其生产方面的职能日趋缩小。作为一个军事组织，其职能越来越大，与绿营兵共同构成清代统治者统治全国的主要暴力机器。作为一个行政机构，某些地区，八旗衙署与州县系统并存，八旗成员统称"旗人"，以与州县所属的"民人"相区别。同时，在东北边疆地区的鄂温克、达斡尔、鄂伦春等少数民族中也编旗设佐，初编佐，所设旗，以"八旗制"的原则统治各少数民族。

② 佐领，清官名。女真族在氏族社会时期，以木昆为单位出猎，参加者各执弓箭，每 10 人中立 1 人为首领，称"牛录额真"（"牛录"为箭，"额真"为主之意）。努尔哈赤在统一女真各部落诸申、伊尔根（民众）的过程中，天聪八年（1634 年）改"额真"为"章京"，顺治十七年（1660 年），定牛录章京汉名为"佐领"，为正四品官。"佐领"有四种：初期所授之来归各部落长世代牛录者称"助归佐领"，率众归附立功者称"优异世管佐领"，其他则叫"世管佐领"，若户少丁稀两三姓合并而更迭统辖者则称"互管佐领"。"佐领"一词含义有三：（1）军队组织，犹如连或营；（2）户籍组织，为编民的一个团体，犹如旧社会的保、甲长；（3）管军队的，犹如连长或营长。佐领掌管佐内的户籍、田产、兵籍、粮饷等事务。

节，设阿巴和甲喇，未称旗，也未规定旗色，更没有给予像八旗制那样的权力。

对狩猎生活的鄂温克人，设"阿巴"（"围猎场"之意）作为中间机构，官长叫"阿围达"，管辖所属各佐，并突出了平时猎貂和战时从征的义务。

对已农耕生活的达斡尔人，设"甲喇"（又作扎兰，汉名"参领"）管辖所属各佐。

在大兴安岭山岳地带，自然环境也适于狩

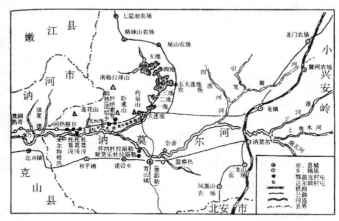

今五大连池市鄂温克村屯分布示意图

猎打牲，这里的鄂温克人、鄂伦春人编成五个阿巴：诺敏河流域的叫阿尔拉阿巴，阿伦河及格尼河流域的叫涂格敦阿巴，雅鲁河及音河一带的叫雅鲁阿巴，济沁河①流域的叫济沁阿巴，绰尔河上游一带的叫托欣阿巴。

在嫩江流域上游两岸平原地带，自然环境适宜农耕生活的达斡尔人，还有一部分鄂温克人和鄂伦春人编成三个扎兰：讷谟尔扎兰、杜伯沁扎兰、莫尔丁扎兰。

康熙二十年（1681年），清朝对布特哈鄂温克、达斡尔人的编

讷河市、甘南县鄂温克村屯分布示意图

佐、设阿巴和扎兰的工作告一段落，以带有封建性质的"八旗制"社会

---

① 济沁河，河长207公里，发源于大兴安岭六十大北沟，海拔1332米，至六十八大北沟口以下称济沁河，在关门山乡、太平川乡交界处进入龙江县龙头村东折向东北流，至龙兴镇（李三店）东8公里城处汇入雅鲁河。

组织取代索伦鄂温克人的氏族社会组织后，原始氏族社会意识形态与封建社会意识形态处于交替阶段，氏族仍以"哈拉"的名义保持着表示"姓氏"的作用。

康熙二十二年（1683年），在黑龙江瑷珲城设置黑龙江将军，以宁古塔副都统①萨布素为将军，划宁古塔所属西北地区归黑龙江将军管辖，同时在瑷珲、墨尔根、齐齐哈尔三处设副都统衙门。

康熙二十三年（1684年），康熙皇帝指示："索伦、打虎儿总管之任甚为重要，必得贤能之人，始能管理。"是年10月始设总管，原奉天将军安珠护为布特哈总管。接着又设达斡尔、鄂温克总管二员、副总管8员，鄂温克人洪吉被任命为总管并掌印治事。他们管辖的范围，据《考订龙沙纪略》一文记载："额尔古纳河以东、黑龙江以南、诺尼江（嫩江）以西、托欣河以北，均八围索伦之地。"翌年，安珠护离任，又派满洲总管一员，还增设副总管8员，分别兼任阿围达和扎兰职务，加强了对布特哈打牲部的领导。

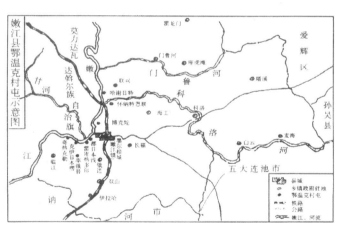

康熙二十九年（1690年），黑龙江将军由黑龙江城（瑷珲城）移驻墨尔根城（今嫩江县城）。翌年，布特哈打牲部由理藩院直辖划归黑龙江将军管辖，换发了木质官方印章，实行鄂温克、达斡尔分治，各设总管、副总管，掌印治事，分管各自民族的事务，复设副都统衔满洲总管一员，统辖两部，总管衙门设在嫩江西岸宜卧奇屯。

嫩江县鄂温克村屯分布示意图

---

① 副都统，官名。清代八旗制中最高长官为"固山额真"（都统），副职为"梅勒额真"（副都统）。清代在各省各地设将军、都统、副都统等官，统率所属旗兵分别防守各地方。副都统协助都统或将军分管一部分或一个方面的军政事务。但因官阶都统与将军同级而一般不并置，因此凡设将军处，其下设副都统，或置副都统衙门，协助将军管理兵民的户口、生产、训练、教养等军政事务。

康熙三十年（1691 年），在嫩江东卜奎村地方筑城，邻近有齐齐哈尔村，即以此为城名齐齐哈尔①，授总管玛布岱为副都统，暂守此城。

康熙三十八年（1699 年），黑龙江将军移驻齐齐哈尔城，随将军移驻齐齐哈尔城的有达斡尔 12 个佐领和鄂温克 4 个佐领及其佐民共 960 人，从此，齐齐哈尔城也有了鄂温克人。

索伦鄂温克人在布特哈地区，按河流分布九个部分，在每个部分中都有若干"哈拉"（姓氏）和"毛哄"（家族）的鄂温克人。他们是：

嘎布卡千，居住在嫩江东岸平原地带，有涂格敦、武力斯日、金科日、萨玛格日、郭包勒、索多勒哈拉，其中涂格敦哈拉分为乌达依日、阿姆拉卡依日、俄姆坎苏、第拉依日、白鲁依日毛哄。

讷谟日千，居住在嫩江以东的讷谟尔河流域，有图木先杜拉日、阿本千、姆鲁特哈拉。

甘河千，居住在甘河下游西南，有萨玛格日、敖拉哈拉。

诺敏千，居住在嫩江以西的诺敏河流域，有杜拉日、萨玛格日、敖拉、武力斯哈拉。

格尼千，居住在格尼河流域，有俄都涂格敦、俄都那哈塔、尼斯混那哈塔、卡拉塔基日哈拉。

阿荣千，居住在阿伦河流域，有杜拉日，其中涂格敦分为俄都杜拉日、尼斯混杜拉日、图木先杜拉日、西盘杜拉日、俄都涂格敦、尼斯混涂格敦；那哈塔分为俄都那哈塔、尼斯混那哈塔等毛哄。

音千，居住在音河流域，有杜拉日、达图、巴亚格日、卜力杰日、卡尔其日、阿本千、何音、哈赫日、依克基日哈拉，其中杜拉日哈拉分为俄都杜拉日、尼斯混杜拉日、哈哇尼杜拉日、西盘杜拉日，达图哈拉又分为俄都达图、尼斯混达图、蒙高达图毛哄。

雅鲁千，居住在雅鲁河流域，有杜拉日、涂格敦、西格敦、哈赫日哈拉，其中杜拉日哈拉分为音哈哇尼、雅鲁哈哇呢、何音哈哇尼、哈什哈哇

---

① 齐齐哈尔（蒙古语"喜吉嘎尔"，"边界"之意），原名卜奎，康熙三十年（1691 年）在嫩江卜奎村筑城，因邻近齐齐哈尔村，即以齐齐哈尔为名。在未定城池前，皆系打牲人居住，打牲人副都统衔总管玛布岱暂守此城，康熙二十三年（1684 年）把这一带地区的居民划分为八旗，定旗色，设协领管辖，是年调鄂温克、达斡尔兵 1000 人设了火器营，康熙三十七年（1698 年）派副都统管辖齐齐哈尔城，康熙三十八年（1699 年）黑龙江将军从墨尔根（今嫩江县）移驻齐齐哈尔城。此时，鄂温克佐领 4 人、达斡尔佐领 12 人，连同家属各及佐民共 960 人也移居齐齐哈尔城。

尼、西盘杜拉日，涂格敦哈拉又分为俄都达图、尼斯混达图、蒙高达图、阿本千、俄都何音、尼斯混何音、西都日达图、萨玛基日、何音毛哄。

济沁千，居住在济沁河流域，有白格日、杜拉日、哈赫日、卜力杰日、依格基日哈拉。

第三节 正式编成布特哈八旗

雍正九年（1731 年），清朝政府从布特哈地区往呼伦贝尔派遣 3000 名兵丁驻牧戍边之际，布特哈打牲部报请黑龙江将军批准，对剩余的男丁登记造册，有 3661 人。重新编佐后，共 58 个佐（其中鄂温克 27 佐、达斡尔 21 佐、鄂伦春 10 佐），按照原居住区域，把 5 个阿巴和 3 个扎兰编为 8 个旗，其中鄂温克 5 个旗、达斡尔 3 个旗。每旗设打牲部副总管衔的官员管理旗务，并为了在行军、安营中便于识别，规定旗色，分为八色，正式启用了"布特哈八旗"之称谓，其编制如下：

诺敏河一带的阿尔拉阿巴，鄂温克 9 个佐、鄂伦春 1 个佐为正红旗，归副总管西基尔、副总管兼佐领耶德尔管辖。

阿伦河及格尼河一带的涂格敦阿巴，鄂温克 4 个佐、鄂伦春 1 个佐为镶白旗，归副总管岳尼、副总管兼佐领高汗台管辖。

雅鲁河及音河一带的雅鲁阿巴，鄂温克 5 个佐为镶红旗，归副总管程格、副总管兼佐领图倭木青管辖。

济沁河一带的济沁阿巴，鄂温克 1 个佐、鄂伦春 3 个佐为正蓝旗，归副总管达巴科、尼者勒黑管辖。

绰尔河一带的托欣阿巴，鄂温克 3 个佐、鄂伦春 1 个佐为镶蓝旗，归副总管沙尔胡利、倭绰尔管辖。

讷谟尔扎兰，达斡尔 7 个佐、鄂温克 3 个佐、鄂伦春 2 个佐为正白旗，归副总管喜克西乌尔、代理朱拉特宫庞丹管辖。

杜伯沁扎兰，达斡尔 5 个佐、鄂温克 2 个佐、鄂伦春 2 个佐、新编胡图克党羽的 1 个佐为镶黄旗，归副总管永福、喜勒达尔图管辖。

莫尔丁扎兰，达斡尔 11 个佐为正黄旗，归副总管永福、喜勒达尔图管辖。

　　编制布特哈"八旗制"后，为了加强领导，在行政体制上实行了旗长制、佐领制，在村屯还设了嘎辛达。

　　在雅鲁河流域有三个旗所在地：一是在占聂勒（今扎兰屯）为镶红旗，管辖占聂勒以北及音河流域的鄂温克人；一个在尼古占聂勒（位于库堤河）为镶蓝旗，大概管辖绰尔河及托信河一带的鄂温克人；一个在朱勒其罕（朱家坎，今龙江县城）为正蓝旗，管辖济沁河一带的鄂温克人。还派"扎兰章京"（清代三品武官）驻守扎兰屯，由"扎兰章京"司掌三旗的司法、民政等事务。还据阿伦河一带在清朝末年出生的一些老年人说："在清朝末年八旗首领已有旗长称谓，正旗长（高斯达）、副旗长（仍称伊利吉达），如阿伦河、格尼河的镶白旗，旗址在今霍尔奇附近的莫尔丁村。旗长是满洲人，住在今讷河市拉哈一带，不经常来，有重要事来处理；副旗长是鄂温克人，叫爱新道尔吉，是阿伦河人还兼职佐领。下面有三个秘书、一名差役，每人每月轮流值班。"

　　旗下设佐领，鄂温克的佐领分两种：一种是皇帝封的世袭佐领；另一种是射箭比赛选拔的普通佐领。下设"哈朋"即骁骑校①，也分两种：一种是"图西勒哈朋"，即云骑尉；另一种是普通"哈朋"。下面还有"宝西乎"即领催②，给佐领办事的工作人员。

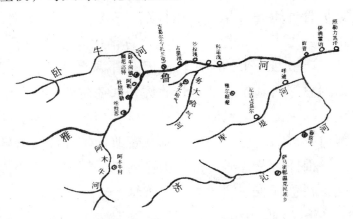

雅鲁河流域鄂温克村屯示意图

　　佐领下是"嘎辛"（村屯），是行政组织，每个嘎辛都设"嘎辛达"，管理村民之事，没有报酬。

---

　　① 骁骑校，官名，亦称"哈朋"、"代子"，佐领之副手，辅助佐领工作。
　　② 领催，亦称"拨什库"，分大小领催，在佐领之下，办理佐内文书、俸饷、征税、司法、警务、调查兵丁等事务。

第四节　八旗制中的经济生活

17世纪中叶，索伦鄂温克人迁居大兴安岭、嫩江流域地区时，仍处在原始氏族社会，以狩猎为主要生活来源。牛马饲养业、捕鱼业和采集业在他们的经济生活中占有一定地位，有的还有了宅旁园地种植业。

索伦鄂温克人迁居新的环境，经过十几年的自谋生路，刚刚站住脚跟，生产、生活稍有着落时，清朝自康熙六年（1667年）起按照"八旗制"的原则开始编佐，以佐领制取代了氏族制。清朝政府不仅调遣鄂温克青壮年人从征战场，还根据鄂温克人的狩猎经济特点，为了满足清朝皇帝和官僚们对貂皮和猎产品的需求，不顾鄂温克人的死活，给鄂温克人套上了沉重的兵役和劳役枷锁。

在严重缺乏男劳动力的情况下，世世代代捕猎为生，年复一年游动在山林河谷地带的风寒酷暑中练就了耐风寒、耐艰苦、耐吃苦的鄂温克人，他们为了生存，利用当时仍处在原始形态的大兴安岭和嫩江以西地区丰富的自然资源，克服种种困难，一切都从头做起，扎根于大兴安岭和嫩江中、上游各支流，繁衍生息。鄂温克人主要生产形态有如下几种。

一　狩猎生产

在"八旗制"的困扰下，大部分主要劳动力从征、捕貂，以及随甲当差，加上主要猎取貂鼠，影响了猎取其他野兽为生活资料来源，致使狩猎生产效率大大下降。但布特哈鄂温克人继续坚持狩猎生产，依靠集体的智慧和力量，按照"共同劳动、公平分配"的传统习俗，由氏族（哈拉）派生出来的分支"毛哄"家族集团成为狩猎生产单位，发挥着重要作用。由于留在家乡的都

洋炮及其架子　　　　洋炮的子弹和火药瓶

是老弱残男人，他们拿弓箭和扎枪单人或几个人行猎，猎获物甚少，因此又采取了古老的"围猎"生产方式，男女老少都参加，由"毛哄达"统一指挥。参加围猎的人分成若干火堆（塔坦），人数多少一般以一个火堆吃一锅肉为原则，选一名火长（塔坦达），

单出子子弹　　　单出子枪

如果几个（毛哄）家族集团联合围猎时，选一名总指挥（阿围达）。围猎一次一般需 10—15 天，妇女承担赶车、做饭等劳动。对猎获物的分配，按照"共同劳动、共同分配"

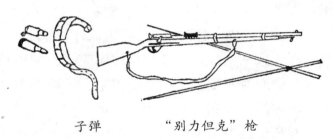

子弹　　　　"别力但克"枪

的原则，平均每人一份，对没有劳动力或因故而未参加围猎的也有一份，以示关怀。布特哈鄂温克人在当兵时使用过"火枪"，他们掌握了火枪的性能和使用技术，于是从齐齐哈尔商铺买来鸟枪用

连珠枪

于狩猎。清统治者发现鄂温克人使用新式武器狩猎后，怕对其统治不利，乾隆十五年（1750 年），乾隆皇帝下令禁止了鄂温克人使用火枪狩猎，但先进的东西是禁不住的，仍有少数人暗中使用火枪狩猎。到 19 世纪末，即清代末年时，布特哈鄂温克人已大量使用火枪狩猎，火枪有燧石枪、单出子枪、别力但克枪。

火枪射程远，杀伤力

使用火枪时的猎人装束　　火枪及枪架

强，大大提高了狩猎生产效率，以火枪取代弓箭，使鄂温克人告别了延续使用几千年的传统狩猎工具。猎人、枪支、猎马、猎犬、猎刀等狩猎机制的配套，以单人或少数人合伙行猎，取代了从远古时期以来延续的围猎方式。

进入火器时代后，火枪取代了弓箭，单人行猎取代了集体围猎，平均分配制度逐渐消失，人们行猎以单人行猎或少数人合伙行猎为主要形式，也根据不同的野生动物采取不同的狩猎方式。

一种是当猎取较大的马鹿、驼鹿之类及野猪时，一般都是分季节几个人合伙，带上枪支、马匹、猎犬、车辆及食品远猎，进入野兽较多的山林中狩猎，在山野里搭上"仙人柱"即撮罗子住宿，根据猎获物的多少，时间可长可短，一般为半个月或一个月。对猎获物的分配，根据塔坦达、猎手、车夫的分工不同及每个人提供的狩猎工具和物资不同，分等级实行分配。

20 世纪 30 年代查巴奇鄂温克猎民

一种是单人行猎，使用火枪后单人行猎比较方便，一般早出晚归，可猎取狍子、灰鼠之类的动物。当时大兴安岭浅山区狍子很普遍，随处可见，不分什么季节都能猎获，狍子一般在 30—40 斤，虽然体小，但用处很大。鄂温克人吃、穿主要靠狍子肉和皮子，因为狍子肉细嫩、鲜美，所以成了鄂温克人最喜欢的，也是最主要的食物。还有狍子皮软毛暖可供猎人们制作服饰，把皮子剥好后缝制皮大衣、皮袄、皮裤、皮被、皮制帽、皮制靴子（西哈米温特），把狍筋晒干后捻成皮线，用于缝制皮衣物。

鄂温克人非常关心下一代的成长，特别是老人们为了培育年轻人的勤劳、勇敢精神，经常采取言传身教的方法，传授生产知识和技术，对他们进行跑步、跳越、爬山、滑雪、游泳、摔跤、赛马、射箭、击剑等训练。从小就勤学苦练的鄂温克猎人很快就掌握了火枪的性能和使用技术，个个都成了优等射手，枪（密散）一响肉就会到手。在鄂温克人中流传着这样几句话：

> 当猎手枪响了的时候，
> 你就在锅里烧水吧，
> 他一定会带回肉来！

还相传，有一次在鄂温克人斯勒莫根家里来了一位异族客人。为了招待客人，猎手骑马出猎时嘱咐家里人说：

> 你们在家烧水等着，
> 我马上驮回一个狍子来！

他果真很快驮回一只狍子来招待了客人，客人高兴地边吃边说："名不虚传，你们果真是个神枪手，把野兽说驮回来就驮回来！"

二　牛马饲养业

索伦鄂温克人在黑龙江上游地区时就有了牛马饲养业，但被清军和俄军抢劫，加上迁居过程中的损耗，牛、马剩的不多，来到内地后牲畜又遭到瘟疫，出现了很多无畜户，牛马畜牧业濒临破产。

在这种情况下，牛马业再发展，急需母畜，但无来源，从外地进母畜又无资金。清朝政府只考虑猎貂纳贡，虽然两次调拨役马，但用于远涉数千里猎貂，往返3—5个月，马不是瘦死就是老死，又无母马繁殖，死一个少一个，致使马匹也越来越少。

索伦鄂温克人的牛马畜，从开始就由个人小家庭所养，而且在黑龙江时就得过实惠的鄂温克人考

布特哈索伦鄂温克人饲养的牛群

虑它的役用和食用作用，非常珍惜牛马畜，从不轻易宰杀。马是打猎和长途旅行时的乘骑及套车拉运的工具。牛分为犍牛和乳牛两种：犍牛可以套车拉运和拉犁种地；乳牛产奶，可以制作许多奶制品，如奶皮、奶油、酸奶、奶干、奶酒等。

布特哈鄂温克人的牛马饲养业发展缓慢，徘徊多年，到了清代末年至民国年间时才有所发展。按村屯说几十户人家最多的也只有几十头牛、几十匹马。由于各户自主经营，人们白天把牛马放出去在村子附近食草饮水，晚上则赶回来入圈。

三　农业的兴起

索伦鄂温克人的农业（塔然），在黑龙江上游时开始萌芽，出现了宅旁园地种植业。17世纪中叶，他们迁居嫩江流域地区后，就利用丰富的土地资源，开垦种大田，多数人以种田为主兼营牛马饲养业，少数人以渔猎为生。

在墨尔根（今嫩江县）二十里屯杜拉尔、盖基尔、伊斯尔三户（或三姓），受墨尔根总管安珠护用兵丁每年种官田两千余垧地的影响，开始经营土地，粗具规模，除自己劳动外，还雇汉族长工耕种。

还有在嫩江东岸，今黑龙江省讷河市嘎布卡村的鄂温克人也自发地开始种大田，田地逐步扩大，种地户越来越多，耕地面积由小到大，口粮基本自给，丰年有余粮，鄂温克人开始进入农耕生活，向农业经济迈出了可喜的一步。

农业对鄂温克人来说，是一种新兴产业，他们缺乏农业生产知识和技术，在经营方式上与达斡尔人相仿。当时这块土地上人烟稀少，荒原广阔，人们采取远耕近牧的方式，把地块选在距村较远的地方，村屯周围近处留出草场，作为牛马食草和活动的地方。

继墨尔根种植官田后，清朝政府又下令在格尼河、阿伦河流域开垦种田，致使农业向嫩江以西的诺敏河、格尼河、阿伦河流域山林河谷地带发展。在阿伦河流域鄂温克人中种田较早的是住在文布奇村的清朝官员"涂章京"（佐领）家。由于雇工种田，发生过一个很有趣的故事：涂章京每天早晨到田间散步，多次看见兔子和野鸡互相追逐，老章京认为这块地大有风水，便在这块地上盖了新房子。

阿伦河流域鄂温克人中的大田，当时由于自然地理和气候条件的不同，以及鄂温克青壮年人奉调出征、猎貂纳贡负担沉重而没有发展起来。18世纪中叶，黑龙江将军也下令停止了在阿伦河种官田。

19世纪末，清末光绪年间，东北地区人口流动，占地垦荒，"八旗制"逐渐衰落，清朝政府财政困难，而对东北地区简放旗地，在布特哈八旗采取了两项措施：一是分配土地顶垧银，每佐领90垧，骁骑校、领催60垧，披甲45垧，没有男人的妇女15垧，并派官员丈量生荒地后发了土地执照；二是把原来设的"额兵"（旗兵）2000人裁撤，令其归乡为民，参加生产劳动。

以官方分配的土地和旗兵返乡为民为契机，阿伦河流域文布奇、查巴奇、霍尔奇、嘎都西、依奇汉、章塔尔、索鲁呼奇、加古奇、吉木伦、白音吐海等村的鄂温克人，采取远耕近牧方式，选择离村较远的坡地、甸子地开垦种田，少则1—3垧，多则十几垧，其中文布奇为15垧地。但由于耕地面积少，耕作粗放、粮食品种单一，除文布奇村涂、杜两家自给自足外，其余的都因收获不多而没有解决口粮问题，加上缺少劳力和畜力，以及不太习惯农业生产等原因，所开的田地基本都已撂荒，又回到了以猎为主的生活。

四　多种经营的发展

布特哈鄂温克人的多种经营，是在传统的"以狩猎为主，捕鱼和采集业"相结合的生产、生活方式的基础上，随着牛马饲养业的出现和农业生产的兴起，以及经济门类的增多、产业结构的多样化而发展起来的一种辅助性的经营项目。

（1）捕鱼，在早期对鄂温克人来说是仅次于狩猎的经济门类。在嫩江及其支流和大小湖泊里，鱼类众多，种类达几十种。鄂温克人捕鱼主要是自食，最喜欢吃的是哲里、细鳞两种，最大有三四斤重。捕鱼一般在秋、冬季由男人单人或多人叉

鄂温克人在河里叉鱼

鱼，但在明水期和结冰期，采用的方法也各有不同。

（2）采集业，是人类早期食物来源的途径，随着社会的发展，采集的种类也逐渐增多，如野韭菜、野葱、柳蒿芽、黄花、蘑菇、榛子、木耳、稠李子、山丁子等。按照植物种类的不同，每年春、夏、秋三季，由妇女和儿童到山野里采集。采集来的山产品，除了当时吃以外，还晒干以备冬天吃。其中榛子和木耳是鄂温克人来大兴安岭后才发现可以食用。

在大兴安岭浅山区山坡上长有榛子树，秋天结很多榛子，鄂温克人发现后采回来放在热炕上烤干后打开食其仁。先是自食，后来在19世纪中叶起有汉商来山区收购榛子后上山采榛子的人就多了起来。他们先采近处的，后采远处的，一般人家每年可采五六百斤，有的人家男女老少都出动，每年可采到一两千斤，以此收入换来粮食和其他生活用品。

据阿伦河查巴奇鄂温克人说，他们早就发现夏天雨水多时在柞树上长有软软的黑东西，当时不知道能不能吃，后来到齐齐哈尔城，发现在饭馆里炒有黑木耳菜，在集市里也有收购黑木耳的，这才开始采木耳自食，并到齐齐哈尔城出售。20世纪初开始汉商也来山区收购，鄂温克人各户采的木耳收入，可换回两石口粮。

（3）烧木炭。17世纪末，建齐齐哈尔城后，在城中的清朝官员及居民，冬天以木炭为燃料取暖，于是在汉人和满人中就有了经营木炭的人，他们由南向北深入大兴安岭山沟里建烧炭场，烧出来的木炭运往齐齐哈尔城。当时被烧炭场雇用当工人的鄂温克人不少，经营烧炭场的老板支付工人工资比较及时，虽然有些克扣和剥削现象，但方便了鄂温克人的经济生活，也使他们学会了烧木炭的技术。后来到19世纪中叶时，在阿伦河流域山区鄂温克人中出现了经营烧木炭的人，几家合伙烧木炭，运往齐齐哈尔城出售。

（4）制作大轮车。索伦鄂温克人在黑龙江有牛马畜后就用大轮车为交通工具，自制自用。到19世纪末，阿伦河有一个叫涂定陆的鄂温克人曾到呼伦贝尔甘珠庙以六台大轮车换回两匹马和一些畜产品的消息传开后，阿伦河、音河、雅鲁河流域的鄂温克人开始大量生产大轮车。每年农历二三月进山砍桦木，四月把所砍的木材集中起来，五六月挖窑熏软后制作大轮车，七月十五日以后运往甘珠庙（今新左旗境内）与蒙古人进行交易，换回牛马和其他畜产品。

（5）宅旁园地。鄂温克人落村盖房子时，就考虑到宅旁园地，户与户之间保持一定距离，留出园田地块，园田面积有大有小不等，园田周围一般都用树干或用柳树条编制篱笆圈上，以防牲畜糟蹋，园田里种植黄烟和各种蔬菜，有的也养起了猪、鸡等家畜家禽。

第五节　雅鲁河流域鄂温克人的变迁

清朝在雍正九年（1731 年）把布特哈打牲部编制"布特哈八旗"的第二年，即雍正十年（1732 年），从布特哈地区调遣少数民族兵丁及眷属西迁呼伦贝尔驻牧戍边后，鄂温克族在布特哈地区减少了很多人。到了清朝末年，由于东北地区人口流动，汉族移民流入嫩江流域地区开荒种地，人口增多。在光绪二十年（1894 年），升布特哈总管为副都统级，副都统衙门设在嫩江上游东岸的博尔多（今讷河市）。

沙皇俄国自清光绪二十三年（1897 年）起修筑东清（后称中东）铁路，滨州线有一段与雅鲁河水相并而行，圈占了一些雅鲁河沿岸鄂温克人的村屯，还砍伐周围森林，特别是 1903 年通车运营后沿岸各站人口增多，城镇的形成，在近处已找不到野兽可猎，狩猎生产成了问题，加上俄国护路军欺压鄂温克人，致使雅鲁河下游至上游的呼地、济沁达图（济沁河口）、朱勒其汉（朱家坎，今龙江）、古利横、萨拉受勒（今成吉思汗镇）、古兰萨（沈吉德营子）、扎聂勒（今扎兰屯）、鄂尼达图（卧牛河车站）、阿利吉（二道桥）、杜拉萨、哈拉苏等 17 个村屯、16 个佐、300 多户鄂温克人，陆续从雅鲁河向别处迁移，只剩下阿利吉（二道桥）、哈拉苏两个村屯的鄂温克人。一部分有 40 户鄂温克人向西南迁至济沁河一带；一部分向东迁至音河流域居住，迁入音河上游海列铁村的有阿本千、何也日、杜拉日哈拉 20—30 户鄂温克人，迁入音河中游旧三站的有杜拉日达图、卜勒基尔氏鄂温克人和白依基尔氏鄂伦春人，共 13 户 79 人。

1898 年发生"戊戌变法"实行新政，根据东北地区人口流动情况，自嫩江流域地区汉族人口增多，"八旗制"简放旗地，减轻财政负担，取消猎貂纳贡者的半俸，分配土地顶饷银的土地执照，由于这部分鄂温克人的搬迁而成了一纸空文，猎貂纳贡者的半俸也没有了，加上搬迁时的损耗，致使鄂温克人陷入更加贫困之中。

随着滨洲铁路的通车运营，1905 年，中东铁路局在扎兰屯街北部密林中的雅鲁河岔道建有久享盛名的一座吊桥，逐渐发展成为"吊桥公园"，同期还修道有中东铁路俱乐部、日光浴场，随着来了很多俄罗斯居民，据中东铁路局统计，于 1907 年在扎兰屯有俄罗斯居民 1643 人，住宅区主要分布在车站附近，加上来扎兰屯避暑休闲人员的增多，在扎兰屯车站西北部修造了"避暑旅馆"，接待中外客人。而坐落在雅鲁河畔，河两岸树木茂密、两面环山、山清水秀、景色如画，素有"塞外苏杭"美称之扎兰屯，成了俄罗斯人夏天来避暑的胜地，他们来后就下榻于六国饭店。六国饭店 1940 年由中国人吴宪茂先生经营，主食一律西餐，菜有多国风味，接待的顾客多是日本人、俄国人，也有伪官吏和土豪劣绅，生意兴隆，闻名中东铁路沿线各站和欧亚一些国家。

清光绪三十二年（1906 年），裁布特哈副都统衙门，设置东、西两路布特哈，各设总管、副总管，总管衙门分别设在博尔多和宜卧奇两地。讷谟尔热河流域正白旗达斡尔、鄂温克人划归东布特哈管辖。西布特哈境界，东至嫩江、讷河县，南至龙江县及扎赉特旗，西至呼伦贝尔界，北至嫩江县及呼伦贝尔东界，总管衙门仍在宜卧奇，居民 2236 户，人口 10119 人。

说起雅鲁河流域的鄂温克人迁移的这段历史，我就想起了我父亲说过的一段话，他说："我听你爷爷说过，咱们原来居住雅鲁河岸边的扎聂勒（今扎兰屯），罗特贝（俄罗斯人）来修铁路后，人就多了，不便狩猎而搬出来的，经过鄂尼毕日（今卧牛河）流域山区，转向音河上游海列铁村居住的，一起过来的有阿本千、何也日、杜拉日哈拉的二三十户鄂温克人。"

光绪三十三年（1907 年），由于移民流入，人口增多，垦荒日渐增多，在将军府设农垦总局，专司垦荒之事。为了加强行政管理，军政制度改为民政制度，黑龙江改建行省，将军改制为巡抚，裁副都统衙门，下设府、厅、州、县行政机构。宣统二年（1910 年），把东布特哈改制为讷河直隶厅。

雅鲁河流域的鄂温克人再次变迁后，在清代末年布特哈索伦鄂温克族的村屯分布如下：

讷谟尔河流域，怀讷杜拉斯日、鄂莫勒杜拉斯日、怀讷索鲁古尔、鄂莫勒索鲁古尔、瓦讷索鲁古、托河浅等村屯。

嫩江东岸，拉哈、俄都嘎布卡、穆日古齐、阿拉爱里、俄木昆柱、所日给爱里、给落奇爱里等村屯。

甘河下游，巴彦爱里、萨玛爱里村。

诺敏河流域，嘎都沁、都克塔拉、杜拉尔、布坤沁、华扎、拉力浅、杜尔苏、木古沁、库尔奇等村。

格尼河流域，得力刻日、依力博得、萨拉安嘎、朱垦柱、牙尔斯、汗吉日呼、沃勒莫尔丁、木库沁等村。

阿伦河流域，嘎都西、嘎达奈、查巴奇、文布奇、白音陶海、伦图呼、亚尔特、依奇汗、沃勒莫尔丁、吉木伦、那哈塔、莫尔丁、霍尔奇、索鲁呼奇、章塔尔、那吉、库莫、浩特爱里等村。

音河流域，旧三站、孟克店、海列铁、维古奇等村屯。

雅鲁河流域，哈拉苏、阿利吉两个村屯。

济沁河流域，萨玛刻日、博尔克、哈拉、蘑菇奇、萨拉库等村屯。

沙俄修筑的滨洲线扎兰屯站，于　　　沙俄于1905年在扎兰屯修建一座吊桥，
1903年7月正式通车运营　　　　　后来逐渐发展成"吊桥公园"　摄影：阿鹏

扎兰屯"六国饭店"旧址　　　沙俄于1905年在扎兰屯修建的"避暑旅馆"

　　“六国饭店”遗址　摄影：阿鹏　　　　　　扎兰屯鄂温克官员的住房

第二十章

战时出征打仗　平时猎貂纳贡

清统治者夺取全国政权后，为了巩固大清封建王朝，把布特哈打牲人纳入八旗制轨道。一方面为了充实其军事力量，另一方面为了满足朝廷官员对优质貂皮的需求，政府把布特哈地区作为征调兵员和猎貂纳贡的重要基地，把沉重的兵役和劳役负担加在了布特哈人身上。

清统治者利用鄂温克人的狩猎经济特点，采取特殊的组织形式——围猎场，对鄂温克人进行兵丁测量，凡 15 岁以上的男子都称"哈嘎"（壮丁），到 18 岁的为"乌格辛"（披甲）。让他们战时出征打仗，平时猎貂纳贡，使鄂温克青壮年男子陷入了繁重的兵役和劳役之中，加重了布特哈人的负担。

第一节　参加雅克萨战役

康熙二十一年（1682 年），平定"三藩"即吴三桂、耿精忠、尚之信叛乱之后，清政府立即把注意力转向东北，为驱逐俄国侵略军做准备，康熙皇帝到盛京（今沈阳）、吉林乌拉城（满语吉林是"沿"的意思，乌拉是"大川"的意思），并航行松花江，视察了边防情况。

1682 年 9 月，清政府派副都统郎谈、公彭春率几百人，以捕鹿为借口，侦察了墨尔根（今嫩江县城）、黑龙江（瑷珲①）至雅克萨②的地理形势，水、陆交通及俄军的情况。

郎谈等回到北京报告："雅克萨可下，罗刹可破"，"攻取罗刹甚易，发兵三千足矣"，这个建议没有充分考虑边防的问题，没有经过充分准备的战争是不能获胜的。

康熙皇帝从更长远来考虑问题，否定了郎谈的建议，他说"兵非善事，宜暂停攻取"。便立即下令调兵 1500 人进驻黑龙江，暂勿进攻，而在黑龙江（瑷珲）和呼玛两地建立城堡，与俄国对峙，并储存粮食，修造船只，筹划屯田，开辟驿路，进行持久的、充分的准备。

命令下达后，担任前线统帅的宁古塔（今黑龙江省宁安县）将军巴海提出把瑷珲、呼玛两地筑城的方案合二为一，筑城于更靠近内地的瑷珲，还提出了在准备还不充分的情况下速行征剿的建议，企图速战速决，把敌军暂时赶跑便算大功告成。而康熙帝发现后令巴海留守乌喇（今吉林），换派萨布索、瓦礼祜俱以副都统领兵前往。

康熙二十二年（1683 年）夏，清廷遣宁古塔副都统萨布索带领乌喇（今吉林省吉林市）、宁古塔官兵 1000 人的同时，从布特哈调鄂温克、达斡尔兵 500 人（其中佐领 8 人、副都统衔总管 1 人）进驻瑷珲城；康熙二十三年（1684 年）秋，又有乌喇、宁古塔、布特哈（鄂温克、达斡尔）官兵 1000 人携带家属进黑龙江屯田驻守。这两批军队共 2000 人永驻黑龙江（瑷珲），守卫边境，是对俄作战的主力。

同年夏天，宁古塔副都统萨布索奉命率领乌喇、宁古塔、布特哈官兵

---

① 瑷珲，位于黑龙江东岸、精奇里江（结雅河）与黑龙江汇流处以南约半天路程。清朝为了抗击盘踞在黑龙江上游雅克萨等处的沙俄入侵者，于康熙二十二年（1683 年）设"镇守黑龙江等处将军"，简称瑷珲将军或黑龙江将军，初设时在黑龙江东岸瑷珲城，即旧城。翌年，在黑龙江西岸修筑黑龙江城，即新城，创建衙署，修木杖城垣，设有四门。瑷珲将军和副都统及其属僚均移到新城，旧城以城守尉守之，成为清代汉族人民屯田的中心。

康熙二十八年（1689 年）订立《中俄尼布楚条约》，咸丰八年（1858 年）沙俄又强迫清朝签订《中俄瑷珲条约》，瑷珲旧城（海兰泡）为今俄国的布拉戈维申斯克，新城即今黑龙江省黑河市。

② 雅克萨，位于额木尔河流入黑龙江的东岸，西北面有连绵高山阻挡西伯利亚袭来的冷风，山上森林茂密，山下绿草遍野，土地肥沃，有开阔的农田和天然牧场。无论从贝加尔湖方向还是从雅库茨克方向进入黑龙江，都必须经过这个地方，这里是黑龙江上的枢纽。

在鄂温克语和满洲语中雅克萨意为"冲刷的河湾"。雅克萨原为索伦部博穆博果尔属人居住地。索伦部解体后，设总管，由达斡尔人倍勒儿守之。该地在今俄罗斯境内，称阿尔巴金诺。

1500人进驻黑龙江。时任布特哈索伦（鄂温克）总管[①]博克奉命带领前锋部队，先于萨布索进驻黑龙江额苏里地方，等候将军萨布索之军到来，乘船在黑龙江上航行时碰上了入侵的俄军。雅克萨占领军派出以梅利尼克为首的俄军67人，乘船沿黑龙江向下航行，准备去黑龙江下游和松花江劫掠中国居民。在额苏里附近突然发现远处有一队船只迎面驶来，梅利尼克慌忙下令船只靠岸，做战斗准备。而智勇双全的博克总管没有驶近开火，在远处对岸停泊下来，监视俄军行动，相持了一夜。第二天博克派两名军官到俄军船上，要梅利尼克到中国船上谈判。梅利尼克带10名俄兵来到清军船上，博克劝其投降，放下武器可以得到优待，如果顽抗只能白白送命，梅利尼克吓破了胆，立即放下武器，乖乖地投降了。在谈判过程中看情况不妙，有一部分俄兵下水逃走了，共有31人投降，这对瓦解敌军起了重要作用。[②]

　　博克总管率领前锋部队，遵照对雅克萨战役"先扫外围，后攻中心"的战略方针，立即沿着精奇里江（今结雅河）而上。多伦禅、西林穆宾斯克据点的俄军闻讯后狼狈逃窜，在逃跑时携着人质和抢来的赃物，沿途还向当地居民征收实物税。居住在这里的民众为中国军队即将到来的传闻所鼓舞，起而袭击俄匪，把俄军打了个措手不及，打死15人，夺回了人质，剩余的俄兵四处逃命。新结雅河斯克据点的几十名俄军，因路途较远，并不知道清军来到的消息，突然被博克率领的清军包围，全部缴械投降。此后，清军还继续搜剿收复和拆毁了很多据点。

　　中国军队进驻黑龙江的消息，像春雷一样震动了黑龙江流域，长期受沙俄侵略军欺压蹂躏的各族人民欢欣鼓舞，鼓起勇气，到处袭击侵略军；博克率领的索伦劲旅，在当地各族人民的配合下，如秋风扫落叶一样扫荡

---

　　① 总管，中国历代官名，分为三种：一是地方高级军政长官，兼管军民；二是军事长官，出征时的主帅；三是管理专门事务的行政长官，如清代内务府设内务府总管大臣，掌管宫廷事务，其属官有行宫总管，专管热河行宫（承德）事务，还有宫内宦官首领称总管太监，俗呼为总管。清代蒙古各部归附清朝后，根据八旗制度组织原则，把蒙古诸部改编为旗，分为两种：一种是由中央派遣大臣、都统或将军直接管辖的总管旗，一般派总管或都统管理；另一种是由中央监督属理藩院直接管辖的扎萨克旗，由清政府在旗内蒙古王公中任命"扎萨克"治理。鄂温克、达斡尔人归附清朝后，称"布特哈打牲部"，初由理藩院直接管辖，后改属黑龙江将军管辖，部设总管管理，后下设八旗后派副总管管理旗务。

　　② 《清实录》记载："索伦总管博克等，及军前招降者，共选5人，遵旨送京，余26人，皆迫于大兵，始行投诚，索伦距罗杀近，不宜久留。"

了俄军外围据点。到 1684 年初时，清廷收复了除雅克萨、尼布楚以外的大片中国领土，为中国军队攻打雅克萨扫清了道路，创造了有利条件。

1684 年冬，为了协同作战，清廷从北京派兵 580 人往黑龙江；1685 年初，为了对付俄国的火枪，清廷又调来安插在山东、山西、河南的善用藤牌的福建官兵 420 人，计 1000 人。先后四批共调来作战人员 3000 人。

此外，还分三批调入非作战人员 1600 人，其中有盛京（今沈阳）官兵 600 人筑瑷珲城。盛京官兵还有 500 人在进攻雅克萨时代替黑龙江兵守城、种地。并调鄂温克、蒙古兵 500 人在墨尔根至雅克萨之间的驿站，传递军情文报。

1684 年，清军为了了解雅克萨俄军的情况，派达斡尔副头目倍勒儿等人至雅克萨侦察。他们英勇机智地深入俄军巢穴，击毙俄军二人，俘获一人，探明了雅克萨的设防情况以及俄军人数、船只、粮食储备等情况。清军再经过一年多时间的准备之后，清政府派都统公彭春为统帅，班达尔善、马喇、佟宝为参赞，率领水、陆战斗人员 3000 人，于康熙二十四年（1685 年）6 月 23 日抵进雅克萨城下。24 日，清军水陆列阵，包围雅克萨。25 日，盘踞尼布楚的俄军 100 多人乘坐木筏，从黑龙江顺流而下，企图冲进城内。清军中的藤牌兵入水，持片刀挺进，在江中杀伤其大半，击毙俄军 30 余人，俘获

清军大炮轰击雅克萨，俄军伤亡惨重

10 余人。26 日黎明时，炮火齐发，向城内射击。俄军伤亡惨重，3 天内死伤 100 多人。俄军头目托尔布津走投无路，决定投降，派代表和清军谈判，条件谈妥后，托尔布津举行了投降仪式，将 700 名俄国人（除军人外，还有妇女、儿童）从雅克萨遣返回国，在城内被押的 160 名鄂温克、巴尔虎蒙古人全部获释回家。第一次雅克萨战争，以沙俄侵略军的失败、中国军队的胜利而宣告结束。

第一次雅克萨战争的胜利，使清军官兵欢天喜地，然而清兵让胜利冲昏了头脑，战斗一结束就烧了雅克萨城，没有留一兵一卒，匆匆忙忙撤回

瑷珲城，高级将领分别返回齐齐哈尔和北京。但是，沙俄侵略军野心不死，还想卷土重来。尼布楚督军弗拉索夫派出 70 人到雅克萨侦察，发现雅克萨空无一人，随后就派拜顿率俄军 200 人重占了雅克萨。同年 9 月 7 日，败将托尔布津也重返雅克萨，并带来了大批后续部队，着手重建工事和营房，做了长期固守的准备。

1686 年初，根据奇勒尔人的报告，清军才得知俄军重占雅克萨的消息。清军派索伦（鄂温克）副总管乌木布尔代率领勇士前往雅克萨侦察，机智勇敢地插入敌人心脏，捕捉了"舌头"，俘获了俄兵鄂克索木果等 7 人，从俄兵的口供中了解了俄军重返雅克萨后的兵力、装备和构筑工事的情况，为中国军队第二次攻打雅克萨提供了重要情报。

雅克萨再次遭到俄军铁蹄的蹂躏，清政府不得不再次出兵，驱逐入侵者。康熙二十五年（1686 年）3 月 6 日，康熙帝令萨布索将军统领乌喇、宁古塔官兵 2000 人赴瑷珲，攻取雅克萨城，并派副都统郎谈、班达尔善、马喇为参赞军务。康熙二十五年（1686 年）6 月底清军从瑷珲出发，7 月 18 日，水、陆大军会师于查克丹，逼近了雅克萨城。他们先警告俄军头目托尔布津投降或撤退，但俄军置之不理，准备抗拒到底。

当时，中国军队士气高昂，战斗勇猛，还有很多在原地坚持斗争的鄂温克民众积极配合清军一起作战。英国人拉文斯坦在《俄国人在黑龙江》一书中记载："许多附近的通古斯人和清军一起作战，他们都是可畏的弓箭射手。"[①] 在鄂温克人的配合下，战斗一开始就在城郊打死俄军 22 人，俄军退入城内，清军占领了外围阵地，控制了黑龙江江面，从而切断了从尼布楚来增援的道路。7 月 23 日，清军发动攻势，向城内轰击，打响了第二次雅克萨战争，俄军几次出城反扑都被清军击退，几天之内就打死俄军 111 人，俄军不得不龟缩在城内。托尔布津在塔楼里观看战况时，被炮弹击中右腿致死，结束了他穷凶极恶的一生，拜顿接替了指挥职务。

经过 5 个月的包围和战斗，军事行动虽然得到成功，但由于西北地区局势发生动荡，准噶尔部噶尔丹起兵控制天山南北，还入侵喀尔喀蒙古地区，冲击了我国在北方领土上的抗俄阵线。清政府不愿意把战争拖延很久，康熙帝希望结束与俄国的战争，使东北边疆安定下来，以便腾出手

---

① ［英］拉文斯坦：《俄国人在黑龙江》，陈霞飞译，商务印书馆 1974 年版，第 44 页。

来，处理西北局势。于是清政府为了促成谈判，主动提出了就地停战的建议。

俄国与土耳其国的关系十分紧张，加上黑龙江的俄军大部分战死、病死，只剩下150人，如果继续下去，雅克萨城将被攻克，沙皇政府就接受了清政府的谈判建议，1686年12月停战。清政府为了表示和平诚意，于1687年5月撤出查克丹，8月全部撤离雅克萨，返回瑷珲，中俄双方转入了谈判阶段。

康熙二十七年（1688年），中俄双方组成谈判使团，中方使团首席代表领侍卫内大臣索额图，都统、国舅佟国纲，还有理藩院尚书阿尔尼、左都御史马齐、护军统领马喇等人；俄方使团全权大使费多尔·阿列克维奇·戈洛文、副大使尼布楚督军伊凡·叶夫斯塔菲耶维奇·弗拉索夫和秘书官谢苗·科尔尼茨基等人。双方代表在涅尔查河口尼布楚从康熙二十八年（1689年）8月22日开始谈判，至9月7日签订了《中俄尼布楚条约》[1]，以格尔必齐河、石大兴安岭（外兴安岭）和额尔古纳河为两国的分界线。清政府在领土方面作出很大的让步，将尼布楚周围及其以西原属中国的领土让给俄国，换取了俄军撤出雅克萨。

从此，由于疆域的变化，鄂温克族按照当时居住的地域分别归属于俄国和中国，而鄂温克人也开始成为"跨界民族"。

在雅克萨战争期间，布特哈地区是军队和物资过往的必经之路，布特哈鄂温克总管洪吉担负了支援前线的任务。在收复雅克萨的两次战争中，清政府多次责令洪吉做好军需物资供应工作。清政府理藩院、兵部传谕："自墨尔根至雅克萨，所设蒙古驿马，令索伦总管洪吉等如数取用。"又传谕："黑龙江城距索伦不远，五宿可到，其间设一驿，令索伦接济牛羊食用。"还传谕："发往墨尔根处之马匹，则更费粮食，可令索伦总管洪吉等饲秣。"总之，在反击沙俄侵略军，收复"雅克萨之战"中，鄂温克、达斡尔军民无论是在侦察、作战、筑城堡、建驿站，还是在运输粮草、牛马、保证军需方面都奋勇效力，在保卫国家领土主权的斗争中做出了卓越的贡献，立下了汗马功劳，谱写了英勇善战的新篇章，创造了光辉

---

[1]　北京师范大学清史研究小组：《一六八九年的中俄尼布楚条约》，人民出版社1977年版，第347页。

灿烂的业绩，也涌现了许多可歌可泣的英雄人物，因而受到了清政府的嘉奖。

第二节　参加乌兰布通至昭莫多之战

新疆准噶尔部①噶尔丹是巴图尔珲台吉第六子，早年出家为僧，至西藏拜达赖五世为师。康熙九年（1670 年）其兄僧格被异母兄车臣台吉和卓特巴图尔所杀，噶尔丹闻讯后还俗。翌年，噶尔丹返回准噶尔部，聚集僧格旧属，在阿尔泰击败车臣部，掌握了准噶尔部统治权，与清朝建立了互市和朝贡关系。康熙十六年（1677 年），噶尔丹进攻青海和硕特部，杀掉自己的岳父鄂齐尔图车臣汗，打败自己的叔父楚虎尔乌巴什，又杀掉了僧格的儿子、准噶尔汗位合法继承人索嫩木阿拉布坦，自称"博硕克图汗"。康熙十九年（1680 年）噶尔丹进兵天山南路，吞并"回部"，相继兼并厄鲁特其余三部及邻近各族，控制了天山南北，雄踞西北。

噶尔丹野心勃勃，企图进一步扩大地盘，他想借助俄国势力，与清朝抗衡，因而与俄国政府信使往来，搞得火热。自 1674—1681 年间噶尔丹多次派使者前往俄国，俄国则给他供应枪炮军火，噶尔丹在俄国的支持下野心越来越大。清军和俄军在黑龙江上对峙之际，康熙二十二年（1683 年）噶尔丹派出 70 多人的使团去俄国伊尔库茨克商谈双方合作事宜。

噶尔丹在沙俄的支持下，于康熙二十七年（1688 年），率兵两万人，气势汹汹，穿过杭爱山，入侵喀尔喀（漠北）蒙古地区，土谢图汗联合喀尔喀各部奋起抵抗。两军交战，喀尔喀部失利，噶尔丹军长驱直入，攻陷库伦（今乌兰巴托），大烧大杀，土谢图汗和呼图克图急忙撤退，喀尔喀蒙古民众扶老携幼，纷纷向南逃徙。

噶尔丹的入侵，仿佛是从喀尔喀蒙古人民背后砍了一刀，沙俄侵略者

---

①　准噶尔部，亦称"准部"，清代对天山北路准噶尔部地区的通称。准噶尔原为从事游牧的西蒙古瓦剌（卫拉特）的四部之一，游牧于天山北路塔尔巴哈台和博克河、萨里山一带，后以伊犁为中心。从明代开始，并吞邻近其他三部，既强占和硕特部原有的从伊犁至乌鲁木齐的牧地，又强迫土尔扈特部从塔城出奔俄罗斯，胁迫杜尔伯特部（原在额尔齐斯河）中的辉特部迁往塔城。因此，准噶尔部占地最广，势力最大，几乎包括整个天山北路。

趁喀尔喀战败，秩序混乱之际，入侵喀尔喀蒙古地区，残酷地烧杀抢劫，大肆屠杀蒙古人民，并炫耀武力，向其上层人物施加压力，逼胁他们"归顺"俄国。在这一重要关头，哲布尊丹巴·呼图克图挺身而出，主张全部内徙，投诚大皇帝（指康熙），这一主张得到了上层人物及民众的拥护，土谢图汗率众南走，请求清朝政府援助。清政府一方面安置南来避难的喀尔喀难民，一方面派人到噶尔丹处，让他停止战争。

噶尔丹与沙俄侵略者遥相呼应，瓦解了我国在北方领土上的抗俄阵线，削弱了我国北方人民反对沙俄侵略的斗争，影响了清政府在尼布楚谈判的政策。清政府不得不对沙俄做出重大的领土让步，于康熙二十八年（1689年）9月7日，与俄国签订《尼布楚条约》，停止了中俄在黑龙江的战争。噶尔丹仍不死心，调过头来，于康熙二十九年（1690年）进扰内蒙古乌珠穆沁草原，渡西拉木伦河，深入到距北京仅700里的乌兰布通（今赤峰附近），形势危急。清政府为了维护国家的统一和安宁，立即决定平息战争，速调八旗兵，康熙皇帝亲自出征，分兵两路反击，激战于乌兰布通。噶尔丹军以万余骆驼，摆下驼阵，清军以炮击，噶尔丹军大败，逃往科布多（今蒙古国西部）。乌兰布通之战是清廷为防御准噶尔部入侵的一次自卫性战争，它奠定了中国北部边境的安全，对国内经济恢复起了保障作用。

康熙三十四年（1695年），噶尔丹又重新集结兵力，扬言借俄罗斯兵，率骑兵3万人卷土重来，大举内犯。

清政府从盛京（今沈阳）、乌喇（今吉林）、宁古塔（今黑龙江省宁安县）、黑龙江、察哈尔调集满洲、蒙古、索伦（鄂温克）、达斡尔兵，分别集结于张家口、大同、归化、白塔、索岳尔济山、科图及善巴王边汛右卫、克鲁伦北方等地，从黑龙江调集的是参加过抗俄战争的满洲、索伦、达斡尔兵4200人。翌年，康熙皇帝又亲自出征，兵分三路出击，抗俄名将萨布索率黑龙江兵出东路迎击，大将军伯费扬固率部分黑龙江兵和察哈尔兵出西路迎击，康熙帝亲率驻守大同要地的3000人（其中黑龙江兵500人）出中路迎击，行至克鲁伦河上游，两军交战。在清军的猛烈打击下，噶尔丹军逃窜，西路军至图拉河上游（今乌兰巴托以西）南岸昭莫多地方，与噶尔丹军相遇，经过激战，噶尔丹几乎全军覆没，仅剩十几个人逃走。次年，噶尔丹自杀身亡。昭莫多之战的胜利，解救了灾难中的喀尔喀蒙古人民，稳定了喀尔喀地区局势。

　　索伦鄂温克、达斡尔兵参加平息噶尔丹的斗争，是因为康熙皇帝深知噶尔丹军善骑射，便从黑龙江调来索伦鄂温克、达斡尔、满洲兵组成一支精锐部队，为各路军的先锋。从大同出发时，康熙皇帝在黄河西岸站在船上检阅了"八旗前锋黑龙江兵起程"出征。这说明，康熙非常看重以索伦为代表的黑龙江兵，而这支英勇善战的索伦劲旅没有辜负朝廷的厚望，在平息噶尔丹军的战役中，英勇顽强，奋勇效力，发挥了主力军的作用。

　　从此，索伦鄂温克、达斡尔兵又踏上了新的征程，陆续远涉西北，参加了平息新疆准噶尔部的多次战役。

第三节　转战西北西南疆场

　　鄂温克、达斡尔兵参加平息噶尔丹的战争，是踏上新的征程西征之始。从那以后，清朝不仅多次征调鄂温克、达斡尔兵西征，而且用途更加广泛：有从征直接参加战斗的，有到边疆驻守卡伦戍边的，也有在驿站轮流当差的。

　　康熙五十四年（1715 年）开始，清朝又继续几次征调鄂温克、达斡尔兵西征，由副都统白济带领的鄂温克、达斡尔兵 500 人，在张家口集结后，经归化城（今呼和浩特）前往新疆推河驻扎，然后随伯费扬固将军的调遣参加平息策妄阿拉布坦的战斗。以领催从征的鄂温克人塔尔岱，在纳特和河征战策妄阿拉布坦的战斗中，勇往直前，率 40 名轻骑直入敌阵，降服 1000 余人，赏巴图鲁章京。雍正三年，得胜归营，次年补防御，被称为"卓绝健全好汉也"。著放佐领，赏元狐帽、貂褂等物，乾清门衙门前侍卫，雍正五年（1727 年）升索伦总管，同年又任白都纳（吉林省扶余县）副都统，兼理总管事务。清廷发给白金 5000 两，酌量养育穷苦之鄂温克人，及赏给效力之兵丁。

　　康熙五十七年（1718 年），遣兵 3000 人，其中鄂温克、达斡尔兵 500 人，各带马匹，由索岳尔济地方出发，经喀尔喀蒙古地区，开往新疆傅尔丹将军处，驻扎巴尔库尔地方，筑城防守，相机进剿策妄阿拉布坦。

　　康熙六十年（1721 年），清廷欲冬季进剿策妄阿拉布坦，即令副都统穆克登，在黑龙江船厂之新满洲、鄂温克、达斡尔官兵中挑选 500 人，赴新疆巴尔库尔，参加了平息策妄阿拉布坦的战争。

雍正五年（1727 年），准噶尔部汗策妄阿拉布坦死后，其子噶尔丹策零继位。雍正九年（1929 年），副都统塔尔岱、西弥赖率索伦兵 2000 人到达阿尔泰后，随靖边大将军傅尔丹进剿噶尔丹策零，擒获厄鲁特探兵 23 人，谎称在博克托岭只有 2000 人，傅尔丹信以为真，轻敌急进。在和通脑儿（离科布多西 200 华里）遭遇大小策零敦多布伏兵 30000 余人。他们占据有利地形，列长阵袭击清军，攻打前锋，统领丁寿、塔尔岱两军被包围，西弥赖率兵援救丁寿未成而自尽，后丁寿也自尽，塔尔岱负伤，在其清军的援救下，傅尔丹连战 8 天才突围，撤回到科布多体整，塔尔岱养伤。

雍正十年（1732 年），靖边大将军王锡保令北路副将王丹多尔济统领满洲、蒙古、索伦兵两万余人进剿噶尔丹策零，参赞大臣塔尔岱、额驸策零率索伦兵追至鄂尔坤河之厄尔得尼沼地方，其地势险要，叛贼据南山，垒石为塞，阻击清军。清军列长阵与敌对峙，摆开了进攻阵势，清军万箭齐发，向敌阵猛烈射箭，同时分兵出击，索伦兵前锋侍卫阿兰吉喀（布特哈阿尔拉阿巴，后为正红旗鄂温克人）奋不顾身带领轻骑 28 人率先冲锋，深入敌阵。随着塔尔岱率轻骑铺天盖地之势冲上来，敌弃阵而逃，清军追至大山梁间，歼敌万余人，噶尔丹策零率残部往鄂尔坤河上游推河而去，清军跟踪追剿，噶尔丹策零溃不成军，已经无力再抗衡，在此情况下，向清朝乞和，定阿尔泰山为准噶尔部的放牧地。

塔尔岱、阿兰吉喀在厄尔得尼沼的战役中都立有战轼，因塔尔岱指挥得力，战功卓著，招授为黑龙江将军，统领东三省官兵。乾隆元年（1736 年），准噶尔部乞和后，清廷赐予三等轻车都尉世职，乾隆二十一年（1757 年）逝世后，赐"鄂勒哲伊图阿尔萨郎巴图鲁"称号，意为有寿之狮。

雍正初年开始，在黑龙江至外兴安岭沿国境线内侧军事要地，设置一系列卡伦，都由布特哈鄂温克、达斡尔兵驻守，每个卡伦派官员 1 人、兵丁 30 人执勤巡逻。为了保持内地与边疆的联系，护送往来公文和行人，清廷在齐齐哈尔至墨尔根、雅克萨之间设了许多驿站，每个驿站派官员 1 人、兵丁 10 人驻守，也都由布特哈人轮流当差。

博尔本察，敖拉给日氏，从小习武，操练箭术，经兵丁测量合格。由于聪明能干、武艺超群，雍正初年（1722 年）提任为济沁阿巴（围猎场）操练兵丁侍卫，到雍正九年（1731 年）编制布特哈八旗时，济沁阿巴为正蓝旗，博尔本察由侍卫升任佐领。

博尔本察、达巴哈二人从布特哈地区带领了 3000 名兵丁前往呼伦贝尔驻牧戍边，安营扎寨后，博尔本察奉命带领 2000 名兵丁前往察罕敖拉卡伦驻防。在乾隆初年，海兰察因才华出众，治军有方，成绩显著，由总管提任都统。

乾隆二十一年（1756 年），博尔本察带领索伦兵丁开往天山北路准噶尔部，在伊犁河南特克斯地方投入战斗。在战斗中指挥得力，战功卓著，加授内大臣，从新疆返京后在皇宫久侍内廷，他的英雄事迹记载于"清代鄂温克名人"一章中。

乾隆十七年（1752 年），新疆准噶尔部台吉喇嘛达尔扎，以达瓦齐逃走为由派兵在我边外，扰乱喀尔喀蒙古人游牧。于是，清廷从黑龙江等四城调兵 2000 人，再从鄂温克、达斡尔处的额兵中挑选 1000 人至北路军营傅尔丹处，以防准噶尔部借故生事。

果真，准噶尔部贵族首领达瓦齐，于乾隆十八年（1753 年）联合辉特部台吉阿睦尔撒纳攻占伊犁，杀台吉喇嘛达尔扎，夺得准噶尔部汗位。不久，与阿睦尔撒纳发生冲突，遣兵交战。乾隆十九年（1754 年）阿睦尔撒纳在额尔齐斯河兵败降清，引清军讨伐达瓦齐。乾隆十九年（1754 年），清政府从黑龙江、吉林、京城、察哈尔、哲里木等地调集兵力 5 万人，组成北、西两路大军，北路军 3 万人，其中鄂温克、达斡尔、巴尔虎蒙古兵 5000 人，由定北将军班第指挥；西路军 2 万人，其中鄂温克、达斡尔、巴尔虎蒙古兵 3000 人，由定西将军永常指挥。

黑龙江兵由将军达勒当阿、副都统萨音格、总管鄂博什带领至京城后，每 500 人为一个营，由总管、副总管任营长，分别编入北、西两路军。北路黑龙江兵由清保、鄂尔衮察、温布带领；西路黑龙江兵由三格、那木球带领。

西征队伍集齐之后，达勒当阿将军奉命于乾隆二十年（1755 年）2月带领二三百人先行，大部队以 2000 人为一个梯队，分批分期，先后由京城出发，先头部队于 5 月初抵伊犁，达瓦齐在格登山兵败后被擒。后来，阿睦尔撒纳在塔尔巴哈台（今塔城）举兵反清，乾隆二十一年（1756年）在伊犁河南特克斯被清军打败后逃入俄境后死去。

1757年，阿睦尔撒纳兵败后，新疆北、西两路军中的总管鄂博什（布特哈鄂温克人）带领索伦兵500人，追剿阿睦尔撒纳残部达瓦藏布，追至额尔齐斯河，在库尔图阿氏干拿获达瓦藏布，并收服所属200余人，立有战功，升任副都统。

在追剿阿睦尔撒纳的残部之时，大小和卓木在南疆库车杀清朝官员举兵反清，自称巴图鲁汗。于是，清廷令定边右将军兆惠带兵转战天山南路，初战库车胜利，抵进叶儿羌被围，副都统鄂博什带领索伦兵增援，兆惠将军脱险。据此，清廷又增派索伦兵1000人，再次出击，激战于霍斯库鲁克岭，大小和卓木因抵挡不住，弃城驱人畜至巴达克山（阿富汗国东境）被当地酋长索勒坦沙杀害。鄂博什率兵抵进至英吉沙城下，城主喀玛和卓来降。至此，新疆局势趋于稳定。

鄂博什在保卫西北边疆、维护祖国统一的斗争中英勇作战，战功卓著，清迁赏轻骑世职，画像于紫光阁，载入功臣史册，列前50功臣，位次第35。后来因鄂博什年高体弱官任墨尔根（今嫩江县）副都统。

还有莽喀察，那哈塔哈拉，布特哈涂格敦阿巴，后为布特哈镶白旗，今阿荣旗境内霍尔奇镇鄂温克人。乾隆二十年（1755年）2月，以马甲（士兵）从征新疆准噶尔部讨伐达瓦齐割据势力，因战功授蓝翎侍卫。在一次战斗中，生擒敌军一首领摩罗达什扎，授二等侍卫。

乾隆二十四年（1759年），莽喀察随兆惠将军转战回部讨伐霍集占，深入叶儿羌，在黑水被围困，固守3个月。鄂博什率领索伦兵解围后，霍集占退至霍斯库克岭，纠集6000余人据大岭负隅顽抗，兆惠、富德将军联兵激战3个多小时，霍集占抵挡不住，率残部弃城驱人畜西逃巴达克山。在这次战斗中莽喀察奋勇当先，英勇杀敌，战功卓著，升头等侍卫，赐"丹巴巴图鲁"称号，允许乾清门行走。画像于紫光阁，列入功臣史册，列后50功臣30位次，并授予骑都尉、云骑尉世职，充御前侍卫。

后来，乾隆三十六年（1771年），莽喀察被任命为领队大臣，随温福将军赴金川，平息土司僧格桑之乱，攻打巴朗拉山时，英勇顽强，冲锋陷阵，夺六卡，又立战功，但受重伤，召回京城养伤，并改任蒙古副都统，次年2月逝世。清廷赐祭葬，因金川的战功，入祀昭忠祠。第二次画像于紫光阁，列前 50 功臣 32 位次，并由子绰尔岱承袭。

乾隆二十五年（1760 年），为了防范新疆再滋生事端，从布特哈、呼伦贝尔又调鄂温克、达斡尔兵 1000 人，至乌里雅苏台（今蒙古国境内）军营驻守。

嘉庆二年至四年（1797—1799 年），两次调鄂温克、达斡尔兵 1000 多人，由副都统乌尔图那逊等带领抵河南、湖北、陕西等地追剿白莲教，经过 8 年后撤回。

嘉庆十八年（1813 年），黑龙江副都统苏青阿、富登河、达斯呼勒岱带领鄂温克、达斡尔兵 1000 人，分赴河南山东军营。

道光二十一年（1841 年），调黑龙江索伦兵 1000 人，由副都统富春带领进驻盛京、锦州、山海关，防英军北犯。

咸丰三年（1853 年），调齐齐哈尔墨尔根、布特哈、呼伦贝尔兵 2000 人，由副都统特尔庆阿带领僧格林沁部进入河北、河南，咸丰五年（1855 年）改属杜兴阿部抵进江南。在这支队伍中有布特哈镶黄旗鄂温克人明兴，从黑龙江以马队从征河北、河南，补佐领，在江南平定内乱中，奋勇效力，立有战功，记名副都统，赐"法什尚阿巴图鲁"称号，同治元年（1862 年）授乍浦副都统，同治二年（1863 年）诏署杭州右翼都统，同治十三年（1874 年）病逝。

穆图善，那哈塔氏，出生于布特哈镶白旗（今阿荣旗那吉屯正西阿伦河西岸索恩图沐处，后音转为松塔沟口），在未成年时随母亲改嫁移居齐齐哈尔镶黄旗大巴奇哈屯。

咸丰三年（1853 年），穆图善以骁骑校从征僧格林沁部后，为维护国家安定，赤胆忠心，转战数省，平息内乱，奋勇效力，戎马一生，战功卓著，从骁骑校到副都统、都统、将军，他的英雄事迹记载于本书"清代鄂温克名臣名将"一章中。

第四节　平时猎貂纳贡

清朝皇帝也和历代皇帝一样，最喜爱黑龙江盛产的优质貂皮，所以把黑龙江的贡赋逐渐以貂皮为主，纳入了国家的纳贡制中，形成了"贡貂制"。

随着贡貂制度的建立，清朝政府为了保证猎貂纳贡，把布特哈地区作为猎貂纳贡的基地。在《黑龙江外记》中记载："布特哈，无论官兵散户，身足五尺者，岁纳貂皮一张，定制也。"给布特哈打牲人套上了猎貂纳贡的义务。

清朝在推行带有封建性质的"八旗制"时，考虑到满足官僚们对貂皮等猎物的需求，根据鄂温克人的狩猎经济特点，对山岳地带的鄂温克人采取特殊类型，编成阿巴（围猎场），把原来以鹿科动物为主的狩猎生产，改革为专门猎取貂鼠为主的狩猎生产，突出了猎貂纳贡，规定每个围猎场经常保持射箭手、优等射手为骨干的40名披甲，为猎貂纳贡专业队。每年10月由哈朋（骁骑校）及宝西呼（领催）带领远涉黑龙江上游至外兴安岭猎貂，并完成每人每年的一张貂皮以及每个围猎场40对野鸡和两个大公野猪的任务，每3年还给黑龙江将军打猎一次，猎获物全部交给黑龙江将军。这样他们把纳贡貂皮和其他猎物作为鄂温克人对国家承担的经济义务。

索伦鄂温克人原来在黑龙江上游时，被清军和沙俄侵略军抢劫，后来在迁往内地途中的消耗，加上来到新地方——大兴安岭、嫩江流域地区后牲畜遭到瘟疫，大量死亡，鄂温克人已无家产可言，生产、生活陷入了贫困之中。

优质貂鼠产于黑龙江流域森林、草丛中，没有交通工具不易达到。由于马匹少，只好两三个人合用一匹马，把行装和口粮驮在马上，人徒步跋涉数千里才能到达貂鼠产地，往返3—5个月，除人吃马喂消耗外，人精疲力竭，马疲乏或瘦死，还耽误了家乡正常的狩猎生产，影响了家庭人口的肉食来源。

貂鼠一般都栖息于森林、深草丛间，不同于猎取其他动物，非犬不容易猎到貂，加上貂鼠越来越少，如遇大雪一个貂鼠也猎不到，就是猎到了貂鼠也要没有伤其毛的才能合格。有时猎人在森林、草丛中转来转去，实在打不着貂鼠时，就从当地买回来貂皮上缴。

在这种情况下，布特哈总管扎木苏、洪吉考虑猎民之苦，于康熙二十四年（1685年）6月给理藩院的奏折中申诉，布特哈索伦（鄂温克）、鄂伦春围猎场38佐壮丁334人，因贫困没有牲畜，实在不能远猎缴纳貂皮。

当年 10 月理藩院认为"不相宜"而驳回了申诉。

贪得无厌的清统治者，除规定身满五尺之壮丁，每人每年贡纳一张貂皮外，对于出征在外，为大清国效力、出征杀场的士兵，甚至阵亡的士兵及其家人、孩子都不放过，他们仍然担负着贡貂义务，由佐内均摊缴纳，各佐负担很重。因此，布特哈总管于康熙二十八年三月奏文中说："……请求阵亡的不要再纳贡貂皮。"康熙看了奏文后说："索伦等多年从事战争，辛苦勉力，赦免今年的猎貂和犴达罕的贡纳。"只免了一年，一年过后仍继续贡纳，如此不合理的沉重负担，人民实在无力承受，忍无可忍，连佐领、总管都无可奈何。

鉴于上述情况，布特哈鄂温克总管赛音奇克（亦称赛音察克）考虑鄂温克、达斡尔、鄂伦春人民群众的疾苦，不顾个人安危，于康熙五十七年（1718 年）趁觐见皇帝的机会，当面奏请：西征准噶尔部的我索伦、达斡尔兵丁子弟及妻子缴纳两年的貂皮很困难，是否可赦免？康熙皇帝开恩，令黑龙江将军把两年的贡纳业让总管收回，还予各家。

赛音奇克为了鄂温克、达斡尔、鄂伦春人民群众的利益，敢于向皇帝提出申诉，替人民群众说话，受到了人民的拥护和爱戴，在他逝世后，当地人民群众在嫩江西岸汉古尔河东屯东南为好官赛音奇克立了墓碑。

清代皇帝一个接一个继位，都没有放松过贡貂制，据《清实录》载："……旧有军营撤回之索伦……兵计二千三百九十五名，给半份俸禄，打牲处捕貂……"说明索伦鄂温克人不是从征就是捕貂，可是朝廷分文不给，无偿占有劳动成果，只从乾隆二十五年（1760 年）后才开始给半份俸禄。

从嘉庆年间开始，黑龙江将军每年 5 月在距齐齐哈尔城 40 里地的因沁屯举办"楚勒罕"（盟会）选入貂皮，分一、二、三等，选貂时搭棚，将军、副都统坐堂上，协领和布特哈总管，分东西席坐，中陈貂皮，详视而取之，选定的一、二等皮背盖上印章，存于库内，以备送京。

后来，打牲部男丁奉调出征，伤亡较多，捕貂壮丁逐年减少，加上咸丰八年中俄签订《瑷珲条约》把黑龙江以东至外兴安岭的貂鼠产地让给俄国后，打牲人不能再越界捕貂，貂皮来源大大减少了。在我国境内貂鼠甚少，造成了贡貂之役剧以为苦，打牲人不得不用自己的俸饷收买貂皮应付贡貂制，致使索伦鄂温克人生计萧条，经济衰退，陷入贫困之中。

由于鄂温克人被清统治者利用，转战四方，在军事舞台上发挥了一些作用，以"索伦"之称扬名于世。对这段历史不太了解的人，认为鄂温克人在清代待遇如何，其实不然，鄂温克人贡貂，分文不得，朝廷也不予赏赐，无偿占有鄂温克人的劳动成果。还有，鄂温克人的俸禄，不是清代开始就有的，从雍正十年（1732 年）因索伦部进驻呼伦贝尔戍边才开始，官员每年给半俸，兵丁每月给银一两，而布特哈鄂温克兵丁此时仍没有俸禄。乾隆二十五年（1760 年）4 月载："旧有军营撤回之索伦……兵计二千三百九十五名，给半份俸禄，在打牲处捕貂，此项出自恩赏……"从此，也就是从乾隆二十五年开始，布特哈兵丁才有了半份俸禄，而满洲兵则是全俸。

第二十一章

鄂温克人的商品交换

商品交换，存在于一系列的社会形态中。商品是为了交换，为了出卖而不是为了个人消费而生产的一切劳动生产品，任何商品都具有满足人们的某种需要、具有使用价值的特点。交换通常是指商品交换，它是分配的具体形式，是连接生产和消费的中间环节。但从广义上说，交换这一概念不仅是指商品交换，还有如工业和农业之间，以及工业和农业内部各部门之间，不通过买卖关系相互供应一些产品的活动，称产品交换。

第一节　早期交换的兴起

商品交换是一个历史范畴，在人类历史上不是早期就有的。原始社会生产力水平十分低下，人们共同劳动的产品极其有限，并没有什么剩余，因此也就没有什么商品生产和商品交换。原始社会末期，随着生产力的发展，劳动产品有了一些剩余，并且出现了畜牧业和农业、手工业和农业的分工。这样，在原始公社之间，也就开始出现了偶然的交换。

中国从新石器时期开始，人们在部落内部偶然进行交换。到新石器时期晚期，随着农业、畜牧业的发展，手工业品的制作比较精细，制作的人也有了专门技术和经验，而与农业、牧业逐步分开。进入铜石并用时期后，各部落成员间经常进行交换。如我国商代（约公元前 17 世纪至公元前 11 世纪）青铜器相当发达，商王盘庚迁都殷（今河南安阳西北郊的洹河两岸，是商王朝的后期都城）后，殷商的工业品制作更精，种类也更多，工人的职业专门化，制造手工业品的地方俨然成了工业中心。因制作的工业品多了，便成了商业中心，制作的产品运到别处销售，别处的以其他实物来交换。交换需要媒介物，当时贝（有壳的软体水产动物）是一个价值较高的珍贵物品，可供交换，或当礼品送给别人几朋，或向朝廷进贡数十朋，或由上司赐给下属几朋，而朋与贝之连，初为颈饰，即挂在颈上的装饰品，后来贝变成了货币，朋也随着变成了货币的单位，如五朋十朋，即五串十串的货币。这种商品交换的出现，促使了生产资料和劳动产品的私有制的产生。

在这个时期，鄂温克人没有走出森林到平原河谷地带开发新的产业，仍在广袤的山林中，追逐野兽游猎生活，并没有向生产性经济过渡，所以与迁居平原河谷地带的人们拉大了距离，几乎处于与外界隔绝的状态。加上狩猎是攫取经济，猎获物很不稳定，只能过着自给自足的生活，没有剩余产品可供交换。

贝既是装饰品，又是货币，从考古发掘的材料来看，在贝加尔湖附近山上发现的人体骨骼，其衣服上带着数十个闪闪发光的贝壳制圆环，圆环所在的位置与鄂温克人胸前所带串珠以及萨满（巫师）的法衣上缀饰的贝壳圆环的位置完全一样。同时在黑龙江上游石勒喀河山上洞穴中发现的具备鄂温克人一切本质特征的头盖骨，以及与头盖骨一起发现的贝加尔湖地方特有的文化和装饰，不仅证明鄂温克人的祖先最迟在铜石并用时期就已居住在贝加尔湖、黑龙江上源石勒喀河一带地区，而且贝作为装饰品和交换的媒介，被古代鄂温克人所利用。在"贝"的利用上与中原地区如此巧合，说明古代鄂温克人在殷商时期就可能与中原地区有过某种联系。这种贝文化的相似之处，可能是古代鄂温克人早期交换的萌芽，为我们研究古代鄂温克人早期交换提供了信息和线索。

中国社会从公元前 403 年起进入战国时代后，随着冶铁技术的进步和冶铁业的发达，大部分地区广泛使用铁器，最终淘汰了石器。人们广泛利用铁器之时，鄂温克人在当时既不能冶铁又不能锻铁，所以他们采取以物易物的方式输入狩猎生产最需要的铁制工具，即箭头和扎枪头。把弓箭和扎枪的石制尖头改为铁制尖头，提高了弓箭的杀伤力，猎获物就增多了。鄂温克人以交换为媒介引进先进的铁制生产工具，给狩猎生产以新的推动，并引发了驯鹿驯养业的出现和发展。

北魏时，在室韦各部中的鄂温克人就以猎貂著称，据《全辽备考》

一文记载：“北史室韦传，南室韦、北室韦皆捕貂为业，冠以狐貂，大室尤多貂及青鼠之类。岁至宁古塔交易者二万余，宁古塔人得之，在七八月间，售贩至京师。索伦盖以索伦貂，毛深而皮大……”证明北室韦鄂温克人早已用貂皮进行交易。后来，唐、辽、元三个朝代经济和文化对鄂温克人的影响，更加促进了交换的发展。

其一，成吉思汗于 1206 年建立蒙古国后，在西征时把原居于斡难河一带的达如花赤（达古尔）部，仍保持其氏族制度，没有编制在西征的军队中，留下镇守故乡，并掌理贝加尔湖以东、黑龙江上游包括鄂温克人在内的森林居民，亦称“林木中百姓”。对鄂温克人的狩猎经济，采取交换的方式操纵生计，达古尔安达为中间商，输出鄂温克人的猎获物，即毛皮之类，输入所需要的生产工具和生活用品。

其二，贝加尔湖以东、黑龙江上游的鄂温克人受元代蒙古人经营畜牧业的影响，从使役出发，首先对养马业产生了兴趣，认为马在狩猎生产中具有重要意义，可以乘骑驮运，因而优先发展马，其次是牛。但牲畜既是生产资料，又是生活资料，蒙古人也不能白给。于是，鄂温克人以自己猎获的野生动物毛皮，用以物易物的交换方式，从邻近的蒙古人那里换来一些牲畜，开始养马、养牛。

其三，元朝统治者为管辖全国而在版图内广修驿站、大道，其中北路通向和宁路至“林中百姓”处，从那里交易获取珍贵毛皮。13 世纪时意大利旅行家马可·波罗所著的游记第二十章“统治遥远北方的鞑靼王”一文中有生动的描述：“在这些北方地区中，有白色的熊，体积巨大，大部分身体大约长达二十个指距。还有毛色全黑的狐狸，大群的野鹿和某些叫‘郎德斯’的动物，它长着一身细软的毛，我们称它为黑貂。除此之外，还有各种属于貂类的小野兽或鼬鼠类，就是所谓的猫鼬，这种鼠群多得令人难以置信。外族商人们深入那里（指鄂温克人居住地）采购交换，要到达这些人民所居住的地方，必须走 14 天路程，经过一个渺无人烟的宽广的平原和沙漠（指漠北蒙古地区）。平原中，有时可遇到许多沼泽地带……为了便于商人能够经常来往他们的国家，购买他们的毛皮……在旅行者经过的沼泽地区，每天行程的驿站终点地方，建筑一个高出地面的木屋，派人看守，以便接待商人住宿，并且在第二天，护送他们到下一个驿站去。……为了在冰面上旅行，他们特别制造一种车辆……叫雪橇。这种雪橇，没有轮子，它的底部是平的，但前面翘起成为一个半圆弧，它的构造适于在冰上奔跑。他们准备某些类似狗一样的动物，来拉这些小车，虽然这些动物和驴子一样大小，也可以叫做狗。它们非常强壮，每一辆车子需要六只狗成对的地拉着。车上有一个管狗的赶车工和一个携带成包货物的商人……商人们在到达目的地后，购买皮毛回来，行销到我们的各地区。"

外族商人来收购珍贵皮毛前，鄂温克人猎取鹿科动物主要是自食自用，而现在外族商人千里迢迢上门来采购，使原来以打鹿为主的狩猎活动逐步转到经济效益较高的貂、狐上，从而使鄂温克人的部分产品进入了商品市场。

在那个时期，鄂温克人中也有把本地打猎所获的皮毛贩运到外地出售的。夏季，这个地方的居民整日享受着阳光，捕捉大群的白貂、狐这一类的动物。它们的皮毛，比鞑靼人（指蒙古人）居住地区找到的皮毛更为细软，因此也更有价值。夏季，这些居民运毛皮到邻近各国去贩卖，他们靠毛皮获得巨额利润。据这些人说，他们中间有些人贩运毛皮，甚至最远到达过俄罗斯。

根据马可·波罗所说，13世纪由于元代广修驿路大道，外地商人深入"林木中百姓"处采购，鄂温克人狩猎所获的猎物已不再完全供自己所用，那些貂、狐等珍贵毛皮，一方面卖给来采购的外地商人，换回自己还不能生产的用品；另一方面毛皮积攒较多时，鄂温克的首领人物贩运皮毛到内地，甚至到国外。这种商业活动，标志着商品经济进入了鄂温克社会，当时虽然在鄂温克人中没有分化出专做买卖的商人阶层，但事实证明鄂温克人已经进入了商品交换，这是鄂温克经济的一大进步，是鄂温克经济发展史上的一个里程碑。

14世纪中叶，明朝取代元朝后，由于明朝与蒙古处于对峙状态，元朝通向"林中百姓"处的大道已中断，外地商人很少来采购毛皮，但鄂温克人的简单交换仍在进行，与邻近的蒙古人交易，还有达斡尔人的安达也进行着购销活动。

15世纪初，明永乐元年，明朝派使臣到东北地区招抚各民族，从辽宁、吉林到黑龙江上下游及贝加尔湖以东的赤塔河流域设卫、所管辖这些地区的各族人民，并设驿站，沟通交通线路，为贸易往来开辟了商路。

明朝在开原、广宁、抚顺、清河、宽甸等地设马市，由明朝官吏和商人收购女真人的人参、皮张（南得）、马匹，每年也有行商带着生产工具和生活用品，乘船沿松花江进入黑龙江或由驿路大道至黑龙江与精奇里江汇流处附近的瑷珲等地，与黑龙江上游的鄂温克、达斡尔人交易，换取黑龙江上游所产的貂鼠、狐狸、猞狸等的珍贵毛皮。

16世纪时，由于贸易往来的沟通，黑龙江上游的鄂温克人有时也带着珍贵毛皮，通过驿路大道直接到内地马市与明朝官吏和商人进行交易，换回自己所需要的铁制工具和纺织品。由于当地特产的输出，先进生产工具和生活必需品的输入，促进了鄂温克自身经济的发展和生活水平的提高。

17世纪上半叶，明末清初时，黑龙江上游的鄂温克人，由于多年的努力奋斗，除了狩猎、捕鱼外，牛、马饲养业有了很大发展，种植业开始萌芽；他们还与从事农耕的达斡尔人共同沿黑龙江东岸建造了很多木城和村屯，周围环以壕沟和土墙或木围栏，所建的房屋以纸糊窗。这说明这里的鄂温克人已经进入了定居生活。

第二节　　清代初期交换受挫

在明朝日趋衰落的万历年间，建州女真首领努尔哈赤崛起于东北白山黑水之间，形成了一股新兴的民族势力。1616年，在赫图乌拉建立女真后金政权，努尔哈赤称可汗。

1626年，努尔哈赤在战场受重伤而死，其第八子皇太极继位，继承父业。皇太极在统一东北地区的基础上，于1636年改后金汗国为大清国，改女真为满洲，皇太极由后金汗王进位为大清皇帝。

为了达到"征服过来，为我所用"的目的，皇太极于1639年底遣兵16000人征讨、掠夺索伦部，但不肯屈服于民族压迫的博穆博果尔，指挥索伦各部民众抗击清军。清统治者连续发动三次战役，时间长达三年零七个月，占领城屯16处，除了战争中死伤者外，俘虏博穆博果尔及其民众12277人，加上巴尔达齐等人引渡的3223人，计15500人，大部分被发落到内地沈阳、锦州等地为军役和奴隶。清军还掠夺牛马2687头匹，没收珍贵毛皮 5400 张，严重破坏了索伦部的社会经济，从元、明两代兴起的贸易往来、商品交换由此中断。

女真人在东北再次复兴之时，沙皇俄国也派遣哥萨克向西伯利亚地区进行扩张。正当清军主力准备入关之际，1643 年底哥萨克入侵我国黑龙江流域，给黑龙江流域各族人民造成了战争灾难。在这种情况下，他们忍无可忍，有一部分鄂温克人会同达斡尔人，自清顺治十年（1653 年）起，南迁到大兴安岭、嫩江流域各支流居住，被称为布特哈打牲部。

康熙六年（1667 年）起，清朝政府按照"兵民合一"的八旗制，把鄂温克、达斡尔人分别编成若干佐后，把从事农耕的达斡尔人编为 3 个甲喇，把狩猎的鄂温克人编成 5 个阿巴（即围猎场），同属于布特哈打牲部管辖。

清统治者认为鄂温克人以猎为生，骁勇善战，为可利用之民，而为了便于兵丁测量，把鄂温克人编成围猎场，其目的很明显：一是战时出征打仗；二是平时猎貂纳贡。他们把沉重的兵役和劳役负担压在了鄂温克人头上。

鄂温克人在黑龙江上游时，先被清军掠夺，后被俄军抢劫，加上在南迁时途中的损耗，已经没有什么家产可言。来到新地方还没有来得及休养生息，康熙年间就开始把鄂温克青壮年主要劳动力征调出征打仗，驻守边防卡伦，在驿站轮流当差，还规定身足五尺者，岁纳一张貂皮，并以国家的贡貂制垄断了鄂温克人的貂皮生意。让鄂温克人专门猎貂，使鄂温克人陷入了繁重的兵役和劳役之中，加上被征调出征者一二十年长期在外，家乡的生产、生活主要由妇女和老人操持，出征的鄂温克官兵虽说是英勇顽强，打了许多胜仗，但生还者甚少，家乡的人们盼来的往往是骨灰。这种状况致使鄂温克人口下降，经济衰退，鄂温克人陷入贫困之中不能自拔。这种状况一直持续到清末。

可是，对这段历史不太了解的人，由于鄂温克人被清统治者利用，转战四方，在军事舞台上发挥了一些作用，以索伦之称扬名于世，而认为鄂温克人在清代待遇如何如何？其实不然，如鄂温克人贡貂，分文不得，朝廷也不予赏赐，无偿占有鄂温克人的劳动成果。提到鄂温克人的俸禄，并不是清代开始就有的，从雍正十年因索伦部进驻呼伦贝尔戍边才开始，官员每年给半俸，兵丁每月给银一两，而布特哈鄂温克兵丁此时仍没有俸禄，只是因为乾隆二十年之后，出征的鄂温克士兵从战场撤回一部分，原有军饷转回后，为了照顾他们，支给半份钱粮。乾隆二十五年四月载："旧有军营撤回之索伦……兵计二千三百九十五名，给半份俸禄，在打牲处捕貂，此项出自恩赏，……"从此，也就是从乾隆二十五年开始，布特哈兵丁才有了半份俸禄，而满洲兵则是全俸。

乾隆皇帝恩赏给半俸，对灾难深重的鄂温克人来说，是一件好事，但贡貂制不改或不减免贡貂任务，仍是无济于事，因为捕猎貂鼠很难，加上年年捕貂，貂鼠越来越少，从大兴安岭远涉几千里到黑龙江上游至外兴安岭寻找，由于鄂温克人生活贫困，很多人没有牲畜，马匹更少，而只能两三个人合伙用一匹马，把行粮驮在马上，徒步跋涉数千里，每次出去都需三到五个月才能回来，有时马匹疲乏或者瘦死，有时捕不到貂鼠就从当地买回貂皮上缴。说买回貂皮上缴，谈何容易，加上往返消费，清朝给的半俸，连一张貂皮也买不来，而有的交不上貂皮只好给别人当雇工，换来貂皮上缴。

第三节　　交换的复苏和发展

清朝对布特哈地区实行八旗制后，为了加速军事化的进程，以便征调出征打仗，在齐齐哈尔建城后，平时鄂温克兵丁每年轮流到齐齐哈尔接受军事训练，鄂温克佐领也经常来往于齐齐哈尔，他们就成为了与外界城市来往的桥梁。据记载，当时在齐齐哈尔开始有了从山西、北京等地来的几家坐商，即福盛公、裕盛公、金银堂、北恒利、西恒利等商铺，鄂温克佐领、骁骑校、领催、兵丁来齐齐哈尔时，带来除貂皮以外的其他特产，与这几家汉商交换，返回的时候换回金属工具、纺织品及其他生活用品。

这里值得一提的是，弓箭是鄂温克人狩猎的传统工具，但在清代的战争中掌握了火枪性能和使用技术的鄂温克人，从齐齐哈尔商铺买来鸟枪，即火枪，用于打猎，朝廷发现后，怕鄂温克人掌握新式武器，对其统治不利，因而禁止了鄂温克人用火枪狩猎。乾隆十五年（1750 年），乾隆皇帝严谕黑龙江将军："索伦等围猎，从前并不用鸟枪，今闻伊等不以弓箭为事，唯图利便，多习鸟枪……令其严行传谕索伦等，此后行围，勿循旧

规，用弓箭得兽，将现有鸟枪，给银一两，概行收回，收回后，严禁购买
自造，查出即行治罪。"这一禁令阻碍了火枪代替弓箭的过程，但先进的
东西是禁不住的，鄂温克猎民后来还是以火枪代替了弓箭。

布特哈地区的鄂温克、达斡尔人以八旗兵丁在瑷珲、墨尔根、齐齐哈
尔筑城的同时都搞过木材采伐和运输。到 18 世纪初叶时，居住在嫩江流
域平原地带与达斡尔人为邻的鄂温克人，也和达斡尔人一样从事流放排木
生产，每年阴历正月由七八个人组成一组，套上马车，带上伐木和运输工
具，到嫩江各支流的上游林区采伐木材，一是解决自用木料，二是作为商
品材料卖给拉哈、齐齐哈尔、富拉尔基等地木材商，用所得钱买回铁器、
布匹、油盐等生产、生活资料。

18 世纪末叶的嘉庆至咸丰年间，黑龙江将军根据乾隆皇帝晚年时
"每年以交貂会盟"征收貂皮的指示，每年 5 月在卜奎城（齐齐哈尔）西
北 40 里的因沁屯定期互市，号曰"楚勒罕"（盟会），布特哈、墨尔根、
瑷珲等地的鄂温克、达斡尔、鄂伦春人在此与官方及汉商进行贸易。

在"楚勒罕"期间，首先由黑龙江将军选入贡貂皮，貂皮分一、二、
三及寻三等。选貂时搭棚，将军等前往选看，将军、副都统坐在堂上，协
领和布特哈总管分东西席坐，中陈貂皮，仔细察看后，一等、二等定好将
印章盖在皮背，将皮存于库内以备送京。

打牲人缴纳貂皮时，先自己选定等级，寻三等之外，皆以绕签标记。
鄂温克、达斡尔、鄂伦春的为红签标记，入选后余下的貂皮，可由猎人在
市上出卖。但掷还之皮，皆去其一爪，如皮背无印而四爪全者是私货，禁
止出卖，别人也不敢买。可是官员们为贪图便宜，故意压低等级，以便贱
价逼卖，而不问大小，一律给九钱银子强买，对如此压榨的行为猎人们敢
怒不敢言，忍着吃亏。

四面八方的人来会盟，云集于"楚勒罕"市场，显得非常热闹。由
吉林、齐齐哈尔等地来的汉商，在市场中间摆满了各种各样的商品，在市
场周围布满了鄂温克、鄂伦春人的"仙人柱"和达斡尔人的帐幕，还有
满人和蒙古人。与汉商交易，汉商收购打牲人带来的猞狸皮、狐狸皮、水
獭皮、灰鼠皮、桦树皮工艺品及其他山产品。人们也踊跃购买汉商的铁制
工具、纺织品及其他生活用品。这种交易市场，虽然有剥削，但在当时为
搞活各族人民的经济、促进少数民族经济和文化的发展发挥了积极作用。

据《黑龙江志稿》记载："呼伦贝尔产索伦马，身长陡健，毛短而泽，骨骼不甚高大，多力善骋，在楚勒罕集市上吉林一带人皆采买……"说明索伦马很有名气，在清代嘉庆至咸丰年间，齐齐哈尔附近因沁屯"楚勒罕"（盟会）上交易时很受内地客商欢迎。

根据《龙城旧闻》记载，官方举办"楚勒罕"集市之时及其以后，对大兴安岭中部及南部鄂温克人居住地，齐齐哈尔的汉商除委托达斡尔"安达"进行代购代销外，也直接与鄂温克人贸易来往。如阿伦河、格尼河流域鄂温克人的主顾铺子是金银堂，雅鲁河流域鄂温克人的主顾铺子是西恒利和北恒利，他们每年有一两次带着大批商品直接来鄂温克地方进行交易，商品主要有生活用品和生产工具两大类。生活用品有布匹、针线、瓦盆、饭碗、铁锅、菜刀、食盐、白面、挂面、糖果等；生产工具有斧子、锯子、凿子、铧子、镰刀、钐刀、车钏、车键、麻绳等。汉商从鄂温克人换回的品种有皮货、山产品及其他类。皮货有猞猁皮、狐狸皮、灰鼠皮、水獭皮、元皮等；山产品有榛子、木耳；其他还有车和车材、车辋子、车头、车辕子、车轸子、车辐条等。汉商主动与鄂温克人数次贸易往来，鄂温克人也熟悉了汉商，后来鄂温克人中有的带着自己的货物直接到齐齐哈尔出售，汉商热情接待并帮助推销。如阿伦河一带的一位猎人经常去齐齐哈尔卖皮货，最多一次卖灰鼠皮320张，最少也卖过三四十张，价格也比较合理。齐齐哈尔建城后，冬季主要以木炭为燃料，常有汉人、满人到大兴安岭阿伦河流域查巴奇鄂温克人居住地附近山沟里烧木炭，建木炭场，有许多鄂温克人被雇当了烧炭工人，也学会了烧炭技术，从而在鄂温克人中也出现了合伙烧木炭和贩运木炭的生意人。

清光绪年间，随着东北地区人口的流动，嫩江流域地区汉族人口的增加，在嫩江两岸地带从事农业生产的鄂温克人，受汉族先进农业生产工具和耕作技术的影响，农业生产水平有所提高，由于农作物品种的增多、产量的提高，有的除了粮食自给以外，也有了余粮。嫩江东岸嘎布卡村的鄂温克人，在清代末年至民国初年时出售余粮，其中有两家粮食大户靠农业收入发了财，成为富裕户。这说明鄂温克人自己生产的粮食已经进入了粮食市场。

在森林中狩猎的鄂温克人过去与达斡尔人交换粮食，汉族农业人口增多后，便与就近的汉族农民"以木换粮"，解决口粮问题。

　　鄂温克人因居于森林之中，早就有制大轮车的知识和技术，制作大轮车主要是自用。大约在清朝末年或民国初年，阿伦河流域有个叫涂定陆的鄂温克人，同达斡尔人去呼伦贝尔的甘珠尔庙用六台车换回两匹马和一些皮张，于是岭东浅山区的鄂温克人知道了大轮车有销路，便兴起了制作大轮车的生产。开始鄂温克人每年把大轮车运到甘珠尔庙会与蒙古人进行交易，换回牲畜，后来交易数量增加，促进了自身牛马畜牧业的发展。

　　在清朝末年，随着滨洲铁路的通车，民国年间汉族人口陆续增加，鄂温克人居住地附近的扎兰屯、甘南、讷河相继成为城镇。坐商和行商增多，收购的品种也多了，鹿身上的鹿茸、鹿胎、鹿鞭、鹿尾也开始作为珍贵药材收购，鄂温克人上市的产品也就多了。而布特哈鄂温克人出猎打鹿茸的地方，今扎兰屯市境内，在1910年前后出现了兴旺一时的"郭尔别达"市场。每年4月初至7月末，商人云集几十家，搭着许多大棚，与猎民交易。因这时中药材吃香，特别是鹿茸之类最为走俏，大家争相收购，收购的品种主要有鹿茸、鹿胎、鹿尾、鹿鞭，还有鹿皮和犴皮；鄂温克猎民换取粮食、白面、挂面、糖、酒等食品和布匹、衣服等。这个时期也出现了包卖商，猎人收取猎产品，然后到市场上出卖，从中抽分取利，如查巴奇鄂温克人戴福亭当几年包卖商发了财，成为查巴奇最有钱的人，但并没有成为专业商人。

第二十二章

呼伦贝尔索伦八旗鄂温克人

呼伦贝尔草原地域辽阔，绿草如茵，水草丰美，资源丰富，因呼伦、贝尔两湖①而得此名。

呼伦贝尔草原位于大兴安岭西侧，北与今俄罗斯接界，西南与今蒙古人民共和国接壤，总面积达8.7万平方公里。

呼伦贝尔草原为山地和丘陵环抱，地势东高西低，为波状起伏的草原，越向东越高，与大兴安岭山地连成一片。呼伦贝尔草原处于亚欧大陆中纬度地带，属寒温带大陆性气候，冬季寒冷漫长，夏季温凉短促，春秋相连，无霜期短，昼夜温差大，但日照丰富，利于绿色植物光合作用。

明末清初，女真族再次复兴，贝加尔湖以东，石勒喀河及呼伦贝尔草原北部的蒙古科尔沁部、茂明安部、乌拉特部、四子部、翁牛特部、阿巴嘎部、阿巴哈纳尔部，统称阿鲁蒙古。至17世纪末叶，迁离故地向内地广阔的天地发展，致使呼伦贝尔草原一度无人、畜活动。

---

① 呼伦湖，亦称呼伦池，古称俱轮泊、阔连海子，俗称达赉湖，位于呼伦贝尔草原的新右旗、新左旗和满洲里市之间。湖呈不规则长方形，水位最高时海拔545.59米，面积最大时达2.315平方公里，容积131.3亿立方米。湖最长处93公里，最宽处41公里多，周长约447公里，平均水深5米左右，最深处7—8米。有克鲁伦河和乌尔逊河水注入该湖，湖水位上涨时通达达兰鄂罗木河流向额尔古纳河。湖内水生动植物丰富，盛产30余种鱼类，湖畔水草丰美，被誉为呼伦贝尔草原上的明珠。

贝尔湖，古称捕鱼儿海子，又称捕鱼儿海、布雨尔湖、杯亦列川、波依尔、贝尔池、贝尔诺尔，是哈拉哈河与乌尔逊河的吞吐湖，是中蒙国际淡水湖泊，对哈拉哈河与乌尔逊河流水量的调节起着重要作用。湖呈椭圆形状，湖长约40公里，宽约19公里，面积约600多平方公里，其中大部分在蒙古人民共和国境内，仅西北部40.26平方公里为中国所有。湖水平均深8米，最深10米左右，湖内盛产30多种鱼类，湖周围为优良牧场。

第一节　招募编制赴呼伦贝尔戍边兵丁

康熙二十八年（1689 年）9 月 7 日，中俄签订《尼布楚条约》，额尔古纳河以北、格尔必齐河以西尼布楚一带大片领土属俄国，额尔古纳河河源以南仍属中国，本来属于内陆地区的呼伦贝尔地区成了祖国北部边疆前沿。

中俄签订《尼布楚条约》后，除由齐齐哈尔派兵每年 6 月来巡边外，没有设卡伦（边防哨所）派兵来驻守，基本上处于无边无防的状态。

雍正七年（1729 年），在额尔古纳河南岸我边界上设卡伦 12 处。这些卡伦需要派兵驻守，以防止俄罗斯越界骚扰，可是呼伦贝尔地域辽阔，边境线长，当地又没有居民可充当驻防兵。在这种情况下，黑龙江将军卓尔海为了加强中俄呼伦贝尔段的防务，根据"驻兵永戍"的既定方针，准备派兵进驻呼伦贝尔。但为了慎重从事，将军先遣布特哈达巴哈、博尔本察等人前往呼伦贝尔视察。

根据达巴哈、博尔本察二人的报告，黑龙江将军卓尔海于 1732 年（雍正十年）4 月 16 日启奏，清朝政府军机各大臣磋商后，于 5 月 15 日给予批复。据《清实录》记载，在批复中称："据达巴哈、博尔本察等，相视呼伦贝尔附近之济拉嘛泰河口处，地方辽阔，水草甚佳，树木茂盛，可以种地、筑城。请拣选索伦、达斡尔、巴尔虎、鄂伦春之兵三千名，迁移其地。将伊等编为八旗，左翼自修城之处至俄罗斯交界处游牧，右翼在喀尔喀河游牧。共编为五十佐，各添佐领一员，骁骑校一员，每旗各添副总管一员，并铸给总管关防，设笔帖式二员，请将达巴哈管理左翼，博尔本察管理右翼……总管关防，著博尔本察掌管。"

其实，戍边之事，黑龙江将军卓尔海在雍正九年（1731 年）就令布特哈总管衙门挑选了赴呼伦贝尔戍边的兵丁，在挑选鄂温克、达斡尔、巴尔虎兵丁时，鄂伦春人也要求前往呼伦贝尔戍边效劳，因而共挑选 3000

人，其中索伦（鄂温克）兵 1636 人[①]，达斡尔兵 730 人，巴尔虎蒙古[②]兵 275 人，鄂伦春兵 359 人，还有未经兵丁测量的老、弱、残余丁 796 人。

黑龙江将军把进驻呼伦贝尔戍边的官兵以"索伦"之称，编制了"索伦左右两翼八旗"，简称"索伦八旗"，每翼设总管（乌和利达）一员。根据朝廷的指示，任命巴达哈为左翼（包括镶黄、正白、镶白、正蓝四旗）总管，任命博尔本察掌管呼伦贝尔总管关防兼右翼（包括正黄、正红、镶红、镶蓝四旗）总管。

为了保证青草生长时起程前往，在集结戍边兵丁、分别编为八旗之时，各旗急需设副总管（伊利吉达）一员带领兵丁。为此达巴哈、博尔本察边启奏，边任用图倭德尔、阿巴西克、满古达、博络克、毕力功、里布西尔图、特通格、阿尔本常为各旗（高斯）副总管。

大兴安岭岭顶　　　摄影：阿鹏

旗辖佐（鄂语称"聂日"），八旗共设 50 个佐，其中正黄、镶黄 2 个旗各 7 个佐，其余 6 个旗每旗 6 个佐，每佐设佐领（聂日达）、骁骑校各 1 员，八旗共设佐领（聂日达）59 员（其中索伦 50 员），每佐设领催（亦称"拨什库"）6 人，披甲（士兵）54 人。

① 《鄂温克族简史》记载："由雅鲁河迁往呼伦贝尔地区的有杜拉尔、涂格敦、西格等几个大氏族，其中杜拉尔氏族分雅鹿哈哇尼、音哈哇尼、西阿莲哈哇尼、哈拉哈哇尼、西盘杜拉尔、哈赫尔等。涂格敦氏族分俄都达图、尼斯混达图、蒙高达图、阿本迁、俄都何音、尼斯混何音、西都鲁达图、萨玛基日何音。"参见《鄂温克族调查材料之一》，内蒙古人民出版社 1983 年版，第 23、25、26、27 页。

② 巴尔虎蒙古，原在贝加尔湖以东地区，17 世纪，沙俄入侵贝尔湖以东至黑龙江流域地区后，在 17 世纪 80 年代，康熙遣清军反击沙俄侵略军的"雅克萨"战争时，巴尔虎蒙古人怕受战争之苦，一部分人迁往喀尔喀蒙古达赖贝子占齐道牙吉旗地居住，一部分人向东南越过大兴安岭迁入齐齐哈尔附近居住，他们在雍正十年从齐齐哈尔附近来呼伦贝尔驻牧戍边，即今陈巴尔虎旗的巴尔虎蒙古人。

第二节　抵进呼伦贝尔安营扎寨

清雍正十年（1732年）闰五月七日，赴呼伦贝尔驻牧戍边的兵丁临行前集结于齐齐哈尔附近的楚勒罕会盟处，黑龙江将军卓尔海等清朝官员前来接见并送行之时，达巴哈、博尔本察（鄂温克族）二位总管奉命带领戍边兵丁统一从楚勒罕地方出发，西越大兴安岭进驻呼伦贝尔草原海拉尔河流域济拉麻泰处（今鄂温克族自治旗巴彦嵯岗苏木境内），来到后发现济拉麻泰地处寒冷、无霜期短，不适宜耕种，于是又进入伊敏河与海拉尔河汇合处附近驻防，安营扎寨，左翼（亦称"达斯库"）总管衙门设在伊敏河西岸胡吉日托海（今鄂温克族自治旗巴彦托海镇，亦称"南屯"），右翼（亦称"哲布勒"）总管衙门设在西屯（今海拉尔西南飞机场）。左翼四旗往额尔古纳河通往俄国道路边界一带设防，驻牧于伊敏河东、锡尼河北、大兴安岭西，北至额尔古纳河；右翼四旗往哈拉哈河喀尔喀蒙古边界一带防守，驻牧于哈拉哈河右岸、伊敏河西至呼伦湖之间地带。

博尔本察、达巴哈二人带领索伦八旗戍边官兵进驻呼伦贝尔之始，划分驻牧区域，安营扎寨，布防戍边，分配牲畜以立产业。他们在各项工作中奋勇效力，勤劳备至，为开拓和保卫呼伦贝尔打下基础，做出了自己的贡献。1733年（雍正十一年）1月23日，雍正皇帝命"护军统领博第前往总统"，为呼伦贝尔第一任副都统衔总管。

同年6月7日，清廷命将军卓尔海从呼伦贝尔索伦八旗官兵中挑选兵丁2000人前往察罕敖拉（今译为察罕敖拉岭）卡伦，卓尔海令博尔本察料理起兵之事，而博尔本察就随卓尔海

索伦八旗西进呼伦贝尔驻牧戍边　　插图：孙勇

带领 2000 名兵丁前往察罕敖拉卡伦驻防。对于留在呼伦贝尔的 1000 多名兵丁及眷属,清廷令由博第、达巴哈统领,照管他们的家人及游牧产业。在呼伦贝尔由于兵丁人数的减少,当年就把 50 个佐缩减为 40 个佐。

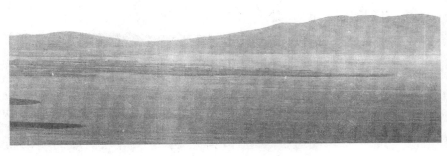

呼伦贝尔大草原

呼伦贝尔的官员平时住在各自的家里,总管每年 4 月 15 日开一次会,会上主要是发俸禄、任免、放缺、报告人口牲畜数字,处理其他事务和布置任务。

1732 年(雍正十年),索伦部进驻呼伦贝尔的同时,阿尔泰山一带的厄鲁特蒙古人两个佐,在散秩大臣色布腾的带领下迁移,根据清朝政府的旨意,先派佐领拿木甲和色布腾子桑宝前往呼伦贝尔察看后,认为呼伦贝尔的草牧场比阿尔泰还好。于是他们在青草萌芽季节就迁移到呼伦贝尔哈拉河以东驻牧。后来,于 1757 年(乾隆二十二年)又有一部分厄鲁特蒙古人迁来。这两股合计 364 户,自成一翼,编一个

索伦八旗示意图(1732 年)

索伦左翼四旗,由鄂温克、达斡尔、巴尔虎蒙古等民族组成,共 25 个佐,镶黄旗 7 个佐,正白、镶白、正蓝三旗各 6 个佐。驻牧于伊敏河东、锡尼河北、大兴安岭以西,北至额尔古纳河。通往俄国道路边界一带设防。

索伦右翼四旗,以索伦兵丁为主(包括鄂伦春兵丁),共 25 个佐,正黄旗 7 个佐,镶蓝、正红、镶红三旗各 6 个佐,驻牧于伊敏河以西,哈拉河右岸,至呼伦池一带,在哈拉哈河喀尔喀蒙古边界一带防守。

旗，称镶黄旗。后来他们又迁居伊敏河中游毕鲁图山阿贵图一带驻牧，从正南方向的毕鲁和硕山起，向西北方向的锡尼河，再从正东方向的库和齐洛山起，向正西方向至伊敏河和哈日呼吉日沼泽地带游牧。

1734 年（雍正十二年），巴尔虎蒙古从喀尔喀蒙古车臣汗部迁入呼伦贝尔 2984 人，清廷按索伦兵制把他们编成"新巴尔虎左、右两翼八旗"，驻牧于哈拉哈河、乌尔逊河、克鲁伦何、呼伦湖至海拉尔河至中俄边界地带。

同年，在伊敏河①流入海拉尔河②的汇口处附近筑城池，因地介呼伦、贝尔两湖间，遂得名呼伦贝尔城，亦称呼伦城（今海拉尔）。在初建城时，城址仅在今海拉尔正阳街一带，从北京、山西、河北来的八家商铺经商，从事购销活动，为戍边人提供生产、生活用品，并把牲畜及畜产品销往内地市场，起到了促进呼伦贝尔经济发展

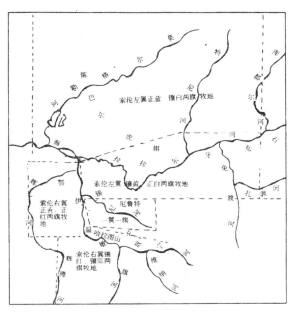

索伦八旗示意图（1734）

雍正十二年（1734 年）蒙古巴尔虎部移驻呼伦贝尔后，索伦部防区移于现在的鄂温克旗、陈巴尔虎旗和牙克石市兴安岭以西区域。

乾隆七年（1742 年）26 佐达斡尔人被遣回布特哈地区原籍后，索伦部仍编为左右翼八旗。左翼镶黄、正白两旗由扎敦河起西至伊敏河，南由锡尼河东岸，北至海拉尔河之间游牧，两旗共 250 户人家；镶白、正蓝两旗牧地东起库都尔河，西至西林布尔都泡，南至辉河，北至陵园克西里和额尔德尼托海二卡伦之间，计 830 户人家；右翼镶红、镶蓝两旗西由（辉）腾河起，东至维纳河为界，南由伊敏河源，北至哈拉图山（今红花尔基镇北山），共 216 户人家；正黄、正红旗东由伊敏河起，西至辉河，南从哈拉图山起，北至西博山之间游牧，牧地在北由锡尼河，南至维纳河，东由呼和朝鲁山、西至伊敏河。

---

①　伊敏河，鄂语称伊敏道，史称伊奔河、伊米河。发源于大兴安岭西麓木克都尔山，鄂温克人称伊和高格德乌日，海拔 1707 米，自南向北流经鄂温克族自治旗，穿过海拉尔市区。在海拉尔北山下注入海拉尔河，河长 359 公里。支流有辉河、锡尼河、维特根河、维纳河。

②　海拉尔河，又称开拉里河、开拉河、海喇儿等。海拉尔河发源于大兴安岭吉勒奇老山西麓（今牙克石市境内），海拔 1322 米，河长 715 公里，流域面积 54537 平方公里，从东向西流经呼伦贝尔草原中部，流至阿巴该图山附近，与达兰鄂罗木河汇流后始称额尔古纳河。海拉尔河主要支流北岸有库里多尔河、特尼河、莫尔格勒河，南岸有免渡河、伊敏河等。

的作用。他们还为了防范俄人进犯，在伊敏河畔修筑一道土墙，高丈余，长 40 里，后来建有南北二门，接着又建了东西二门，有了城池模样，在城外西大街建有副都统衙门，呼伦城逐渐成为呼伦贝尔地区的政治、军事、经济和文化中心。

同时，在呼伦城周围附近百里内，出现了索伦八旗官兵及眷属居住的村屯，即西屯，在城西南 3 里地；南屯，在城正南 15 里地；七间房（多伦格力）屯，在城正东 8 里地；那拉苏图屯，在城西北 40 里地；木兰木克顿屯，在城正南 70 里地；扎罗木德屯，在城正东 90 里地；莫克尔图屯，在城东南 100 里地。

上述七个村屯，是索伦八旗官兵进驻呼伦贝尔之初落脚的地点，而驻牧的范围，以呼伦城为中心，在正北、正东、西南方向上。

索伦镶黄、正白两个旗，西起伊敏河，东至扎颂河，北起海拉尔河至锡尼河北游牧。

索伦正蓝、镶白两个旗，东起库都尔河，西至锡林布尔都池，南起辉河，北至固尔比泉水官卡游牧。

索伦正黄、正红两个旗，东起伊敏河西至辉河①，南起哈啦图山至正北锡伯山游牧。

索伦镶红、镶蓝两个旗，南从伊敏河发源地，即伊和高格德山起至正北哈拉图山，再从伊敏河西至辉河游牧。

第三节　驻守卡伦执勤巡逻

随着戍边官兵进驻呼伦贝尔，清政府为了疏通黑龙江境内的边防交通，护送往来公文和行人，从齐齐哈尔至海拉尔设驿站 10 处。即西勒图

---

① 辉河，鄂温克语称"辉道"。发源于大兴安岭霍玛拉胡尔敦山（鄂温克人称"浩门高格达乌日"）东北 2 公里处，海拔 1508 米，河流长 437 米，流域面积 11465 平方公里，在乌日根乌拉山（海拔 1572 米）北的奎腾河注入辉河。辉河自东南向西北流经辉苏木，至中游在莫达阿木吉附近转向东北，呈月牙形，经锡伯山，在巴彦温都尔附近汇入伊敏河，汉称辉河口，鄂语称"辉阿玛日"。

（今甘井子）、纳齐希（今甘南）、乌而楚克起（今音河旧三站）、额赫昂阿（今庙尔山）、巴里琴（今巴林）、延博霍图（今博克图）、霍洛奇（今乌努尔稍东南的哈拉沟）、门都克伊（今免渡河）、雅克萨（今牙克石）、济拉麻泰（今16号车站）。驿站差事以大兴安岭为界，以东由布特哈八旗派兵，以西由呼伦贝尔索伦八旗派兵，每站派官员1人、兵丁10人轮流当差。这些驿站在当时不仅是往来公文和行人的一条重要交通线路，而且也成了一条商路，为呼伦贝尔与内地政治、军事、经济和文化交流起到了重要作用。

索伦八旗大部分兵丁调往察罕敖拉卡伦后，剩余兵丁仅有1000多人，对中俄边境的防务，索伦八旗担负了额尔古纳河边界12处卡伦中的东6处卡伦，每卡派官员1人、兵丁30人驻守，执行巡逻警戒任务，每月由副总管、佐领带兵巡查一次。

签订《尼布楚条约》后，中俄处于和平时期，俄国人向贝加尔湖以东地区移民，由于人口的增多，俄国人向我方越界偷盗牲畜的事件时有发生。曾经还发生过一个有趣的故事：在额尔古纳河驻守东六卡的我方索伦左翼的兵丁中有一位叫沙晋的鄂温克人，他体魄健壮、臂力过人，箭法极精，是矢无虚发的神箭手，又是意志坚强、具有民族气节、骁勇善战的人。沙晋担任百夫长（小头目），统领数十人在卡伦把守一个关口。有一次从北边新过来的俄国人来抢牛马，进犯沙晋处时，关口守兵多数出列在外，沙晋闻讯后大怒，一气之下徒步追赶30余里地，经过一番较量，不仅抢回了被夺走的牲畜，而且生擒俄匪头目，刮其耳朵放走，并大声警告说："若再敢来犯，不仅刮耳朵，还要杀头。"

沙晋与俄匪机智勇敢地斗争、严惩俄匪的消息传开后，不仅被清朝官员誉为"小勇号无敌"英雄，而且在额尔古纳河以北的俄罗斯人中也引起了强烈反响，在俄罗斯人中一提到沙晋的名字，不仅大人惧怕，小孩儿也不敢啼哭。在《黑龙江外记》和《龙城旧闻》中也记载："邻居黑龙江之俄人，每于小孩啼哭时必吓曰，沙晋来了……沙晋来了……小孩闻之即惧，不敢啼哭。"后来沙晋的斗争精神和英雄事迹在鄂温克人中广为流传。

相传，索伦右翼正黄、正红旗的鄂温克官兵，有一次向哈拉哈河方向巡逻返回时迷失方向，发现天空上有一群白天鹅（鄂语称"斡日切"）

排列"人"字形飞行。他们的队伍就随着白天鹅飞行的方向走，望见了

锡伯山，白天鹅也落于辉河东岸一片湿草地水面上（位于今鄂温克族自治旗辉苏木斡日切嘎查），岸边长有芦苇，周围绿草如茵，鸿雁、丹顶鹤等多种鸟类飞来飞去。这支队伍的官长赞美道，"这是一块风水宝地"，并以鄂温克语名之曰"斡日切阿木吉"，即天鹅湖。

从那以后的 200 多年来，驻牧于天鹅湖周围草

天鹅在湖上飞翔

原上的鄂温克牧民特别喜爱体态优雅、羽毛洁白的天鹅，视其为吉祥鸟，倍加爱护，从不猎杀。

第四节　立足草原安家立业

清统治者对迁来呼伦贝尔的戍边官兵，采取移民戍边政策，把戍边官兵的家眷也随军迁来，利用呼伦贝尔的天然草场放牧滋生，使其成为驻防边疆之居民。但达斡尔兵丁眷属因习于住房耕种生活而当时没有随军迁来，而习惯于游猎、游牧生活的鄂温克、巴尔虎蒙古兵丁眷属带来的牲畜和家产也不多，加上迁来新地方，困难很多，一切从头做起。

眷属们迁来的时间有先有后，走过的路线也不相同，鄂温克族自治旗伊敏苏木阿本千哈拉的罗斯哈老人生前在录音中回忆说："我们阿本千、古然杜拉日哈拉的人，从雅鲁河的扎聂勒（今扎兰屯）等地出发，沿雅鲁河向上游博霍（克）图附近的达图（沟口），向西南（今博林线）走到哲日哲得很（今梨子山）一带待了几年，然后启程越过吉登达瓦（大兴安岭）到了维纳河流域，在霍奇很（小孤山）还立有阿本千哈拉（姓

氏）的萨满敖包，并散落在大兴安岭西麓伊敏河流域草原上，开始从事了畜牧业生产。"

清统治者考虑到戍边官兵的安家立业，在派遣戍边官兵的批文中就已明确指出："凡驻防官兵等，各给马匹牛羊，以立产业，官员每月给予半俸，兵丁每月给银一两，其军器旗帜等项，该部制造赏给。"

照此精神，戍边官兵进驻呼伦贝尔之时，就从达里岗爱（今锡林郭勒盟境内）等地畜群中调拨来牛、马、羊124100头（匹只），分给总管马10匹、牛10头、羊80只，副总管马8匹、牛8头、羊60只，佐领马7匹、牛7头、羊50只，骁骑校马6匹、牛6头、羊40只，笔帖式与骁骑校同，兵丁每人牧马5匹、乳牛3头、羊30只，以资饲养繁殖立业，发展畜牧业经济。

饲养牲畜，年景好坏难测，不能仅以此为生，因而发官员半饷，兵丁每月发银一两，为每年补修衣装武器之用。具体标准为：官员半饷，总管半饷，总管年领65两、副总管领52两、佐领领42两、骁骑校领30两、笔帖式领钞粮、披甲人每人年领12两银。

呼伦贝尔地处中高纬度，属寒温带大陆性气候，夏季温和短促，冬季漫长寒冷，戍边官兵初来乍到夏无避雨、冬无挡风雪之处，生活非常艰苦，尤其是气候寒冷，无霜期短，不适宜耕种。乾隆七年（1742年），达斡尔兵丁26个佐，除有官职者外，绝大部分撤回嫩江流域，致使呼伦贝尔索伦八旗仅剩24个佐，而裁索伦副总管4员，凡留4员总管以1员兼管2旗，佐领、骁骑校各24员、马甲960人。

乾隆八年（1743年），清廷停止派统领，设一名副都统衔总管镇守呼伦贝尔，并改由黑龙江将军管辖。凡留在呼伦贝尔各族戍边的官兵，特别是鄂温克官兵及其眷属，散落在呼伦贝尔草原

鄂温克牧民夏天住的斡果柱

上，头顶蓝天，脚踩绿草地，爬冰卧雪，艰苦奋斗，克服种种困难，以清朝政府调拨给的牲畜作为生存和发展经济的基础，辛勤劳动，致力于发展

畜牧业。过去走山穿林游猎生活的鄂温克人，走出森林，来到茫茫大草原，由狩猎业转向畜牧业，不仅经营牛马畜，而且也经营羊和骆驼，走上了草原畜牧业道路。由于自然环境的变化，产业结构的变革，导致了生产、生活方式的变化，身体健壮，惯走山林，颇耐劳苦，行路甚简，旷野之地插木为栅随便即可栖息的鄂温克人很快适应了草原畜牧业生活。他们冬季住毡包，夏天住柳条编制的"斡果柱"，冬天穿羊皮袄，夏天穿布衣衫，食牛、羊肉、奶食品，喝奶茶，晒奶干，制奶油、奶酒等。

牧　人

来到呼伦贝尔草原的索伦鄂温克人，在扎根草原的同时，一直想念着自己的第二故乡——雅鲁河等嫩江各支流地区。所以在鄂温克人中广泛流传着怀念雅鲁河，赞美第二故乡雅鲁河的歌谣，歌中唱道：

> 金波闪光的雅鲁河呀，
> 水流清澈的雅鲁河，
> 是我们美丽的故乡，
> 是我们成长的地方。

鄂温克人仍以小家庭为单位生活，牲畜属于小家庭个人所有，养畜完全依赖自然条件，随水、草而游牧，游动于大草原上。他们频繁地更换牧场，秋天打贮草，备好牲畜过冬过春的干草。但由于牧业经济的脆弱性和不稳定性，牧民往往经受不住冬春季的风雪自然灾害，牲畜常常大批死亡。正如鄂温克牧民所说：

> 巴特日（英雄）顶不住一颗子弹！
> 巴音（富牧）经不住一场风雪！

具有敬业精神的鄂温克人认识到在草原上经营畜牧业，必须防止牲畜疫病、狼害和风雪自然灾害，还需要邻居之间的互相配合，才能保护牲畜，因此，在生产上结成了有血缘关系的互助集团，即"尼莫日"（"邻居"之意）公社，少则四五户、多则八九户，共同占有牧场和打草场。

"尼莫日"公社，是草原鄂温克人在以牧为主的经济条件下，模仿历史上的氏族公社和毛哄家族公社，由同一"哈拉"或同一"毛哄"的牧户（鄂语称"乌力楞"），在牧业生产上为了共同放牧、互助合作、保护牲畜而结合起来的互助合作组织形式。"尼莫日"公社开始有两种类型：一种是有血缘关系而经济情况又相应的人们所组成的；另一种是有血缘关系的富户（指牲畜较多）与几家贫困户结合所组成的。

他们过去在黑龙江上游过着氏族公社生活时，牛马畜就归小家庭所有。清统治者在布特哈地区实行八旗制瓦解氏族公社后，加快了封建化的进程。特别是来呼伦贝尔之初，清廷把牲畜按人们的等级拨给戍边官兵，加上"尼莫日"公社在共同放牧的过程中，人们劳动力和经营能力的不同，一方面促进了畜群的发展，另一方面促使牲畜向个别家庭集中，少数户占有更多的牲畜，出现了贫富差距，贫困户在经济上更加依附于富裕户。封建官吏依仗政治和经济权势，占有较多的牲畜和优良牧场，导致"尼莫日"公社失去原来的互助作用，变成了富裕户操纵的雇佣关系。

草原上的牛群

鄂温克人各牧户之间虽然占有牲畜的比重不同，但牲畜还是有了一些发展，有

草原上的羊群

的牧户除了自食自用外也向外销售，换来自己需要的生产工具和生活用品。据《黑龙江志稿》记载："呼伦贝尔产索伦马，身长陡健，毛短而泽，骨骼不甚高大，多力善骋，在楚勒罕集市上吉林一带人皆采买……"

这说明索伦马很有名气。在清代嘉庆至咸丰年间，索伦马在齐齐哈尔附近因沁屯"楚勒罕"（盟会）上交易时很受内地客商欢迎。

当时，鄂温克人虽然以经营畜牧业为主，但靠近大兴安岭居住的鄂温克人在以畜牧业为主的同时，仍兼营狩猎业，沿袭了传统的狩猎生产方式。

传说，在200多年前，有一位古然杜拉日哈拉的鄂温克猎人，在大兴安岭西北麓维纳山北坡深山密林中狩猎时，发现一只驼鹿（亦称"犴达犴"，鄂语称"托敖黑"），猎人便发箭射中其腿。驼鹿受伤后缓慢奔跑，跑到一条小溪边冒水处停留片刻浸泡伤腿后，又飞快地跑起来。跟踪追赶的猎人感到很奇怪，当追赶到山谷间的一片绿草丛中时，见有几处泉眼冒水潺缓流淌，流入小溪，向下汇入维纳河。此刻，猎人由于追赶驼鹿已精疲力竭，口干舌燥，便喝了几口泉水，顿时打起饱嗝，感到浑身舒服，察觉到这水不一般，可能是神水，回来后便告诉人们。消息很快传开，人们知道了泉水的神奇作用，每年都有人来喝泉水或用泉水浸泡患处，疗效比较明显，这眼泉后来被人们誉为"维纳阿日善"。维纳阿日善位于今鄂温克族自治旗东南部，大兴安岭西麓维纳山北侧山谷草丛中，在方圆10米的范围内，有8个泉眼涌出，形成的小溪流入东北方向的维纳河。

维纳阿日善属凉泉，共有7个治疗泉眼，各泉作用不一，泉水清澈透明，可饮用，也可浸泡。新中国成立后，经过开发利用，该泉逐渐成为人们的疗养胜地，对人体非常有益，经全国著名的教授、专家鉴定，泉水中有20多种对人体有益的微量元素，其中二氧化碳、硅酸、氡等的含量达到矿泉水标准，可与世界著名的法国维希矿泉相媲美，早在1958年《人民日报》就发表过"奇异神泉水"的报道。

第五节　　出征西北西南战场

清统治者从布特哈八旗选调兵丁及眷属迁居呼伦贝尔，其目的很明显，一方面把他们作为驻防兵，在呼伦贝尔驻牧戍边，驻守卡伦，守卫边疆；另一方面让他们在呼伦贝尔草原上放牧滋生，作为兵源基地，战时出征调往各地。

从索伦八旗官兵驻呼伦贝尔后的第二年开始，除留少数兵丁及眷属在呼伦贝尔驻牧戍边外，清朝政府把绝大部分索伦兵丁调往喀尔喀蒙古驻防，进而西征，征调他们参加了许多次反击外国入侵、平息分裂活动的战争。

雍正十一年（1733 年）6 月，博尔本察（鄂温克人）随黑龙江将军卓尔海带领呼伦贝尔索伦八旗中的 2000 名兵丁前往察罕敖拉卡伦驻防。

博尔本察在呼伦贝尔供职虽然仅一年，可他卓有成效的工作业绩，在戍边官兵中影响很深，乾隆初年，博尔本察因才华出众、治军有方、成绩显著而被直接提升为都统。

1756 年 1 月 16 日，都统博尔本察被加授内大臣。2 月 7 日，博尔本察赴乌里雅苏台，挑选索伦兵丁，前往西路军。1757 年，博尔本察在新疆伊犁河南特克斯地方投入战斗，与阿睦尔撒纳交战，阿睦尔撒纳兵败逃入俄国境内后死去。在战斗中，博尔本察指挥得力，战功卓著，乾隆皇帝赐画像于紫光阁，载入功臣史册，前 50 名功臣中列第 20 名，乾隆还在赞词中把博尔本察比作汉朝的伏波将军马援式的人物，后来博尔本察进京，以内大臣在皇宫久侍内廷。他的英雄事迹记载于本书"清代鄂温克名臣名将"一章中。

毕力衮（亦作毕力功、毕力浑），鄂温克人，1732 年索伦八旗进驻呼伦贝尔时，博尔本察提请将其任命为副总管，分管一个旗的兵丁。进驻呼伦贝尔后，雍正十一年毕力衮又随总管博尔本察前往察罕叟尔军营驻防，升任总管。

乾隆二十年（1755 年），清朝政府调集兵力 5 万人，兵分两路，讨伐准噶尔部汗达瓦齐割据势力时，定西将军永常带领西路军抵进博尔塔拉后，遣副都统额勒登额带领索伦兵 1000 人接应，但达瓦齐仍未来降，遂令索伦总管毕力衮为领队大臣带领呼伦贝尔索伦兵为先遣队深入。毕力衮带领索伦兵 1000 人抵进伊犁河岸，并渡伊犁河，军威大振，所有近河居住之宰桑得木齐等相率来降，降者甚众，毕力衮遣人前往招服，伊犁河原居住之珠勒都斯、崆吉斯、哈什等处乌噜特、克埒特 1 万余户，亦渐次来归。

扎尔善，杜拉日（亦称多拉尔）哈拉，呼伦贝尔索伦正白旗（今鄂温克族自治旗巴彦嵯岗苏木）鄂温克人，乾隆二十年以总管衔充任营长，带领索伦兵一个营 500 人，在伊犁附近平息达瓦齐割据势力的格登山战役中英勇作战，立有战功，清廷赐予"沙尔泰巴图鲁"称号。

阿尔哈沁，呼伦贝尔鄂温克人，乾隆二十年从征准噶尔部，参加伊犁附近的格登山战役后，乾隆二十二年（1757 年）秋，随定边右将军兆惠转战天山南路，抵近叶儿羌，靠近黑水营时，与霍集占遭遇，渡河时桥中断，进退两难，在交战中兆惠将军受重伤，危在旦夕。此时，阿尔哈沁奋力拼搏，应头痛击，杀伤多人，使兆惠将军脱险，立下战功。清廷嘉奖其功，晋总管，赐予"齐克齐巴图鲁"称号，画像于皇宫紫光阁，列后 50 功臣 22 位次。乾隆二十九年（1764 年），调回呼伦贝尔，任呼伦贝尔索伦右翼总管。

萨垒，呼伦贝尔索伦正白旗（今鄂温克自治旗巴彦嵯岗苏木）鄂温克人。乾隆二十年，清军讨伐准噶部汗达瓦齐割据势力时，以总管充任营长带领索伦兵一个营 500 人，参加了打败达瓦齐的格登山战役。乾隆二十二年秋，萨垒随兆惠将军转战天山南路，初战占领库车后，留副都统鄂博什（鄂温克族）驻守库车，兆惠将军引军深入，抵近叶尔羌时受阻，在黑水营中被包围达 3 个月。鄂博什得知后，立即率兵经过戈壁、沙漠，克服艰难险阻，抵近叶儿羌河，趁夜观察敌阵。鄂博什和成衮扎布兵分两路趁夜发起进攻，官军的呼喊声撼山谷，霍集占兄弟二人大感意外，措手不及，指挥失灵，死伤多人，兆惠将军趁机突围，返阿克苏休整。

在黑水之战中，萨垒英勇善战，指挥得力，立有战功，清廷赐"哈丹巴图鲁"称号，画像于皇宫紫光阁，列后 50 功臣 23 位次，并于乾隆二十五年（1760 年）加副都统。乾隆三十一年（1766 年）8 月 11 日，据黑龙江将军富增阿奏称"呼伦贝尔掌管关防总管由屯病故"，清廷谕："著萨垒补授为呼伦贝尔掌管关防总管。"即驻呼伦贝尔的副都统衔总管。

海兰察，杜拉尔氏，出生于呼伦贝尔索伦左翼镶黄旗占其布佐（今鄂温克族自治旗巴彦嵯岗苏木）鄂温克兵丁家庭，乳名海然（可爱之意）。后转述为海兰察，自幼丧父，随母亲给一个叫金秀莲的人家放牛挤奶，母亲病故后，经金秀莲介绍，海兰察到海拉尔一家朱氏商号当牧工。

海兰察于乾隆二十年从呼伦贝尔从军，在军中效力 40 多年，打仗次数不可胜数，从士兵到都统（与将军同级），戎马一生，身经百战，指挥有方，英勇善战，是战功赫赫的一代名将，他的英雄事迹记载于本书

"清代鄂温克名臣名将"一章中。

第六节　建寺庙祭祀交易活动

清代进入乾隆年间，从 1736 年，即乾隆元年开始，在蒙古民众中大力推行佛教，广建寺庙，泛设喇嘛。鄂温克人萨垒担任掌管呼伦贝尔副都衔总管时，在呼伦贝尔新巴尔虎左右翼地方喇嘛已发展到 400 多人，但居无定所，佛事也难以举办，于是根据蒙古民众和喇嘛的要求，萨垒与新巴尔虎左右翼总管策楞、都嘎尔共同上报朝廷，呈清廷建造一所永久性庙宇。为笼络人心，提倡广建寺庙的乾隆皇帝，很快于乾隆三十六年（1771 年）就批文准予建造寺庙并拨款，赐名"寿宁寺"，即甘珠尔庙，并亲笔御撰匾额"寿宁寺"。

巴尔虎蒙古人把甘珠尔庙地址选定在宝彦图布勒都（今新巴尔虎左旗阿木古郎宝力格苏木）后，乾隆三十八年（1773 年）破土动工，到乾隆四十六年（1781 年）才全面施工。乾隆四十九年（1784 年）基本竣工后，收藏和保存了清朝早在乾隆六年（1741 年）就发给的一部《甘珠尔经》，共 108 册，后来又给度牒 40 枚。

甘珠尔庙建成后，经过修缮和扩建，到了光绪初年，随着宗教活动的频繁兴盛，各地旅商的纷至沓来，手工业工匠的聚居谋生，逐渐形成了享誉呼伦贝尔的甘珠尔集会，亦称"寿宁市场"。每逢八月集期（亦称庙会），从附近和内地以及从俄国来的商人，与呼伦贝尔草原上的各族牧民进行交易。甘珠尔集会对呼伦贝尔地区的经济和文化交流起过重要作用，新中国成立后又以那达慕的形式延续下来。

索伦八旗的鄂温克人除与海拉尔的汉商交易外，每年 8 月也前往甘珠庙会交易，有的还以畜力车给海拉尔的汉商跑运输，前往齐齐哈尔运去汉商的货物，其中也捎带自己出售的商品，换回自己所需的粮食、布匹、日用品、铁制品等。

道光六年（1826 年）黑龙江将军衙门以各驿站之间距离太远之事奏请朝廷，经批准增设 7 个驿站，于是便成了 17 个驿站，每站相距大约 60 里左右。这些驿站是：齐齐哈尔至七家子（西勒图）站、甘井子站、那奇黑（今甘南）站、穆尔根站、音尼河站、额赫昂阿（今庙尔山）站、巴林玛①（今巴林）站、嘎尔甘哈达日（今雅鲁）站、雅鲁博克托（今沟口）站、伊热克特（今伊列克得）站、霍罗其（今乌奴耳）站、门特黑（今免渡河）站、扎敦昂阿（又称扎敦雅克萨，今牙克石）站、集拉玛泰（今16号）站、哈格诺尔（今哈克）站至呼伦贝尔城（今海拉尔市）。

光绪三年（1877年），索伦左翼所在地南屯（今巴彦托海镇）修建学堂，由齐齐哈尔聘任教师，以汉、满文字，教授本部子弟十余人。

光绪六年（1880年），呼伦贝尔副都统衔总管制改为副都统制，从此，呼伦贝尔正式设副都统衙门。

第七节　铁路通车运营取代驿站差事

光绪十七年（1891年），沙俄为了谋求远东霸权，开始修筑西伯利亚大铁路，在修路的过程中沙俄政府的财政大臣提出了穿越我国北满地区"借地修路"的主张，沙皇欣然采纳了这个建议。清朝在中日"甲午战争"中失败后，1895年3月23日签订的《马关条约》，为沙俄实现其"借地修路"的野心提供了可乘之机。然后，沙俄利用尼古拉二世加冕典礼的机会，于1896年与我国特使李鸿章在莫斯科签订《中俄密约》，"允许中国黑龙江、吉林地方接造铁路，以达海参崴"，随后沙俄又取得在旅顺、大连湾租地和在南满修筑支线的特权。

中东铁路最初叫东清铁路，辛亥革命以后改称中东铁路。这条铁路干线西起满洲里，由成吉思汗站从呼伦贝尔盟出境，中经哈尔滨，东至绥芬河。支线从哈尔滨向南，经长春、沈阳直达旅顺、大连。干线、支线全长2437公里，其中呼伦贝尔盟境内551公里。

中东铁路于1897年8月28日在我国小绥芬河右岸三岔口举行开工典

---

① 巴林玛，鄂温克语"神山"、"佛山"之意，既是佛山，又是风景名山，被称为喇嘛山。它海拔785米，面积约7平方公里，长不过3公里，宽不足2公里，有裸石、岩峰28处，每座石峰各具神态。后来，修筑滨洲铁路时称"巴林站"，距今巴林镇北侧2公里处。有一个名叫耶库淖恰斯基的俄国人在巴林修建过大型喇嘛台疗养所为避暑场所。

礼。然后，以哈尔滨为中心，分东部、西部、南部三线，由六处同时开始相向施工。其中属呼伦贝尔盟的西线，1901 年 5 月由哈尔滨修到扎兰屯，7 月修到博克图，10 月 21 日穿过大兴安岭隧道，从后贝加尔入我境满洲里修筑，两端同时到达乌固诺尔接轨，并举行了西线接轨仪式。整个中东铁路的修建历时 6 年，1903 年 7 月 14 日全部竣工并通车营业，还设立了中东铁路管理局。其间，清光绪二十六年（1900 年）7 月沙俄在海兰泡制造了屠杀中国各族人民的野蛮暴行，被枪毙、水淹、火焚的人不下 20 万，继而又血洗江东 14 屯。8 月俄军又分南北两路出兵东北，其中一路侵略呼伦贝尔焚毁 17 个卡伦，企图把国境线再向中国方面移动。清军指挥官安帮在麦丹附近迎击俄军大败。俄军侵占海拉尔后，制造屠杀事件，把副都统衙门付之一炬，洗劫一空。海拉尔域外南屯、西屯，莫和尔图村的鄂温克、达斡尔人的住宅被烧，多人被杀，余生者逃到完工和辉河避难，居住在乌奴耳的鄂温克人迁居伊敏河上游的红花尔基，至今被称为"乌奴日千"。

中东铁路时期 E 形火车头　　　　火车在行驶　　摄影：阿鹏

　　中东铁路西线滨洲铁路通车营业，清朝政府取消了由齐齐哈尔至海拉尔的驿站，改由铁路邮寄公文和行人，减轻了鄂温克人的负担。在莫和尔图河（鄂温克族自治旗巴彦嵯岗苏木）一带的鄂温克人为了增加收入，在佐领达门达（鄂温克族）的带领下，上山采伐和运输木材，为铺设滨洲铁路提供了枕木。但由于圈占了很多沿线鄂温克人的居住地及房屋，周围树木几乎被砍光，人口日益增多，在近处无野兽可猎，所以，岭西乌奴耳河一带的鄂温克人迁移到伊敏河上游，今鄂温克族自治旗伊敏苏木红花尔基嘎查居住。

沙俄修筑滨洲铁路，从后贝加尔入境之处，附近有"旺盛的泉水"，蒙古牧民称这个地方为"霍勒金布拉格"。原来本无"满洲里"之名，俄人因此处是进入中国的首站，而定名曰"满洲里"。还有雅鲁河沿岸的成吉思汗站，原为鄂温克人居住的萨拉爱里（村），俄人见此处有金元长城边堡古迹，因是蒙古与金之界地，为纪念元太祖成吉思汗的伟业而把原鄂温克人居住的村落萨拉爱里更名为"成吉思汗站"。

随着中东铁路滨洲线的通车运营，俄国侨民蜂拥而来，从满洲里、海拉尔、牙克石、免渡河、博克图、巴林、扎兰屯至成吉思汗站都住有俄国侨民，他们建有欧洲式的住房、教堂、学校、商店，也开辟了一些农业、牧业生产基地。他们比较先进的生产、生活方式，也逐渐影响着居住在各大站沿线的中国人。

光绪二十九年（1903 年），沙俄修筑的滨洲铁路通车运行后，我国开办学堂之风传到呼伦贝尔地区，索伦左翼镶黄旗（今鄂温克族自治旗巴彦嵯岗苏木）鄂温克人贵福，涂格敦哈拉，自幼聪明，好学上进，拜师学了满文。他曾在呼伦贝尔副都统衙门任过笔帖式（秘书），在自己的家乡莫和图村走家串户宣传开办学堂的意义，在达斡尔牧民成吉带头出资的影响下，大家出资出力，修建了一所石木结构的学校，人们称为"绰罗柱"（石头房之意），贵福亲自担任教学，主授满文，后来在贵福的提议下，学校从布特哈地区又聘请了一位达斡尔人贺希布来加授汉文课程。这也是在巴彦嵯岗开办的第一所学校。这是鄂温克人、达斡尔人自己创办教育之开始，它为当地鄂温克、达斡尔族子弟学习识字创造了条件，也为偏僻落后的草原乡村带来了"文化之光"。

1903 年，滨州铁路通车后，汉商以铁路运货，货物也较多较全了，而草原上的鄂温克人又主要与海拉尔的商铺交易，当时与鄂温克人来往较多，关系比较密切的商铺有大利号、福生利、广恒兴三家。鄂温克人来海出售的有木材（原木）、菜墩子、牛、马、羊及牛皮、羊皮，买回的商品有稷子米、白面、砖茶、布匹、棉花、铁锅、铁锹等。

大利号、广恒兴等商号也经常深入鄂温克人居住地交易，但商品价格比城里高出 1/3，收购的牲畜、皮毛比城里压低 20%—30%，还给予赊销，加倍收利。这种不等价交换，有的人家因没有能力进城，为图方便，吃亏也忍了。

每年 8 月人们还在甘珠尔庙会上进行交易，交易的产品主要有大轮车、套马杆子、柳条和苇子，鄂温克人与蒙古人进行交易，可以换回牲畜和生活用品。据说，在甘珠尔庙会交易中曾出现过这样一件事，有个齐齐哈尔一带的达斡尔人制作 200 辆大轮车，运往甘珠尔庙会，因遇雨季，没有赶上集市，当时有一位鄂温克人用自己的牲畜变价，10 元钱一辆车全部买下来。第二年这位鄂温克人将 200 辆车以每辆 40—60 元的价钱在甘珠庙会上出售，一下子发了财，再买回牲畜仍旧放牧，增加了牲畜头数。

光绪三十三年（1907 年）秋，博学多才、精通吏治的宋小濂任呼伦贝尔副都统后，在光绪末年实行"新政"的影响下，整顿重设 21 座边防卡伦，创办学校，设警察，清理税制，四处巡视，抚慰地方，为呼伦贝尔地方事业的发展做了很多有益的事。

宣统元年（1909 年），裁撤呼伦贝尔副都统，改设兵备道，即呼伦道，宋小濂改任呼伦贝尔兵备道。呼伦道下属呼伦直隶厅（设在海拉尔）、胪滨府（设在满洲里）、吉拉林设治局（设在吉拉林），由军治改为民治，呼伦道加参领衔，兼辖旗务，所属各厅、府、局分区统辖呼伦贝尔地区所有政务。呼伦直隶厅辖区为索伦八旗、额鲁特旗、鄂伦春的托河路。

第二十三章

鄂温克形成跨界民族的由来

沙皇俄国向西伯利亚地区扩张，17 世纪中叶，即明末清初，延伸至贝加尔湖以东地区，入侵黑龙江流域烧杀抢劫，战火蔓延，民不聊生，致使黑龙江上游以东地区的一部分索伦鄂温克人和达斡尔人在清政府的同意下，自清顺治十年（1653 年）起背井离乡，渡江越岭，南迁至大兴安岭、嫩江流域地区居住。

第一节　中俄连续签订三个条约

1685 年 6 月—1656 年 6 月，中俄双方黑龙江上游发生两次雅克萨之战后，于 1689 年 9 月 7 日，中俄签订《尼布楚条约》，以格尔必齐河、石大兴安岭（外兴安岭）和额尔古纳河为两国的分界线，额尔古纳河北岸属俄国，南岸属中国。不久，于 1727 年 9 月 10 日，中俄又签订《布连斯奇条约》划分中俄中段边界与《尼布楚条约》相连接。由于疆界的变化，鄂温克族按照当

中俄界河——额尔古纳河

时居住的地域分别归属俄国和中国，而鄂温克族开始成为"跨界民族"。

后来，于1858年5月28日，中俄再签《瑷珲条约》，以黑龙江为界，黑龙江以北、外兴安岭以南60多万平方公里中国领土割让给俄国。居住在黑龙江以北、外兴安岭以南领土上的鄂温克人也归属了俄国，而鄂温克族人口的绝大多数在俄国，据俄国政府1897年的人口普查，当时在俄国的鄂温克人有100多个氏族，人口为64500人，其中在后贝加尔地区有33500人。

古代鄂温克人之所以成为"跨界民族"，原因有三：一是鄂温克人早在公元1世纪起，从贝加尔湖向西伯利亚的广大地区和贝加尔湖以东至黑龙江上游以东地区扩展，分布很广，在客观上（地域上）造成了成为"跨界民族"的条件。二是战争因素，17世纪中叶，沙皇俄国进入贝加尔湖以东地区，入侵黑龙江上游以东地区骚扰各族人民，致使一部分索伦鄂温克人和达斡尔人被迫南迁至大兴安岭和嫩江流域地区居住，战争是主要原因。三是中俄连续签订《尼布楚条约》、《布连斯奇条约》和《瑷珲条约》三个条约，由于疆域的变化，鄂温克族按照居住的地域分别归属俄国和中国，正式成了"跨界民族"。

第二节 跨界民族的历史与现状

《中国跨界民族》一书记载："我国是一个多民族统一的国家，国境线长，周边接壤的国家较多，从东北鸭绿江起，北至黑龙江、内蒙古，再经甘肃、新疆，西南到西藏、云南，再南到广西的陆路边疆地区，几乎到处都居住着跨界民族。"[1] 其中东北、内蒙古地区的朝鲜族、蒙古族、鄂温克族、赫哲（那乃）族也是跨界民族。

有些跨界民族出现得较早一些，但鄂温克族、赫哲族是到了近代，由于沙皇俄国进入贝加尔湖以东地区入侵黑龙江、乌苏里江流域地区后才形成跨界民族的。

---

[1] 金春子、王建民编著：《中国跨界民族》，民族出版社1994年版，第2页。

　　"跨界民族"是指由于长期的历史发展而形成的，分别在两个或多个现代国家中居住的同一民族。现今在我国陆地边境线两侧居住的居民中就有许多同属一个民族，他们在风俗习惯、宗教信仰、语言、文字等方面都有相同或相似之处。

　　所谓"界"是指国界，即国家疆界，通过疆界区分，划定了各国的主权范围，因而也使跨界民族与一般民族在概念上有所区别。"跨界民族"，一方面作为一个民族整体具有共同的民族意识和民族感情；另一方面又因分属不同国家而具有不同的国家观念和多国感情。

　　"跨界民族"，是指在紧靠边界两侧、居住地直接相连、分居于不同国家中的同一民族，而且也指在相邻国家的边界附近纵深地区活动的那些同一民族。

　　1689 年，中俄签订《尼布楚条约》时，在中、俄边界附近纵深大兴安岭、嫩江流域地区鄂温克族分布有 7000 多人。

　　1732 年，清朝政府从布特哈地区向呼伦贝尔草原派遣的 3000 名兵丁中，鄂温克兵丁 1636 人，加上眷属分布在靠近边界附近的呼伦贝尔草原上驻牧戍边。

　　1820 年，俄国勒拿河流域地区的使鹿鄂温克人向东南方向迁移，有 700 多人，其中渡江进入我国境内的有 4 个氏族，75 户，约 300 多人，驯鹿 600 多头。与停留在阿玛扎尔河的鄂温克人紧靠边界两侧隔江相望，关系密切，互相越界打猎，来往频繁，他们有时到俄国人的东正教教堂举行婚礼，还起俄国名字。

　　鄂温克人逐渐沿界河——额尔古纳河南岸 970 公里边境线，于 858 年迁徙至大兴安岭西北部的珠尔干（奇乾）地方，在额尔古纳河南岸支流阿巴河、乌玛河、激流河流域原始森林中过着游猎生活。

　　大兴安岭西北部，珠尔干河与额尔古纳河汇流处的珠尔干地方，与界河对岸的俄国人乌启罗夫村遥遥相对，在山林中的使鹿鄂温克人经常下山来与俄商"安达克"进行交易，以猎物换取生活用品。

　　苏联十月社会主义革命胜利后，居住在贝加尔湖以东地区石勒喀河与额尔古纳河之间，尼布楚以西、满洲里以东的游牧通古斯鄂温克人 50 多户，约 300 人，于 1919 年迁入我国呼伦贝尔草原特尼河、莫尔格勒河流域居住，从事畜牧业生产。

在陈巴虎旗 193 公里中俄边境线上，鄂温克苏木至今还有 28 公里边界，其中辉屯嘎查鄂温克牧民 63 户、200 多人就在额尔古纳河南岸 2 公里处居住放牧，与额尔古纳河北岸的鄂温克人隔河相望。

第二十四章

索伦劲旅反击廓尔喀侵略军

18 世纪 80 年代末,喜马拉雅山南麓的廓尔喀(尼泊尔)王国在英国殖民主义者的操纵支持下,勾结西藏封建领主舍玛尔图,于乾隆五十三年(1788 年),以西藏官员增加对尼商的苛税为由出兵占领后藏济咙(吉隆)、聂拉木等地。清驻藏查办官员巴忠私允以 15000 两白银做赔偿,以换取廓尔喀撤军,后廓尔喀以向西藏索取的赔款未得为由,于乾隆五十六年(1791 年)第二次派兵入藏,复占聂拉木、济咙(吉隆),大举入侵日喀则。班禅七世退避拉萨,扎什伦布寺遭到洗劫,西藏各阶层人民陷于战争灾难之中。达赖、班禅向清朝廷告急求救,要求派军队入藏,反击廓尔喀侵略军,解救西藏各阶层人民。[①]

清廷立即命四川总督鄂辉、成德,速带兵前往汉屯,包括藏内原驻官兵集结操练,准备进剿,同时又决定从黑龙江调索伦(鄂温克)、达斡尔兵 1000 人往西藏,还抽调巴图鲁[②]、侍卫、章京 100 人组成勇士队,索伦、达斡尔兵及勇士队,由青海西宁出口进藏,由将军福康安统领进藏清军,并率 5000 人深入,都统海兰察(鄂温克族)以参赞大臣身份直接率领 100 名勇士,并指挥索伦劲旅 1000 人。[③]

清廷认为剿办廓尔喀贼匪,索伦、达斡尔兵丁最为得力,因此,从呼伦贝尔索伦八旗挑选 600 人,布特哈八旗挑选 400 人,计 1000 人,令呼伦贝尔兵从多伦诺尔行走,布特哈兵从八沟行走,迅速到京。并令海兰

---

① 《鄂温克族简史》编写组:《鄂温克族简史》,内蒙古人民出版社 1983 年版,第 78 页。

② 巴图鲁,汉译英雄,清代习惯以称号加恩,赐给作战有功的官兵。最常见的是"巴图鲁"称号,一般分两种:一种是仅称巴图鲁,属普通称号;一种是表示性质的称号,在"巴图鲁"之上另加字样,表示武勇、壮勇,如"朝鲁霍科巴图鲁"、"丹巴巴图鲁"等。

③ 《清实录》,中华书局 1985 年版,第 316 页。

察、富里善等 14 人，登记官兵名册编队，指定领兵官后，交给都尔嘉遵旨办理。①

军机部派福康安将军赴青海办理进藏事宜的同时，令陕甘总督勒保、奎舒，让青海蒙古扎萨克给索伦、达斡尔兵准备 3000 匹马调拨到西宁关外等候，以便乘骑。并往直隶、河南、陕西、甘肃省派专人，准备了沿途需用之马匹、车辆、食品等物资，还令四川总督鄂辉、陕甘总督勒保在藏地行军路线上设驿站、军台，备好粮草。②

海兰察率 100 名勇士先行，于乾隆五十七年（1792 年）1 月中旬到达青海西宁后，军机大臣传谕，海兰察在西宁暂住几日，待乌什哈达、岱森保所带索伦、达斡尔兵到齐后，一同管领进发，更为得力。③

乾隆皇帝非常重视索伦兵，几次叫军机部传谕，福康安到西藏后，如兵力未齐，不妨稍待，要等海兰察及索伦兵丁齐集后，再行进剿。④ 并降旨，索伦兵丁由青海行走，冲寒远涉每人赏银二两，以资用度，抵藏后再赏一月钱粮，以示优恤。⑤

索伦、达斡尔兵 1000 人，由总管顺多宝、副总管普森格、头品侍卫阿木尔塔带领⑥，于 1792 年 1 月上旬到京后，由副都统乌什哈达带领索伦兵 700 人，副都统岱森保带领索伦、达斡尔兵 300 人，按照指定的行军路线，从 1 月 19 日起，先后分别起程。他们经过长途跋涉，1 月底到达了西宁，在西宁暂住几日后，由海兰察统领，于 2 月上旬从西宁出发，在平均海拔 4000 米以上的青藏高原上，一路踏冰雪，爬雪山，越峡谷，行至多伦巴图尔等地方，遇两次暴风雪。⑦ 他们边拨积雪边行走，行军非常艰难，但来自东北大兴安岭的索伦、达斡尔健儿素耐寒冷，冲寒远涉西藏，抵进拉萨，受到达赖、班禅等西藏各阶层人民的热烈欢迎。

达赖感激皇恩，表示进藏清军应需口粮、马匹、火药等，竭力捐办，

---

① 《清实录》，中华书局 1985 年版，第 314 页。
② 同上书，第 315 页。
③ 同上书，第 316 页。
④ 同上书，第 319 页。
⑤ 同上书，第 321 页。
⑥ 《有关达呼尔、鄂伦春与索伦族历史资料》第二辑，内蒙古自治区达斡尔历史语言文学学会 1985 年版，第 54 页。
⑦ 《清实录》，中华书局 1985 年版，第 321 页。

对于索伦等兵丁分别赠给银两，加恩达赖哈达一条，珍珠串一挂，以示优奖。①

岱森保带索伦、达斡尔兵 300 人深入，乌什哈达带索伦兵 700 人及其余各兵陆续踵至，抵后藏，待命出击。②

这时，先后进藏的清军已 8000 余人，加上藏内有满、汉、藏兵丁，后又陆续调四川兵 3000 人，总兵力达 13000 人，大兵云集，声威壮盛，震慑了廓尔喀兵，他们不敢再前进，而在擦木地方，凭据险要，设防阻击清军。

福康安将军统率进藏全军，海兰察都统统领索伦劲旅（包括勇士队 100 人）为前锋，于 4 月开战反击廓尔喀侵略军。英勇善战的索伦劲旅，在福康安的精心调度、海兰察的具体指挥下，越过雅鲁藏布江大峡谷，首战擦木告捷，旗开得胜。廓尔喀又在其他各处隘口增兵防守，索伦劲旅勇往直前，奋勇杀贼，经过聂拉木、玛喀尔、辖尔甲、济咙等战役，打败了廓尔喀兵，到 5 月全部收复了失地，把廓尔喀兵驱逐出境。③

接着，索伦兵奉命乘胜追击，进征廓尔喀国，从济咙出师，夺前后两碉攻下索喇拉山石卡，至热索桥，敌断桥阻击。海兰察密令阿满泰带领索伦劲旅勇士，冒雨涉险，趁夜东越哦缘山，自上游潜渡过河，占据高地凭高击下。敌拼命抢渡，坠河者甚众，过河的敌人保东觉山，阻大河，自固其险，敌架桥来争。福康安忧之，海兰察说："这容易，你给我 500 人，8 天口粮，到时必除敌。"第 8 天，敌人来争桥，人们正在说海兰察吹牛时，忽然山上炮火齐发，福康安大呼："海兰察真乃神人也！"急令清军进攻，歼敌 4000 余人，突破东觉山。福康安问海兰察怎么策划的，海兰察说："涧水必然与发源处很近，我绕到上游去，出现在敌人的后方，须几天架桥的敌人空了营来争桥，我就趁其虚而袭击他们，出奇制胜。"福康安高兴地称赞海兰察神勇。

清军乘胜前进，连续攻下协布鲁、博尔东拉等处，越过平均海拔 6000 米以上的喜马拉雅山，7 月前进至雍雅山，深入 700 里地，至喜马拉

---

① 《清实录》，中华书局 1985 年版，第 322 页。
② 同上书，第 323 页。
③ 同上。

雅山南山坡，逼近贼巢，距廓尔喀国首都阳布（今加德满）100 里。阳布位于甲尔古拉山之阳，其北为堆木补山，清军已破北山之敌。廓尔喀国王惊慌失措，速派使臣认罪乞和，具表纳贡，送还掠走的贵重财物。①

这次反击廓尔喀侵略军，在达赖、班禅大师及西藏各阶层人民的大力配合下，清军官兵克敌制胜，取得了重大胜利。索伦劲旅没有辜负乾隆皇帝的厚望，在海兰察的指挥下，在山高谷深的横断山脉上，英勇作战，发挥主力军作用，创造了"七战七捷"的战绩，在战斗中涌现了很多英雄人物，谱写了赤心报国的壮歌，解救了西藏各阶层人民的战争灾难，安定了我国西南边疆。

战争结束后，六世达赖喇嘛给海兰察赠送了衣杖，清政府对于反击侵略军、保卫国家领土主权、解救西藏各阶层人民、奋勇效力、战功卓著的索伦劲旅官兵分别给予晋级和英雄称号以示奖励。

这次受奖的人员很多，在这里不一一列举，仅就海兰察而言，在战斗中奋勇效力，战功卓著，由二等公爵晋封为一等公爵。海兰察在军中效力40 多年，打仗次数不可胜数，身上多处有伤，腿有宿疾，武臣虽无乘轿之例，但皇帝格外施恩，赏令乘轿。

【相关史料】

平定廓尔喀战图

《平定廓尔喀战图》图版共八幅，清贾士球、黎明、冯宁等绘，清乾隆六十年至嘉庆元年（1795—1796 年）内府铜版印本。图上端有乾隆皇帝御笔诗文。《平定廓尔喀战图》描绘了

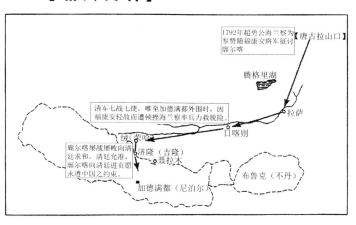

清军征讨廓尔喀（尼泊尔）进军路线示意图

清乾隆末年出兵廓尔喀反击入侵者的七次重要战役的壮烈场景以及"廓尔喀陪臣至京"的画面。八幅图依次为：攻克擦木、攻克玛噶尔辖尔甲、

---

① 《清实录》，中华书局 1985 年版，第 321、322、323、324 页。

攻克济咙、攻克热索桥、攻克协布噜、攻克东觉山、攻克帕朗古、廓尔喀陪臣至京。

擦木地势艰险，两山对峙，中亘山梁。福康安、海兰察决定兵分五路进行围剿，海兰察率阿满泰、珠尔杭阿等出中路，5月6日趁夜雨行军，经一夜围剿，黎明时攻破了擦木山梁的碉卡，短兵相接，杀敌首3人，兵200余人，生擒10余人，首战擦木告捷。乾隆得到奏报，立即传谕："廓尔喀贼匪，在擦木凭据险要，抵死据守，福康安、海兰察等，细心调度，

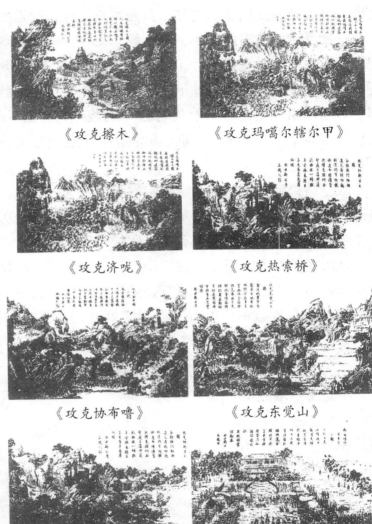

《攻克擦木》　　　《攻克玛噶尔辖尔甲》

《攻克济咙》　　　《攻克热索桥》

《攻克协布噜》　　　《攻克东觉山》

《攻克帕朗古》　　　《廓尔喀陪臣至京》

督率兵丁，分队堵截，实为奋勉，勤劳备至，深堪嘉奖。海兰察、惠龄著各赏玉扳指一个、大荷包一对、小荷包两个。并发去奶饼一匣，令侍卫章京等一体分尝，均沾恩泽，同时奖赏所有兵丁一个月的钱粮，以示奖励。"①

———————————————

① 摘自《清高宗实录》1406/18B—19B。

海兰察率兵在攻克玛噶尔辖尔甲山时，不料，从山下闯出一股贼队，蜂拥而上。海兰察令兵暂伏，待敌兵上至半山腰时，海兰察带兵横冲贼队，他疾驰而下，与贼短兵相接，连杀敌军头目7人，敌兵200余人，生擒30人。作战中海兰察的坐骑被众敌击伤，乾隆经福康安奏知，传谕告诫说："海兰察与贼接战，马匹受伤，幸未颠蹶，实赖上天护佑，为之额手虔谢。特赏给行幸常佩护身佛一尊，以为诸事吉祥佳兆。海兰察临阵勇往，是其素性；但身为参赞，所关甚重。以后接仗时，固当督率士卒鼓锐直前；然究宜加意持重，不可轻易冒险；此必当谨训诲也。"遂将自己佩戴的护身佛，送往军前赐给他。

海兰察势如破竹，勇往直前，继续与台斐英阿率领索伦劲旅与几路清军攻打济咙官寨，战斗中杀敌600余人，生擒200人，攻克了济咙，又接连收复了吗喀尔、辖尔甲等失地，将廓尔喀侵略军全部驱逐出境。乾隆谕旨嘉奖海兰察。

清军乘胜追击，进征廓尔喀国，从济咙出师，夺前后两碉攻下索喇拉山石卡，至热索桥，敌断桥阻险。海兰察密令阿满泰带领索伦劲旅勇士，冒雨涉险，趁夜东越哦缘山，自上游潜渡过河，占据高地凭高击下。敌拼命抢渡，坠河者甚众，过河的敌保东觉山，阻大河，自固其险，敌架桥来争。福康安忧之，海兰察说："这容易，你给我500人，8天口粮，不用问，到时必除敌。"第八天敌人来争桥，人们正在说海兰察吹牛时，忽然山上炮火齐发，福康安大呼："海兰察真乃神人也！"急令清军进攻，歼敌4000余人，突破东觉山。福康安问海兰察怎么策划的，海兰察说："涧水与发源处很近，我绕到上游去，出现在敌人的后方，须几天架桥的敌人空了营来争桥，我就乘其虚而袭击他们，出奇制胜。"福康安高兴地称赞海兰察为神勇。

福康安与海兰察兵分两路，福康安一路由噶多攻取东觉，海兰察率阿满泰、珠尔杭阿、翁果尔海等一路由噶多东南越山攻取雅尔赛拉和博尔东拉。海兰察昼夜行至博尔东拉前山率翁果尔海为前锋，仍令阿满泰绕至山后，上下夹击攻取了敌军三处木城、七个碉卡，突破廓军东觉防线。

协布噜既为玛尔藏大河环绕的天然防线，又有严密的人造防御工事，石制碉楼林立，且又多外环石壁。清军采用夜间迂回偷袭战术成功攻破敌军防守。"旺噶尔西南有大川横亘，北曰旺堆，南曰协布鲁，迤东为克堆寨，贼各筑卡以守。师至旺堆，贼扼河抵御，不得渡，（海兰察）乃留兵牵贼；密从上游缚木以济，出贼不意，直薄克堆寨，大败之。"①

海兰察率军"进攻噶勒拉山，三道皆胜。逐贼至堆补木山，夺其卡。山下为帕朗古横河，贼扼桥以拒。官兵夺桥渡，驰上甲尔古拉山；别兵从上游潜渡，抵集木集山，合军。贼来侵，往来迎击，战两日夜，越大山二、克木城四、大小石卡十一，戮贼目十三，毙贼六百，俘十七。廓尔喀渠畏惧，力请降，诏许之，进海兰察一等公。"②

乾隆五十八年（1793年）正月，由乾清门侍卫珠尔杭阿等人护送的廓尔喀贡使到京，呈进表文和贡品，乾隆帝对他们给予热情款待，初八、十三、十九日连续赐宴廓尔喀使臣。图为乾隆帝在紫光阁为犒劳福康安、海兰察等将士，坐在18人抬肩舆进入紫光阁的场面。

《凯旋赐宴》乾隆御题诗文

去年此际未登程，葳绩今朝凯宴迎。来往算仍先一日，驱驰真是赖群英。国威海峤扬维烈，祖德山庄佑实明。回忆旰宵斯擘画，不徒劳耳慰犹诚。慰中岂不自怀惭，何致愚民蹈法甘？论武边防乃就弛，日文诸吏率为贪。偾辕方悉诚吾过，伏领奚辞信彼堪！善后虽云大端定，犹余廑念望东南。善后详除十六条，用斯两月驻成遥。纾猷山海安万姓，锡宴君臣会一朝。念汝父当惬怀永，视如子合受恩饶。受恩饶处人知否？不嗜杀徼天惠昭。西域金川宴紫光，台湾凯席值山庄。敢称七德七功就，又报一归一事偿。戒满持盈增惕永，安民和众系怀长。养年归政应非远，益此孜孜励自强。赐凯旋将军福康安、

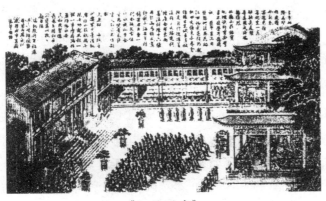

《凯旋赐宴》

---

① 摘自《清史稿》列传一百十八。
② 同上。

参赞海兰察等宴，即席成什。乾隆戊申孟秋御笔。

清廷平定西域、金川后，乾隆帝都曾在北京紫光阁设宴犒劳将士。这次平定台湾凯旋将军福康安、参赞海兰察等功臣内渡后，乾隆皇帝正在承德，于是便将庆功宴设在避暑山庄清音阁。"赐宴凯旋诸将图"描绘的即是此事。

第二十五章

伊犁索伦营始末

在新疆天山南北两路经过几年的征战，平息割据势力之后，清统治者为了加强对新疆的行政管理和军事防守，乾隆二十七年（1762 年）在伊犁惠远城设置将军衙门，称"伊犁将军"，统辖新疆南北两路，下设四个领队大臣分管，并调整了新疆的军事部署。一方面对于参加靖边之索伦、达斡尔、蒙古、满洲兵丁换班、换防，重点设防；另一方面调兵在新疆伊犁屯田戍边，作为马甲，守卫边疆，并为增加一支劲旅，计划调兵丁5000 人及其眷属，将近 2 万人，照例应得兵饷外，还有盐菜银两，自明年为始，分三批起程，并令索伦兵 500 人、察哈尔兵 500 人，于春草萌生时先行。

黑龙江将军国多欢、布特哈总管噶布舒奉命安排索伦（鄂温克）、达斡尔兵及眷属赴新疆伊犁屯田戍边起程所需牲畜、银两、口粮等事宜。

根据任少武先生主编的《伟大的民族精神 不朽的保国功绩》一书中吴元丰先生写的《索伦与达斡尔西迁新疆述论》一文中西迁的经过，摘要如下：[①] 第一批索伦（鄂温克）兵 500 人，在总管努门察（车）及佐领、骁骑校 11 名官员的带领下，携带其眷属 1421 人，在乾隆二十八年（1763 年）四月初十开春返青后，从东北嫩江流域地区起程开始西行，经过漠北蒙古车臣汗部、土谢图汗部地方，八月中旬抵达赛音诺颜部乌里雅苏台地方，稍休整后继续西行，经扎萨克图汗部和科布多地方，越过察干

---

① 参见任少武主编的《伟大的民族精神 不朽的保国功绩》一书中吴元丰所写的《索伦与达斡尔西迁新疆述论》一文，新疆塔城市达斡尔族历史语言文化研究学会，塔城地区印刷厂，2013 年。

鄂博，沿额敏河而上，经博罗塔拉地方，于乾隆二十九年（1764年）正月十九日抵达伊犁。

第二批达斡尔兵 500 人，由副总管色尔默勒图及佐领、骁骑校等 11 名官员的带领下，携其家眷 1417 人，于乾隆二十八年（1763 年）五月初三日，从东北嫩江流域起程，开始西迁。途中经过漠北蒙古车臣汗部、土谢图汗部地方，最终抵达赛音诺颜部乌里雅苏台，并选其附近扎巴坎地方扎营过冬。第二年春，他们又从乌里雅苏台起程，取道巴里坤、乌鲁木齐前往伊犁。

索伦（鄂温克）、达斡尔兵丁及其眷属，从布特哈地区起程，在护送官员的带领下，冒严寒、顶风雪、过草地、走戈壁，艰苦奋斗、长途跋涉，克服沿途各种困难，在沿途驻军的鼎力相助下，全部平安到达伊犁。

护送的官员带领兵丁眷属行走，9 个多月不休息，平安至伊犁，清政府提任旺阿察为副总管，其他人员也受到了奖励。

伊犁将军明瑞把迁来的索伦兵丁及眷属安置在霍尔果斯以西的莎玛尔、齐齐罕、土尔根等地；达斡尔兵丁及其眷属安置在霍尔果斯以东克阿里木图、霍尔果斯、富斯克等地驻防。并以"索伦"之称组成索伦营（包括索伦、达斡尔人），分左右两翼八旗，其中右翼四旗为索伦（鄂温克）人，左翼四旗为达斡尔人。霍尔果斯河以西以东的策济、济其罕、萨玛尔、图尔根等地牧耕驻防，并组成索伦营（包括达斡尔人），与锡伯营、厄鲁特营、察哈尔营、通称"外八旗"，以区别于内八旗，索伦营分左右两翼八旗，其中右翼四旗为达斡尔人，左翼四旗为索伦（鄂温克族）人，有兵丁 1018 人。

霍尔果斯河以西皆荒原，夏无避雨、冬无挡风雪之处，生活非常艰苦。清政府为了使索伦放牧为生，除留存旅途中所带马驼做产业外，每户给羊 25 只，两三户合给牛 1 头，并调拨一年的口粮和开垦种植的种子。

勤劳勇敢的索伦营兵民、发扬自力更生精神，克服困难，辛勤劳动扎根于西北边疆，建设新居。

索伦兵民远涉西北，主要任务是守卫边疆，与锡伯、厄鲁特、察哈尔营一样，承担了维持内部安定和守卫边境的任务。他们主要守卫伊犁河北边界，巡查布鲁特等游牧区界。

伊犁河北边界，地域辽阔，边境线长，大小卡伦有 70 余座，每卡驻守 10—30 人，各卡间相距数十里至百余里，各营每月由总管、副总管、佐领带领 30 名兵丁巡查，在各营交界处会哨。

索伦、锡伯两个营，除守卫本防区卡伦之外，还承担了换防喀什噶尔（今喀什市）和塔尔巴哈台（今塔城市）的任务。索伦、锡伯往喀什噶尔各派 96 人换防，乾隆五十一年（1786 年），从索伦营增派索伦兵 200 人作为换防兵丁，嘉庆三年（1798 年）增加到 300 人，索伦、锡伯各出一半人更换。

索伦兵民移居伊犁后的 30 多年中，虽然兵役负担沉重，生活艰苦，但人口有所发展，可是没曾想，在嘉庆元年（1796 年）流行瘟疫（天花），死了很多人，出现了兵员不足的情况，因而在嘉庆三年从锡伯营给索伦营补充 160 户、658 口人。

道光六年（1826 年），新疆南路张格尔叛乱。驻伊犁索伦（鄂温克）副总管哈丹保率索伦、锡伯兵，配合清军主力出击追捕张格尔贼兵，在喀尔盖山俘获张格尔。哈丹保在战斗中奋勇效力，拼命冲杀，立下了战功，道光八年（1828 年）被授予"达哈逊巴图鲁"称号，并列 40 功臣，载入功臣史册，画像于紫光阁。

索伦兵民志在边疆，以边疆为家，放牧耕种发展生产，日夜执勤巡逻边防。道光十三年（1833 年），沙俄帝国唆使哈萨克近千人持械袭击了索伦营，毫无准备的索伦营兵丁及眷属，被抢掠残杀，人口又一次锐减。于是伊犁将军又从锡伯营挑选 100 户、621 人，补充了索伦营，以便挑取马甲，从而在索伦营中增多了锡伯人口，出现了"锡伯索伦"的名称。

19 世纪中叶，鸦片战争之后，各帝国主义妄图瓜分中国。咸丰十年（1860 年）10 月八国联军进北京，沙俄以"调停"、"说合"有功为由提出领土要求，强迫奕䜣于 11 月 14 日签订了《中俄北京条约》。根据条约的第二款规定，中俄双方会商勘分西部边界，在谈判中，沙俄恃强逞横，一方面出动军队侵扰塔尔巴哈台、科布多、伊犁所属各卡伦、"抢夺马匹、拘禁兵丁"，不断进行武装挑衅；另一方面在谈判中公开威迫清政府接受俄方所提的划界方案，否则俄国"即行带兵强占"。清勘办西北界事宜大臣明谊在俄方胁迫下，于同治三年（1864 年）10 月 7 日签订了《中俄勘分西北界约记》，使沙俄割占了中国西部巴尔喀什湖以东、以南44万多平方公里领土。

伊犁河北霍尔果斯河以西索伦营牧耕之地绝大部分被割占，沙俄军队进来威胁利诱索伦营兵民"归顺"俄国，具有高度爱国心的索伦（鄂温克）等人民不仅不理睬，相反强烈要求归还牧耕之地。

伊犁将军常清答应过另行安置，但直到1866年初还未兑现，沙俄又步步紧逼，不"归顺"俄国已无栖身之地。在走投无路忍无可忍的情况下，索伦、锡伯、察哈尔蒙古人决意要回东北故乡。在领队大臣霍加布的带领下，有3400余人于同治五年（1866年）4月30日和5月6日出走，通过阿勒坦额摩岭，行至库库乌苏附近，被沙俄军官骗引到库库乌苏、喀拉塔拉、喀帕尔三处安插。当年7月又有370多人出走，又被沙俄军官骗引至阿拉木图。接着在8月，副总管傅清阿带领一些人往俄营附近驻扎。三批共出走4000人，他们在异国被视作奴仆，被迫耕种放牧，收获物被勒索，生活难以维持，他们强烈要求回归祖国，但都遭到沙俄当局拒绝。

索伦、察哈尔蒙古、锡伯人出走，在俄境内逗留，清政府非常不安，传谕伊犁将军荣全说："索伦蒙古人众实为国家的忠义世仆，为国效力最多，岂能沦落异国地域，速派人与俄方交涉设法接回。"于是，荣全将军派使者多次与俄方交涉，沙俄当局才被迫同意放回，出走的索伦人等于同治七年（1868年）7月下旬回到了祖国怀抱。他们陆续迁入塔尔巴哈台地区，被清政府暂安置在塔尔巴哈台以西20公里的苇塘子。

同治十年（1871年）7月，沙俄以"代收"为名出兵侵占伊犁。光绪元年（1875年），索伦营官兵自苇塘子移驻塔尔巴哈台城。清政府为了加强塔尔巴哈台地区的防务，将锡伯营和索伦营官兵组建为索伦部尖锐营，使他们一方面耕种土地，投入兴建塔城的劳动；另一方面巡边查界，监督游牧等工作。

光绪七年（1881年）2月，中俄签订《伊犁条约》收复了伊犁，索伦营官兵本应返回伊犁河以北地区，但因塔城紧靠俄界，兵力单薄以及发生兵变等原因，光绪十四年决定"留索伦营官兵驻防塔城，以资训练而固边防"，还准其闲散兵丁也留塔城。

光绪二十一年（1895年）6月18日，塔尔巴哈台参赞大臣富勒铭额将塔尔巴哈台索伦部尖锐营官兵改编为新满营，把索伦、达斡尔、锡伯编为左右两翼八旗。此时，在新满营中达斡尔人居于多数，其次为锡伯人，索伦（鄂温克）人处于少数，左翼四旗为达斡尔族，右翼四旗为锡伯、索伦人。他们担负了驻防台站、防守卡伦、稽查逃人、监督游牧的任务，还远到阿尔泰、乌鲁木河、禾斯勒托海、布林、乌伦古尔、额尔齐斯河、巴拉巴善等卡伦和驿站换防。

1911 年，中华民国取代清朝后，在塔尔巴哈台仍沿袭清朝的八旗制，新满营八旗仍保持原来的建制，除军事外，其他事务仍由原来的总管、协领、佐领等管理，一直延续到塔城县建制。塔城县政府将八旗改为乡，由农官署理八旗农业生产。

新满营弃甲归农后，左翼四旗达斡尔居住在塔城的阿西尔、阿布都拉乡等地，右翼四旗锡伯、鄂温克居住在塔城的哈尔哈巴克乡，鄂温克人在阿西尔乡也有几户人家。

索伦人口减少的原因，主要是 1793 年、1833 年两次天灾人祸，生还者不多，人口大减，再没有回升。但他们的后代还在，其中有些人至今都记得自己是鄂温克人，如 1985 年，塔城市的布克图老人不远万里来到鄂温克族自治旗，看望了鄂温克族同胞。1988 年，布克图老人带领塔城市阿西尔乡上曼孜巴克村的亚西克及其女儿涂柳华特意来呼伦贝尔盟参加了鄂温克自治旗成立 30 周年庆祝大会，并探望了故乡的鄂温克族同胞。亚西克于 1990 年还亲自送女儿涂柳华来鄂温克自治旗，她现在还在内蒙古自治区鄂温克族研究会工作。后来涂柳华妹妹涂光荣也来到鄂温克旗，在博物馆工作。

涂柳华、涂光荣姐妹俩　　　　　　　涂柳华一家三口

索伦健儿背井离乡，远涉西北，历时 200 多年。他们在新疆大地屯田驻防，奋勇效力，前赴后继，进行了艰苦卓绝的英勇斗争，为开拓边疆、保卫边疆付出了巨大的代价。他们以鲜血和生命捍卫了西北边疆，为维护国家的统一和团结立下汗马功劳，做出了不可磨灭的贡献。

哈森其其格一行赴新疆与鄂温克老人亚西克交谈

1984 年 9 月，由《民族词典》编辑委员会出版的《民族词典》一书的第 409 页和 885 页中，对于达斡尔人的族名记载有误，说达斡尔是索伦族，其实，据清代文献《索伦诸部内属述略》一文中记载："黑龙江为东三省之一，其地居人不尽索伦，也有满洲、有汉军、有达呼尔（指解放后的达斡尔）、有鄂伦春、有毕喇尔，则其同乡而别有部落者。"在文章中分别提到了"索伦"、"达斡尔"，说明"达斡尔"不是"索伦人"，是在同一地域内的兄弟民族。

新疆鄂温克人亚西克、周菊花老人与子女的合影

那仁其其格、萨其仁贵、萨仁格日勒与亚西克老人交谈

　　再据该词典在第 998 页中介绍"鄂温克族"时，只字不提当时和"达斡尔"以"索伦"之称共同远涉西北地区奋勇效力、保卫边疆做出贡献的鄂温克族。只提达斡尔族，不提鄂温克族，这不仅不符合历史事实，也不够公平合理。由于对历史记载有误，新中国成立后也混淆索伦（鄂温克）、达斡尔族称，把达斡尔称索伦，致使真正的索伦人无所适从，而有的索伦人不得不以承认的达斡尔族名出现，以鄂温克名称出现的人在新疆也未与锡伯、达斡尔那样被承认为世居民族。

第二十六章

清代鄂温克名臣名将

人类历史是通过人物的活动展现的，没有人物的活动，就没有社会历史。具有代表性的人物活动，反映了各个时代的生动画面，展现了社会历史。

鄂温克族在漫长的历史年代里出现过许多人物，其中具有代表性的历史人物所发挥的作用，可分为两种情况：

一种是在鄂温克社会、经济发展中直接发挥作用的。如带领族人使用"弓箭"狩猎，使狩猎成为重要生产活动的"艾莫根"；发现桦树皮应用于生产、生活的"萨跌莫根"；把野生驯鹿崽喂养成为半野生半家养的驯鹿，创造动物驯养业的"加洪莫根"；在明末清初促进鄂温克社会经济发展的索伦部首领"博穆博果尔"；在雅克萨战争期间作为军队和物资过往的必经之路的布特哈地区，为支援前线做出贡献的布特哈总管"洪吉"；在清代为了减轻猎貂纳贡的负担，不顾个人安危向皇帝当面奏请换回两年贡纳的貂皮，为人民群众办好事的布特哈总管赛音察克。他们在鄂温克社会发展进程中，以自己的聪明才智，带领族人推动鄂温克社会向前发展，做出了历史性的贡献。在本书的相关章节中表述了他们在各个历史时期所起的作用。

还有一种是在清代频繁的战争中，索伦劲旅为了保卫国家领土主权和维护国家统一，参加了许多次反击外国入侵和民族分裂的战争，成为了八旗军中的中坚力量，哪里有硬仗就把他们派往哪里。他们赤胆忠心，不怕流血牺牲，远涉西北、西南边疆地区直至台湾，转战22省，涌现了很多战功赫赫的鄂温克英雄人物，特别是在雪域高原反击廓尔喀侵略军的"七战七捷"闻名天下。索伦劲旅为捍卫中华江山和边疆各族人民的安宁发挥了重要作用，做出了不可磨灭的贡献。

以海兰察为代表的鄂温克官兵，在战斗中向为得力，他们有勇有谋，战功卓著。在《清史》中记载的英雄人物很多，据不完全统计，因为战功担任骁骑校、佐领、副总管（不含平时提拔的官员）以上的官员达105人，其中担任总管以上的官员37人，包括总管16人，副都统16人，战功卓著而职务又较高的大臣、将军、都统5人。本书收录了其中的3人，他们是：清代名臣名将博尔本察，清代名将海兰察，清代福州将军穆图善。

第一节　清代名臣名将博尔本察

《黑龙江志稿》"人物志"记载："博尔本察，布特哈索伦人，鄂拉氏，隶正蓝旗。"索伦，即鄂温克人；鄂拉氏，即"敖拉给日"哈拉，正蓝旗位于今扎兰屯市济沁河流域。

博尔本察从小习武，操练箭术，在清康熙末年经兵丁测量合格。由于聪明能干，武艺超群，雍正初年，提任为济沁阿巴（围猎场）操练兵丁侍卫。

雍正九年（1731年），清朝编制布特哈八旗时，济沁阿

博尔本察

巴编为正蓝旗，博尔本察由侍卫升任为佐领。

带领戍边官兵进驻呼伦贝尔

康熙二十八年（1689年）9月7日，中俄两国签订《尼布楚条约》，以格尔必齐河、外兴安岭和额尔古纳河为国界。条约规定：以额尔古纳河为界，流入黑龙江的入口处向上至河源以南诸地属中国，河以北所有土地

属俄国。从此，额尔古纳河以南的大兴安岭和呼伦贝尔草原由内陆地区变为边疆前沿，当地边境线长，又无居民，处于有边无防状态。为守卫辽阔的东北边境地区，防止沙俄的再次入侵，康熙提出了"驻兵永戍"的方针。

为了安全起见，黑龙江将军除在沙俄可能入侵的通道上设几处卡伦守卫外，每年6月还由齐齐哈尔派出官兵巡边，但呼伦贝尔地域辽阔，边境线长，又无驻防兵，防不胜防。黑龙江将军卓尔海为了加强中俄边境呼伦贝尔段的防务，解决驻防兵，在编制布特哈八旗时就令布特哈总管衙门挑选了赴呼伦贝尔戍边的兵丁3000人，其中索伦（鄂温克）1636人、达斡尔730人、巴尔虎蒙古275人、鄂伦春359人，还有未经测量的老弱残余兵丁796人。同时还遣布特哈达巴哈和博尔本察等人前往呼伦贝尔视察，根据他们实地考察回来后的报告，卓尔海于雍正十年（1732年）4月16日向朝廷启奏，经朝廷军机各大臣磋商后，于5月15日予以批复。

批复中称："据达巴哈、博尔本察等巡视，呼伦贝尔附近之济拉嘛泰河口处，地方辽阔，草木甚佳，树木茂盛，可以种地筑城。请拣选索伦、达斡尔、巴尔虎、鄂伦春之兵3000名，迁移其地。将伊等编为八旗，左翼自修城之处至俄罗斯交界处游牧，右翼在喀尔喀河游牧。共编为50佐，各添佐领一员，骁骑校一员，每旗各添副总管一员……总管关防，著博尔本察掌管。"在批示中还明确了提任达巴哈、博尔本察二人为呼伦贝尔索伦左右两翼第一任总管，由博尔本察掌管总管关防。

1732年春末夏初，博尔本察、达巴哈两位总管奉命带领戍边官兵西越大兴安岭进入呼伦贝尔草原，他们在发现济拉嘛泰地处寒冷，无霜期短，不适宜耕种后，深入伊敏河西岸与海拉尔河汇口处附近驻防，安营扎寨，达巴哈为左翼总管（达斯库），营地设在胡吉日托海，即南屯（今鄂温克族自治旗巴彦托海镇）；博尔本察为右翼（哲布勒），营地设在西屯，位于今海拉尔西南飞机场。

博尔本察作为清朝官员奉命办理戍边事宜，是考察呼伦贝尔，建起索伦八旗建制，带领戍边官兵越过大兴安岭抵进呼伦贝尔草原的主要领导人。

戍边官兵刚来呼伦贝尔草原，一切都要从头做起，困难很多。博尔本察组织指挥戍边官兵安营扎寨，划分驻牧区域，布防戍边，分配调拨的牲畜以立产业，为人们创造生存条件。他在立足草原、扎根边疆等方面奋勇效力，勤劳备至，为开拓呼伦贝尔、加强边境管理、保卫边疆做出了重大贡献。

荣获马援式人物称号

1733 年 1 月 23 日，雍正皇帝命护军统领博第为呼伦贝尔第一任副都统衔总管，总统索伦左右两翼八旗官兵。同年 6 月，博尔本察随黑龙江将军卓尔海带领呼伦贝尔索伦八旗中的 2000 名兵丁前往察罕敖拉（亦称察罕敖拉岭，在俄控区，国界外 30 余里）卡伦驻防。

博尔本察在呼伦贝尔虽然仅待了一年，可他那卓有成效的业绩，在成边官兵中影响很深，在民间广为流传。乾隆初年，博尔本察因才华出众，治军有方，成绩显著，由总管直接提升为都统（与将军同级）。

乾隆二十一年（1756 年）1 月 16 日，清朝廷急令"博尔本察带领索伦兵前往巴里坤（今新疆巴里坤哈萨克族自治县），听候调遣，著加授为内大臣①，同侍卫顺德讷，驰驿前往"。是年 2 月 7 日又令"内大臣博尔本察，赴乌里雅苏台，拣选索伦兵丁，前往西路进军，著先派五百名，交与侍卫顺德讷，急速驰赴巴里坤，听候调遣"。

博尔本察奉命迅速行动，带领驻防乌里雅苏台（今蒙古国西部）的索伦兵到达巴里坤后，编入定西将军永常指挥的西路军，开往天山北路准噶尔部，在伊犁河南特克斯地方投入战斗，与阿睦尔撒纳交战。战斗中，博尔本察指挥的索伦劲旅英勇作战，发挥了主力军作用，阿睦尔撒纳兵败逃入俄境而死。

博尔本察指挥得力，战功卓著，乾隆赐他画像于紫光阁，载入功臣史册，前 50 名功臣中列第 20 名。乾隆皇帝还赞曰："矍铄清行，索伦巨擘。挽五石弓，尚能杀贼。如鸷之击，不留飞鸟。马援来归，残恩荣老。"乾隆皇帝在赞词中把博尔本察比作汉朝的伏波将军"马援"式的人物。

博尔本察性格开朗，语言多风趣，善辞令。他作为内大臣，从新疆返京后，在皇宫久侍内廷，有时也出宫到各地巡视，如巡视南方，从沪（上海）至镇江，深入实地，体察民情，深得人心。他是一位有领导才

---

① 内大臣，即"中朝官"，在宫内接近君主的近臣，如侍中、常侍、给事中、尚书等官。

能、治军有方、英勇善战、战功卓著的民族英雄。

第二节　清代名将海兰察

海兰察，鄂温克族，杜拉日（史称"多拉尔"）哈拉，祖籍布特哈镶白旗（今阿荣旗阿伦河支流雅尔代河口，距莫尔丁村北3公里处）。雍正十年（1732年），清朝政府从布特哈地区拣选索伦（鄂温克）、达斡尔、巴尔虎蒙古、鄂伦春官兵3000人及眷属迁居呼伦贝尔驻牧戍边。海兰察的父亲名登图，编入索伦左翼镶黄旗占其

海兰察

布佐为普通兵丁，落于海拉尔河支流济拉嘛泰河边（今鄂温克族自治旗巴彦嵯岗苏木阿拉坦敖希特嘎查）。海兰察出生于济拉嘛泰河北霍勒浩特（位于今滨洲线16号车站顺河站）北山下鄂温克兵丁家庭，乳名海然（可爱之意），后转音为海兰察。他自幼丧父，童年随母亲给一个叫金秀莲的汉人家放牛、挤奶，以此维持生活。勤劳的母亲病故后，经金秀莲介绍，海兰察到呼伦城①（今海拉尔）正阳街八家商铺之一的"公来号"朱氏商号当牧工。

---

①　呼伦城，亦称呼伦贝尔城，因地介于呼伦、贝尔两湖间而得此名。后因呼伦城位于伊敏河流入海拉尔河的会口处，又以"海拉尔"为名。

雍正十二年（1734年）初建城池时，仅在今海拉尔正阳街一带从北京、河北、山西来的八家商人经商从事购销活动，他们为戍边人提供生产工具、生活用品，把当地畜产品销往内地市场。他们的贸易往来不仅促进了草原畜牧业经济的发展，而且也促进了城池建设的发展。

非凡的天资　朱氏赧然

海兰察，面铁色，体魄健壮，膀大腰圆，臂力过人，天生是个骑马、射箭、摔跤能手。朱氏把他派到畜群点——大利和硕（今鄂温克族自治旗巴彦塔拉达斡尔民族乡巴彦诺尔嘎查）放牧。

在这个畜群点，过去经常出现马或驹子被狼掏的事。传说，从海兰察去放马后再没有出现狼害，朱氏觉得奇怪，就派一个仆人去偷看，没有看见海兰察，却见有一只老虎在那里睡，仆人吓得急忙回来跟朱氏说明情况。朱氏也乘夜去看时，海兰察的鼻孔中有两条蛇出来进去，朱氏赧然，席地而坐，觉得海兰察有非凡的天资，便把他请回商号，让他随车往返于沈阳、吉林等地帮工，工钱优厚，海兰察也非常勤奋，装车、赶车、卸货样样都行，深得朱氏的信任。

活捉巴雅尔　初露锋芒

海兰察经过兵丁测量，乾隆二十年（1755 年）从呼伦贝尔以马甲（士兵）从征新疆准噶尔部讨伐达瓦齐割据势力时，朱氏掌柜让海兰察在马群中选一匹坐骑。海兰察选了一匹貌不出众，胸宽而驼背、四肢粗壮、毛色深黄的 5 岁口马作为出征的坐骑。

在同年 5 月歼灭达瓦齐割据势力的格登山战役和乾隆二十二年（1757年）讨伐阿睦尔撒纳的特克斯战役中，海兰察因充当库特勒（车夫或牵马手）而没有直接投入战斗。

阿睦尔撒纳兵败后，其主将辉特部台吉巴雅尔残部逃入塔尔巴哈台（今塔城）山中。清廷命宁夏将军追剿巴雅尔，海兰察所在的索伦兵也参加了战斗，海兰察紧追其后，盯住不放，巴雅尔为了摆脱追赶，回头引弓搭箭准备射箭的瞬间，海兰察动作敏捷，快速发箭中其肘，将巴雅尔射下马来，生擒了他。

海兰察生擒巴雅尔后，立即扯下巴雅尔的内衣襟藏在身上。战斗结束后，领兵内大臣富德将军询问是谁活捉巴雅尔时，一些官佐争夺功劳，这时巴雅尔说："擒我的是一个普通马甲，一块衣襟作证。"在士兵中询问时，海兰察拿出了巴雅尔的一块内衣襟，证明是自己擒获的，确认了自己的战功。为此，清廷赐予海兰察"额尔克巴图鲁"称号，提任三等侍卫[①]，海兰察扬名全军。

乾隆二十三年（1758 年），海兰察入京城，随乾隆皇帝、皇后到木兰围场[②]（今河北省承德地区境内）围猎时，从包围的圈内出来两只虎，异常凶猛。皇帝立即令随员射虎，海兰察箭术高超，发两箭射死两只虎，顿时众人异口同声赞海兰察神勇。乾隆皇帝非常赏识，联系活捉巴雅尔的战功，把海兰察提任为头等侍卫，允许乾清门行走，赐骑都尉世职兼云骑尉世职，改入京都（北京）镶黄旗，画像于紫光阁，载入功臣史册，位次46 名。

戎马一生　功名显赫

自乾隆十八年（1753 年）起，缅甸军队侵入我国云南孟连地区，杀孟连土司刀派春，抢掠烧杀边境居民，并向我方境内 13 个土司征税。更为严重的是 1766 年缅王遣 3 万兵突袭万仞、巨石、神户、铁壁、铜壁 5 关，云贵清军大败。

乾隆三十二年（1767 年），乾隆命明瑞为云贵总督、额尔登额为参赞大臣、海兰察为副都统，前往云南前线打击侵略者。

明瑞率主力出宛顶攻木帮，又渡锡箔攻蛮结，攻克蛮结后粮草不济又迷失方向，退至猛笼寻找粮草，缅军以数万大军将清军包围于猛育地区。

额尔登额、海兰察出师虎距关至罕塔，遇小股敌人抵抗，海兰察力斩3 人，活捉 7 人，攻至老官屯外后，得知明瑞被围，速回师增援，途中遇缅军截击，绕道入虎距关，海兰察仍坚持增援明瑞，额尔登额以战况不明为由不肯增援，明瑞等万余名清军将士壮烈殉国。

1768 年，乾隆命经略大学士傅恒到永昌前线总理云贵战事，调集八旗兵 1 万人、绿旗兵 4 万人、大炮数十门。傅恒率一路由伊洛瓦底江西部取道猛拱攻击木流；阿桂、海兰察率一路由伊洛瓦底江的东部取道猛密攻

---

① 侍卫，官名，清代选八旗子弟及武士进侍卫，分一、二、三等。御前侍卫和乾清门侍卫为高级，御前侍卫归皇帝直接管理；乾清门侍卫，乾清门行走，分为一、二、三等，归御前大臣率领；还有大门侍卫，分为一、二、三等，蓝翎侍卫，由领侍卫内大臣领导。

② 木兰围场，位于今河北省承德市境内，周长千余里，栖息有各种野生动物，自康熙年间起为清朝皇帝、皇族的御用狩猎场，还进行秋狝盛典。

击老官屯；福建水师顺江而下，策应东西两路。

阿桂、海兰察再次指挥清军攻击老官屯，炮声如雷，杀声冲天，浴血奋战，海兰察赤膊上阵，一手拿盾牌，一手挥刀冲锋，但很难破木栅、越深壕，久攻不下。傅恒得知战况后，渡江回师老官屯，与阿桂合兵打老官屯。

海兰察带领索伦劲旅，突袭锡箔，对缅甸构成了严重威胁，缅王孟驳惊惶，不得不议和乞降。海兰察与哈国兴往会，命其进表、纳贡、归还难民、返还所侵土地。至此，结束了反击缅军入侵的战争。乾隆皇帝怕缅王反复，命海兰察镇守云南。海兰察在云南的日子里，观察缅军动向，训练兵丁，演练战术，以利再战。

乾隆三十五年（1770 年），位于四川西北部大渡河上游大小金川的土司反叛。1772 年，海兰察奉命带领索伦兵 3000 人从云南抵进小金川，攻碉卡、克山寨，毁碉卡 3000 多座，小金川土司僧格桑逃入大金川，小金川即平定，清廷嘉奖提任海兰察为都统。

1773 年，定边将军温福领兵入大金川，土司兵凭借高山碉卡阻击，清军在木果木大败，温福阵亡，清军退至小金川美诺休整。10 月，清廷命阿桂为定西将军，收容溃散清兵，待火器营援兵到后，阿桂、海兰察便分道复进大金川。

1774 年 5 月，海兰察领兵抵进大金川门户罗博瓦山，这里碉卡林立，土司兵乘高山碉卡击下，海兰察挑选优等射手，正面向碉卡射箭，保持佯攻的同时，出其不意，亲自带领 2000 人乘夜渡谷噶山口，又选精干的小分队，悄然接近敌碉卡，埋伏于附近，待黎明时闪电似的一拥而上，使敌阵大乱，夺登古山碉，敌退扼那穆山。海兰察乘胜追击，直趋萨斯甲岭，破其绝二碉，临近逊克尔宗，大金川土司诺木索惊惶，杀小金川土司僧格桑，献

攻克罗博瓦山碉卡

尸请罪。

海兰察指挥有方，英勇善战，智取罗博瓦山，战功卓著，擢内大臣，赐"绰和多科巴图鲁"（杰出的英雄之意）称号，并授参赞大臣。

1775年正月，阿桂、海兰察分兵两路进剿克甲尔纳河沿岸诸寨，土司兵闻风逃窜，集中镇守巴占。海兰察逾大海山，突袭诺木索的都会勒乌围，巴占的土司兵溃散。官军至科布曹后，久攻不下，海兰察从达乌围绕道，攻其侧翼之敌，连破各山碉，长驱直入至刮目崖，水陆围攻，土司诺木索走投无路，率大小头目2000人，捧印信跪降，大金川即平定。

1776年2月，海兰察凯旋，历经5年多的平乱，他战功卓著，乾隆皇帝封海兰察为一等超勇侯，赐双眼花翎，第二次画像于紫光阁，列前50功臣位次8名，寻授领侍卫内大臣。

乾隆四十九年（1784年），甘肃新教首领张文清起事，南下攻克通渭县城，在石峰桥一带歼灭西安副都统明善以下官兵1200人，悬尸于城头。

情况紧急，乾隆命阿桂为将军，海兰察为参赞大臣前往甘肃平乱。张文清战法独特，固守石峰桥，海兰察审时度势，遣兵断其上游水源，数日后出奇兵，火烧敌营，活捉张文清。清廷以海兰察之功提升其子安禄为二等侍卫，乾清门行走，授骑都慰世职。

1786年，福建漳州人林爽文以反清复明为由组织天地会起事，攻彰化、风山等县城，有席卷台湾各地之势。台湾总兵柴大纪告急，乾隆先后派常青、恒瑞等共5万大军去台湾平乱，却一败涂地。1787年，乾隆命福康安为将军，海兰察为参赞大臣，前往台湾平乱。

海兰察带领布特哈鄂温克20人组成勇士队，乘快船，首先登岸，破鹿耳港（位于彰化县西北方），扫仔顶山，逾牛碉山，抵彰化克斗六门，抵嘉义，解救嘉义之围。台湾人以为飞将军自天降，福康安的大军到后，海兰察又乘胜攻击，收彰化、斗六门等地。当晚，海兰察率数十名勇士前往侦察，正赶上林爽文带领天地会万余名信徒攻打，火炬连天，杀声四起，海兰察埋伏在田间，趁暗击明，猛烈射箭，并挥刀杀入敌群中，击毙多人。林爽文急忙改令灭火，以鸣鼓之声疾进之时，福康安领兵掩杀过来，敌群溃散，清军趁夜直捣敌营，生擒林爽文，台湾即平定。

福康安、海兰察凯旋后，乾隆盛赞海兰察"盖嘉义速也，每战恒敝衣，驰马绕敌后……以数十骑冲敌左右，射使阵乱而后击之。海兰察之勇略最著者，应于台湾郡城及嘉义两处，共建生祠"。嘉奖海兰察晋为二等超勇公①，第三次画像于紫光阁。

　　1791 年 7 月，廓尔喀又以索取赔偿金为由，再次入侵后藏，占领了聂拉木等地，直入日喀则，班禅七世退避拉萨，扎什伦布寺遭到洗劫，西藏各阶层人民陷于战争灾难之中。同年 10 月，乾隆命四川总督鄂辉、成德速调集兵力，准备反击；急调两广总督②福康安为将军，从两广领兵5000 人进剿。京师海兰察为参赞大臣③，从呼伦贝尔、布特哈地区调集鄂温克、达斡尔兵 1000 人，又在京师挑选巴图鲁、侍卫、章京 100 人，组成索伦劲旅，进藏反击侵略军。

　　乾隆皇帝认为在雪域高原作战，索伦兵最为得力，几次叫军机部传谕："福康安到前藏后……要等海兰察及索伦兵齐集后，再行进剿。"

　　海兰察于 1792 年 1 月 19 日从京城出发，经 12 天到达西宁（今青海省省会）。2 月上旬从西宁出发，踏上"世界屋脊"——青藏高原，这里多雪峰和冰川，队伍一路急行军，踏冰雪，爬雪山，越峡谷，闯过两次暴风雪，抵进拉萨（今西藏自治区首府），受到了达赖、班禅等西藏各阶层人士的热烈欢迎。陆续进藏的清军，加上藏内满、汉、藏兵丁，总兵力达13000 人。大军云集，廓尔喀兵不敢再前进，在擦木地方设防阻击。

　　福康安待海兰察及索伦兵到达后，经过周密部署，由海兰察带领索伦劲旅为前锋反击，跨越雅鲁藏布江大峡谷，首战擦木告捷，并勇往直前，连续作战，收复了聂拉木、吗喀尔、辖尔甲、济咙。5 月，将廓尔喀兵全部驱逐出境。为了严惩敌军，清军乘胜追击，自济咙出师，进入廓尔喀国

---

　　① 海兰察自从军参加平定西域战役，被乾隆皇帝所器重，赐授侍卫后，迁居京城，改入到京都镶黄旗，此后又屡立战功，晋封为超勇公，由乾隆皇帝赐宅房居住在东四牌楼北七条胡同（贵族和官僚的大住宅）。位置在今北京市东四七条，东起朝阳门北小街，西止东四北大街，南与德华里、月光胡同相通，北邻东四八条。胡同中与南北向的南板桥胡同和石板桥胡同相交。七条胡同现属于东四三条至八条的北京旧城历史文化保护区。

　　② 总督，官名，始于明代，初设两广总督，后各地逐渐增置，成为定制。清代正式以总督为地方最高长官，辖一省或二三省，综理军民要政，为正二品官，加尚书衔者为从一品。另外，还有管河道及漕运事务者亦称总督。

　　③ 参赞大臣，官名，略次于将军，清代在军队临时出征时，通常设参赞大臣，协助将军参与军务，还可以分领一部分军队执行战斗任务。海兰察的官职是都统，与将军同级，可是乾隆皇帝深知海兰察的军事指挥能力，遇有重大战役时就遣海兰察以参赞大臣名义，协助将军谋划战役部署，并带领先遣部队，打开局面，取得胜利。

境内，夺前后两碉，抵达索喇拉山，夺取上下石卡后，敌人弃卡奔热索桥，由于慌忙逃命，坠河者甚多。过河后的敌人断桥阻击，使清军受阻。海兰察令阿满泰趁夜从东面越过哦缘山，到上游偷渡，凭高击下，敌退守东觉山。

东觉山自古奇险，敌阵前有深涧，后有险峰，清军受阻，架桥又受到敌军破坏。福康安忧之，海兰察胸有成竹地说："这容易，你给我500人，8天口粮，到时必除敌。"海兰察出其不意，绕道涧水上游，出现在敌后，攻其不备。第八天人们正议论海兰察吹牛时，突然敌人大营后山上炮火齐发，敌军顿时乱了阵脚，福康安大呼："海兰察真乃神人也！"急令清军进攻，一举歼敌4000余人，并连续攻下协布鲁、博尔东拉。7月，进至雍雅山，深入敌境700里，至喜马拉雅山南坡，距廓尔喀国首都阳布（今加德满都）100里处。廓尔喀国王闻风丧胆，速派使臣认罪乞和，进表纳贡，送还掠走的全部财物。

战役过后，福康安将军问海兰察，东觉山之战的胜利你是怎么策划的，海兰察说："涧水必然与发源处很近，我绕到上游，出现在敌人后方，须几天，敌人空了营来争桥，我就乘其虚，出奇制胜。"

反击廓尔喀侵略军取得了全面胜利，索伦劲旅在海兰察的指挥下，在山高谷深的横断山脉上，英勇善战，创造了七战七捷的战绩。在清军凯旋时，达赖、班禅及各阶层人民热烈欢送，六世达赖给海兰察赠送衣仗袈裟表示敬意。

索伦劲旅凯旋后，乾隆皇帝对索伦劲旅中立有战功的官兵分别晋级或赐予英雄称号，特别是对于战功卓著的海兰察给予了更高的殊荣，由二等公爵封为一等公爵，第四次画像于紫光阁，位次第6名。因其在军中效力40多年，勤劳备至，打仗次数不可胜数，身受多伤，腿有宿疾，武官虽无乘轿之例，但皇帝格外施恩，赏令乘轿。

胸有成竹　指挥有方

海兰察之所以英勇善战，因其自幼习射，臂力超群，射技非凡，不论何物，只要被海兰察的箭射中，必死无疑，连庞大的老虎也不例外，而且他矢无虚发，箭箭命中。海兰察虽不善言辞，但只要一开口，一两句话就切中要害。他有敏锐的洞察能力，能从错综复杂的事态发展当中抓住主要矛盾。

海兰察，性刚直不阿，语言蕴藉多风趣。从海兰察"其于兵事，盖不学而能，枕弓卧地，知敌强弱；验马矢（粪便），知敌远近"的记载看，海兰察机智非凡，深谙兵事，把弓放在地上卧地枕弓可知道敌人马队人数和前进的速度；察看敌兵马粪，可以判断敌兵走出的距离。他还对清朝乾隆年间的将领作过评价，认为阿桂将军懂军事，善用兵。他曾说过："今世知兵者，唯阿公耳，余辈皆懦夫，登坛乘城必殃民，某安能为送死。"与海兰察共同指挥过几个重大战役的福康安将军很尊敬海兰察，佩服海兰察的军事才能和指挥艺术。

海兰察在清王朝兴盛时期的乾隆年间，以副都统、都统（与将军同级）和参赞大臣的身份，为捍卫国家的领土主权和国家的统一大业奋勇效力，征战终生，战功卓著；在清代频繁的战争中，他带领索伦劲旅西征南讨，身经百战，充分发挥游猎游牧民族的箭法和驰骋之长，出奇制胜，取得了许多军事胜利，朝廷和军中有赞誉"乾隆朝名将，海兰察为冠"。

海兰察在长期的战争实践中积累了丰富的经验，增长了军事知识，他多谋善断，勇略过人，成为了集智慧、胆识和谋略于一身的杰出军事家。在战略战术上他已经不满足于老一套大兵团作战，在治军、用兵方面有了自己的建树和创新，他认为战争的规模和作战方法应该从客观实际出发，随着时势的变化，做到知己知彼、出其不意、用兵神速、以少胜多，而在战争的形式和规模上也必须相应地改变。他主张在大兵团作战的同时，应该有精干的小股部队出其不意，灵活机动地出击敌人，或者主要以小股部队游击取胜。他所指的小股部队，一是数百人至上千人的索伦劲旅，二是数十人至上百人的勇士队。

海兰察之所以取得许多军事胜利，屡建战功，并非靠优势兵力。正如在清代文献中所记载的那样："海兰察每临敌，敝衣布帽，绕贼阵后，察其瑕可乘，则纵兵或以数十骑闯入贼阵，左右射之，使乱而后整队攻之。"海兰察主要利用出其不意、以少胜多的战略战术思想；通过侦察，根据敌情、地形，拟订切实可行的作战计划；带领精兵，灵活机动，快速接近敌人；选准最佳攻击点，攻其不备，突然袭击，积极进攻，各个击破，速战速决。同时海兰察自己也亲临前沿观察左右敌情、地形，寻找战机，发起进攻，并奋不顾身，身先士卒，敝衣骋马冲锋陷阵。

皇帝施恩　　入昭忠祠

海兰察是清代乾隆年间戎马一生、身经百战、指挥有方、战功显赫的一代名将。他为保卫边疆、统一国家、巩固中央政权做出了重大贡献。

海兰察病故后，乾隆皇帝特赐"武壮"称号，并制赞嗟惜曰："海兰察以病卒，例不入昭忠祠。念其在军奋勉，尝受多伤，加恩入祀。"使海兰察不仅入昭忠祠，并以都统衔为海兰察举行了隆重的葬礼。

海兰察因战功载入功臣史册，四次图像于紫光阁，曾荣获过"杰出英雄"称号，并被封为二等公爵、一等公爵，还按乾隆皇帝的旨意在台湾和黑龙江等地都曾专为他修建过祠堂。海兰察前妻之子，名地希，后妻（正妻）之子，名安禄，官方记载为长子，以战功赐三等侍卫，又以战功提任二等侍卫，并予骑都尉世职，在雪域高原立有战功，赐"哈什巴图鲁"称号，袭一等超勇公爵。嘉庆四年（1799 年）出征，在四川开县枯草坪地方林中与敌遭遇暗中被枪刺中落马阵亡。安禄与其父海兰察很相似，舍己为人，在战阵中奋不顾身，清廷特赏一千两银子治丧，并与其父同样进入昭忠祠。安禄的儿子赐名恩特赫默扎拉芬，命袭公爵。海兰察的次子安成封三等侍卫、二等侍卫，同时承袭骑都尉世职，又晋升御前侍卫、头等侍卫，袭一等超勇公，连续在镶蓝白旗蒙古、镶蓝旗汉军、镶蓝旗满洲任副都统。还有安禄之女爱斯罕，少年时与六品荫生车仁道尔吉订婚，在她还未出嫁前，车仁道尔吉病故，但她义不改适，归夫家，矢志守节以终，被人们誉为节妇和烈女，传闻于朝。嘉庆十七年（1812 年），因爱斯罕是安禄之女，海兰察孙女，在室夫亡，通晓大义，甘愿守节，殊堪嘉尚，宜加恩施赐，例恤银 30 两，外再加一倍，交家中建坊之祠，仍于贤孝祠前树碑书名，以扬芳迹。

海兰察及其儿子先后奔赴战场，战功赫赫，都受到过朝廷的奖赏和提拔，被称为"英烈之家"。海兰察后纳妾，名阿芸，苏州梨园的演唱女子。

百世遗后　　万世流芳

海兰察是英勇善战、屡建战功、所向无敌的民族英雄，也是鄂温克族著名的历史人物，又是热爱祖国、热爱家乡的一位爱国主义将领。他奉命出征指挥的战役、战斗，绝大部分是在边疆地区抗击外国入侵的反侵略战争，或者是平息在外国殖民主义支持下的分裂和叛乱活动，是为了稳定边疆、维护国家统一而进行的战争。

海兰察从康熙年间开始走上军事舞台，乾隆年间从军。海兰察从马甲（士兵）到将军的过程，展现了在乾隆年间以海兰察为代表的索伦劲旅西征南讨转战四方的历史画面。海兰察征战终生，战功卓著，功名显赫，与他自己的指挥方略和鄂温克族官兵的骁勇善战有着不可分割的联系，展现了海兰察及鄂温克族健儿在清代战争史上的生动画面。海兰察以具有游猎游牧民族特点的战略战术，指挥索伦劲旅在清代战争史上出演了有声有色、威武雄壮的活剧，为中华军事宝库提供了丰富的军事斗争经验。海兰察的丰功伟绩里，凝聚着鄂温克族健儿的智慧和血汗，他为鄂温克族树立了不朽的历史丰碑。他的光辉形象、成就和经验，是流芳百世的历史遗产，也是我们宝贵的精神财富，他不愧为杰出英雄，不愧为尽忠报国的爱国主义将领，他值得我们尊敬和怀念。

海兰察的功绩和名望，在他故乡呼伦贝尔的各族人民中广为传颂，出现了很多以不同方式祭祀、纪念、歌颂海兰察光辉形象和业绩的文物。

嘉庆七年（1802年），朝廷赐号后，在索伦左翼总管所在地胡济尔托海（今鄂温克族自治旗巴彦托海镇）修建广慧寺（当地人称呼和苏木），陈列了海兰察从西藏凯旋时，六世达赖喇嘛赠送的袈裟衣杖，即黄缎教服（拉布吉），还有满文石碑（后收藏于黑龙江省博物馆）。

同年，朝廷又赐号，在索伦右翼的巴彦和硕（今鄂温克族自治旗巴彦和硕敖包山）建光远寺，索伦右翼总管依凌嘎（鄂温克族）特为海兰察立碑，以资纪念，由索伦左翼佐领敖昌兴（达斡尔族，文人）题写碑文，正面为"万世流芳"，背面为"百世遗后"。

在海兰察的故乡（今鄂温克族自治旗巴彦嵯岗苏木），其后裔达瓦桑家里供奉过海兰察的记功木牌，宽1米，长2米，上面刻有满、汉两种文字。每逢正月间，清朝官员和当地鄂温克人来烧香祭祀，以资纪念，但这木牌后来在一次大火中被烧毁。

海兰察从海拉尔"公来号"当牧工时从征后，因功被封为公爵，"公来号"主人朱氏感到自豪，在呼伦城建有"海公楼"，地址在今海拉尔正阳街路西55号，至今尚存有一木桩根。《东三省古迹遗闻续编》的作者于纯方云：清代名将海兰察乾隆时人……呼伦县大街路西有海公楼。相传清嘉勇公海兰察微时，为呼伦公来号牧马，奋志从戎，公来号主人朱某器之，以犍马赠公，壮其行色。公显贵，受封爵，归呼伦，感脱骏恩义，为建重楼之谢之。公来号今已改为公源庆，其楼巍然犹存。余戍呼伦时，曾见之。土人艳其事，呼之曰："海公楼"。

民国十九年的历史档案中也有关于海公楼的记载，说海兰察从征时主人赠送一匹好马才能多次立功晋升。为感谢主人，为其建一楼，人称"海公楼"，在城北路西市房上，现已破旧不堪。

海兰察的生平，立传收录于《清代七百人传》和《中国少数民族历史人物志》及《鄂温克族人物志》，很多清朝的文献都记录过他的事迹。

黑龙江省哈尔滨社会科学院旅游发展研究所时亿先生在他的《乾隆特赐"武壮"——鄂温克民族英雄海兰察》一文中写道：

> 卫国戡乱刀蔽日，
> 戎马一生功盖世。
> 血化红雨民康福，
> 今唤海公宏图志。

四形紫光阁　名垂昭忠祠

紫光阁位于北京西苑（西苑即中海和南海的总称，现称中南海）中海的西北岸，居居仁堂北面。建于明正德年间，当时称平台。史料记载，平台"台高数丈，上建黄顶小殿，左右各四间"，后改为阁，并取名紫光阁。自明武宗始，每年五月在此观看龙舟、跑马、射箭等比赛。康熙年间，每年八月十五在此比武射箭。此后每年正月清帝在此设功臣宴。

乾隆二十五年（1760年）清政府重修紫光阁，并在阁后建武成殿。是年，清廷平定伊犁及回部获胜，拓地两万余里，遂组织了一批宫廷画家，为有功之臣绘制肖像，刻御制诗，首次绘制一百名功臣图像展挂于阁内。乾隆四十一年（1776年），平定大小金川大功告成后，仍然采用平定伊犁及回部功臣例，再绘100名功臣图于阁内。此后历经平定台湾、廓尔喀等战役，单乾隆一朝，历次绘制并悬挂在紫光阁内的功臣像，全套有280幅立轴。阁上还收藏着诸多战役中获胜战旗及俘获的兵器等物，大多是甲胄、鞍辔、弓箭撒袋之类，军器上书有所获者姓名，以志永久。此外，清廷还在紫光阁召集有功之臣以及少数民族王公大臣举行重大的宴请活动。皇帝邀请功臣进殿，设宴款待，随即开放紫光阁，君臣共览，炫耀武功。

　　海兰察自从军平定西域、大小金川、台湾及反击廓尔喀侵略战役中屡建战功，先后四次被绘制图像悬挂于紫光阁内。据《清史稿》列传一百八记载，复四次列前50位被绘图像于紫光阁的功臣只有两名，一位是阿桂，另一位就是海兰察。为此，乾隆帝先后四次为海兰察的图像亲笔书写像赞。由于海兰察战功显赫，乾隆皇帝还特别为其像赞做注解，表明海兰察作战的勇猛和智慧，加以赞颂。由此可见海兰察的功勋卓著以及他在众多武臣当中的地位。

乾隆帝四次为海兰察亲笔书写的像赞

（一）紫光阁平定西域功臣二等侍卫额尔克巴图鲁海兰察像赞——**清高宗**

烈风扫枯，迅其奚难。亦赖众杰，摧敌攻坚。
于塔巴台，射巴雅尔。是其伟绩，勇鲜伦比。

（二）紫光阁平定金川功臣参赞大臣一等超勇侯都统海兰察像赞——**清高宗**

射巴雅尔，超援侍卫。荐至都统，参画军计。
坚碉险砦，无不先登。勇而有谋，封侯实应。

（三）紫光阁平定台湾功臣领侍卫内大臣三等超勇公海兰察像赞——**清高宗**

勇弗知书，谋胜智士。匹马弯弓，贼不敢视。
欲致活口，射勿令死。晋爵锡服，言难尽美。

（四）紫光阁平定廓尔喀功臣领侍卫内大臣一等超勇公海兰察像赞——**清高宗**

勇而有谋，侍卫荐公。索伦巨擘，黼衣锡龙。
图形四番，福禄鲜比。旋终于家，矜惜无已。

原注：

己亥征讨准噶尔，特海兰察方以索伦马兵从军。先是辉特台吉巴雅尔率属来降，已封为汗，及阿木尔撒纳复叛后，巴雅尔旋亦从逆，以大兵追，急遁入塔尔，巴哈台山中，海兰察奋力穷追之，坠马，遂生擒以归。此立擢为侍卫，嗣后每派兵无不奋勇争先，而料敌策应，宛若素娴韬略者。然屡以战功荐封公爵。

此次为参赞，功成复晋封一等超勇公，实为索伦之杰出者矣。

乾隆为海兰察屡破大清律规

清朝时期的戒律十分森严，尤其到了乾隆时期，在积累了近百年的管理经验的前提下，乾隆皇帝下令编纂了《宫廷法典》、《钦定宫中现行则例》和《国朝宫史》等诸多戒律。其中，就朝廷文武官员的职掌、待遇、管理及赏赐等有着详细严格的规定，就是皇帝本身也不得轻易触犯。但是，海兰察的疾病及去世使乾隆皇帝感到十分不安。或许他想到了海兰察在成全他"十全武功"的战斗中始终身先士卒，多受枪伤，屡建首功，但奖赏他时却始终排后因而感内疚；或许他想到了每次战役的取胜，都是海兰察计谋出策，率兵冲前，但每次出征授任他的却始终是参赞因而感到有愧于他；或许他想到了他对海兰察的不公，引起文武官员们的诸多议论因而深感不安；或许……总之，乾隆皇帝有一种愧对海兰察的感觉，由此，他一而再、再而三为一个普普通通的副将接连触犯森严的戒规，破例做出谕旨，加以恩赏海兰察，这在整个乾隆时期是前所未有的。

海兰察接连征战，备尝师旅之劳苦，并且多次负伤，尤其是赴西藏驱逐廓尔喀之战中，他率军在喜马拉雅山两麓作战，在雪域高原历尽艰险，因劳累过度而病倒。乾隆五十八年（1793 年）3 月初，海兰察从西藏凯旋，迈着艰难的步履返回京城（或许是躺在战车上）。当年 3 月 15 日，乾隆皇帝第一次破例做出决定："向来武臣，无乘轿之例。海兰察在军前效力多年，腿有宿疾，著格外施恩，赏令乘轿。"从乾隆帝的这个决定来分析，海兰察在返回途中就已经行走艰难了，回到家中更是卧倒在床。乾隆立即遣派御医为海兰察医治，但海兰察"身受多伤"，病入膏肓，医治无效，于乾隆五十八年（1793 年）3 月 17 日病故①，终年 54 岁。

　　乾隆听到海兰察病逝的噩耗，谕旨："海兰察曾在军营效力有年，闻伊染患伤寒病症，当即遣医调治，冀以速痊。兹闻溘逝，殊堪悯恻，朕心深为轸惜，伊病笃时，业经赏给，经被着加恩，派御前侍卫丰绅济伦带领侍卫往奠茶酒。其应得卹奠着该部查例具奏。"② 又指出："既念此次深入贼境，山径崎仄，备极艰辛，其得病未必不由劳瘁所致。"③ 直接点明了海兰察的病因，同时表达了对海兰察病逝而感到万分悲痛的心情。海兰察戎马生涯三十八载，战绩累累、功名赫赫，为国家的统一、边疆的稳定做出了重大贡献。乾隆皇帝为失去一位震撼万里乾坤的大将而感到万分的痛惜，谕旨："仍著与谥，钦定谥曰'武壮'。"④ 清廷举朝震悼，为其祭葬。乾隆再次破例谕曰："海兰察系行伍出身，在戎阵多年，其接仗次数，不可胜计，且身受多伤，实不愧宣力之臣。但伊由藏回京在家数月病故，非阵亡可比，例不入昭忠祠，兹念伊军营奋勉，曾受多伤，着加恩亦入昭忠祠，以示轸念功臣之意。"⑤ 并将海兰察灵柩存放于京城昭忠祠。这是前所未有的荣宠，京师昭忠祠中灵牌如林，当时不以阵亡入祠的，只有海兰察。

　　乾隆皇帝为海兰察入祀昭忠祠，又亲笔赋诗：

命领侍卫内大臣一等超勇公海兰察入昭忠祠诗以志情

清高宗

本以索伦兵，手擒巴雅尔。因之识英才，超群擢侍卫。

感恩益忠勤，征战无不委。犹忆伐缅甸，领队率一旅。

明瑞被贼阻，就近欲救彼。额登额挟仇，无奈为所止。

斯则勇兼谋，赤心更莫似。是后凡用师，荐至参经理。

凡战皆获胜，深明进退揆。曾不一字识，每合七略旨。

---

① 《清史稿》卷第十五，高宗本纪六，第 414 页。

② 《起居注》，乾隆五十八年，二十五日、戊午，第 698 页。

③ 见清高宗"命领侍卫内大臣一等超勇公海兰察入昭忠祠诗以志情"原注。

④ 清朝优恤功臣，最为郑重的是为去世者赐谥名。所以，自清开国至道光朝，得谥名者仅400 余人。有不少人官至极品，而殁后也不得谥名。

⑤ 《起居注》，乾隆五十八年，二十九日、壬戌，第 698 页。另见《清高宗实录》卷 1425，第 16 页。

台湾及廓喀，福康安肩比。崇爵锡黼衣，恩荣冀永祉。
五子申予怀，千秋述伊美。

原注：

缅甸之役，将军明瑞师次猛腊屡战克胜，既而贼大积，我孤军无继，明瑞令将领分队以出，自为殿后，而参赞额勒分驻旱塔，忌明瑞成功不救，以至殒躯时，海兰察闻信即欲彼援，为额勒登额阻止彼时，海兰察不过一领队侍卫，固不能达参赞之号令，径自赴救，而其忠诚于此益见。嗣后，每遇征战，无不简派伊，亦感激朕恩，倍加奋勉，至其料敌攻战，进退策应，悉协机宜，虽未知书，俨若素娴韬略者。金川奏捷，遂封为一等超勇侯，丁未台湾逆匪林爽文等滋事，福康安为将军，并令伊为参赞，不数月，逆匪悉就擒获，事蒇论功，因晋封为三等超勇公，赏戴红宝石顶、四团龙褂。及此次廓尔喀侵扰藏界，仍命伊为参赞同福康安征讨，七战皆捷，贼人震詟乞降，大功告竣，又晋封一等，超勇公及去冬回京，朕方冀其长受宠恩永膺福祉，不意，今春抱病未及，旬日遽而溘逝，可胜惋惜，所有饰终令典俱已恩锡，既念此次深入贼境，山径崎仄，备极艰辛，其得病未必不由劳瘁所致，尤为悯恻，因令入昭忠祠用彰勋绩，并为宣力效忠者劝。[①]

乾隆皇帝为了让后人牢记海兰察的历史功绩，特别下旨派遣清廷礼部，操办为海兰察勒石立碑事宜，并御笔亲撰碑文，谕祭功臣海兰察。

乾隆皇帝谕祭一等超勇公海兰察碑文[②]

奉天承运，皇帝诏曰，遣礼部侍郎多永武谕祭于御前大臣、参赞大臣、阅兵大臣、中纛大臣、领侍卫内大臣、正白旗蒙古都统、管理健锐营大臣、南苑大臣、总理三旗虎枪处、一等超勇公、谥武壮，海兰察之灵曰：朕帷封疆立武，聿先致果之材；竹帛铭勋，弥念匪躬之节。盖奏凯屡资其效命，斯饰终宜备【宜备二字下：有缺误】。尔海

① 《呼伦贝尔志略》，善后督办公署1923年铅印本，第312页。
② 碑文采自清盛昱辑《雪屐访碑录》，转引自王竞、滕瑞云编著《黑龙江碑刻考录》，黑龙江教育出版社1996年版，第156页。

兰察，赋资沈毅秉节夫酬庸【夫酬庸三字：有缺误】，式焕丰碑，用昭懋典。尔御前大臣、领侍卫内大臣、正白旗蒙古都统、一等超勇公、武壮海兰察，戍行奋迹，宿卫宣劳。勇略超伦，巴图鲁早膺荣号；功牌叙职，骑都尉更予世恩。尔乃大漠扬威，将厄鲁特王，巴雅尔首功一矢；金川赞画，噶喇依扫穴两甄。歼螳臂于石峰，莫鲲身于台海。摧锋陷阵，所向无前，领队参军，在事有绩。累任豹枢之籍，统旅频襄；长趋鹤禁之班，环庐分锡。爵荐优于关内，专旗兼掌于公中。顷当小丑之扰边，仍副元戎而安藏。桥通热索，埋根连七战之勋；路越雍鸦，褫魄乞同巢之命。佐威棱而树帜，维汝同同；晋高等于执桓【于执桓：于执口桓】，予将将。归歌雨雪，载车骑以迅驰；劳轸星霜，许肩舆以优养。方殷毗倚，何意沦徂。谕莫初颁，祠列昭忠。而秩祀恩纶，载贲礼崇，表行以易名，状厥生平，谥为武壮。呜呼！弓矢冠虎贲之列，乘我武于十全；丹青炳麟阁之勋，图汝形者四次。勇将更兼于福将，百战功名；知人方足以任人，一心驾驭。年犹未老，听鼓鼙思将帅之臣；礼亦从宜，区文武准贤良之报。歆兹奠醊，慰尔英灵，绥兹吉兆，贻尔后昆。

第三节　清代福州将军穆图善

穆图善，字春岩，鄂温克族，那哈塔（亦作那喀塔）哈拉（姓氏），出生于布特哈镶白旗（今阿荣旗那吉屯正西阿伦河西岸有方圆不大的深水处，清代在附近住有十几户鄂温克人，他们用鄂语称"索恩图沐"，后来转音称为"松塔沟"），穆图善在未成年时随母亲改嫁移居齐齐哈尔镶黄旗大巴奇哈屯。

穆图善，原名穆都日（"龙"之意），传说他从征后，慈禧太后赐名为"穆图善"的。

从征转战数省

咸丰三年（1853年），穆图善以骁骑校从征在僧格林沁部，正值太平军两万余人北上抵进河北，克临洛关，占领深州、沧州、静海，迫近天津。清廷大震，急令僧格林沁部抗击太平军，太平军从静海退至阜城，太平军因孤军深入，兵力单薄，后无援兵，在清军的继续打击下从阜城退守连镇，另一支太平军被包围于山东高唐州。

穆图善　　插图：孙勇

咸丰五年（1855 年）3 月，僧格林沁部克连镇，攻高唐州，太平军突围至山东茌平县冯官屯，5 月克冯官屯，河北、山东即平，僧格林沁班师，穆图善随副都统杜兴阿留守冯官屯。

1853 年，自九江沿江西西征的一路太平军进展顺利，曾国藩的湘军屡战屡败，太平军陆续占领九江、安庆、武昌三大重镇，取得了江西、安徽、湖北东部一大片土地。

咸丰五年（1855 年），杜兴阿奉命率所属兵 2000 人进入湖北助德安之战。咸丰六年春，战新洲，10 月收汉阳，杜兴阿迁江宁（位于江苏）将军。

咸丰七年（1857 年），杜兴阿患病，副都统多隆阿（黑龙江齐齐哈尔正白旗达斡尔人）代杜兴阿将军总理军务，带领步骑兵 5000 人下九江会李续宾部攻安徽太湖、潜山，又向东趋石牌，破集贤关，进毁安庆城外坚垒。

咸丰十一年（1861 年）春，多隆阿率部增援曾国荃攻打安庆，9 月克安庆，多隆阿令穆图善留守桂车河大营，太平军以 7000 人来袭击桂车河大营，多隆阿、穆图善在东、西两山隘设伏，诱太平军深入，官军突然大呼夹击，太平军败退，穆图善因指挥得力，记名为副都统。

清军克安庆后，时年 9 月，多隆阿率部西征，在西征途中穆图善克安徽桐城、舒城有功，清廷赐"西林巴图鲁"称号。

同治元年（1862 年），穆图善率兵克庐州（今安徽合肥），太平军陈玉成突围走投苗沛霖，穆图善战至寿城（今安徽寿县）南 40 里后，继续西进。

多隆阿抵进河南、湖北、陕西三省交界处破丹江岸边的紫荆关，穆图善踵之，多隆阿入陕西破武关，陕人士惊讶为奇捷。

多隆阿授命自潼关（位于陕西与山西、河南三省交界处）北济，11月解同州围，使穆图善营在洛河（位于河南、陕西省境内）北岸筑垒抵御自潼关远道来犯之敌。

同治二年（1863 年），多隆阿攻克陕西王阁村羌白镇，令穆图善跨渭河（陕西省境内）而营，朱希广、赵既发二将在前御敌，他们轻赴敌被围，希广败殁，既发受重创，多隆阿闻讯率军支援，敌溃退，多隆阿令温德勒克西（巴尔虎蒙古人）乘胜破诸塞堡，又渡渭河南向于灞河（陕西省境内），击溃者走灞河，扑水死数千人。

此时，雷正馆、曹克忠部从西路抵进西安城，多隆阿诏移西安将军，7 月入西安城。9 月，多隆阿带领穆图善、雷正馆部收高陵、三原、泾阳各县，遣陶茂林西援凤翔，解其围，京兆、扶风亦平。

同治三年（1864 年）春，四川蓝大顺自蜀窜陕西陷周至。周至城小而坚，蓝大顺善守，穆图善、温德勒克西久攻不下，多隆阿做望楼，躬视城中，中箭伤右目，诏穆图善帮办军务，2 月未克周至，蓝大顺由地道出走，追之南山擒之。多隆阿伤情严重，医治无效，4 月中旬卒于周至军中。

穆图善把多隆阿的遗体迁荆州安葬，刚起程，发现梁成富拥大众焚大峪口伊家桥（距西安 50 里），阻止送葬队伍前进，并威胁西安城。穆图善立即令孟宗福还军击之，保住了西安城，梁成富看形势不妙转而西窜至宝鸡（陕西省境内）。穆图善边遣送葬队伍至荆州，边遣官军追剿至宝鸡，断其粮道，围困数日，直至其投降。

同治六年（1867 年），陕甘总督左宗棠率师入卫战太平军，宁夏将军出师新疆伊犁，留杜兴阿督办甘肃军务。此时，甘肃回变，占据宁夏（原灵州）宝丰等各郡县，清廷令杜兴阿抵花马池，率兵 3000 人出师宁夏，杜兴阿令副都统杜嘎尔（巴尔虎蒙古人）为先驱，走沙漠，绕到宁夏石嘴山，渡黄河，深入数百里，转战而前收宝丰，解平罗城围，进攻汉满二城（今银川市），汉城周围 40 里陷于回，满城（位于今火车站）被回围困之中，汉满二城周围皆回群，抗击官军，杜兴阿孤军很难深入，故奏请穆图善军增援。

同年 8 月，穆图善率兵增援，首战克清水堡，自黄河左右岸连营趋城下，与杜兴阿联兵解满城之围，继续进攻拿下了汉城外垒之纳家闸（今纳家户清真寺）附近各寨保，回大惧，决河渠，阻官军。

穆图善考虑官军作战劳累，建议稍休整后再进攻，杜兴阿急于攻打，督促官兵连续进攻，久攻不下，勒兵强攻城，官兵损失惨重，失将士心，军心涣散，还诛来降之回，使回决一死战，战到翌年（同治四年）11 月仍无胜负。杜兴阿自认指挥失利，请从重治罪，推举穆图善代将指挥宁夏战役，并督办甘肃军务。

此刻，号称"元帅"的马生彦仍踞半个城，杨文治据长流水，与官军对峙。穆图善采取军事打击与政治瓦解相结合的战略，先集中兵力攻克了杨文治盘踞的长流水塞堡，杨文治失去了盘踞之地，1867 年 2 月投降，杜嘎尔在黄渠桥斩马生彦，宁夏基本平定。

军民同耕田

同治六年（1867 年）4 月，杨岳斌请疾，陕甘总督左宗棠率师入卫未回，诏穆图善署理陕甘总督，进驻兰州。

《黑龙江志稿》"人物志"记载："穆图善治军以稳练见称，署理陕甘总督时，与饥饿作斗争，且战且抚，并于其时，修河桥、立社仓，凿渠引泉，督民耕种，可谓知本矣。"穆图善署理陕甘总督期间，在甘肃待命扎营的主、客军甚多，约有 140 个营的兵力，冗杂不使用，且苦饷绌，这里的老百姓因无粮而饥饿，无力供应军需粮草。在这种情况下，穆图善备战备荒，治理经济，以宽治军，组织军队协助农民种田，挖渠引水，修桥补路，发展农业生产，设粮仓，广积粮，既解决了军队用粮，又救济了饥饿的老百姓。从此，穆图善深得各族军民拥护。

同治七年（1868 年），穆图善遣杨占鳌会成禄军，攻之肃州之下，回教区新教魁马化隆授抚于穆图善。马化隆为了表明忠于朝廷改名为马朝清，捐助修渠工银 8000 两，又毙叛回马兆元，还协助官军收复盐固，穆图善信以为真，给存保提督衔。但马化隆暗中以金积堡（宁夏境内）为据点，扩充实力，在官军刘松山攻宁、灵各回，逼近金积堡时，杀刘松山叛变。穆图善得知后上疏曰："宁积堡已降之回不敢谓皆良民也，马朝清等虽立志坚定，而教下人多情急，变生必致，稍有不利，乘机愚动，皆成变局。"穆图善吸取教训，加强了戒备。同治十年（1871 年）2 月，左宗棠率兵攻打金积堡，占领金积堡后杀死了马化隆。

同治十一年（1872 年），穆图善移驻泾州，第二年再克肃州，是年，清廷因穆图善一贯奋勇效力，屡建战功，授予云骑尉世职，赐予入紫禁城骑马。

光绪元年（1875 年），原吉林将军调来泾州，第二年夺了穆图善职。光绪三年（1877 年）穆图善为青州副都统，不久迁察哈尔都统，光绪五年（1880 年）调任福州将军。

马江之战

1840 年第一次鸦片战争后，各帝国主义妄图瓜分中国，咸丰十年（1860 年）10 月八国联军进北京，光绪十年（1884 年）8 月，法国将军孤拔率兵舰 13 艘进犯我国台湾，被台湾巡抚刘铭传击退后，转而驶入福建省马尾港，窥伺陆地上的设施。这时，福建水师船政大臣何如璋不敢阻止，华法两国兵船同泊一处，不让华船移动，也不下令陆海军备战。而福州将军穆图善是一位老成练达、秉性忠诚的爱国主义将领，在战斗还未打响前，法国舰队司令孤拔向副官询问福州将军穆图善时，副官回答说："穆图善是很会打仗的一位老将军。"在闽浙总督何景答应法国将军孤拔上岸到陆地视察时，穆图善很气愤地说："这简直是胡闹，不能让洋人在我国土地上放肆！"当即命令管带随时打击敌人。

由于福建水师船政大臣何如璋属于李鸿章的主和派，怕影响议和，事先未做战斗准备，法军开战后，才仓促应战，在爱国将士及主战派的影响下，打响了"马江之战"。爱国官兵的英勇作战，打沉法舰 6 艘，法兵溺水 300 人，法将军孤拔受重伤而死。中方损失也惨重，船舰都被击沉，兵器厂和造船厂全部被炮击起火，水师官兵阵亡 700 多人，福建水师全军覆没，何如璋逃走。

以钦差大臣卒于东北

光绪十一年（1885 年），穆图善被授予钦差大臣，来东北故乡会同东北三省将军办理扩军练兵事宜。这时，东北三省兵制，奉天（沈阳）有旧队 1000 人、吉林 1500 人，其余均为新兵，黑龙江地广人稀兵力单薄。商议后决定三省各组建马队二起各 500 人，步队 8 营各 4000 人，总统

（总指挥）1人、帮统（副总指挥）2人，负责组建和操练，枪械由上海军火采运局供应。穆图善奔波操劳于东北三省，光绪十三年（1887年）病故于途中。

穆图善从军后，从骁骑校到将军，戎马一生，为维护国家安定，奋勇效力，战功卓著；他深谋远虑，在陕、甘署理总督期间，治理经济，组织军民种田，设粮仓，备战备荒，救济灾民，深得人心；他忧国忧民，法国军舰入侵我国福建沿海时，坚决主张反击外国入侵，晚年还以钦差大臣身份来到东北三省操劳扩军练兵事宜。

穆图善病故后，清廷非常重视，赐予骑都尉世职，赏银1000两治丧，还下旨灵枢送回镶黄旗，沿途地方官员妥为照料，并迎送致哀。光绪皇帝还加恩已故穆图善将军在国史馆立传，并准予立功省份建立专祠。

黑龙江省在齐齐哈尔西北18里处巴奇哈屯建专祠，立碑名"福州将军穆图善之墓"。光绪十八年（1892年）吉林省也为穆图善建了专祠。

将军墓碑

齐齐哈尔市梅里斯达斡尔中学原校长王金生（鄂温克族）先生，走访考察穆图善将军的墓碑之后，以《穆图善将军墓碑记》为题在《鄂温克研究》刊物上发表了文章。文章不仅展现了清代为穆图善将军所建的专祀，而且为鄂温克族提供了具有很高史料价值的文物古迹资料。

根据史料记载，大八旗哈屯两三里许有穆图善墓焉。墓地南北三十八弓，东西二十三弓。南北石柱三十二根，东西石柱十六根排列在四周，石柱为墙。有石门三座，一正门，一东偏，一西偏。石门均刻字联。其祖父母以至其父母之墓均附葬于此。墓地建造在一个慢坡上，占地两千多平方米，墓地周围石柱的柱与柱间，又以两根石条相连。碑与墓为南北方向一里许。墓在北，碑在南。将军碑坐北向南，竖立在路边，便于人们瞻仰。

从外观看，墓碑是由碑和碑楼两部分组成。碑为青石质地，碑首中间为漫圆至两侧形成云层垂直而下。高丈余，宽124公分，厚1466公分。一方高大碑体稳放在1米高的眉背上，眉着地处有一大平面方石。方石四角各有一小眉雕塑，更显得墓碑坐落稳健。有清德宗即光绪皇帝赐封的碑记，碑阴镌刻有满文。碑楼是在墓碑两侧各砌有两米宽青砖墙，墙高超于墓碑顶端后，筑成起背楼顶，以青瓦为盖，四角施以古建筑风格。楼与碑相互依存，异常庄重，显示出时代的艺术造型，形成了一座高大巍峨古墓碑。在碑楼外摆放有近一人高的四个石轮；有人说，当初这碑是用石轮从长春拉来的，由于运输途中的磨损，石轮周围已被磨光。

作者说，许多生活在梅里斯的四五十岁和一些年长的人都会记得 30 多年前，在齐富公路大八旗哈至全后台间，临路南有一座高大的墓碑，附近的人们都称它为将军碑。凡过路人都要驻足观看，许多人也前往瞻仰，并留下了历史的记忆。

据人们回忆，穆图善墓碑被毁于 1966 年 9 月，那时"文化大革命"刚刚开始，墓碑是在"破四旧"形势下毁掉的。墓碑毁掉后，全合台村运走了拆除的部分物件。

附碑记（原为繁体字，无标点）

福州将军穆图善墓碑
清德宗

联惟岩慈作镇眷鞠尽瘁之臣册府出勋重崇德报功之典播隆恩于奕叶嘉成绩于当年艰巨克承旌扬宜尔福州将军穆图善萧资恒我赋性朴忠从戎历三十年转战越八千里冯异本起家主簿张宗能制胜编师初从河朔之效继入汉南之域孙吴韬贯黄中闻名而自哗关陇威加白帽相谓以无反锡之勇号功在先朝泊乎建节单调中誓师表岛酋犯顺效垒戒严文铖以毫战士识凿凶之义湛船而渡将军有必死之心时刻特角不支藩篱误撤狃改之渐议夺养威特险之谋勇乘于重闭既堕大羊之作遂惊鹅鹳之军惟而前茅独樱固险据胡床而坐垒口誓已启身布铁藜而塞归途义无反顾卒能好整以日段易败为功似此孤忠足风有位矣居以三边筹备万里移旌况瘁不辞规为甫定据鞍矍铄时存报国之忠建策便宜特著屯田之议方冀口兵虎口屹若长城向期掩景鳌弧摧芘大树既殊拖于加重更荣赐以易名象厥生平谥日果勇于战名高峰部民留隋之碑气作山何国更定褒忠之笔伟哉远略耀此贞珉

第二十七章

清朝实行的怀柔政策

清统治者正如他们的太宗皇太极早在明末清初征服"索伦部"时曾说的"且此地（当时指黑龙江）人民语言与我同，携之而来可以为我用"那样，康熙、雍正、乾隆三代皇帝，为了利用鄂温克人在外征战、在内贡貂，在推行"八旗制"的过程中，采取了一些特殊政策。

鄂温克人从事狩猎生产，迁居大兴安岭、嫩江流域之初，仍处于氏族社会末期向阶级社会过渡的阶段，其社会结构仍是父系氏族社会。在这个社会基础上，清朝推行带有封建性质的"八旗制"，取代了布特哈鄂温克人的氏族制度，形成了农业和狩猎两种经济基础上的"八旗制"，两者存在着矛盾的一面，出现了对立统一的关系。但由狩猎经济进入农耕生活的满族，对狩猎生产仍十分留恋，特别是清朝皇帝和官僚们非常喜爱貂皮等物品，此时的清统治者既需要农业生产，又需要狩猎生产。因此，根据鄂温克人的狩猎经济特点，清朝在推行"八旗制"时，与鄂温克人的氏族和部落紧密联结在一起，以氏族为单位编佐，任用氏族头领为佐领，并把嫩江以西山区各河流若干佐的鄂温克人，分别编制五个"阿巴"（围猎场），作为清代"八旗制"之中的一个特殊类型，这基本缓解了经济基础方面的矛盾，在体制上既适应了鄂温克人的狩猎经济特点，又把鄂温克人纳入了"兵民合一"的八旗制轨道。使鄂温克人适应清王朝封建统治的需要，大力推行军事化、等级化、封建化，促使其向封建社会转化，其本质是让鄂温克人战时出征打仗，平时猎貂纳贡，给大清封建王朝效力。

第一节　任用鄂温克人为清朝官员

　　清朝把布特哈鄂温克人编入八旗，还作为一个特殊类型对待，并不是考虑鄂温克人的利益，而主要是为了把兵役和贡貂两项沉重的负担压在鄂温克人头上，为了体现鄂温克人臣属于清王朝的政治标准。

　　一贯以"招抚"和征战实现统一事业的清统治者，很清楚给鄂温克人这么大的压力，是为了防止鄂温克人的反抗，并利用鄂温克人为清朝效劳。他们加强了对黑龙江的管辖，由朝廷派官驻守，改设"黑龙江将军"，同时也加强了对鄂温克人的管理，对鄂温克人除了采取强制性的政令、军令外，还采取了一些笼络鄂温克人的怀柔政策和措施：用鄂温克人统治鄂温克人，用鄂温克人管理鄂温克人。在建布特哈打牲部之初，清朝就为了笼络鄂温克人任用了原氏族和部落头领为清朝官员，氏族头领为佐领，部落头领谓之曰头目、副头目。在编佐编围的基础上，康熙二十三年（1684 年），根据康熙皇帝"索伦、打虎儿（达斡尔）总辖之任甚为重要，必得贤能之人，始能管理"的指示，布特哈当年就始设总管（三品）、副总管（四品），同时实行鄂温克、达斡尔分治，分别设鄂温克、达斡尔总管各一人，副总管若干人，在副都统及满洲总管的统辖下，各自管理各自民族的军政事务，战时带领兵丁出征打仗，平时带领青壮年猎手猎貂纳贡，为清朝效劳。

　　康熙皇帝所说的"贤能之人"，一是效忠清朝的人；二是对清朝有功绩的人。清朝按这个标准任用官员，分别给一些鄂温克人授予"副都统"、"总管"、"副总管"、"佐领"、"骁骑校"、"领催"等一系列官职，把鄂温克划分为各种不同的等级。等级制的出现，取代了鄂温克社会原来的民主、平等关系，为加速鄂温克社会军事化、等级化、封建化打下了基础。

　　清朝任用鄂温克官员的目的，不仅在于管理好鄂温克人，主要还在于通过他们利用鄂温克人充实清朝的军事力量。一向认为鄂温克人"骁勇善战"的清统治者，看到反击沙俄侵略的"雅克萨"战争中鄂温克人所发挥的重要作用，更加重视鄂温克人在战争中的作用。

康熙皇帝早已预见到巩固大清江山，需要有强大的军队，为充分发挥他们在战争中的作用，还需要培养效忠清朝的官员或满族化的人才。康熙三十四年，清廷令黑龙江将军萨布索，于墨尔根（今嫩江）设学校，设助教官，鄂温克、达斡尔每佐领下选一儿童，学习满文书艺。这是鄂温克族有史以来，长期由氏族、家长教育子女，口头传授知识，转变为在官办学校接受文化（文字）教育之始。后来到雍正年间，为了锻炼提高鄂温克族官员的素质，准备调遣鄂温克军队远征，挑选一部分鄂温克官员到外地任职。雍正三年（1725 年），升索伦副总管外三为正蓝旗汉军副都统；升索伦总管那儿赛为黑龙江瑷珲副都统；升索伦总管塔尔岱为白都纳（今吉林省扶余县）副都统，仍兼理总管事务；索伦官员勒尔克善也被提拔为呼兰城（今吉林省呼兰县）守尉。

清朝把鄂温克人主要用于战争，所以清朝所任用的官员，多数是在战争中提拔和晋级的。如在战斗中英勇顽强，奋勇杀敌，立有战功者就被提拔为侍卫、骁骑校、佐领等初级军官；再有奋勇效力，指挥得力，屡建奇功者晋升为副总管、总管、副都统等中高级军官；还给予"巴图鲁"（英雄）等荣誉称号或奖励，以此鼓励鄂温克官兵为巩固大清政权而奋勇效力。

第二节　培养满族化的鄂温克军队

清统治者为了适应清王朝封建统治的需要，特别是康熙皇帝早已预见到巩固大清江山，需要有一支强大的军队，其中鄂温克军队是一支劲旅，要充分发挥他们在战争中的作用。使其成为清统治者的驯服工具，要利用鄂温克人骁勇善战、骑术高超、箭法极精、临战得力的优点，充实其军事力量，弥补满洲军队战斗力的不足，为大清王朝效命。

清统治者利用鄂温克语与满语接近的特点，早在明末清初时就已经同化一部分鄂温克人为"伊彻满洲"（新满洲）。除此之外，统治者还要继续同化鄂温克人，使其成为满洲共同体的成员，使鄂温克军队成为满族化的军队，于是采取了一系列同化鄂温克人的政策和措施：

（1）战时在八旗军中把鄂温克兵丁单独编队，不与蒙、汉军混编，派满族教官进行训练，使用满文满语，待遇接近满族官兵，灌输满族意识形态和封建礼俗，赐满族的荣誉称号。

（2）平时每隔 3 年的春末夏初，召集大兴安岭 5 个阿巴之鄂温克各佐领，于索岳尔济山（位于大兴安岭南端山脉）祭鄂博（敖宝），还派员参加黑龙江将军及副都统举行的盛大检阅式。

（3）清统治者为了广泛培养满族化的人才，教育八旗人官吏子弟，在继墨尔根办学之后，乾隆九年，在齐齐哈尔、黑龙江（瑷珲）各设一所学校。光绪三十一年，在布特哈又设初级师范预备科一处；西布特哈（今尼尔基）设小学一所，八旗各佐领选送一名子弟读国书。课程分文武两科，文科授以圣谕广训及大清律四书五经等，武科则习武艺骑射技术。

鄂温克人被清朝利用转战四方，取得了许多战役的军事胜利，在康熙、雍正至乾隆年间，为统一和巩固幅员广阔的多民族国家做出了重大贡献。

在《索伦诸部内属述略》一文中载："索伦散处山谷，精于骑射，雄于诸部，自康熙以来，编旗给糈，训以纪律，平时自应其役，军兴皆听调拨，往往以勇猛敢战，取翠翎珊顶及巴图鲁名号，如寄此海内，所以称劲旅也。有敖喇、都喇尔、布喇穆等姓，多居布特哈、呼伦贝尔境，而齐齐哈尔等三城较少，亦有流寓俄罗斯者，其国谓之喀穆尼汉，又谓之通古斯。"说的是鄂温克人精于骑射，转战四方，英勇作战，涌现了很多英雄人物，而鄂温克官兵被称为"劲旅"，还说到了鄂温克族的分布和姓氏。

清朝的皇帝和军政大员们非常注意研究鄂温克人的情况。据《清实录》记载：乾隆十三年（1748 年），黑龙江副都统黑雅图奏称："打牲索伦等处兵丁，人甚壮健，枪箭敏捷，惯走山林，颇耐劳苦……约束稍觉费心，若能服其心，临战甚属得力，且伊等行路，甚属简便，旷野之地，插木为栅，随便即可栖止。"据此，乾隆皇帝谕军机大臣等："黑雅图所奏，深知彼地兵丁情形，可传谕经略大学士知之。"

乾隆皇帝也称赞鄂温克军队："东三省兵制，定能得力，索伦质性犷悍。"意思是他们既粗野又强悍。也许粗野之人便于利用，乾隆皇帝对鄂温克军队官兵的政策和措施又有了新的发展，规定皇帝每年抽出一定时间接见鄂温克军队佐领以上的官员。乾隆二十九年（1764 年）三月谕曰："闻索伦等……遇有引见，即遣来京。"但又规定一条："未经出痘者，不必令其来京，如必应引见之佐领等官，遣往木兰围猎场引见。"清朝皇帝接见官员的等级，对鄂温克人放宽至佐领以上官员的特殊措施，使鄂温克官员以见到皇帝为荣，进一步增强了他们效忠清朝皇帝的热情。随着西北局势趋于稳定，从乾隆二十五年（1760 年）以后，对于从新疆陆续撤回来的鄂温克兵丁，乾隆皇帝出于恩赏，作了在原有军饷中支给半份俸禄的决定，这是平时在后方的鄂温克兵丁享受半份俸禄的开始，以此鼓励捕貂纳贡，对鄂温克兵丁的生产、生活也起到了一些补助作用。

清朝各处有战事都派鄂温克军队前往，乾隆皇帝曾说："我统索伦精兵前往，丕振军威……往追务获。"平时为了与鄂温克人联系，贴近鄂温克人，乾隆皇帝每年出去行猎时，都要选鄂温克优秀猎手来陪同他到木兰围猎场围猎。鄂温克猎手随皇帝围猎逐渐成为制度，直到嘉庆年间还在盛行，但把随围的人数从 30 名减一半，只令 15 名随围。

第三节　对鄂温克官员赐予封建特权

清政府为培植效忠清朝的特权阶层，使鄂温克成为满族化的封建贵族，对其推行封建思想和礼俗，使鄂温克社会加速等级化、封建化的进程。鄂温克社会经济发展缓慢，经济结构单一，而封建特权主要表现在具有一定社会地位而又对清朝有功绩的官员上。鄂温克佐领（章京）级官员分为两种：一种是立有战功，皇帝封的世袭佐领；另一种是通过射箭比赛选拔的一般佐领。据《鄂温克族简史》记载：新中国成立初期在阿伦河流域鄂温克人中发现了两个世袭佐领的家谱，一个是杜拉日哈拉，第一代到最后一代，共世袭十三代；另一个是涂格敦哈拉的，共世袭十二代。

世袭佐领的子孙及亲兄弟、过继的儿子都有权继承佐领的官职。世袭佐领和一般佐领以及世袭三代的"云骑尉"（图西勒哈朋）和骁骑校（哈朋），在鄂温克人中都有特权，拥有较多的财产。

世袭佐领，民称"铁帽子"，是皇帝封的。如一般佐领犯了严重错误，群众提出控告时可以罢免或给予处分，但世袭佐领无论怎样，都不能取消其官职和世袭权。

佐领的命令任何人不得违抗，他们有守官印的"歪楞"（秘书），并有 4 个随从，轮流给他使用。佐领有个 1 米多长、2 寸厚的大板子，有权处罚管辖内的成员，说打就打。

他们在婚姻上与一般人不同，他们的姑娘必须嫁给其他佐领或骁骑校的儿子，或嫁给在职的佐领及骁骑校。他们的儿子也不能娶平民的姑娘，一定要娶佐领或骁骑校的女儿。

他们的丧葬也与一般人不同，凡是管辖内的人都参加丧礼，特别是"铁帽子"佐领死后，在院内用红布围起，摆一些金银器、功劳状排表在红布上，以示光荣。

布特哈鄂温克人中的特权阶层，如总管、副总管、佐领、骁骑校等，以高官厚禄和各种特权，依仗社会地位和政治上的权力，也包括少数"毛哄"家族的族长，占有火枪（密三）、牲畜和土地，吸收一个或几个奴隶（包我勒）到家中来劳动。

布特哈鄂温克人特权阶层的出现、等级观念的形成、私有观念的加深，适应了清王朝封建统治的需要。推行军事化、等级化、封建化的结果，使特权阶层得到了一些利益，而绝大多数鄂温克人仍处于贫困之中。

第四节　给鄂温克族带来的影响

清统治者对鄂温克族之所以实行怀柔政策，真正的目的只有两个：一是战时出征打仗，二是平时猎貂纳贡。

在清代频繁的战争中，政府把鄂温克族推上军事舞台，征调鄂温克青壮年男子出征四五十次，哪里有硬仗就派往哪里。他们参加了许多次反击外国入侵和民族分裂的战争，金戈铁马，志在四方，远涉西北、西南边疆地区直至台湾，转战 22 省。

鄂温克官兵在保卫国家领土主权和维护国家统一的战争中发挥了重要作用，他们赤胆忠心，奋勇效力，英勇善战，涌现了很多战功赫赫的英雄人物，做出了不可磨灭的贡献。

但是，战争是残酷的，在清代频繁的战争中，鄂温克官兵西征南战，转战四方，四征不庭，长期在外，往往长达一二十年之久不能回归，家乡的生产、生活只能由妇女和老人操持。在战争中鄂温克官兵虽然英勇顽强，打了许多胜仗，出现了很多英雄人物，但长年累月的战争，一个战役接一个战役，死伤者甚多。据《黑龙江志稿》载："清征调黑龙江兵四十四次……官与兵数，统计六万七千七百三十有奇。其庆生还者，十不一二也。不死于战争，即死于瘴烟之地。"如乾隆三十四年（1769年）因剿缅匪赴云南前线的索伦兵1000多人死于战场，特别是死于瘟疫者较多，只有300多人返回了故乡。黑龙江将军绰勒多奏："兵丁内有一家三人阵亡，及三人内两人阵亡者。"如赴新疆伊犁屯田戍边的索伦营官兵及眷属2000多人，在战争和瘟疫中死伤多人，也无一返回故乡。战争夺去了很多鄂温克青壮年的性命，格尼河流域朱肯柱村的男人去当兵全部死在战场上，全村几十户鄂温克人只剩下老人和妇女，致使很多家庭失去了亲人，传来的往往是噩耗，盼来的往往是骨灰。雅鲁河流域的鄂温克妇女们常常把阵亡的丈夫和儿子的骨灰保存在家里，意为亲人和男人还在家中。

在那个时候，鄂温克人处于生离死别的状态，成年人口不断减少，妻子失去了丈夫，直接影响了人口再生产，生还者不是致残者就是积劳成疾者，到了结婚年龄的年轻人没有机会成婚，人口自然增长率不断下降，后代繁衍日益萎缩。到嘉庆、道光年间鄂温克人口明显下降，清朝政府也承认"大都亡于战阵，户口凋零"[1]。由于人口自然增长率的下降，到咸丰、同治、光绪年间，从鄂温克族"已难以再挑马甲从征，明显到了不敷调甲征战的程度"[2]。说明鄂温克族人口下降到几乎濒临灭绝的境地。

综上所述，清统治者对鄂温克人采取强制与怀柔相结合的政策，先征服，后利用，在清代的200多年中，索伦鄂温克人被推上军事舞台，为捍卫大清江山奋勇效力，付出了最大的民族牺牲，最后到了户口凋零难以再挑马甲从征的程度。清统治者还根据鄂温克人的狩猎经济特点，把布特哈地区作为猎貂纳贡的基地，实行"贡貂制"压在鄂温克人头上，而没有从征沙场的老、弱、病、残男人，为了满足皇帝和官僚们的貂皮需求，远涉千里外的黑龙江捕貂，每次出去往返3—5个月，家里只有妇女和老人维持生活，付出了沉重的劳役代价。

清代的兵役和劳役之苦，致使鄂温克族人口减少，生产力下降，经济

---

① 《清实录》卷二四五，中华书局1985年版，第35页。
② 同上。

衰退，生计萧条，生活陷入困境中不能自拔，这种状况一直持续到清朝末年。鄂温克族在漫长的历史进程中，进入文明时代以后，经历过几个朝代或地方政权，其中接触最多、出力最大、受害最深的是在清代。在清代鄂温克人被利用出过力，自身也深受其害，其直接后果一是人口锐减，二是经济衰退。

第二十八章

辛亥年开启共和国新纪元

时代发展到 20 世纪初叶，1911 年 10 月 10 日，武昌起义一声枪响，以孙中山为代表的革命党人取得了胜利，清王朝被迫退位，中华民国成立，选举孙中山为临时大总统，把 1912 年定为中华民国元年。

第一节　社会激烈动荡和急剧变化

北洋军阀首领袁世凯在帝国主义和国内反动势力以及附和革命的旧官僚、立宪派的共同支持下，窃夺了辛亥革命的胜利果实，中国重新落入了黑暗的深渊，陷入了军阀混战的乱世。

袁世凯建立的北洋政权，军阀混战，东北王张作霖割据东北地区，推行"移民、垦荒、建县"三项政策，削弱并取代布特哈少数民族管理体制，致使社会激烈动荡，大量人口迁至黑龙江省嫩江流域地区占地垦荒，土匪四起，人民不得安宁。

民国元年（1912 年），政府设民政长为行政长官，由都督兼任，民国三年改为巡抚使，民国五年改为省长，因军民未分治，仍以将军为督军管辖西布特哈地区。

民国四年（1915 年），在西布特哈设置布西设治局，开荒招垦等政务由西布特哈总管兼理；民国十一年设治局移尼尔基，治理地方行政事务，总管衙门办理各旗生计事宜。

讷谟尔河中上游有 14 个村屯（其中鄂温克 8 个村屯）划归德都县（后改为五大连池市），下游一带的村屯划归讷河县管辖。

民国五年（1916年），在西布特哈的扎兰屯、济沁河先后设稽垦局，民国八年（1919年）在洮儿河上游索伦山设稽垦局，民国十六年（1927年）把扎兰屯、济沁河稽垦局合并为扎兰屯设治局。

民国十一年（1922年），把布西（今尼尔基镇）设治局改为布西县，管辖境域为：东临嫩江与讷河县为界，西至阿伦河与扎兰屯设治局

扎兰屯街全景（1923年）

分界，南至绰尔哈屯以南与甘南、龙江两县为邻，北至甘河右岸与嫩江县为界。

民国十八年（1929年），扎兰屯设治局改为雅鲁县，县址在扎兰屯，其辖境为：东至阿伦河西岸与布西县和甘南县搭界，东南与龙江县为邻，南至景星县界，西南与索伦河设治局接界，西北至呼伦县界。

随着东北地区人口的流动，从清代末年起，特别是在民国年间，汉族移民一批接一批流入土地肥沃的嫩江流域及其支流浅山区占地开荒，这些移民中也混进了一些地痞流氓，他们为非作歹，抢劫民财，活动猖獗，致使民不聊生。鄂温克人不得不放弃一些原居住地村屯，逐渐由平原或丘陵地带向山林地带移动，或者合并到鄂温克族人口较多的村屯。如民国初年由于滨洲铁路沿岸各站移民人口越来越多，雅鲁河沿岸在清末仅剩的哈拉苏、阿力吉（二道桥）村的鄂温克人也迁至音河流域居住，可能坐落于音河西岸的后旧三站。还有起初在清末迁至济沁河流域的40户鄂温克人，在民国初年又向东迁至阿伦河流域的疙疸奈、沃勒莫尔丁村居住；后因疾病死了一些人，加上附近汉族移民人口的增多，他们又迁至音河上游的维古希地方，孟克店（有姓孟的达斡尔人在这里开店而得此名）、旧三站居住。其中坐落在维古奇村的鄂温克人，有杜拉尔（日）、达额图氏二十几

户鄂温克人企图重返雅鲁河上游及卧牛河①一带游猎生活，路经音河上源时发现了一个地方，野兽很多，适宜狩猎生产、生活，经商量征得大家同意后他们在此地落村居住，村名鄂语"维古希"，汉音译为"维古奇"。

　　尤其是从清末至民国年间，大量汉族移民流向讷谟尔河流域，讷谟尔河中上游靠山区鄂温克人的田地、牧场、猎场逐渐缩小，随之而来的是土匪四起，抢劫民财，严重干扰了鄂温克人的生产生活。如端热索罗翰热屯中连续3次遭遇土匪，被抢劫一空，还有杜拉日·郑禄一家10多匹马、20多头牛全部被抢走。军阀名曰剿匪其实是进到少数民族村屯实行民族压迫政策，又打又抢，给讷谟尔河流域的鄂温克人造成了极大的伤害，致使讷谟尔河流域的鄂温克人开始西迁。起初，有一部分鄂温克人从讷谟尔河的中上游迁至讷谟尔河下游讷河县境内的达斡尔人村屯居住；1918年端热索罗翰热村的14户鄂温克人迁入西布特哈甘河边上的巴彦村；托莫浅鄂温克人于1922年迁入布西县三区（腾克）宜斯尔屯与达斡尔人杂居，后杜拉斯勒的一部分鄂温克人搬进阿尔拉屯与达斡尔人杂居。在日伪时期讷谟尔河流域的鄂温克、达斡尔人一次又一次大迁徙，在巴彦旗巴彦努图克境内甘河东岸新建14个村落，前杜拉斯勒萨玛基尔鄂温克人单独成立葛根布拉尔屯，剩下的索罗翰热托莫浅鄂温克人与达斡尔人共同新建葛根台和扎日木台两个村杂居，德都县的鄂温克人也全部迁入今莫力达瓦旗。从而讷谟尔河流域8个村屯的鄂温克人在1905—1943年间全部西迁，加上雅鲁河流域17个村屯鄂温克人，还有济沁河流域几个村屯鄂温克人东迁，从清末开始特别是在民国年间至日伪时期，鄂温克人几乎全部迁移。这样，仅雅鲁河、讷谟尔河、济沁河三个河流域鄂温克人居住地就约减少30个村屯。

　　在这种情况下，有的鄂温克人不愿意放弃原居住地，他们与迁来的汉族移民杂居，除继续经营牛马饲养业外，也从事农业生产，但因语言、风俗习惯和生产、生活方式不同，过了一段时间后他们还是选择了搬迁。如此连续搬迁，嫩江两岸、格尼河、阿伦河、音河流域的鄂温克村屯逐渐减少，鄂温克族人口的分布面积也减少了。

---

　　①　卧牛河，发源于多伦山岭主峰色乌奇山南部，全长80公里，于扎兰屯市区以北10公里处汇入雅鲁河。卧牛河鄂温克语为"鄂尼毕拉"（"母亲河"之意），"鄂尼达图"是指卧牛河流入雅鲁河河口处的开阔地。

第二节　清王朝灭亡八旗制解体

　　随着辛亥革命的胜利、清王朝的灭亡，八旗制解体，自然解除了套在鄂温克等各族人民头上的兵役和劳役负担，这一变化引起的社会变革起到了解放生产力的作用。从征的鄂温克青壮年返回家乡，与家人团聚，有了发展生产和改善生活的机遇。

　　但是，在清代频繁的战争中，鄂温克族大伤"元气"，青壮年人死伤甚多，致使鄂温克族人口大幅度下降。据民国四年（1915 年）的统计，西布特哈鄂温克族人口仅 572 户、2934 人（其中男 1614 人，女 1320 人），男子多半是既老又残，经济生活陷入贫困之中很难自拔。不过从清代八旗制的枷锁中解脱出来的鄂温克人振作起来，在民国年间军阀混战、土匪四起的乱世中，为了生存，发扬"艰苦奋斗，自力更生"的精神，辛勤劳动，猎业、牧业、农业生产及多种经营开始有所回升。

　　（1）狩猎生产。从八旗制解脱出来的鄂温克人，在 19 世纪末使用火器——燧石枪的基础上，使用起先进的武器，如光绪二十六年（1900 年）起出现的"单出子"枪、"别力但"枪，以及民国年间出现的"七九"枪狩猎。由于枪射程远，杀伤力强，提高了狩猎生产效率，猎获物就增多了，枪取代传统的狩猎工具——弓箭，给鄂温克人提供了单人或少数几个人合伙行猎的条件。

　　当时齐齐哈尔、甘南、扎兰屯等城镇有皮货商收购鹿皮、猞猁皮、狐狸皮、灰鼠皮、水獭皮，以及鹿茸、鹿胎、鹿尾、鹿鞭等猎产品，猎业收入有所增加，当时有人估算猎业收入可占到山区鄂温克人总收入的 80%。

　　（2）农业生产。从清代末年起，特别是在民国年间，东北地区人口流动，汉族大批迁入嫩江中、上游平原地带和大兴安岭浅山区落村开垦荒原，促进了嫩江流域平原地带鄂温克人的农业生产。随着农机具和耕作技术的改进和提高，粮食产量明显增多，加上在嫩江、讷河、拉哈等镇出现了收购谷物的商铺，粮食逐渐商业化。嫩江东岸嘎布卡村鄂温克人的农业达到了相当规模，除了口粮自给以外，也有了余粮，如"阿木古巴音"（北财主）和"朱勒巴音"（男财主）两个家族经营 1000 多垧地，靠出售余粮发了财。

但是，农业在浅山区发展非常缓慢，由于自然地理和气候条件不同，加上传统狩猎经济的制约，农业发展时好时坏，而山区的鄂温克人仍着重打猎维持生活，狩猎兼营牛马饲养业，同时也采集山产品，砍伐木材，制大轮车、烧木炭，到齐齐哈尔、甘南、扎兰屯、海拉尔、甘珠庙等集市交易，换回牲畜、生产工具和生活用品。

第三节　鄂温克自卫队的组成及其活动

民国年间，政局不稳，社会混乱，冲击到了鄂温克人的生产、生活。如音河上游海列铁村阿本千哈拉的几名鄂温克猎民到扎兰屯西南山林中狩猎时，在山林中谋生的汉族移民起了

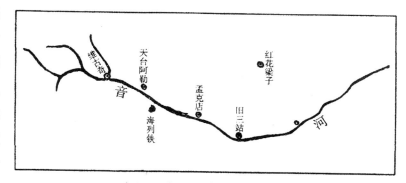

音河流域鄂温克村屯示意图

歹心，企图夺枪为匪，他们引诱猎民晚上到家里吃饭饮酒，在猎民毫无防备的情况下，突然用棍棒打死猎民，然后带上猎民的枪支逃离。猎民被害的事件传开，激起了鄂温克人的愤怒。在这种情况下，在鄂温克人中的有识之士何保民（孟克店人，萨满，识满文）主张鄂温克人要联合起来建立自己的武装，才能保护自己。于是何保民开始动员音河流域旧三站、后旧三站、孟克店、海列铁、维古奇几个村的鄂温克人，为了维护社会治安，保卫家乡，自行组织了以何保民为队长的自卫队，有 30—40 人，既是猎民，又是自卫队，平时分散居住，边狩猎边巡山，有了敌情就集合起来执行任务。

有一次距旧三站①不远的靠山河一带集结有 100 多人的匪帮，准备进入鄂温克人居住地抢劫。自卫队得知后，迅速集结起来，主动出击，打得土匪四处逃窜，他们击毙了几名土匪，并缴获了马匹和枪支弹药。

还有一次驻防成吉思汗车站的护路军有几十人叛变，企图进山为匪。自卫队奉雅鲁县（扎兰屯）政府之命，追剿至阿伦河一带，俘虏 20

音河流域旧三站　　摄影：阿鹏

多人，缴获一批枪支弹药，全部交给了驻防扎兰屯的护路军。

音河鄂温克自卫队连续打胜仗的消息传开，黑龙江省督军吴俊生得知后说："索伦（鄂温克）人很勇敢，打得好，应该给予奖励。"他们给鄂温克自卫队奖励了 70 支步枪和一些子弹。

第四节　震惊中外的江桥战役

1931 年 9 月 18 日，日本帝国主义入侵我国东北地区，发动了九一八事变。由于蒋介石的不抵抗政策，东北军忍辱退出沈阳，日军相继占领辽宁、吉林两省，当时黑龙江省颇为恐慌，省主席万福麟在北平，群龙无首，不知如何应变。在这十分紧急的情况下，北平电令，任黑河驻军旅长

---

① 旧三站，位于音河中游偏上地段，上游两岸是山林，中段狭窄，河两岸是突出的山，东山慢坡至河边，河西边直立有石碴子山，河两岸只有狭窄的通道。

17 世纪中叶，鄂温克人从黑龙江上游迁来大兴安岭后有一部分鄂温克人落村居住在音河上游一带，他们将这一奇特的景观以鄂语称为"卓勒希乌日"，汉译为"有石碴子山"之意。

清代雍正年间从齐齐哈尔至海拉尔建有 12 个驿站，其中的第三个驿站为"乌尔楚克起"，后来在道光六年（1826 年）因各驿站之间距离太远而增设 7 个驿站，后此地被称为"旧三站"。

在清末至民国初年，有杜拉尔达图、卜勒基尔氏鄂温克人和白依基尔氏鄂伦春人共 13 户、79 人从雅鲁河流域迁来音河旧三站居住。

今为阿荣旗音河达斡尔、鄂温克民族乡所在地。

马占山为省主席兼军事总指挥，谢珂为副总指挥兼参谋长。

马占山将军于 10 月 20 日就任黑龙江省主席和军事总指挥后，立即召开各种会议研究部署，加强防务，准备抗战。

同年，11 月 4 日起日军、伪军用飞机、铁甲车、步兵进攻嫩江桥（位于洮昂铁路，距省城约 100 里），据《沈阳文史资料》第七辑记载："东北军整个防线绵延五六里地，防线指挥部设在嫩江东岸大兴车站，前敌

九一八事变，日军占领张学良官邸

指挥官是二营营长王绍忠，共两个营又三个连，近两千人的兵力投入前沿阵地。"震惊中外的"江桥战役"打响了。

沈阳城内正在向中国军队射击的日军

东北军在马占山将军的指挥下，英勇顽强，打退了日军多次进攻，打死打伤日军 2000 多人，但东北军与日军浴血奋战 16 天，伤亡较大，终于因兵器兵力悬殊而撤退，而日军于 11 月 19 日占领齐齐哈尔，立即建立黑龙江省，张景惠为伪省长。

白温都格尔，雅鲁河支流济沁河流域鄂温克人，东北军营长，

参加"江桥战役"，英勇善战，亲手击毙一名日军中队长，是在鄂温克人中向日本军队开第一枪的人，后来归乡隐居于布特哈旗（今扎兰屯）萨马街村。1940 年 10 月，白温都格尔在济沁河上游狩猎时，遇到了缺乏给养又十分疲惫的抗联小分队，他把自己带的粮食和猎物送给他们充饥，从那以后他经常在猎民中宣传抗日救国的革命道理，还常来往于王爷庙（今乌兰浩特）、扎赉特旗和布特哈旗的萨马街、蘑菇奇、库堤河、哈拉

苏、楠木一带进行抗日宣传，准备组织抗日武装力量。但没曾想日本人派遣特务暗中跟踪寻找，在扎赍特旗的阿日本格勒捉到了白音都格尔，把他押回扎兰屯日本宪兵队，先是软禁劝降，后动用各种酷刑，白音都格尔始终坚强不屈，最后在1941年的春天被十几只军犬活活咬死在扎兰屯日本兵营内。

第五节　索伦（鄂温克）游击队始末

日军占领齐齐哈尔后，因黑龙江省地域辽阔，又与苏联接壤，日军有所顾忌，因而采取缓兵之计，暂停军事进攻，并着手在东北组建伪满洲国，同时拉拢各族上层人物，在各地建立伪政权，收容土匪改编伪军，扩充侵华势力，妄图以中国人打中国人。马占山部自江桥抗战转进海伦后，为了进一步唤起民众抗战，他返回黑河，立即成立抗日救国义勇军总司令部，自兼总司令，统一指挥，在黑龙江省东北部20县组建民团6万余人，在马占山的统一指挥下，继续抗战。

在这国难当头之际，在马占山将军再次号召全省军民奋力抗战的影响下，人口很少的大兴安岭东麓音河、阿伦河一带的鄂温克人也在有识之士的带领下挺身而出，在原音河鄂温克自卫队的基础上扩编，组成90多人的抗日救国义勇军索伦游击队，何保民为队长，少校军衔，盖胥年（汉族）为秘书，还有布仁、何忠明小队长为少尉军衔，杜文明等人为队员，全部着军装，还有军饷。游击队归抗日救国义勇军张殿九部指挥，驻防扎兰屯。

1932年秋天，索伦游击队奉命增援富拉尔基江桥防务，在行军途中遭遇被日军收编的伪军400多人，英勇善战的索伦游击队占领有利地形，打退敌人多次进攻，打死打伤多人，牵制了敌军北犯，打破了日军利用伪军西进的企图。

过了几天后，日军混成第14旅团先遣队自嫩江一线经甘南迂回前进，索伦游击队奉命紧急抵进甘南，配合义勇军李青山团防守甘南城，在日军炮火的压力下，坚持战斗几个小时后甘南失守，义勇军和游击队趁夜分别撤出甘南。索伦游击队撤回扎兰屯，还未来得及休息，10月30日下午1

时许日军步、骑兵旅团从甘南迂回到扎兰屯近郊，在装甲车、坦克的掩护下，向火车站前边的制高点猛烈进攻，此时义勇军在扎兰屯只有一个营的兵力，他们顽强反击，结果伤亡100多人，张殿九副司令、谢珂参谋长下令警卫营200余人，在破坏站区的铁路后，沿铁路线向博克图方向撤离，行至哈拉苏站，幸遇从博克图派来接迎的列车，才顺利撤至海拉尔。

索伦游击队往西南撤到萨马街，又路经毕家店到阿木牛（楠木附近）一带往博克图方向寻找义勇军，得知义勇军在马占山的带领下，路经海拉尔、满洲里进入苏联境内，游击队处于走投无路的境地。

正在此时，占领扎兰屯的日军头目派农工商联合会会员徐海林来劝降，说农工商联合会能担保你们的安全。在这种形势下，为了避免流血，何保民等游击队领导人迫不得已答应了归顺。在趁夜前往扎兰屯的途中，有不愿意归顺的20多人脱离队伍上山，他们在山上待了数日，因冬季寒冷，食宿困难，一些人先后患病死亡，只剩下13个人回乡为民。

何保民被日伪军收编后任连长，驻扎兰屯，任职期间他经常在暗中宣传抗日救国道理，他不愿意为日本法西斯效力，不久便以年长体弱为由辞职，回家为民。他回家后还暗中与抗日联军来往，1941年被日本宪兵队逮捕，在刑讯逼供无果的情况下最终获释，但日本宪兵一直派人监视他。直到临死前，他一直处于日特的监视下，未获自由。

游击队中的何忠明后来在日伪军中任过少校连长，新中国成立初期在内蒙古自卫军第五师任副师长；杜文明在阿荣旗音河努图克任过努图克达，新中国成立后也参加了革命工作。

附录：

马占山将军与索伦鄂温克人

马占山在成立抗日义勇军后，从黑河出发东行，会攻哈尔滨，占海伦等地，1932年8月1日，从罗圈甸子（位于海伦东山中）战斗突围后，由于日军围追堵截，马占山进入东山丛林中，未见居民便来到在森林中以猎为生的少数民族吴索伦棚子。其实"索伦"是别称，也不是人名，在当时官方把"鄂温克"人称"索伦"人。

杜海山先生撰写的马占山《再揭抗日义旗》一文中记载："吴索伦棚子，是吴索伦（即鄂温克）人所住的地方，用树皮搭盖的房子，语言凤俗与汉满人都不同，居大森林中，善骑射，熟悉森林道路，过着游猎生活，打得皮张山货，到邻近城市去交换食粮布匹及其他日用品。"

他还记载："吴索伦是东山索伦人的首领，马占山到吴索伦家一看，仅有小屋一间，粮二斗，盐半斤。马占山委他作游击司令，预为走山林之助。马占山正拟继续走，吴索伦说此行无人烟，恐找不到食粮，马占山忧虑，吴索伦带两人做向导，引马占山前行樟树河子，马占山着急催吴索伦寻找粮食，吴索伦说走过樟树河子三十里，太平山有金矿，去年冬季有人到此采金，运来粮食不少，不知现在还有没有粮食。马占山催促快走，行六日到了樟树河子。马占山到达金矿时，有人出迎说有米十余石，面四五百斤。马占山一行二百余人，9 月 9 日进抵龙门县，结束了山林中 40 天的困苦生活。"

第六节　　建立日伪政权实行法西斯统治

1932 年 3 月 1 日，日本侵略者扶持清朝末代皇帝宣统——爱新觉罗·溥仪，在长春（改为新京）建立伪满洲国，年号为大同，并拉拢东蒙地区上层人物，在新京专设兴安局，接着于 4 月 5 日设兴安省，把东蒙地区划分为兴安东、南、西、北四分省，其中布特哈地区为兴安东分省。

1932 年 4 月 5 日，日本侵略者开始设立伪政权，在布西（今尼尔基镇）建兴安省，撤销西布特哈总管衙门，把布西县改为莫力达瓦旗。是年 10 月 30 日，把雅鲁县也改为布特哈旗，旗址设在扎兰屯。

1933 年 1 月，改兴安省为兴安东分省，省公署设在扎兰屯，同时在莫力达瓦旗北部新建巴彦旗。是年 3 月，在布特哈旗与莫力达瓦旗中间地段，以音河为界，新建阿荣旗，接着在洮儿河上游索伦山建喜扎嘎尔旗，后划归兴安南省管辖。

日本人拉拢少数民族上层人物为伪政权官员，派日本参事官掌管实权，任原东布特哈八旗筹备处总办额勒春（达斡尔人）为兴安东省省长、中村（日本人）为参事官、巴金保（达斡尔人）为总务厅长、志达图（达斡尔人）为民政厅长、室月一雄（日本人）为警务厅长、郭兴元（达斡尔人）为警备司令官、金耀洲（达斡尔人）为布特哈旗旗长、杜佐成

（鄂温克人）为阿荣旗旗长。

日本侵略者使我国东北地区沦为殖民地，在伪兴安东省建立起各级伪政权，实行法西斯统治，政治上压迫人民，经济上剥削人民，各族人民过着暗无天日的亡国奴生活。

经济上的剥削表现为各种苛捐杂税，收缴"出荷粮"，控制各种物资，实行"配给制"。还有劳役公差，如年满二十一二岁的青年男子属国兵系，就到旗公署检查身体，合格者服兵役，未合格者由勤劳部安排服劳役，叫勤劳奉仕队，服役3年，每年劳役3个月，分文不得。

音河流域上游海列铁村叫铁虎的鄂温克青年应征当国兵，在伪满第十军管区（驻防海拉尔）第八团某个连服役。1939年5月，诺门罕战争爆发后，日本把伪军第八团调到诺门罕战争前沿。很多士兵不愿为日本效劳便选择了逃亡，铁虎等几名士兵逃离战场时被抓获，日本宪兵队把他们送到辽宁省抚顺煤矿当劳工，那里的工作又苦又累，他们最终死于抚顺。

黑龙江省讷河县嘎布卡占音屯鄂温克人涂寿升，从黑龙江省立第一中学毕业后入伍，在东北军当过连长。后来他辞去军职回乡组织民团武装，保卫当地社会治安，与黑河驻军旅长马占山有联系。马占山指挥东北军抗击日军发动的"江桥战役"时，涂寿升带领民团给江桥战役运输过武器弹药和粮食等物资。江桥战役失败，日军占领黑龙江省后，为了利用涂寿升的民团武装，任涂寿升为伪军上校团长，驻扎在博克图。涂寿升是一个爱国者，他常说："让人骑在脖子上的日子不好过，当亡国奴难，当亡国奴官更难。"他经常骂日本人，顶撞日本人，因此日本人非常忌恨涂寿升。有一次涂寿升带兵出征回来，日本人借口设宴招待却趁机下了毒药，涂寿升中毒医治无效而死，年仅36岁。

日伪官吏为了扩大在兴安东省的民族势力，自1934年起从齐齐哈尔、富拉尔基等地农村动员达斡尔人迁入兴安东省境内，多数人定居于布特哈旗与阿荣旗交界的音河两岸，移民除迁入鄂温克村屯外，还建了很多新村，在音河两岸就建了十几个村，其中排号的有1—9村，鄂温克村海列铁也排在里边，改称第六村，又在第二村建了努图克公所，让达斡尔人和鄂温克人开荒种田，缴纳"出荷粮"。

日伪政府在村设小学、努图克公所设国民优级（高小）学校，在扎兰屯设男女国高、师道学校等，以日、满、汉文授课，以日文为主，实行奴化教育，为日本殖民统治服务。

日伪政府对大兴安岭山区的鄂温克人采取更为残酷的政策，没收狩猎的枪支，断了鄂温克猎民的吃、穿生活来源。他们还采取两项措施：一方面把鄂温克青壮年编入"山林队"，名曰保护森林，实际是监视鄂温克人；另一方面强迫鄂温克人开荒种田，缴纳"出荷粮"。如阿荣旗兴农合作社把阿伦河流域查巴奇、文布奇、疙瘩奈、那哈塔、霍尔奇、努西克图、白音吐海7个村的鄂温克人集中在"依奇汉"村开荒，他们共开荒耕种了300垧地，劳作了6年之久，却没有得到任何报酬，后来各自返回原村，除依奇汉村的人继续耕种20多垧地外，其他全部废掉。音河流域旧三站、孟克店、海列铁、维古奇村的鄂温克人也同样被日伪政权没收了枪支，他们为了生存，随同从齐齐哈尔一带迁来的达斡尔人开荒种田，从事农业。但由于缺乏农业生产知识和耕作技术，他们耕作粗放，产量很低，收获不多，除缴纳"出荷粮"和留种子外，丰年口粮还能基本自给，歉年连口粮都收不回来，有的仍依靠仍伐木，从附近的汉族村屯以木换粮充饥。

日本法西斯还以"种痘"和打预防针为名进行细菌试验，致使鄂温克人大批死亡。如1943年，阿荣旗查巴奇鄂温克人因天花和伤寒病流行，死亡107人（其中成人70人、儿童37人），加上地方病流行，妇女死亡人数也很多，造成男女比例失调，出现了男人娶不到媳妇的情况，致使鄂温克族人口不断下降。

1940年，伪满洲国人口普查显示，全东北地区索伦鄂温克人口当时只有5000人，贫困和疾病导致人口持续下降，如布特哈鄂温克人的出生率为40.8‰，死亡率为47.4‰；其中有一个村在九一八事变前后人口为150人，到日本投降时人口只剩下90人，净减60人。

第七节　　支援东北抗联王明贵支队

热爱祖国、热爱家乡的鄂温克族人民，没有被强暴所吓倒，他们在黑暗中日夜盼望光明的到来。中国共产党领导的东北抗日联军出现在大兴安岭一带，开展抗日斗争时，山区的鄂温克猎民以当向导、送信、送粮等形式支援了抗日联军。

阿荣旗乌司门村的鄂温克人涂黑全，当时虽然身为日伪官员——努图克达，但他是一位爱国人士。在1940年10月东北抗联第三路军三支队队长王明贵、政委高禹民、参谋长王钧率领的抗日队伍来到阿荣旗活动时，经霍尔奇村郭兆兴等3人牵线，涂黑全秘密与抗联联系，常以进山拉木材为名，多带上几头牛，又以拉饲料为名装上粮食，拉到山上供抗联队伍食用。

莫力达瓦旗鄂温克村巴彦街的杜图庆（鄂温克人）等10人、20辆马车，与萨玛街村的斯瑞杰（鄂温克人）等6人、12辆马车，承包了嫩江蒲善公司向大兴安岭的运粮任务。他们走到今鄂伦春自治旗讷尔克奇村时遇到王明贵带领的抗联第三支队170人左右，由于日伪讨伐队的追剿，抗联正准备往大兴安岭北部转移，但大雪封山，道路难走，根据抗联领导人王明贵的请求，杜图庆等人拉着抗联战士走了8天，行程400多里路，协助他们安全转移到岭北采伐木材基地——蒲善局。

第二十九章

由黑暗走向光明

世界反法西斯战争即将胜利的时候，1945 年 8 月 8 日，苏联对日宣战，出师我国东北地区，中共中央主席毛泽东于 8 月 9 日发表了《对日寇的最后一战》声明，号召各族人民配合苏联红军作战。8 月 15 日，日本帝国主义宣布无条件投降。

根据日本帝国主义投降后国内局势的变化，中国共产党制定了"向南防御，向北发展"的战略方针，派遣党政军干部 2 万余人、军队 11 万人，进入东北地区开展工作。派到黑龙江省的于毅夫、刘锡五、王盛荣、郭维成等同志和王明贵等抗联干部一起着手组建了人民民主政权。

1945 年 11 月 15 日，在齐齐哈尔组建了嫩江省人民政府，于毅夫为省主席，同时也组建了东北民主联军嫩江军区，王明贵为司令员、刘锡五为政治委员。

同时，坚持要独占全东北地区的国民党反动派，以接受日本关东军投降为由，往东北各地派出大批接受大员，并在美帝国主义的援助下，大举北犯，海陆空三路往东北地区运兵，强占铁路沿线各大、中城市。

第一节　发动群众建立革命根据地

中共中央及时发出《建立巩固的东北根据地》的指示，提出了把东北地区的工作重心放在距离国民党占领中心较远的城市和广大农村方面，"让开大路，占领两厢"，以便充分发动群众，建立巩固的根据地，逐步积蓄力量，准备在将来转入反攻。根据党中央及东北局的指示精神，为了广泛发动群众，建立革命根据地，嫩江省的党政机关和部队撤离齐齐哈尔，向北转移，解放了甘南等地，并派干部到布特哈旗、阿荣旗、莫力达瓦旗开展工作。在当地，他们支持具有军事才能的进步人士建立地方武装，在壮大革命力量的同时，招收少数民族知识青年、进步青年，让他们通过在军政干部学校、军政大学学习成长为革命干部，为进一步深入开展少数民族地区的革命工作培养骨干力量。

在中共嫩江省委下派的中共党员、革命干部深入大兴安岭、嫩江流域地区开展革命工作的影响下，鄂温克族中的进步青年、知识青年，从1945年底起纷纷走上革命道路。据不完全统计，在解放战争初期就参加革命的有：沙驼、满都呼、卓利格图、图盟巴雅尔、乌尼满都、郭文太、贺其尔图、特克希、吴守贵、萨音巴雅尔、额尔敦巴图、牧仁、涂荣、宾巴、涂敏、宝音图、喜嫩、卜巨山、哈赫尔、朝鲁、叶喜丹巴、图布新、那才德、莫德尔图、涂维亭、巴图热仓（原名涂登科）、巴图热仓（原名涂玉亭）、卓日格图、何成福、杜柯、那庆和、杜庆元等。

当时，苏联红军仍驻扎于东北，东北地区处于无政府状态，社会秩序非常混乱，国民党派遣的接受大员和特务公开或暗中串通敌伪顽固分子、封建地主的代表人物，一方面勾结土匪，组织光复军、挺进军、先遣军等地方反动武装，流窜各地，任意抢劫，屠杀无辜；另一方面在各地纷纷成立国民党地方党部，收罗日伪势力，企图继续维持反动统治地位，欺压和剥削各族人民。

虽然苏军中校哈尔琴柯为城所司令驻守，但当时除了国民党和伪满洲残余势力乘机泛起，四处活动外，还有国民党南京政府派往哈尔滨和齐齐哈尔的接收大员遥相呼应。不久，布特哈改称"雅鲁县"，由伪官吏何布台任县长，在日伪时期经营过"六国饭店"的商人吴宪茂出任副县长，同时组建了警察局和保安队，人们称之为"二满洲"，长春东北挺进军和第一军军长马川跃也来扎兰屯扩充兵力，组建"光复军"。

国民党在布特哈地区组建的地方反动武装光复军，在扎兰屯有第一旅、在大河湾有第二旅、在博克图有第六旅、在蘑菇奇有第七旅。其中的第七旅全旅有1800多人，旅长为宋桐山，他们活动于扎兰屯西南山区，任意抢劫，屠杀无辜。有一次，七旅团长谭希生带领500多人冲进鄂温克人聚居的萨马街村制造了骇人听闻的暴行，仅61户人家、200多人口中，有23人被杀，13人被刀、枪所伤，一个6口人家全部被手榴弹炸死。他们还大肆抢掠、烧房毁锅，极尽其祸民害国之能。

同时，在莫力达瓦旗的国民党党部和光复军左右着地方维持会，到处制造战争恐怖，妄图阻止人民群众向共产党靠拢。

第二节　组建少数民族武装——自卫军

当时，正在为国家和民族的命运担忧，把翻身得解放的希望寄托在中国共产党身上的鄂温克、达斡尔、蒙古、汉等各族人民群众向往革命，投身共产党，响应党的号召，纷纷投入革命斗争中来。

1945年底，阿荣旗章塔尔村鄂温克人伪军官姚凤贤在甘南被嫩江军区司令员王明贵、政委刘锡五召见后，受到启发和教育，返回后就在阿伦河、音河流域动员鄂温克族青壮年，组建了阿荣旗自卫队，姚凤贤自任队长。同时又有一位鄂温克人何忠明（伪军少校连长）会同达斡尔人多振祥（伪军上尉），在1945年底动员音河、萨马街一带的鄂温克、达斡尔人组成自卫队，活动于布特哈旗萨马街、蘑菇奇、关门山一带，枪口对准国民党光复军，多次痛击了光复军第七旅，保卫了山区各族人民的安全。

1946年1月下旬，何忠明的自卫队和阿荣旗姚凤贤的自卫队合并为一个团，何忠明为团长，驻防于那吉屯。还有活动于布特哈旗齐齐哈尔乡一带以达斡尔人为主的自卫队扩编为一个团，不久与驻防那吉屯的团扩编为嫩江军区人民自卫军第二旅，达斡尔人鄂嫩日图为旅长，姚凤贤为参谋长。

1946年1月11日，嫩江军区第二军分区（讷河军分区）司令员金钟、政委王文、讷河行署秘书长陈立新率3个连的兵力，与莫力达瓦旗少数民族武装——由阿木尔扎布领导的阿尔拉骑兵大队，解放了布西（今尼尔基）俘虏国民党"光复军"40余人，解散了国民党县党部。

不久，莫力达瓦旗阿尔拉骑兵大队也扩编为嫩江军区人民自卫军第八旅，敖英贵为旅长，敖匡海为政委，阿木尔扎布为副旅长，鄂温克人涂长青（伪军上尉连长）为一团团长，鄂温克人萨永明为政委。

1946年3月下旬，东北民主联军嫩江军区副司令员张汉丞为总指挥，嫩江军区人民自卫军第二旅旅长鄂嫩日图（达斡尔族）为副总指挥，与参谋长姚凤贤（鄂温克族）一同带领 2000 余人的兵力，攻打盘踞在蘑菇奇的黑七旅，经过激烈的战斗，抓获七旅独立团团长辛世奇。余部 1700 多人南逃到吉林省四平市八面城，被国民党收编为 71 军 87 师独立骑兵大队，后被内蒙古自卫军骑兵第一师歼灭 1000 多人，其中包括了大队长宋桐山。

其余光复军一、五旅被嫩江军区人民自卫军分别消灭在扎兰屯、大河湾。六旅窜到碾子山区也被自卫军歼灭。五旅旅长冯玉田只身逃往洮南，1947 年 11 月被抓获后在大河湾林家围子被处决。

1946 年 6 月初，中共西满分局派朱子修（西满军区副司令员）、古韦率百余名战士到扎兰屯，成立以朱子修、夏辅仁为负责人的中共纳文慕仁盟工委。

从此，在中共嫩江省委和中共兴安省工委的双重领导下，经过共产党员和革命干部的艰苦工作，以及自卫军官兵的英勇作战，纳文慕仁盟地区的革命势力逐步发展壮大，政治和社会趋于稳定。1946 年春，在扎兰屯组建了以金跃洲（伪官吏，达斡尔人）为盟长的纳文慕仁盟政府，夏辅仁（中共党员，汉族）主持中共纳文慕仁盟工委工作，1948 年 1 月，乌如喜业勒图（达斡尔族）任中共纳文慕仁盟工委委员、盟长，管辖布特哈、阿荣、莫力达瓦、巴彦 4 个旗。

同时，以原嫩江军区二、五、八旅为主，组建了内蒙古人民自卫军第五师，鄂嫩日图（伪军官，达斡尔人）为师长，朱子修（中共党员，汉族）为政委，不久或改任克力更（中共党员、蒙古族）为政委，何忠明（伪军官，鄂温克人）为副师长，副政委为夏辅仁（中

五师司令部大楼

共党员，汉族）、吴泽民（伪官吏，达斡尔人），参谋长为姚凤贤（伪军官，鄂温克人），政治部主任为沃文治（伪官吏，达斡尔人），师部设在扎兰屯①火车站区北部的"避暑旅馆"，辖41、42、43团及教导团，团长单福祥（达斡尔人），政委叶华，后沙驼（鄂温克人）接任。

正在组建内蒙古自卫军第五师之时，阿荣旗音河上游维古奇村的鄂温克人杜文德、戴维成、杜品德、戴瑞德等截留几位陌生人从博克图日军仓库中捡来的轻重机枪、步枪、手枪共82支交给了自卫军五师41团，充实了自卫军的装备，支援了解放战争。

在解放初期就成立的"东蒙古自治政府"与中共领导的内蒙古自治运动联合会经协商，于1946年4月在承德召开会议，史称"四三会议"，是内蒙古民族解放运动和内蒙古革命历史上关键性的一次重要会议，它结束了内蒙古东西部地区长期被分割的局面，把民族的力量统一在中国共产党的领导下。

1946年6月以后，随着全国各解放区军民不断沉重打击敌军进犯，东北民主联军经过"三下江南、四保临江"战役，粉碎了敌军"南攻北守、先南后北"的战略，改变了东北地区的战略态势。随着解放战争的节

解放战争结束后，几位战友的合影

① 扎兰屯，从17世纪以后是鄂温克人的村屯，鄂语称"扎聂勒"，坐落在清澈透明的雅鲁河畔，河两岸树木茂密，周围群山环抱，山清水秀，景色如画，素有"塞外苏杭"之美称。还有久享盛名的"吊桥公园"，修建于滨洲铁路通车后的1905年，相继修建的还有"避暑旅馆"，接待中外客人，俄罗斯人夏天来扎兰屯避暑，就下榻于六国饭店。扎兰屯是日伪时期兴安东省和布特哈旗公署所在地。在这个时期的1940年中国人吴宪茂在"六国饭店"开饭馆，主食一律西餐，菜是多国风味，接待的顾客多数是日本人、俄罗斯人，也有伪满官吏和土豪劣绅，其生意兴隆，闻名中东铁路沿线各站，也闻名欧亚一些国家。

节胜利，内蒙古解放区的民族自治运动也在不断地向前发展，走向成熟。1947 年 4 月 23 日，内蒙古人民代表大会在王爷庙（今乌兰浩特）东蒙军政干部学校礼堂隆重举行，经过认真讨论，会议一致通过了在中国共产党领导下，东、西蒙统一成立内蒙古自治区政府等决议，至 1947 年 5 月 1 日宣告成立了以乌兰夫为主席的内蒙古自治区人民政府。它的成立，对于实现各民族一律平等、促进民族团结，产生了深远的影响。

当时正值东蒙军政干部学校第二期学业基本结束，大会从学校抽调了十几名学生投入了大会的服务工作，笔者也在其中。在服务过程中我们看见了在主席台就座的乌兰夫、王再天、吉雅泰、博彦满都、哈丰阿、阿思根等党政领导人。

内蒙古骑兵二师 11 团烈士纪念碑揭幕仪式上的合影（前排左一为吴守贵）

抗日战争胜利后，在解放战争时期，据 1947 年的人口统计显示：索伦鄂温克族人口全国有 5238 人（其中布特哈旗 193 人，阿荣旗 911 人，莫力达瓦旗 837 人）。

1947 年 7 月，内蒙古军区领导来扎兰屯整顿骑兵第五师，将教导团合编到 43 团，将 41、42 团合编为一个团，即 42 团，下设 3 个连，由团长多文秀带领，划归骑兵第一师指挥。

1948 年 1 月，内蒙古人民自卫军改称为内蒙古人民解放军，撤销了骑兵第五师建制，教导团第一连编到呼盟独立 9 团，去了海拉尔，43 团全部编成独立 3 团，下设 3 个营，共 10 个连，团长为于明、政委为李文精、鄂温克人沙驼任副政委兼政治处主任、鄂温克族乌尼满都为副营长，团部和一个警卫连驻在扎兰屯的"红楼"。接着，内蒙古军区又决定抽调一个营增援前线部队，补充到第一师，以一营为基础，经过适当调整，增援了骑兵第一师。

1949 年 5 月，内蒙古人民解放军编入中国人民解放军序列，同时成立了中国人民解放军内蒙古军区。

内蒙古自卫军第五师，是在旧社会饱经风霜的达斡尔、鄂温克、蒙古人民为了保护家乡人民的生命和财产安全，在有识之士（包括伪军官、伪官吏）的带领下组织起来的一支少数民族武装。他们在日伪时期受到过东北抗日联军的影响，向往革命，他们组建起来枪口对准国民党反动派及当地的光复军，执行剿匪任务。

他们主动接受中国共产党的领导，与上级派来的共产党员、革命干部团结合作，建立起政治工作制度，把起初小股的、分散的地方武装，几经合编成为具有师、团、营、连建制的人民军队。

在解放战争时期，还有鄂温克族贺其尔图任团政治处主任、特克希任连长的内蒙古骑兵第一师参加了 1948 年秋季的"辽沈战役"。鄂温克族吴守贵 1946 年 2 月参加了东北民主联军嫩江军区第一旅，1947 年 5 月于东蒙军政干部学校毕业后，在内蒙古骑兵第二师 11 团担任政治指导员，分别参加了"围困长春"和"辽沈战役"。

第三节　　开展土地改革运动建立人民政权

在地方的有卓利格图，他 1946 年 5 月参加东北军政大学学习，1947 年 7 月加入中国共产党，同时又任阿荣旗公安局长，1948 年 1 月升任阿荣旗旗长。喜嫩、图盟巴雅尔、那庆和、额尔登巴图、杜庆元等人在 1947—1948 年参加了纳文慕仁盟的土地改革，发动群众，打土豪、分田地、废除封建土地制度，变革生产关系，解放生产力，建立基层人民政权，支援前线的斗争。

我国东北地区解放较早，解放区的各族人民，在党的领导下配合解放战争，掀起了轰轰烈烈的土地改革运动，中共纳文慕仁盟工委也派土改工作团，在布特哈旗、阿荣旗、莫力达瓦旗开展土改工作。在从事农耕生活的达斡尔、鄂温克族聚居的少数民族地方，土改工作采取与汉族农村地区基本相同的做法，贯彻执行"依靠贫农、雇农，团结中农，中立富农，有步骤、分阶段地消灭封建剥削制度，发展农业生产"的方针，先后成立"贫雇农团"、"农会"，发动群众进行反封建的斗争。1947年下半年至1948年春，土改运动进入高潮，平分土地政策深入人心，为无地少地的群众划分土地，并颁发了土地执照，满足了农民的土地要求，从而提高了农民的生产积极性，促进了农业生产的恢复和发展。

在阿荣旗查巴奇村，鄂温克、鄂伦春族猎民仍以传统的狩猎为主，兼营少量牛马畜为生，生活基本自给，仍处于氏族社会形态残余，尚未形成农耕生活，也没有形成明显的贫富差距，更没有形成封建剥削关系。

但当时工作组负责人敖希元缺乏调查研究，也没有认真宣传党的土改政策。在群众尚未觉悟的情况下，敖希元对待当地猎民与汉族农村地区一样划阶级、定成分，又采取与汉族农村地区同样的斗争方法，导致了脱离实际情况的"过火"行动。该村仅50多户猎民中错划地主、富农8人，批斗40多人，其中也有致死的，激起了猎民群众的不满。群众怨声载道，敢怒不敢言的时候，有一位叫安柱山的猎民传来了阿木牛（今扎兰屯市境内）鄂伦春族头人勤德和来自齐齐哈尔的逃亡地主李德福（达斡尔人）煽动的言论。他说："共产党闹土改，是汉人夺少数民族的土地和财产，我们就得上山，不然保不住生命财产。"安柱山还对何金山说："阿木牛的猎民都上山了，我们也上山躲一躲吧，等没有事了再回来。"于是，何金山、那维常等11人，盲目听信勤德和李德福等人的挑唆，于1948年阴历的三月十日晚杀害本村的土改干部敖希元，三月十一日持枪去霍尔奇努图克（区）杀了努图克达那青和等6名干部，造成了流血事件。

三月十二日，何金山等人怕官方来追究，急忙鼓动猎民群众上山，全村套20辆大轮车，装上锅灶、粮食、被褥、家具，起程上山，途经小站时，派人与马德、勤德联系，商定查巴奇、阿木牛两地猎民在特日莫特山会合。

对此事件，中共阿荣旗工委得知后，非常重视。工委书记韦荫秀、副书记邓阴南、公安局长卓利格图（鄂温克族）商定，由卓利格图带领巴图热仓、宾巴等人及旗公安大队前往平息查巴奇事件。

卓利格图抵达查巴奇后，先是派人送信交代政策，劝他们下山投降。等了两天还不见他们下山，独立团二营和公安大队便进山围剿，结果在大库伦沟发现两具尸体，其中一个是来煽动叛乱的地主分子李德福。

然后，卓利格图带领公安部队进山跟踪猎民，做工作，宣传党的政策，"只要下山，既往不咎，保证安全"。有一些猎民看共产党以诚相待，很受感动，有少数人陆续下山返回了家乡。

带头闹事的头头们不相信共产党的政策，不听劝说，继续带领猎民群众，按照既定目标，从阿伦河向西南方向走到绰尔河上游的特日莫特山，与阿木牛的马德、勤德等人会合，安营扎寨。

1948 年 7 月，中共纳文慕仁盟工委派独立三团政委沙驼（鄂温克族）带领一个连兵力进入绰尔河上游搜索，阿木牛的努图克达丁海当向导。7月 20 日找到了查巴奇的猎民群众，部队形成包围态势，沙驼派巴图贺希格等人先传来二头目那维常对话，后与大头目何金山对话，交代党的政策，耐心做思想工作，只要下山回乡，既往不咎，保证安全。那维常及猎民们听了沙驼政委的肺腑之言后，答应回乡，绝大部分人跟部队下山返回了查巴奇村，只有何金山、嘎特尔迪等少数人仍存有疑虑，过了半个多月后才到南木（今扎兰屯市鄂伦春民族乡）落户居住。至此，平息了查巴奇事件。

第四节　农业合作化运动

经过 1947—1948 年的土地改革运动，农民分得了土地和生产资料，实现了耕者有其田。分得土地翻了身的农民发展生产、发家致富的积极性非常高涨。各地根据毛主席"组织起来，发展生产"的指示，组织农民互助合作，发展生产，共同富裕，走社会主义道路。鄂温克族人民也为了迅速恢复和发展生产，改善生活，纷纷走上互助合作道路。首先组织互助组，先是临时性的，后是常年的，各地有各自不同的经济类型，有农业互助组、猎业互助组，也有农牧猎业互助组，如莫力达瓦旗杜拉尔乡鄂温克村屯中有的在 1948 年夏季就组织了农牧猎业生产互助组，尝到互助合作甜头的农猎民第二年就成立了常年互助组。讷河县嘎布卡村鄂温克农民涂巨宝、金友光等人 1949 年办起常年互助组，当年农业就获得大丰收。

1949 年 4 月 1 日，呼伦贝尔盟与纳文慕仁盟合并，称呼伦贝尔纳文慕仁盟，简称呼纳盟，盟址在海拉尔，盟长为额尔钦巴图，副盟长为乌如喜业勒图、陈炳宇。同时巴彦旗与莫力达瓦旗合并称莫力达瓦旗，旗址在尼尔基。

在正在掀起的农业合作化的高潮中，迎来了新中国的诞生。1949 年 10 月 1 日，中华人民共和国宣告成立，全国各族人民欢欣鼓舞，举国上下，普天同庆，鄂温克族人民和全国各族人民一样，拨开乌云见了青天，成为新中国的主人。这标志着鄂温克族人民被歧视、奴役、压迫的日子一去不复返了。鄂温克族人民永远也不能忘记 1949 年 10 月的秋天。

1950 年 1 月，呼纳盟政府改称呼纳盟人民政府，所辖的各旗市政府也都改称人民政府。

在土改工作中曾经发生过流血事件的阿荣旗查巴奇鄂温克猎民，在新中国成立的鼓舞下，振奋起精神，1952 年成立互助组，走上合作化道路，1955 年三个互助组联合组成一个初级合作社。还有布特哈旗山区里的萨马街鄂温克人，1953 年成立猎业互助组，1956 年发展到猎业生产合作社。

嫩江流域平原地带和大兴安岭浅山区的鄂温克人，在党和政府的领导下，经过土地改革翻身得解放后，响应党的号召掀起互助合作运动，由互助组、初级合作社到高级合作社，每个合作社的户数多则二十几户、少则十几户。

嫩江流域平原地带鄂温克人的农业生产，在农业合作化运动中有了很大发展。如讷河县嘎布卡村的涂巨宝、金友光 1954 年成立的初级合作社，1956 年发展到高级农业合作社，当年又获得大丰收，粮食亩产达到 300 多斤，全社 566 人，口粮人均 650 斤，按当年人均收入 186 元，合作社代表出席黑龙江省劳模大会，合作社被评为农业先进集体。

大兴安岭浅山区的鄂温克人，在日伪时期被迫种田，缴纳"出荷粮"，农业徘徊不前。新中国成立后，党和政府从鄂温克人的狩猎经济特点出发，在农业合作化运动中，一方面尊重他们的狩猎生活习惯，支持狩猎生产，供应枪支弹药，使他们增加猎业收入，改善生活，后来为了他们能够边狩猎边护林防火，还发放了护林员津贴费；另一方面鼓励他们发展农业生产，引导猎民增长农业生产知识，掌握农业生产技术，逐步走上农业生产道路，从而进一步促进鄂温克猎民从事农业生产的积极性。每个村屯都有了种田的人，既狩猎又种田的人多了，在农业合作化过程中由于农业生产的发展，不仅口粮自给，还有剩余，结束了伐木换粮的历史。从此，农猎比重开始变化，出现了"农业上升，狩猎降温"的趋势，靠山区的鄂温克人处于半农半猎状态，向农业经济迈出了可喜的一步。在农业合作化的高潮中，根据党的民族区域自治政策，经上级党委和政府批准，1956 年 9 月成立查巴奇鄂温克民族乡；同年 11 月 18 日成立杜拉尔鄂温克民族乡；同年 12 月成立音河鄂温克民族乡；1958 年 3 月成立了德力其尔鄂温克民族乡；1958 年 10 月成立了巴彦鄂温克民族乡。鄂温克人有了民族乡政府，在上级党委和政府的领导下，同本乡内的兄弟民族一道，以极大的热情投入社会主义革命和建设事业中。

总之，鄂温克族人民在中国共产党的领导下，同各兄弟民族一起，在参加解放战争和土地改革运动，消灭国民党反动派，推翻国民党的反动统治，建立新中国，以及新中国成立后的社会主义革命和建设事业中，都做出了自己的贡献。

第三十章

呼伦贝尔草原风云

以孙中山为代表的革命党人领导武昌起义成功，清王朝末代皇帝退位，开启了民主共和的新纪元，八旗制解体，自然解除了清代的兵役和劳役负担。

可是，改朝换代后的军阀混战，在呼伦贝尔引起混乱，人民不得安宁，不久日本帝国主义入侵我国东北地区，实行法西斯统治。

经过抗日战争和解放战争，在中国共产党的领导下，迎来了新中国的成立。

第一节　改朝换代在呼伦贝尔的斗争

清朝末年实行"新政"，把呼伦贝尔副都统改为兵备道，取消满旗政权，建设厅、县、垦务等，然而这些措施还未来得及理顺的时候，孙中山领导的辛亥革命于宣统三年（1911 年）推翻了清王朝。不久，野心家袁世凯窃国，全国处于军阀混战中，东北王张作霖统治东北地区，向东蒙地区大量移民，占荒开垦，呼伦贝尔草原海拉尔河一带的天然草牧场也被划为开垦的地段，引起了各族牧民和少数民族上层人物的不满。牧民曾派代表与地方当局（呼伦贝尔兵备道）交涉，遭到拒绝后，呼伦贝尔的少数民族上层人物胜福、车和札等人利用这个机会，在沙俄的暗中支持下纠集少数民族队伍，于民国元年（1912 年）1 月初占领呼伦城，继之于 1 月中旬自行宣布脱离黑龙江省而独立，并率兵先后攻陷满洲里和吉拉林。此后，胜福等人接受蒙古国的册封。由此可以看出，由于呼伦贝尔在清朝末年的社会矛盾和民族矛盾，呼伦贝尔少数民族上层人物在沙俄的支持下，利用清朝垮台和民国之初的混乱局面制造了这一事件。

这起事件发生后，呼伦贝尔行政体制仍维持清代的"八旗制"，设副都统衙门，胜福旋任都统，共分 6 个区域管辖呼伦贝尔的 18 个旗；第一区索伦右翼，下分镶黄旗、正白旗、镶白旗、正蓝旗；第二区索伦左翼，下分正黄旗、正红旗、镶红旗、镶蓝旗；第三区新巴虎右翼，下分镶红旗、正白旗、镶白旗、正蓝旗；第四区新巴尔虎左翼，下分正黄旗、正红旗、镶红旗、镶蓝旗；第五区额鲁特，即额鲁特旗；第六区鄂伦春，即鄂伦春旗。此时，达斡尔人荣禄为索伦左翼总管，鄂温克人达门达为副总管。

由于呼伦贝尔与蒙古国有着历史、地理、社会、民族和风俗等方面的联系，所以这一事件的解决关系着蒙古国问题的解决。随着中俄谈判，中俄于民国四年（1915 年）会订了关于呼伦贝尔的八项条件。其要点是：将呼伦贝尔定为特别区域，直接归中国中央政府节制，并受黑龙江省长官监督；呼伦贝尔副都统由中国大总统任命，享有省长职权；除海关及盐政收入由中央政府收存外，呼伦贝尔其他各项捐税收入尽数留作地方使用；呼伦贝尔土地为旗民所共有，若需取得田地，须经地方官查明，并在不妨碍旗民牧放牲畜之处开垦等。上述条款在相当程度上满足了胜福等上层人物和各少数民族的要求，呼伦贝尔的局势也因此基本趋于稳定。

在民国五年（1916 年），有一部分满族贵族官僚企图复辟清王朝，成立"宗社党"在东北及内蒙古东部地区另立朝廷，他们勾结日本帝国主义唆使蒙古王巴布扎布策动暴乱，结果巴布扎布纠集起来的四五千人被东北军歼灭，其本人也被击毙，部下色布精额、本巴扎布率残部窜入呼伦贝尔，袭占海拉尔，废弃副都统，并以呼伦贝尔为根据地，四处烧杀抢劫，进行复辟清朝的活动，他们还任用车和扎为提督，邦恭扎布为帮办。这一行为激起了呼伦贝尔鄂温克、达斡尔、蒙古、鄂伦春等各族人民的愤怒和反抗。呼伦贝尔各旗组成的队伍 1000 多人，攻打占据海拉尔的色布精额匪帮，打死打伤多人，有 80 余人突围，同红花尔基一带的匪徒共 200 多人逃往大兴安岭，至民国九年（1920 年）被奉系军阀彻底消灭，胜福又恢复其势力。

民国六年（1917 年），苏联十月社会主义革命胜利，由于会订呼伦贝尔八项条件的沙俄一方不复存在，呼伦贝尔的上层人物遂电请中央政府，废止了八项条件。

苏联十月革命胜利后，贝加尔湖以东后贝加尔地区的布利亚特蒙古人中，少数上层人物、喇嘛、富户害怕革命，煽动一部分不明真相的布利亚特蒙古人和通古斯鄂温克人逃避革命，从 1918 年起越界迁入了我国呼伦贝尔地区。

1918—1919 年，鄂温克人从额尔古纳河以北的敖嫩宝日金、乌者恩、乌

红花尔基樟子松林

鲁楞古（亦称乌鲁柳圭）、布如珠等地，迁入呼伦贝尔莫尔格勒河、特尼河一带驻牧，共 50 多户，归索伦左翼鄂温克嘎拉达管辖。通古斯鄂温克人图喜格为"音京"管理了这部分人。

布利亚特蒙古人起初迁入之处是新巴尔虎右翼四旗境内（今新巴尔虎右旗）。民国十一年（1922 年），呼伦贝尔副都统衙门派出总管吉布曾格、衙门代办额尔钦巴图等人，召集布利亚特的头面人物，宣布了将他们安置在伊敏河以东锡尼河流域驻牧的决定。

这一部分人中，也包括一小部分从额尔古纳河西北"塔拉其"地方过来的通古斯鄂温克人。他们和布利亚特人共有 160 余户，700 多人，在锡尼河畔建立了布利亚特旗。

民国八年（1919 年），从索伦右翼中分出镶白旗两个苏木和正蓝旗三个苏木的巴尔虎蒙古人，设立陈巴尔虎旗，其辖地为海拉尔河下游两岸，东和南临索伦八旗，西与新巴尔虎左翼四旗相邻，西至额尔古纳河边，北至根河南岸。

民国九年（1920 年），取消呼伦贝尔特别区域，恢复 1912 年前的旗、县分治局面；呼伦贝尔副都统归黑龙江将军节制，专辖蒙旗事宜；同时，设置属于黑龙江省的善后督办兼交涉员一员，下设呼伦县、胪滨县、室韦县和奇乾设治局。民国十年（1921 年），奇乾设治局改为奇乾县。

　　民国年间，在呼伦贝尔地区俄罗斯人中有一股胡匪（当地人称"白匪"）活动猖獗，其头目别什柯夫，在苏联十月革命时期，曾追随白军将领谢苗诺夫、卡勒梅柯夫等人，在额尔古纳河以北至石勒喀河一带，与俄国红色游击队拼杀，1922年失败后进入中国境内，纠集部众在三河一带流窜，伺机反扑。有一次别什柯夫白匪突然袭击索伦左翼镶黄旗（今巴彦嵯岗苏木）莫和尔图村，当时任副总管的达门达（鄂温克族）及时赶到，他读过满文，又精通俄语，用俄语与白匪头目谈判，有理有节地严厉驳斥了他们的强盗行径，抑止了白匪的骚扰，使其乖乖地撤出莫和尔图村，当地人们高兴地赞誉达门达为"屏藩人士"。

　　达门达还非常重视教育，民国年间郭道甫回故里莫和尔图村，其父亲荣禄出资献畜，开办了一所男女生兼收的学校，达门达作为副总管动员民工修建，给予了大力支持。

　　民国十七年（1928）7月，在共产第三国际和蒙古国的协助策划下，郭道甫和福明泰发动了呼伦贝尔暴动，由于东三省保安司令张学良调遣大军围剿，加上自身战略上的失误而惨遭失败。在当时的辽宁省省长、郭道甫的恩师翟文选的斡旋下，对于参加暴动的人员未予追究。

　　在苏联十月革命和蒙古人民革命的影响下，今鄂温克族自治旗伊敏苏木维特根嘎查的鄂温克进步青年松格布向往革命，为了追求真理，于1925年前往蒙古人民共和国首都乌兰巴托，在蒙古人民革命党党校学习革命理论。通过学习，他懂得了很多革命道理，加入了蒙古人民革命党，走上了革命道路。

　　民国十六年（1927年），松格布受蒙古人民革命党的派遣，回国化名钢珠尔在呼伦贝尔草原上进行地下工作。[①] 1928年7月，郭道甫等人发动的呼伦贝尔暴动失败后，地下工作受挫，松格布立即返回乌兰巴托。1929年受蒙古人民革命党选派，松格布到莫斯科东方劳动人民共产主义大学学习，并转为苏联共产党党员，1933年毕业。在莫斯科期间他还学习了军事方面的战术和技术。1935年被派遣回国搜集日本帝国主义在中国的军事情报，在前往沈阳时，因战事受阻，未能如期到达接头地点而失去了联

---

　　① 松格布化名钢珠尔的革命活动一事，是由他的家属提供的，我们没有查证核实，如果属实的话，他在中国鄂温克族中是从事革命活动最早的人物。

系，后来返回王爷庙潜伏到 1945 年苏联红军进入王爷庙，因会俄语，为苏联红军做翻译。

第二节 日本法西斯统治下的兴安北省

1932 年 3 月 1 日，日本侵略者扶持清朝末代皇帝爱新觉罗・溥仪，在长春（改为"新京"）建立伪满洲国，年号为大同。并拉拢东蒙古地区上层人物，在新京（今长春）专设兴安局，于 4 月 5 日设兴安省，把东蒙古地区划分为兴安东、南、西、北四分省，其中呼伦贝尔为兴安北分省，并任达斡尔人凌升为兴安北分省省长。

同年 6 月 27 日，废止索伦八旗制，把索伦左翼四旗合并为索伦左翼旗，荣禄为旗长；索伦右翼四旗合并为索伦右翼旗，恩明为旗长。保留了额鲁特旗，福龄为旗长；布利亚特旗，乌尔金为旗长。还把新巴尔虎左翼四旗合并为新巴尔虎左翼旗；新巴尔虎右翼四旗也合并为新巴尔虎右翼旗。

在伪满洲国成立之时，日军尚未向齐齐哈尔以北地区进犯，此时驻守呼伦贝尔的东北军呼伦贝尔市政筹备处处长、呼伦贝尔警备司令、黑龙江陆军步兵第二旅旅长、哈满护路军司令苏炳文的部队，正在集中全力积极筹划抗战事宜，日军顾忌呼伦贝尔与苏联和蒙古接壤，玩起了政治手段。1932 年 6 月，日军向苏炳文提出，根据日本与"满洲国"的有关协议，在边境线满洲里要派国际警察，对苏联实施警戒，苏炳文最后同意警察进驻满洲里。于是，6 月 6 日由达斡尔人金树声任队长率领国际警察开进满洲里。7 月，金树声公出去"新京"时，在扎兰屯被护路军秘密处死。此后，日军改变策略，步步紧逼苏炳文投降，此时马占山又重新举起抗战大旗，号召黑龙江省军民奋起抗战。在这种形势下，苏炳文于 9 月 26 日在海拉尔召开会议，秘密布置了抗战的行动计划，并下令驻扎在满洲里、扎赉诺尔、海拉尔、伊列克得、博克图、扎兰屯、富拉尔基等地驻军戴上"铁血救国"的红袖章，占领各地车站，禁止列车行驶，切断通往省会齐齐哈尔的电线，断绝与外界的一切联系，扯下伪满洲国旗，升起中华民国青天白日旗。

9 月 27 日，苏炳文、吴德林等人在满洲里以纪念孔子诞辰为由，把日本领事馆、特务机关、国际警察队的头目请到哈满护路军司令部绑架后，以两个营的兵力攻打国际警察队，打死打伤 20 余人，俘虏 130 余人，随后即解除了日本领事馆警察的武装。10 月 1 日，苏炳文在海拉尔举行了"东北抗日救国义勇军"成立誓师大会，并通电全国。此后，日军加紧了进犯呼伦贝尔的步伐。

从 1932 年 10 月下旬开始，日军向齐齐哈尔以北进犯，10 月 30 日占领扎兰屯。马占山和他的参谋长谢珂带领部分东北军官兵撤到博克图，后又撤到海拉尔与苏炳文部会师，由于日军尾追进攻，长驱直入，败局已定，无奈于 12 月 4 日从满洲里乘火车退入苏联境内。

日军随即越过大兴安岭，12 月 6 日开进北疆呼伦贝尔地区后，按照 1932 年 4 月 5 日就在长春拟定好的兴安北分省方案，从 1933 年 1 月起施政，管辖了原呼伦贝尔副都统衙门、呼伦贝尔市政筹备处所辖地域，包括索伦左翼旗、索伦右翼旗（高斯）、新巴尔虎左翼旗、新巴尔虎右翼旗、陈巴尔虎旗、额鲁特旗、布利亚特旗、鄂伦春旗。

1933 年 1 月，取消室韦县和奇乾县，改为办事处。同年 7 月，将原室韦县境划为额尔古纳左旗，旗公署设于奈勒木图（今三河镇）；将原奇乾县境划为额尔古纳右旗，旗公署设于吉儒木图（今奇乾）。

同年，设海拉尔办事处，行使铁路附属地以外的海拉尔其他街区行政管理权，其施政范围包括原呼伦贝尔城在内的旧市街。

1933 年 10 月，索伦左翼、索伦右翼、额鲁特、布利亚特四旗合并为一个旗，即索伦旗，旗公署初设在海拉尔文庙，次年迁南屯（今巴彦托海镇）。旗长依次为恩明、荣禄、春祥、江春广也（日本人）、色仁，至日本投降。

1933 年还组建了兴安北省警备司令部，内设四个处，不久任布利亚特蒙古人乌如金为司令，嗣后由达斡尔人郭文林继任司令。在司令部成立的同时把兴安北省的军队编为第七、第八两个团，八团驻满洲，七团驻海拉尔。1937 年，兴安北省警备军与兴安东省警备军合并建第十军管区，驻海拉尔，司令官为郭文林（中将，达斡尔族）、参谋长为正珠尔扎布（少将，蒙古族）。

1934 年 11 月，兴安北分省改为兴安北省，凌升由分省省长改任为北省省长。

1936 年 4 月 24 日，兴安北省省长凌升以"反满抗日罪"在长春被日本侵略者判处死刑后，同年 6 月 9 日，蒙古人额尔钦巴图出任兴安北省省长。

同年，海拉尔、满洲里分别建市政管理处，从此兴安北省辖六旗、两市。

日本侵略者采取以中国人统治中国人的手段，利用各族上层人物建立起兴安北省各级伪政权后，日本参事官掌实权，以"日满亲善"为幌子，利用其军队、宪兵、特务、警察，实行法西斯统治，在政治上压迫，经济上剥削，精神上摧残，使呼伦贝尔地区的各族人民也同东北地区的人民一样陷入了亡国奴的生活。

日本奴役各族人民，欺压百姓的事例很多，就以原索伦旗（今鄂温克族自治旗）为例，在一个旗就设四个警察队，下面各苏木也都设有警察，监视各族牧民群众。从 1938 年始，对 18 岁以上的男子实行"居民证"，出外必须向当地警察所申请，就是从南屯到海拉尔也如此。如 1939 年夏天，守卫辉河口的哨兵在光天化日之下，抓住牧民丹巴·额尔德尼后无缘无故地把他活活打死；又把辉河两岸截然分开，西岸划给蒙古人做牧场，鄂温克人只能在东岸放牧，严禁双方逾越，还常常制造民族纠纷。有一次，突然来了几个警察，逮走几个鄂温克人，其中的一个老妇人因挨打受气而疯了。在经济上，征收各种苛捐杂税，如对牲畜实行每年"十抽二"的高税制，购买牲畜压低价格，还有各种名目的"摊派"，使牧民无偿服劳役；规定男子到一定年龄服兵役，充当"国兵"，受法西斯军事训练，使青年劳动力无法从事正常的生产活动，还唆使鄂温克青壮年吸食鸦片，使不少人失去了劳动能力；尤为恶毒的是采取惨无人道的手段，以种痘、打预防针为名，在鄂温克人中进行细菌试验，在一次注射后就有 200 多人死亡。1942 年的春天，日伪警察来到牧民玛格斯尔家，以莫须有的罪名要逮他走，玛格斯尔知道是陷害，于是，与乐布恩太和呼热等牧民一起机智勇敢地与警察展开斗争，经过几番搏斗，终因警察人数的增加，牧民寡不敌众被捕入狱。玛格斯尔、乐布恩太惨遭杀害，呼热被注射细菌后放回家，结果在辉河又引起 80 多人死亡。

日本侵略者在政治上的压迫，经济上的剥削，以及在精神上和身体上的摧残，使鄂温克人不仅人口减少，而且经济衰退。如辉苏木在九一八事变前有牲畜 6 万多头只，到日本投降时，牲畜只剩下 1 万多头只，使鄂温克人生活水平下降，陷入了饥寒交迫的境地。

日本人还推行奴化教育，实行愚民政策，除在各旗、苏木建小学外，1937 年前后，在海拉尔建三年四年制中学，第一所国民高等学校招收蒙古、达斡尔、鄂温克等少数民族学生，主要授牧业课。第二国民高等学校招收汉族学生，以商业课为主。第三国民高等学校招收俄罗斯学生。这些学校均由日本人掌管，以日文为主课，讲日语，效忠天皇，为日本殖民统治服务。

第三节　诺门罕战争

日本侵略者把我国东北地区沦为殖民地后，还力图得到东亚霸权，在对东北各族人民实行法西斯统治的同时，以防苏联、蒙古为由，大兴军事工程。自 1934 年至 1939 年，从东北珲春五家子开始沿国境线至黑河和海拉尔，共修建工事 14 处，其中的海拉尔是扼守中苏、中蒙边境的屏障，日军在这里构筑敖包山和北山阵地，扩军备战，为北进做准备。

日本关东军把北进的突破口选定在历来战争多发区、兵家必争之地哈拉哈河①附近。然后，唆使伪满洲国历史遗留下来的争议地区，向蒙古人民共和国挑衅，双方摩擦不断，你争我夺的局面逐步升级，而日军认为有利可图时，便调兵遣将，等待时机准备进攻。

1935 年 5 月，日本关东军在呼伦贝尔南部诺门罕布尔德地区哈拉哈河中下游两岸，以伪蒙军为前驱，向蒙古人民共和国发动了一场震惊世界的“满”蒙边境战争，即日本帝国主义、伪满洲国对苏联、蒙古人民共和国的一场局部正规战争——诺门罕战争。

----

① 哈拉哈河，即喀尔喀河，又作哈拉欣河、哈拉哈果勒，《蒙古秘史》称“哈勔合河”和“哈儿合水”。发源于大兴安岭南部里革先山西麓的达尔滨，由东南向西北流。从发源地流至暑秋防火外站东部成为中蒙界河，又向东北流至罕达盖防火站东南进入蒙境。又流至原西林胡都克卡伦西面，成为中蒙界河。流至额布都格卡附近河道分为两支，一支仍向西北流经沙尔勒金河汇入乌尔逊河，另一支向南流至达共鄂博附近注入贝尔湖。河长 399.23 公里，主要支流有罕达盖河、胡鲁斯台河。

这场战争，根据《诺门罕战争》一书前言记载："从 1939 年 5 月 4 日开始，到 9 月 16 日停战，历时 135 天。双方投入战场兵员 20 余万人，大炮 500 余门，飞机 900 余架，坦克、装甲车上千辆，死伤 6 万余人。无论空战或坦克战，在当时的世界军事史上，都是空前的，可以说是世界上最早的一次大规模立体战争。骄横不可一世的日本关东军在这一片不足 600 平方公里的沙丘地带，损耗了 54000 多兵员和大量重武器，最后进行了细菌战，但仍然遭到惨败，被迫停战讲和。"① 日军在诺门罕战争中失败后，仍不死心，在阿尔山口又构筑了 1 处堡垒。

诺门罕战争爆发后，呼伦贝尔各族人民遭受了极大的灾难。日本经营的满洲株式会社征收的牛、马、羊，从原来每户征收牲畜税 5%，提高到 10%—15%，羊毛、皮革、牛奶也不例外，连牧民的坐骑也征收做军马，如不如数或按期缴纳，就以"非常时期经济惩罚条例"威胁或处罚。说征收，其实就是无代价地把牧民的马做军马，把牧民的牛、羊肉当给养，还让牧民捡粪送柴、送水，可见，牧民的财产损失和所受之苦是无法计算的。呼伦贝尔的牲畜数量，由 1932 年的 200 万头只减少到 1940 年 120 万头只，到 1944 年仅剩 70 万头只牲畜。

由于牲畜的减少，出现了很多无畜户，配给制只给苞米、高粱米，还不足量，牧民受尽了饥饿之苦。因布匹缺乏，政府竟给民众配发更生布，这种布质量低劣，穿几天就坏，而且一件衣服几个人换穿，民众受尽了寒冷之苦。

第四节　解放初期的呼伦贝尔

1945 年 8 月 8 日，苏联对日宣战，出兵我国东北地区。由满洲里入境的苏军于 8 月 9 日抵进海拉尔后，大部分苏军沿滨洲线长驱直入，有一部分苏军在海拉尔向日本关东军防守的敖包山、北山地下阵地发起进攻。根据徐占江同志在《淋腥沐血的"死亡工程"》一文中记述："8 月 11

---

① 厉春鹏、徐占江、阿必德、闫为民、那申：《诺门罕战争》，吉林文史出版社 1988 年版，前言第 1 页。

日，苏军使用坦克、大炮向敖包山发动进攻，日军第 80 独立混成旅团的 584 大队和 119 师团的 255、253 联队留守的部队近 800 人拼命抵抗，15—16 日开始从地上打到地下，在地下工事入口处拉锯，直至 17 日未攻克。18 日早 6 时，日军 400 多人接到旅团司令官投降命令后才走出地下工事投降。还有北山阵地日军约 1500 人的兵力仍向苏军反击，而苏军从 8 月 11 日起向北山阵地发起进攻，未奏效；14 日苏军增调兵力，配备两个步兵师、5 个炮团和加强坦克强攻，但一直未攻克；8 月 17 日下午，日军第 80 独立混成旅团司令官野村登龟江接到关东军投降的命令，走出地下工事，同苏军交涉投降之事，于 8 月 18 日晨向苏军投降。"

　　同时，驻海拉尔地区的伪军第十军管区官兵 2000 余人在中将司令官郭文林、少将参谋长正朱尔扎布的率领下，于 1945 年 8 月 11 日在今鄂温克族自治旗境内锡尼河一带打死日本军官后，向苏联红军投诚。苏军将其所部收容于蒙古人民共和国境内，两个月后又将其遣返回海拉尔苏军俘虏营内，1946 年 1 月释放。郭、正两人则被苏军关押，1950 年移交中国政府并关进抚顺战犯管理所，后分别于 1959 年、1960 年被特赦。

　　值此，呼伦贝尔各族各界人民为了纪念解放东北人民而光荣牺牲的苏联红军将士，在海拉尔修建了苏联红军革命烈士陵园，占地面积 8030 多平方米，建筑面积 623 平方米，共安葬 21 位苏军烈士。

　　1945 年 8 月 15 日，日本帝国主义宣布投降，兴安北省的各级伪政权随即解体，呼伦贝尔处于无政府状态。海拉尔是呼伦贝尔的政治、军事、经济和文化中心，云集有各种政治势力，社会状况比较复杂，有些人开始活动建立政权。

　　当时，苏军上校赫尔少夫为驻海卫戍司令官，商业界人士傅锦堂因通俄语，自称是苏联红军司令部任命的市长，组织了"海拉尔市自治公署"机构，但牧区处于无人管的状态。少数民族德春等人于 9 月中旬又组织了一个"呼伦贝尔蒙旗行政公署"，实际上还没有开展什么工作，有些上层人物刚开始筹备成立自治政府，"呼伦贝尔蒙旗行政公署"就消失了。

　　1945 年 10 月 1 日，在海拉尔召开各族各界人士代表会议，宣告成立了"呼伦贝尔自治政府"，推举额尔钦巴图为主席，善吉密图普为副主席。接着，呼伦贝尔自治政府所辖的各旗、市相继组建旗、市政府，自行推荐旗、市长主持工作，如索伦旗推荐葆定为旗长。

1945 年 10 月，呼伦贝尔地方自治政府成立不久，为了维持地方社会治安，组建起几十人的保安队，在这个基础上征召一部分被苏联红军释放的伪军官兵扩建为保安总队，编员 200 人左右。1946 年 5 月，保安总队改编为内蒙古自卫军骑兵第六师。

1946 年 3 月，呼伦贝尔自治政府改称呼伦贝尔临时政府，并以自治政府名义任命了一些旗、市长。其中葆定为索伦旗旗长，图门吉日嘎拉（鄂温克族）为额尔古纳右旗旗长，相继在索伦旗担任旗长的还有朝克图、恩克巴图、内勒布（鄂温克族）。

1946 年 5 月 1 日，苏军从海拉尔撤退回国不久，5 月 16 日上午，东北民主联军西满铁道兵司令员郭维成，民主联军嫩江军区第一旅旅长王化一、政委郑北辰率领的人民军队进驻海拉尔，受到了呼伦贝尔各族人民和各界人士的热烈欢迎。

民主联军军列路过免渡河时，以王杰为首的光复军全部被缴械，给呼伦贝尔的地方治安开创了良好的开端。

1946 年 6 月，国民党反动派向各解放区及东北地区疯狂进攻。他们在东北由四平向北推进，占领郑家屯，进犯内蒙古哲里木盟地区，内蒙古自卫军第二师开始与敌周旋交战，中共西满分局撤到白城子。

1946 年 1 月，在王爷庙（今乌兰浩特）成立了"东蒙自治政府"，是年 5 月 28 日改称兴安省，张策为中共兴安省工委书记，特木尔巴根为兴安省主席，阿思根为兴安军区司令员，哈丰阿为内蒙古自治运动联合东蒙分会主任。

面对国民党军队继续北进的局势，为了保证省政府机关的安全，根据中共西满分局的指示，省主席特木尔巴根、秘书长方知达带领省政府机关干部，乘专列于 1946 年 6 月 24 日迁移到了大后方海拉尔，10 月又迁到扎兰屯，后又返回王爷庙（今乌兰浩特）。

省主席特木尔巴根等在海拉尔期间，调整了呼伦贝尔自治政府的部分领导成员，同时撤换海拉尔市长战镇寰，派中共党员苏林为海拉尔市市长。

1946 年 11 月 1 日，东北行政委员会批准呼伦贝尔地区实行地方自治，改称呼伦贝尔地方自治政府。是年 11 月，设立呼伦贝尔地方自治行政委员会，辖索伦旗、新巴尔虎左翼旗、新巴尔虎右翼旗、陈巴尔虎旗、额尔古纳左翼旗、额尔古纳右翼旗、海拉尔市、满洲里市、扎赉诺尔街、牙克石街。

1947 年 5 月 1 日，根据党的民族区域自治政策，在内蒙古东部乌兰浩特成立了以乌兰夫为主席、哈丰阿为副主席的内蒙古自治政府。

1947 年 11 月，宣布成立了中共呼伦贝尔盟工委，吉雅太为书记，高锦明为副书记。

1948 年 1 月 1 日，呼伦贝尔正式归属内蒙古自治政府，成立呼伦贝尔盟，额尔钦巴图为盟长，贡果扎布为副盟长。同时，额尔古纳右翼旗和额尔古纳左翼旗合并为额尔古纳旗。

1948 年 1 月，内蒙古人民自卫军改称内蒙古人民解放军，而把内蒙古人民红卫军第六师缩编为内蒙古人民解放军独立骑兵第九团，巴图巴根同志为团政治委员。

中共呼盟工委成立后，通过各种形式，积极与各族各界人士接触和交往，宣传党的民族政策，争取、团结、教育民族上层人物。在贯彻党的统一战线政策的同时，向城镇、牧区各族人民宣传马列主义、毛泽东思想，宣传新民主主义革命的意义，宣传党的民族政策，使各族人民对党的方针、政策有所认识，政治觉悟有所提高，在废除封建特权的基础上，逐步开展了建立人民政权的工作。

中共呼盟工委在索伦旗召集各族向往革命的热血男女青年 70 多人举办建政训练班，其中有宝日呼、贺兴格、其木德斯登、诺诺布等鄂温克族青年积极分子，为建立基层新政权培养了骨干力量。同时，为了加强领导，顺利开展民主改革，废除封建特权，呼盟建立人民政权。

1948 年 4 月，索伦旗南北辉河两个苏木（聂日）合并后（有 286 户、1363 人）召开牧民代表大会，在呼盟境内成立第一个基层人民民主政权——辉苏木人民政府，选举鄂温克族宝日呼为第一任苏木达。

1948 年 5 月，东北军政大学毕业的孟和那苏（达斡尔族）被派来取代内勒布为索伦旗民主改革时期的第一任旗长。在深入群众、宣传教育、发动群众、建立苏木级人民政权的基础上，1949 年底，在索伦旗建立了第一个党支部。党支部由孟和那苏、阿拉塔、卓仁仓等 9 名党员组成，在积极培养提拔使用少数民族干部的同时，党支部按照党"积极慎重"的方针，发展党员，扩大党的队伍，健全党组织。到 1954 年成立中共索伦旗工作委员会时，全旗的共产党员已有 216 名，占全旗总人口的 7.5%。

1949 年 4 月 1 日，呼伦贝尔盟与纳文慕仁盟合并，称呼伦贝尔纳文慕仁盟，简称呼纳盟，盟政府驻海拉尔。盟长为额尔钦巴图，副盟长为乌如喜业勒图、陈炳宇。呼纳盟合并时，巴彦旗与莫力达瓦旗合并，称莫力达瓦旗，扎赉诺尔市并入满洲里市，改称矿区。

第五节　拨开乌云见晴天

1949 年 10 月 1 日，中华人民共和国成立，中国人民站起来，当上了新中国的主人。祖国北疆呼伦贝尔盟的各族人民也欢欣鼓舞，热烈庆祝中华人民共和国的成立。

1950 年 1 月，呼纳盟政府改称呼纳盟人民政府，所辖的各旗市政府也改称人民政府。同年 1 月 23 日，撤销牙克石街，成立喜桂图旗时，索伦旗牙克石街所属的免渡河、乌奴耳等 9 个村站划归了喜桂图旗。

索伦旗第一个党支部成立之后，就根据上级党工委的指示，为了充分发动群众，搞好民主改革，派党员和干部深入苏木开

伊敏河流域巴彦胡硕"敖包山"东侧

展建立新政权的工作。从 1950 年到 1953 年，全旗各苏木先后召开人民代表大会，建立了各苏木新的人民政府。

在党的方针、政策的指引下，由于贯彻执行"三不两利"[①] 政策，在牧区干部和群众的努力下，在民主改革的短短几年中极大地促进了畜牧业

———————————

① "三不两利"政策是指 20 世纪 40 年代至 50 年代初，乌兰夫同志和自治区党委遵循党的实事求是思想路线，根据地区的特殊情况，制定并实施的"牧场公有，放牧自由"，"不斗、不分、不划阶级，牧工牧主两利"的政策。

生产的发展。全旗的牲畜由 1948 年 4 万多头只发展到 1953 年的 14 万多头只，按当时的人口人均达到 22 头只，出现了蒸蒸日上的好势头。

呼伦贝尔鄂温克草原还迎来了世人注目的文化喜讯，年轻的蒙古族作家马拉沁夫的文学作品，由北京作家海默先生改变成电影剧本《草原上的人们》，电影摄制组也于 1952 年来到呼伦贝尔鄂温克草原巴彦胡硕敖包山下拍外景。其间，海默先生在月光下望着草原写下了《敖包相会》的歌词，然后由达斡尔族作曲家通福先生谱写了《敖包相会》的曲子，从此"十五的月亮"传唱半个世纪至今不衰，被世界称为东方"第一情歌"。《敖包相会》就是从巴彦胡硕敖包山唱遍中华大地，唱遍全世界的，从此巴彦胡硕就成了唱响敖包相会的地方。

1954 年，索伦旗召开旗第一届人民代表大会，选举产生了以孟和那苏为旗长的索伦旗人民政府。这届政府在选举产生各级人民代表时，不仅照顾了民族成分，而且也适当照顾了有影响的民族上层人士的代表。

在胜利完成社会主义民主改革任务的基础上，党和政府引导各族牧民开展互助合作运动，实行自愿结合、典型示范、国家帮助的办法，实现了畜牧业生产的集体化。

1956 年，索伦旗召开第二届第一次人民代表大会，选举产生了以优力吉（蒙古族）为旗长的旗人民政府，旗工委书记为郭文泰（鄂温克族）。这届政府一直工作到 1958 年 8 月 1 日，鄂温克族自治旗成立为止。

新中国成立后，鄂温克族仍分别被称为"索伦"、"通古斯"、"雅库特"，党和政府根据鄂温克族人民的意愿，经过调查研究，在广泛征求意见的基础上，内蒙古自治区人民政府于 1958 年 3 月 5 日发出通知，撤销"索伦"、"通古斯"、"雅库特"称呼，恢复并统一了"鄂温克"族称。

"鄂温克"族称恢复并统一后，根据党的民族区域自治政策，1958 年 5 月 29 日，国务院全体会议第 77 次会议，根据内蒙古自治区人民政府 1958 年 4 月 11 日的报告，决定了撤销索伦旗，并在原索伦旗行政区域内设立鄂温克族自治旗。

内蒙古自治区人民政府根据国务院的批准，决定在 1958 年 8 月 1 日成立自治旗人民政府。当年全旗总人口 10612 人，其中鄂温克族 2558 人、达斡尔族 2345 人、蒙古族 3186 人、汉族 1764 人、其他民族 129 人。

根据上级的决定，旗里经过认真而紧张的筹备后，按预定的日期，在旗所在地巴彦托海镇举行自治旗成立大会。当大会宣布以图盟巴雅尔（鄂温克族）为旗长，优力吉、毕力格图为副旗长的自

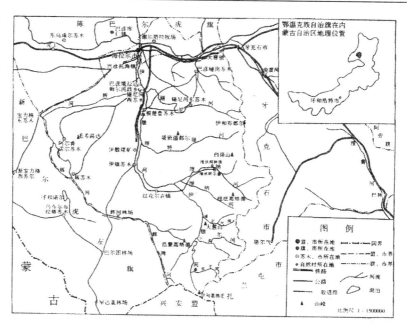

内蒙古测绘局绘制 1987 年鄂温克族自治旗

治旗人民政府成立时，到会的各族干部和群众以长时间的掌声致以热烈祝贺。从此，鄂温克族人民实现了管理自己内部事务的自治权利。对在历史上饱经民族压迫的鄂温克族人民来说，实现民族区域自治是破天荒的大喜事。自治旗成立的这一天，有不少鄂温克族老人热泪盈眶，衷心表达对党的民族区域自治政策的热爱和拥护，表达对中国共产党的感激心情。

旗委书记图盟巴雅尔接受盟委赠送的锦旗　　自治旗成立 5 周年庆祝大会上
　　　　　　　　　　　　　　　　　　　旗长乌尼满都同志（右）讲话

第三十一章

敖鲁古雅使鹿鄂温克人的由来

使鹿鄂温克人，是指驯养驯鹿的鄂温克人，如今在我国大兴安岭西北部森林中的敖鲁古雅使鹿鄂温克人，是在清嘉庆二十五年（1820年）从俄国东西伯利亚地区的勒拿河流域迁来我国境内的。他们的迁来不仅增加了我国的鄂温克族人口，而且在中国的鹿科动物群中增加了驯鹿品种，使中国成了有驯鹿的国家。

第一节　从贝加尔湖向外扩展

驯鹿是环北极动物，分布于欧洲、亚洲和北美的北极、亚北极和北生物区系的苔原、森林地带中。

驯鹿驯养业据考证始于青铜器时代，即公元前3000年，在相适应的自然、地理条件下，在不同地方、不同时期，先后发生在不同的部落、部族中。

青铜在中国始于公元前2000多年，商代青铜器高度发达，并从中原一带传播到鄂温克人的发源地——贝加尔湖一带原始森林中。具有敬业精神的古代鄂温克人，使用起青铜器箭镞的"弓箭"狩猎，大大增强了杀伤力，猎获物多了，有了剩余兽肉，人们把余下的肉切成条晒干后吃，也有的活捉野生驯鹿崽带回来喂养数日后宰杀。

驯鹿不论雌雄头上都长有大角，分支很多，非常美丽壮观，深受猎人们喜爱，古代鄂温克人在长期以鹿科动物为对象狩猎的过程中熟悉了野生驯鹿的习性和生活规律。加洪莫根（"八个猎人"之意）在森林中狩猎时，根据野生驯鹿集群活动，性情温驯，依附于人、接近人的特性，捉住六只野生驯鹿崽，带回来在栅栏中喂养成了半驯养式驯鹿，创造了动物驯养业，在鄂温克族的发展史上成为具有划时代意义的大事。古代鄂温克人从大自然夺得了部分主动权，第一次有了可支配的动物，有了比较稳定的食物来源，有了可乘骑、驮运货物的交通工具，方便了游猎于数千里的山林中，驯鹿因而被人们称为"森林之舟"。

驯鹿驯养业的出现和发展，在鄂温克社会中增加了新的经济成分，形成了狩猎和养鹿相结合的经济，而男人在经济上处于支配地位，引发了氏族社会结构的变革，使鄂温克社会由母系制过渡到父系制，改由男性为氏族首领，建立起了父居制为基础的父系制氏族社会。

父系制后，由于母居制转变为父居制，一夫一妻制家庭形成，促进了氏族人口的增长，加上驯鹿驯养业的发展，在婚姻关系和驯鹿的管理上出现了新的矛盾，引发了氏族组织的分化。古代鄂温克人为了调整婚姻关系且便于管理和使用驯鹿，从氏族中分化出氏族属下的若干"乌力楞"家族公社，少则五六个帐幕，多则十一二个帐幕，而老氏族公社就成了上层大氏族，"乌力楞"家族公社则成了大氏族的分支。

鄂温克氏族社会进入了一个新的发展阶段。民族要素的进一步完善，人口的增长，以及狩猎和养鹿经济的结合发展，使鄂温克人需要进一步扩大狩猎和养鹿经济活动的范围。古代鄂温克人就以驯鹿为交通工具，逐渐从贝加尔湖地区向外扩散，大约在我国的东汉初年，即公元 1 世纪开始，他们走山穿林，渡江越岭，长途跋涉，向西沿通古斯卡河（安加拉河）、叶尼塞河至鄂毕—额尔齐斯河谷；向北沿维季姆河、勒拿河至北冰洋，再向勒拿河以东至鄂霍茨克海及堪察加半岛；又向东贝加尔湖以东至黑龙江上游、外兴安岭，再由外兴安岭以南的精奇里江（结雅河）流域地区广袤的山林地带游猎生产、生活，而在西伯利亚各地和远东地区形成了"大分散、小聚居"的分布格局。

古代鄂温克人从贝加尔湖向西伯利亚地区扩展时，他们从发源于伊卡特山（山峰高达 6500 英尺）东坡的维季（提）姆河向北进入勒拿河流域，一直延伸至北冰洋，有的向勒拿河以东延伸鄂霍茨克海及堪察加半岛。

勒拿河（全长 4320 公里）位于东西伯利亚地区，地势很高，其中叶尼塞河与勒拿河之间的高原是世界上最大的高原之一，冬长而冷，夏短而凉，群山起伏，森林茂密，河流纵横交错，栖息有各种野生动物。

勒拿河流域森林中野生动物种类繁多，还生长有驯鹿食用的苔藓类植物，不仅是狩猎的天然猎场，还适宜驯养驯鹿，没有外界干扰。

在幽静的自然环境中，古代使鹿鄂温克人在依附自然和征服自然的斗争中，依靠自己的智慧和力量，艰苦奋斗，以"氏族公社"为社会单位，以"乌力楞"家族公社为经济实体，边狩猎边驯养驯鹿，风餐露宿，吃兽肉，衣兽皮，住着适合移动的伞子形房子，过着游猎生活。

第二节　雅库特人迁入勒拿河流域

在《西伯利亚及远东地区各民族》一书"鄂温克人"一章中记载："雅库特人逐渐占领鄂温克人居住区并在勒拿河流域定居。"那么，雅库特（今称"萨哈"）人是从哪里来的？什么时候来到勒拿河流域的呢？

可能是在公元 8 世纪初回纥汗国取代突厥汗国时，或者是在公元 10 世纪初，即我国北方少数民族之一的契丹崛起，建立契丹政权，曾几次出兵扫北，北达外兴安岭，西北至贝加尔湖地区取代吉嘎斯汗国时，突厥语族的雅库特人从蒙古高原的西北部、贝加尔湖以西的叶尼塞河向北扩散。起初，他们散布到勒拿河中游地区，赶走鄂温克人，占领鄂温克人居住地威吕河流域一带地区，然后又延伸占领了勒拿河流域整个地区。

雅库特人人口多，生产、生活方式比鄂温克人先进，他们不仅经营牛马畜牧业，还有手工业，可以制作铁器，来到勒拿河流域山林地带后，又狩猎和驯养驯鹿，与鄂温克人争猎场和苔藓之地。

雅库特人依仗人口众多，又掌握先进的手工业技术，占有了勒拿河流域的统治权，相当于一种自治形式。他们不仅占领鄂温克人的居住地和猎场，还歧视鄂温克人，不加区别地说鄂温克人是雅库特人，激起了鄂温克人的不满，鄂温克人也不服气地说雅库特人是约靠。

雅库特人在政治上的压迫和经济上的剥削，使鄂温克人宁静而从容的游猎生活处于了复杂多变的关系中，经济逐年下降，出现了很多贫困户，鄂温克人不得不给雅库特人当雇工。相传，鄂温克人有兄弟二人，被生活所迫在雅库特人家里当了佣人，雅库特人把各种沉重的活都让哥俩干，但他们还是吃不饱、穿不暖。兄弟俩无法忍受牛马不如的生活，有一天他们逃到一个山洞里。山洞的后面是河，雅库特人追上来时，因冬天雪大，兄弟俩机智地从山洞口穿上滑雪板，往下滑，直到翻过山岭，摆脱了雅库特人的追踪。这个消息传开后，鄂温克人都称赞兄弟俩为"哎尼若"（"好汉"之意）。人们认为兄弟俩之所以摆脱雅库特人的追踪，滑雪板起了很大作用。

鄂温克人和雅库特人长期在一个地域共同生产、生活，在彼此联系和交往中，雅库特人开始驯养驯鹿，鄂温克人也学会了铸造铁器的技术。

第三节　哥萨克骚扰使鹿鄂温克人

西伯利亚地域辽阔，资源丰富，特别是东西伯利亚地区野生动物种类繁多，盛产优质貂皮。这些成了沙皇政府向西伯利亚地区扩张的重要目标。

16世纪末起，远在欧洲的沙皇俄国派遣哥萨克向西伯利亚地区扩张，向叶尼塞河进发。1606年，俄罗斯人第一次见到了居住在叶尼塞河右岸的鄂温克人；1614年，俄罗斯人开始向下通古斯卡河（安加拉河）的鄂温克人征收毛皮税；1619年，俄罗斯人在叶尼塞河中游建立了叶尼塞斯克城，同时加紧收税；从1623年俄罗斯人开始向所有居住在叶尼塞河附近、下通古斯卡河、奇纳河和威昌河的鄂温克人收税。根据哥萨克当时的记录已有18个氏族纳贡。

哥萨克沿威昌河进入勒拿河流域后，1632年，在勒拿河上建立了雅库茨克城，在向勒拿河流域和北雅库特地区收税时，他们了解到在卡汤加河（茶丹加河）流域、威昌河上支流、通古斯卡河上支流鄂温克人共有十几个氏族。

哥萨克抵进勒拿河后，以雅库茨克为据点，向四面八方扩张，东面到鄂霍茨克海滨，发现有奇连名称的鄂温克氏族，以捕鱼为生；北面向北冰洋堪察加半岛挺进；南面越过外兴安岭，侵入黑龙江流域。

俄罗斯人在叶尼塞河、勒拿河流域地区第一次见到鄂温克人，不了解他们是什么族群，也不知道怎么称呼。鄂温克人自我介绍说："我们是鄂温克人。"但俄罗斯人不予理睬，鄂温克人说他们是"罗特"。不久哥萨克向沙皇的报告中提到了"通古斯人"，于是"通古斯"就成为俄国人称呼鄂温克人的官方名称，俄罗斯人不论到哪里，凡是遇到鄂温克人就说"通古斯人"，对来自陌生人的这种称呼，鄂温克人也不知道什么意思，他们感到奇怪，也无可奈何。

　　勒拿河流域鄂温克人原来受雅库特人统治，俄国人来了又受俄罗斯人的统治。随着哥萨克队伍的深入，一心想发财的一批批俄国商人、官吏、兵痞，从叶尼塞斯克和曼加捷亚两个方向闯进勒拿河流域，骚扰森林居民，强征贡税，抢夺毛皮和其他物资，残酷压迫和剥削当地鄂温克居民。

　　沙俄军役人员和毛皮商们的强盗行径激起了鄂温克人的愤怒和反抗。在《北方通古斯的社会组织》一书中记载："我们从俄国人的证言中得知，在17世纪初他们遇到的通古斯人，有300名战士由一个被俄国人称为达奴拉的英雄（索尼格）人物率领，这表明他们是几个氏族联合在一起的军事集团"。他们以弓箭抵抗使用火器——燧石枪的哥萨克遭到了失败，而涌进来的一群群冒险家们更加疯狂地掠夺贵重毛皮。贪图贵重毛皮的俄罗斯人一方面强征贵重毛皮，并任意抢劫猎民的猎获物；另一方面他们自己或雇佣别人直接猎杀贵重毛皮动物。在他们接二连三的轮番骚扰下，不仅当地的居民鄂温克人不得安宁，野生动物也越来越少。

第四节　使鹿鄂温克人向东南方向迁徙

　　雅库特人来到勒拿河流域后，特别是俄罗斯人也来到勒拿河流域后的100多年中，雅库特人口到18世纪末增加到25万多人。他们需要新的地域，于是不断向通古斯鄂温克人的领域扩张，而鄂温克人的领地越来越小，严重威胁着鄂温克人的生存。

　　面对这种形式，绝大多数鄂温克人都在担忧自己的生存，经各氏族的长老们多次商议决定，为了保持民族的生存、维护民族的利益，他必须脱离俄罗斯和雅库特双重势力的统治，朝着东南方向，寻找野生动物多的地方，开辟新的生产、生活基地。

于是，有一部分使鹿鄂温克人联合起来，约700多人，在19世纪初，从勒拿河流域北雅库特地区的鄂列涅克（亦说雅库特州的伊格纳西、勃克罗夫地方）等地出发，向东南方向迁徙。他们以驯鹿为交通工具，边打猎边前进，日行几十里地，经过

准备搬家的驯鹿群

腾底河，再经威吕河上游，顺着勒拿河的流向，风餐露宿，穿越东西伯利亚地区的山脉、河流、峡谷，分成两个部分进入石勒喀河，到达黑龙江上源。走了三个多月，他们分为三支。

一支是玛涅格尔和毕拉尔氏族人，他们一直顺着黑龙江下去，迁至黑龙江上游以东的结雅河、布列亚河、西林穆丹河流域居住。

另一支有4个氏族、37户人，停留在额尔古纳河与黑龙江汇流处的阿玛扎尔河流域，没有继续走。

使鹿鄂温克人在迁徙

还有一支是由总基那斯（"首领"之意）瓦西里·雅克列维奇带领的一部分人，有索罗共、给力克、柯尔他昆、布勒多特4个氏族，共75户，约400人，驯鹿600多头。他们在阿玛扎尔河停留了一段时间后渡过黑龙江来到漠河以南，起初在大兴安岭北部东北坡的古连河、大林河、阿（额）木尔河流域森林中游猎生活。

氏族，是鄂温克人的"姓氏"，不久在原4个氏族中分化出了固德林、索罗托斯2个氏族，增加到6个氏族，即6个姓氏。总基那斯瓦西里·雅克列维奇死去后，体系发生变化，分为3个部分游猎：漠河一带索

罗共氏族、给力克氏族、索罗托斯氏族所组成的叫"阿穆尔千"；额尔古纳河南岸一带布勒多特氏族各支所组成的叫"古纳千"；贝尔茨河（激流河）一带柯尔他昆氏族、固德林氏族组成的叫"贝斯特拉千"。

猎区的一个"乌力楞"家族公社

每个氏族都有自己的首领，叫"基那斯"，也有自己的萨满。氏族属下有若干"乌力楞"家族公社，其中一般都有五六户小家庭，选举有经验的年长男人担任族长，叫"新玛楞"（"公道人"之意），管理驯鹿和狩猎生产活动，也有自己的猎场，一般都在大河的各支流之间的山林地带。

后来，他们又分为两个部分，一部分有索罗共、给力克、索罗托斯基三个氏族游猎于漠河、恩和哈达河、阿穆尔河以西一带森林中；另一部分有固德林、柯尔他昆、布勒多特三个氏族游猎于额尔古纳河以南的乌玛河、阿巴河至贝尔茨河（全长

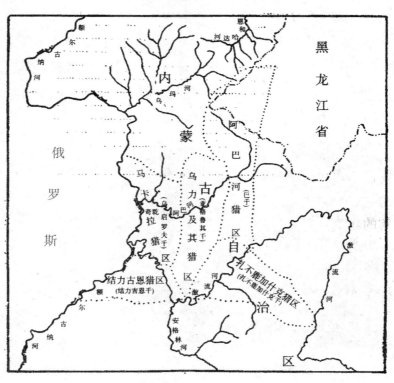

我国使鹿鄂温克人分布略图

482公里）流域东、西两侧及以南广袤的森林中，这就是今日的敖鲁古雅使鹿鄂温克人。

　　那么，他们的前辈在什么时候渡过黑龙江来到呼玛河以南的、又在什么时候迁到额尔古纳河以南大兴安岭西北坡原始森林中的呢？使鹿鄂温克人中的老人们说："我们从勒拿河来到黑龙江的源头时，在额尔古纳河以北已经有了俄罗斯居民，我们的人过来以前没有俄国名字，后来与河北（指额尔古纳河）的俄罗斯人交往过程中才有了俄国名字。"这证明，他们是在中俄签订《尼布楚条约》以后过来的。

　　至于究竟是哪一年，老人们在新中国成立初期回忆说："从老一代人所说，我们的人在勒拿河一带时男女都一样留长长的发辫，迁来这里的那年有一位叫玛克辛的老人，他的发辫最长，当年58岁。"根据玛克辛老人当时的年龄往后一代一代地推算，可知使鹿鄂温克人已迁来300多年。其实他们迁来的时间在清代文献中早有记载，在中东铁路经济调查局编写的《呼伦贝尔》一文中记载："彼等渡过黑龙江系在西历1820年（清嘉庆二十五年），迁来呼伦贝尔系在西历1858年（清咸丰八年）。"

　　使鹿鄂温克人来到新地方以后，也深深地怀念着成长壮大的故地。传说："在我们的故乡勒拿河一带有个'拉姆'（鄂语意为大湖，即贝加尔湖），有八个大河注入该湖，在湖里长着许多美丽的水草，水上漂着许多荷花。从湖边看太阳很近，太阳似乎从湖边升起的。湖周围山很高，鄂温克人的祖先是从湖周围的山上起源的。"这一传说，不仅说明了他们的祖先是从贝加尔湖周围的高山上起源的，而且说明了他们的故乡山奇水秀，非常美丽。

　　在俄国境内阿玛扎尔河站下的鄂温克人，与迁移到我国境内的鄂温克人都是从勒拿河一带过来的，紧靠边界两侧，居住地直接相连，是分割为两个国家的同一民族，即"跨界民族"。他们隔江相望，关系密切，有千丝万缕的联系，特别是索罗共氏族的鄂温克人与阿玛扎尔河的鄂温克人有婚姻关系，来往比较密切。当时由于边境管理松弛，我国的鄂温克猎民有时到俄国境内打猎，而俄国的鄂温克人有时也到我国境内打猎。这两个部分鄂温克人来往频繁，在相互交往过程中受到俄罗斯人东正教的影响（复活节），每年6月10日到河对岸的波克罗夫卡村东正教教堂举行婚礼或给他们的儿童洗礼，并起俄国名字。

　　使鹿鄂温克人从大兴安岭东北部沿界河——额尔古纳河以南原始森林中穿过970公里边境线，逐渐于1858年扩散至大兴安岭西北部的珠尔干地方，在额尔古纳河支流阿巴河、乌玛河、激流河流域原始森林中继续游猎生活。

第五节　　在大兴安岭西北部的生产、生活

使鹿鄂温克人是在清代后期来到我国大兴安岭北端原始森林中生产、生活的。西北部的奥克里堆山是大兴安岭的最高峰，海拔 1523 米，气候寒冷，冬天气温达零下 40 多度，冬长而冷，夏短而凉。因在深山密林中狩猎和养鹿生活，清朝没有把他们像索伦鄂温克人那样编入"八旗制"，也没有实行佐领制，更没有规定战时出征打仗和平时猎貂纳贡的任务，他们仍保持传统的氏族制，由氏族首领管理自己内部事务。

大兴安岭北部原始森林是蓝天、白云下的林海雪原，虽然冬长而冷，但自然资源丰富，林草繁茂，河流纵横，栖息有多种飞禽走兽，也有苔藓类植物，是适宜鄂温克人狩猎和养鹿生产、生活的良好的自然环境。在这种宁静而从容的游猎生产、生活中，鄂温克人口到清同治八年（1869 年）增长为 87 户、435 人。

敖鲁古雅鄂温克人所带来的驯鹿属于西伯利亚森林驯鹿亚种，是善于在森林和深雪中行走的一种寒带半驯养式鹿科动物，雌鹿体重可达150 多公斤，雄鹿为90 公斤左右。驯鹿俗

大兴安岭北部原始森林　　　　摄影：阿鹏

称"四不像"，蹄似牛非牛、头似马非马、身似驴非驴、角似鹿非鹿。驯鹿头上长大角，分支很多，是它生命的精华；驯鹿浑身是宝，用途很广，具有役用、食用和药用价值。

驯鹿是珍稀鹿科动物，处于半野生状态，多在野外森林里放养，靠自己觅食，其主要食物是苔藓和蘑菇类植物，驯鹿几天回一次放养点，养鹿

人给喂盐，有时还喂少许豆饼和草料。为了保证驯鹿有充实的饲料来源，养鹿人经常更换驻扎的营地：一是喂盐，二是点烟火驱蚊，三是接鹿羔、割鹿茸，四是在交配期把驯鹿分圈，提高交配成功率。

不过，从勒拿河带来的驯鹿，在1892年9月间得了疥癣病，到12月驯鹿毛都掉光了，在严寒的冬季里死了很多，只剩20多只。鄂温克人没有了交通工具无法游猎，猎获物也无法驮运，生活陷于困境。直到1897年，市场上貂皮很值钱，猎民们猎貂挣了一些钱后，又从俄国的阿玛扎尔河鄂温克人那里买来了驯鹿，繁衍至今。

使鹿鄂温克人在长期饲养驯鹿的过程中，与驯鹿结下了"不解之缘"，不仅

驯鹿在集结　　　　　使鹿鄂温克人给驯鹿喂盐

在经济生活上，而且在精神生活上也离不开驯鹿，驯鹿由物质到精神，渗透到了鄂温克猎民的生活中。他们认为驯鹿是林海雪原中的精英，甚至认为是人和神的媒介，而早在勒拿河时就不再轻易杀死驯鹿为食，特别是进入使用火器狩猎后因容易猎到其他动物，他们便对驯鹿以保护为主，突出了其使役作用，食鹿奶，出售鹿茸为收入来源，这对保护和发展驯鹿起到了积极作用。

使鹿鄂温克人来到大兴安岭北部一带原始森林后，在狩猎生产上仍沿袭传统的弓箭和扎枪狩猎。冬天猎人们带上滑雪板在大兴安岭西北部冰天雪地上滑行追逐野兽，单人或两三个人一组行猎，一般都能追上鹿、驼鹿（犴）等大动物。如亚格鲁其千的伊肯那奇猎人追打过4只犴、2只鹿，其中的一只鹿是追了60多里后用弓箭射中的；还有一个叫卡利拉的猎人追赶一群野猪，共猎获6头野猪。

扎枪和桦树皮船的用处也很大，因为在大兴安岭森林中驼鹿很多，它愿意吃真枯草，而真枯草多生长于水泡中，猎民掌握了驼鹿出没的规律，带上桦树皮船夜间隐藏在水泡旁边。当驼鹿来吃真枯草，头深入水中时，一人快速划船靠近驼鹿，另一个人则用扎枪刺其肋骨之间，刺进肾脏，立刻抽出扎枪，伤口进水，驼鹿会立即死去。如猎民瓦西利用扎枪一夜间刺杀过3头驼鹿，猎人昆都的祖父也乘船一夜间刺杀过2头驼鹿，用几个晚上刺杀过1头驼鹿的人就更多了。

后来，弓箭改制为双层的，里面是桦木，外面是松木，中间夹驼鹿筋，弓弦是皮制的，箭头是铁制的。猎人们还利用弓箭的原理，发明了一种"地箭"，箭头向上，形状和弓箭一样。在山林峡谷河岔之间，冰块凸起之处，生长着一种红色的植物，这是驼鹿和马鹿最喜欢吃的，猎人掌握了驼鹿出没的规律，把"地箭"下在驼鹿来往必经的路上，专门刺射鹿的心脏，猎人们采取这种办法也刺杀过不少驼鹿。

使鹿鄂温克人没有忘怀长期生活过的故乡，当时由于边境管理松弛，他们和停留在玛扎尔河的鄂温克同胞经常互相来往，时有回迁现象发生，如游猎于漠河、茂河一带的索罗托斯氏的大部分和索罗共氏族的一部分，共40户、130多人，于光绪二十九年（1903年）回迁到江北俄国境内，使我国使鹿鄂温克人口减少1/3。

从1903年开始使鹿鄂温克人从额尔古纳河以北的俄罗斯人那里输入了一种火器——燧石枪。小燧石枪只能打灰鼠，不久，他们又引进了大燧石枪，子弹和火药都由枪口装入，射程50—100米。1906年，开始输入了别列弹克枪，射程150—500米，提高了射程和杀伤力。1910年，又从俄国人那里输入了联珠枪，射程达300—1000米，增强了远射程猎获野兽的效能。后来输入的快枪种类更多，1929年，有了中国制造的"七九"步枪，日伪时期又有了"九九"和"三八"步枪。

猎人带上枪支领着猎犬打猎　　　　　猎人牵着驯鹿带着猎枪出猎

输入了远射程和杀伤力较强的新式武器后，猎人们将其应用于狩猎生产上，狩猎生产工具的改进、狩猎生产效率的提高，促进了狩猎生产、生活方式的变革，致使鄂温克人进入了"火器"时代：一是新式武器取代了传统的狩猎工具——弓箭和扎枪，更加促进了狩猎生产的发展；二是给猎人们提供了单人和少数人行猎的可能，彻底结束了古老而传统的围猎生产方式；三是随着个体行猎的可能，有些猎物商品化，猎获黑貂皮收入的增加，刺激了人们私有欲望的增长，灰鼠皮等小猎物从家族公社的平均分配中分离出来，归小家庭支配，加上驯鹿早已归小家庭所有，为家族公社的演变提供了物质条件，小家庭作为鄂温克社会的基本细胞逐步取代了"乌力楞"家族公社。

第六节　使鹿鄂温克人与俄、汉商的交易

清朝政府为了加强中俄边境防务，从雍正五年（1727 年）起在中俄边境线上设哨卡，由满洲里到斯大了克（今恩和哈达），再由斯大了克到黑河，共设卡伦（边防哨所）18 处，并派兵驻守。

光绪三十四年（1908 年），在珠尔干河第十卡所在地设珠尔卡总卡伦，由满洲里至斯大了克段中较大的总卡管理边防和内政。

在珠尔干总卡任总卡官的赵春芳于光绪三十四年（1908 年）8 月 9 日，深入吉拉林东北森林中调查，在乌古喀南十里见到了使鹿鄂温克人罗茗恩罗夫克、沃西力斯克、格拉西木三家男女共 15 人。宣统元年（1909 年）3 月 21 日，使鹿鄂温克首领阔力阔夫、漂得耳等 31 人，牵马 20 匹、驯鹿 6 只，来珠尔干总卡会见了赵春芳。同年 5 月 6 日，赵春芳等 4 人进山，9 日来到下乌力吉气河（今敖鲁古雅河），又一次见到了阔力阔夫和漂得耳，并将在此居住的 11 户鄂温克人的人口、姓名以及生产、生活情况记录下来，在后来撰写的《珠尔干总卡伦边务报告书》中作了记载，称这部分鄂温克人为"使鹿部"。

不幸的是，光绪三十四年（1908 年）在结力克氏族中发生伤寒病，由于无医无药死去 90 多人，其中有 9 户人家是全家死亡。

大兴安岭西北部，珠尔干河与额尔古纳河汇流处珠尔干地方，出现了三家汉人商铺，额尔古纳河对岸又有俄国人乌启罗夫村，在森林中的使鹿鄂温克人经常下山来与汉商和乌启罗夫村的俄人"安达克"进行交易，

以猎物换取生活用品。在清代文献《龙城旧闻》一文中记载："全部大兴安岭狩猎区域之最称繁盛者，厥为北部山脉之奇乾地方，是地每年例有四次之市集，即12月、2月、3月及夏日之6月半，每当冬日有市集之时，营皮张出口之商行，列有代表前往采买货物，不过彼等并不亲赴市集，而系居住于'安达克'居住之区域以待之云。至春日之市集，则本国商人之前往者甚多，是时多半为购取各项配药之原料，如鹿鞭、鹿尾、熊胆及鹿胎等类是也。"

当时使鹿鄂温克人受尽了俄罗斯人和汉人私商的经济压榨，他们利用鄂温克人商品观念薄弱、数字概念不太清楚的弱点，欺骗和剥削鄂温克人。如俄国人收貂皮时，往往会把鄂温克人灌醉，然后对于价值1000元的上等貂皮只付给160元。有一个叫"伊万"的俄国人"安达克"，随鄂温克猎人"大八月"进山打猎时，带去一壶酒把鄂温克人灌醉后，换取60张灰鼠皮，此类事举不胜举。

根据俄商与鄂温克猎民经常贸易往来的情况，清朝政府为了保护国家主权和鄂温克猎民的利益，曾制定过《俄商与鄂温克①贸易暂行章程》。条文明确规定，按时价公平交易，商人在未入山前一日至珠尔干河总卡伦填写声明，以备填写护照、交纳税款等。具体办法如下：

一、俄商入山贸易，税款本不应包纳，但该贸易之地，与时迄无一定实力，稽查亦难周密，从权暂准包纳领票入山，明年准否，随时酌定。

二、包纳税款两千于本年八月二十日交钱一千余，一年至来年十二月初一交齐，此款由该总屯长经手缴纳。

三、此次入山贸易议妥，税款两千户。自本年八月二十日起至明年三月底止，过期概不准入山。

四、俄商前往贸易，统共只准除商人一名外，准带伙友三人。每商人一名，只准携鸟枪一支，或手枪一支，其姓名、枪支并往来约需要多少日，在入山前一日，该商人来总卡声明，以备填写护照。

---

① "此文中的鄂温克，原文写作鄂伦春，因当时误写而致"。参见内蒙古自治区编写组《鄂温克族社会历史调查》，内蒙古人民出版社1986年版，第157页。

五、俄商七家除税票外，各给护照一张。其商、伙友暨枪马等，一并照数填写在内，发给该商，以备执备入山。

六、凡入山与鄂温克贸易，无论何项货物，除华商无有者外，均须由华商铺内贩入，华商必须按时价公平交易为要。

七、无论何时入山，务须有本总卡门前经过呈验。易得某些皮张若干，其往返日限是否与护照相符，如相符，将放行。倘有与日限过期者，按每日罚羌钱一吊。

八、无论出入，倘不先到本总卡呈验，经行绕越者如被卡兵查获，即将一切货物扣留入官。

九、入山有带鸦片烟暨军械并一切违禁货物者，即行扣留入官。

十、入山数百里贸易各该商，务须时加谨慎，倘有丢失暨枪等，与本总卡无涉。如该失主到总卡声明情形，本总卡派人帮同查寻，以示敦睦之意。

十一、所发之护照、税票，系专指呼伦贝尔境内之鄂温克而言，其瑷珲境内之鄂温克地方不在此例。

十二、以上各条马该总屯长暨各该商会议妥洽画押，由华文译出俄文。该总屯长处暨本总卡各存一份，以备有所遵守，至明年过期，须将章程本缴回，俟后能否照办，另定章程。如有应行核对货之处，以华文为主。

额尔古纳河流域盛产黄金，随着中俄两国人在吉拉林（室韦）、奇乾（珠尔干）、西口子等地大量开采黄金，人口的增加带动了服务行业的发展，如西口子年产 1 万两黄金，当时成了已拥有 4000 多人的大镇。

据资料记载，大兴安岭原始森林中盛产珍贵毛皮野生动物和名贵药材，加上在额尔古纳河盛产黄金，中俄两国大批商人云集于珠尔干。如光绪三十年（1904 年）有商铺 8 所、商人 19 人。光绪三十四年（1908 年）在吉拉林设室韦县，后改为室韦厅。宣统元年（1909 年）在珠尔干有商铺 26 所、商人 73 人；宣统三年（1911 年）有商铺 55 所、商人 173 人。

不久，民国三年（1914 年）发生第一次世界大战后，中、俄国界严格起来，不许随便渡过额尔古纳河了。从此，中国境内的鄂温克人与俄国境内的鄂温克人断了联系。

民国五年（1916 年），使鹿鄂温克人中麻疹病蔓延，先后死去 38 人，且灭绝了 5 户人家。

苏联十月社会主义革命胜利后的几年中，额尔古纳河对岸乌启罗夫村的俄国人有 50 多户越界迁入我国境内珠尔干地区，俄国人增加到 100 多户，占了多数，他们随意把珠尔干称为乌启罗夫。民国九年（1920 年）在珠尔干建奇乾设治局，民国十年（1921 年）改设奇乾县，改珠尔干为奇乾。

民国十二年（1923 年），奇乾县知事李五琛，召集收抚职县境内 30 余户使鹿鄂温克人，归附中华民国。所有各户，仍归原首领管领，并发给首领执照、户口数目、详细调查，造具清册呈送备核。

第七节　日伪时期的法西斯统治

1932 年 12 月 6 日，日军占领呼伦贝尔，不久后即派 5 名日本军人，乘坐俄罗斯人别列克夫的马爬犁，来到乌启罗夫附近的伊力坎侦察。1934 年，设额尔古纳旗于奇乾，改奇乾为"吉日木图"。在三河设有特务机关，鄂温克猎民直接归三河特务机关控制。

1935 年 3 月，300 多名日本军人上山收缴猎民枪支，把男女老幼都赶下山开会，重新选举了首领，他们还是选了原来那些人，然后让猎民回到山上。

一个自称白连成的呼伦贝尔人（俄名叫八月）和日本上尉小野，由大维格德当向导，骑马上山到各氏族及乌力楞宣传，不要和苏联人打交道，要和日本人交朋友，每当下山不要到乌启罗夫村住，可以在离村 3 里远的阿巴河边扎下"撮罗子"住。自 1937 年起日军切断了鄂温克人与俄罗斯商人的联系，也禁止了鄂温克人的自由贸易，改由日本特务机关直接收购猎产品并供应物资，使鄂温克人处于与世隔绝的状态。后由"满洲畜产株式会社"统收统配，除了供应少量的食品、布料、弹药外，分文没给过。

伪满治安局参谋司调查科于 1938 年至 1939 年 3 月对鄂温克猎民人口、驯鹿进行过调查。调查得出，分布在贝尔茨克河上游 18 户猎民，有

465 头驯鹿；得耳布尔河上游阿巴河、根河上游 19 户猎民，有 295 头驯鹿；阿穆尔河上游有 9 户猎民，有 153 头驯鹿，共计 46 户、253 人，有 853 头驯鹿。

1940 年，在奇乾东部的布洛固鸠山上设了"关东军栖林训练营"，简称"东大营"，大队建制，队长为日本人原野，少校军衔，副大队长为鬼头三上尉，翻译白连成，还有六七个日本兵。训练营建有"木刻楞"房子，有办公室、训练室、猎民宿舍、仓库等建筑。他们分期分批训练鄂温克猎民男人，每批约 40 人，每两个月换班。他们强迫鄂温克猎民接受军事训练，接受奴化教育，企图把鄂温克猎民变为反共反人民的牺牲品。训练期间，他们把猎民的枪支全部收缴，由日本人统一保管；军事训练时动作稍有不对，就受到日本人的拳打脚踢、鞭子抽；劳动时，日本人怕猎民逃跑，就拿着上好刺刀的枪看着；如果有人反抗日本人不出操，不给日本人干活，就会被日本兵打得死去活来，皮开肉绽。有一名叫达拉非的青年人不堪忍受日本人凌辱毒打，竟跳崖自尽，以示反抗。据老人们回忆，1943 年春天，有几个鄂温克青年从"训练营"逃回山里，日本兵追来不仅枪毙了这几个青年人，"撮罗子"里的老少 30 多人也惨遭杀害。

日本帝国主义切断了鄂温克猎民的自由贸易，通过"东蒙贸易公司"和"满洲畜产株式会社"垄断了鄂温克猎民的经济，残酷进行掠夺和剥削，给鄂温克猎民造成了深重灾难，狩猎生产受到干扰和破坏，生活更加贫困，猎民过着衣不遮体、食不果腹的悲惨生活。加上各种疾病蔓延，猎民无医无药，有病得不到治疗，很多人染上肺结核病，从 1939 年至新中国成立前夕又死去 111 人，使鹿鄂温克人只剩 136 人，驯鹿仅余 400 头。

第八节　使鹿鄂温克人的新生

随着世界反法西斯战争和中国人民抗日战争的胜利，幸福来到了祖国北疆兴安密林中，灾难深重的使鹿鄂温克人从旧社会的压迫和奴役下获得解放。鄂温克猎民结束了几千年的悲惨生活，进入了一个崭新的时代。

1945 年 8 月 8 日，苏联对日宣战，出师我国东北地区，像春雷一样震动了中苏边境地区。在日伪时期，受尽日本侵略者法西斯统治的使鹿鄂温克人欢欣鼓舞，他们听到有一支苏联红军攻打驻扎在额尔古纳河南岸乌启罗夫村日本兵营的消息，于是手拿猎枪，积极配合苏联红军追剿分散逃窜的日军。在孔繁志编著的《敖鲁古雅的鄂温克人》一书中记载："1945年8月24日，有鄂温克猎民15人，在坤德伊万和伊万查列罗夫的带领下，在艾牙苏克河搜索到21名日本兵，经过激战，打死13名日本兵，缴获战马8匹和不少枪支弹药。其余8名日本军被追赶金河附近，全部被击毙。在孟贵河对面的西瓦里地方，老马嘎拉、小八月、阿里克山德、老八月等猎民，发现了从斯大了克方向逃来的6个日本兵，当场将他们全部击毙。在雅库茨克，嘎年、谢里杰伊、嘎卡克、伊万索等几位猎民，又发现了从漠河方向逃来的9名日本兵，也同样将其全部击毙，并把日本兵的帽子和衣服全部扒下来，交给了苏联红军指挥部，以证明打死的日军人数。"①

1945年8月解放后，使鹿鄂温克人也和其他各民族一样翻身得解放，呼伦贝尔盟人民政府于1948年加强了对使鹿鄂温克人的领导和支持，将额左、额右两个旗合并为一个额尔古纳旗，旗址在三河镇，使鹿鄂温克猎民归属第四区管辖。

不过，对使鹿鄂温克人的族称，在新中国成立后的几年中仍以历史上曾有过的几种不同称谓来称呼，沙皇俄国向西伯利亚地区扩张后称他们为"驯鹿通古斯人"；他们迁入我国大兴安岭西北部原始森林后，额尔古纳河对岸乌启罗夫村的俄罗斯人称他们为"罗西亚雅库特人"；俄国学者史禄国称他们为"满洲驯鹿通古斯人"；日本人称他们为"雅库特人"。之所以把使鹿鄂温克人称为"雅库特人"的原因主要有二：其一，他们在勒拿河流域时与雅库特人为邻，受过雅库特人经济和文化的影响，而被误认为是"雅库特人"；其二，雅库特人与鄂温克人一样驯养驯鹿，以驯鹿驮物出入森林，而被误称为"雅库特人"。

对上述几种称呼，特别是对于称"雅库特人"这件事，他们极端反感，曾为族称问题与俄国人争吵、争斗过，他们一再声称自己是"鄂温克"人。如1945年苏联红军进东北后曾派3名军官到奇乾山里访问，其中一名雅库特军官用雅库特语与猎民交流、结果得不到对方回应，另外两

---

① 孔繁志：《敖鲁古雅的鄂温克人》，天津古籍出版社1994年版，第33页。

名鄂温克军官用鄂温克语交流就十分顺利。事实证明了他们不是"雅库特"人，而是"鄂温克"人。敖鲁古雅使鹿鄂温克人从俄方过来，民族没有变异，仍是具有浓厚的民族心态，有古老的语言（被称为"勒拿河"方言）和习俗，传统的狩猎和养鹿生产、生活方式的"鄂温克人"，而不是"雅库特人"。他们的领袖人物昆德·伊万从新中国成立初期开始多次要求上级政府给予恢复"鄂温克"族称，在后来为恢复并统一"鄂温克"族称中发挥了积极作用。

1949年10月1日，中华人民共和国成立，使鹿鄂温克人和全国各族人民一样成为新中国的主人，进入了政治上平等、经济上发展的新时期。

党和政府在政治上关怀他们，生活上关心他们，生产上帮助他们，并采取一系列的政策和措施。

首先从改进生产工具入手。枪支是猎民的生产工具，政府为了支持猎民的狩猎生产，把日伪时期用的"三八"和"九九"步枪换成了我国造的"七九"步枪，并供应子弹，以后又换用了仿造的"七·六二"步枪，还为了便于猎取灰鼠、飞龙、松鸡等小猎物配备了小口径步枪，以便增加猎业收入。

新中国成立初期，旧社会的"安达"又重新活跃起来，低价收购猎人的皮张，高价出售给猎人生活用品。政府及时于1949年在奇乾成立供销社，实行了以公平合理的价格与猎民进行交易，保护了猎民的利益。

鄂温克猎民长期以森林为家园，具有爱惜森林、保护森林的光荣传统，新中国成立后更加激发了他们保护森林资源的积极性。他们以主人翁的姿态投入护林防火工作，组织若干防火小组，各组有自己的责任区，边狩猎边巡山，一旦发生火情，他们就勇敢扑救。防火小组的工作防止了野火蔓延，保护了国家森林资源，多次获得国家林业局及各级政府的嘉奖。国家为了鼓励他们进一步搞好护林防火工作，还从1952年开始实行护林员补贴，每月发给每个猎民。

新中国成立初期仅有的136名使鹿鄂温克人中，70%以上的人患有结核病，政府派医生防病治病，1953年，在奇乾建立卫生所。1954年，有33名儿童患麻疹，在医护人员的看护下全部治愈。孩子们的父母感动地说："要是没有医护人员，我们的孩子只有等着死。"

使鹿鄂温克人根据党的民族区域自治政策，于1957年在额尔古纳河南岸珠尔干地方——奇乾成立了民族乡政府。在 15 个人民委员中，有 7 名鄂温克猎民，使鹿鄂温克人昆德·伊万为乡长、尼格来为副乡长，使鄂温克猎民有史以来第一次有了自己的民主政权。

1957 年，把卫生所扩建为结核病防治所，配有医疗设备，有 10 名医疗工作人员。政府还为鄂温克人建立了一所学校，吸收鄂温克猎民子女免费入学，每人每月还享受助学金待遇。

吉米德（供销社主任）　坤德伊万（乡长）
尼格来（副乡长）

1958 年 3 月 5 日，根据党的民族政策和鄂温克族人民的意愿，经内蒙古自治区人民政府批准，取消"索伦"、"通古斯"、"雅库特"称谓，恢复并统一了"鄂温克族"族称，解决了鄂温克族长期民族分割的历史问题。

民族乡成立后，党和政府就考虑过猎民的定居问题，国家拨款在乌启罗夫盖起 33 座木刻楞定居房。但由于受狩猎和放牧驯鹿的牵制，多数人仍然在山上游居，只有少数人下山暂住。猎民们长时间上山放养驯鹿和狩猎，短时间在定居点生活，定居与狩猎和牧鹿有了矛盾，形成了"定而不居"的局面。

在 60 年代前后，国家开发大兴安岭林区时，对万顷林海的一山一水了如指掌的鄂温克猎民，为国家测绘队、地质队、森调队、铁道兵设计院

1960 年在奇乾给猎民盖定居房屋

工作人员当向导，民族乡乡长尼格来为配合工作人员开发林区走遍了林区的山河峡谷，付出了艰苦的劳动，被工作人员称赞为林区的"活地图"。

后来，随着大兴安岭林区的开发，铁路向原始森林腹地延伸，地方政府为了管理相继成立的林区新兴城镇，1961 年把额尔古纳旗划分为左右两旗，并将奇乾鄂温克民族乡划归额尔古纳左旗管辖，旗委、旗政府设在根河镇。由于行政区划的变更，加上激流河流域森林的开发，民族乡的工作中心逐渐向交通方便的阿龙山方向转移，1964 年 10 月，在奇乾发生了"吉米德不幸死亡"事件。

1964 年 6 月，原乡长昆德·伊万去根河赴任副旗长，尼格来乡长在阿龙山猎民点上工作，副乡长吉米德在奇乾主持乡政府工作。据孟和著的《使用驯鹿的鄂温克人》一书中记载："10 月末，正逢额尔古纳河开始封冻，奇乾中断了对外交通，一名猎民的女儿患急性阑尾炎，当地不能做手术，要求上级派直升机接患儿抢救治疗。当直升机到达的前一天晚上，乡里其他领导人研究如何迎接直升机的事宜，未通知吉米德副乡长参加，引起吉米德不满，与他们发生口角。于是，吉米德与派出所所长动手厮打起来，所长手枪走火，吉米德中弹身亡。"[1]

"吉米德事件"的发生，引起了猎民群众的不满。对此，内蒙古党委特别重视，指示呼伦贝尔盟组建猎区工作队深入猎区，妥善处理"吉米德事件"。中共呼伦贝尔盟委员会抽调 40 余名干部，组成猎区工作队，时任呼盟盟委统战部部长的卓力格图（鄂温克族）为队长兼政委，孙金武、胡楚、涂荣、耐日勒图为副队长。工作队分 4 个组进驻猎区开展工作，宣传党的民族政策，正面解释"吉米德事件"，猎民也通情达理，"吉米德事件"在猎民中造成的不良影响逐渐消除，民族团结因此得到加强，也密切了干群关系。

第九节　鄂温克猎民在敖鲁古雅河畔定居

在平息"吉米德事件"后，工作队在阿龙山召集乡干部和猎民代表

---

[1]　孟和：《使用驯鹿的鄂温克人》，内蒙古人民出版社 2010 年版，第 30 页。

参加座谈会，征求猎民对定居的意见，大家一致同意把猎民定居点建在森林腹地苔藓丰盛、狩猎与养鹿活动的中心——敖鲁古雅河口处。敖鲁古雅河周围是猎场，苔藓也随处可见，又距铁路满归站 17 公里，还通有运材路，交通方便，猎民们也很满意。工作队立即进行规划和设计，在盟、旗两级党委和政府的重视与领导下，1965 年 4 月动工，在满归建砖瓦结构的乡政府办公室，在敖鲁古雅河口建 35 座木刻楞结构的猎民住宅。当年 9 月建成，每户猎民都分得了一座新的木刻楞定居房屋，并在敖鲁古雅召开定居点落成大会，各"乌力楞"猎民都下山来参加，自治区、盟、旗及各林业部门的领导前来参加大会表示祝贺。

　　1965 年，是不平凡的一年，鄂温克猎民人口增加到 166 人，驯鹿发展到 956 头，又在理想的敖鲁古雅河畔实现了定居，从此，使鹿鄂温克人结束了数千年来漂泊不定的游猎生活，这是鄂温克族在经济和社会发展史上的一大进步，也是猎民在生产、生活方式上的一个转折点。但是从他们狩猎与养鹿相结合的经济特点来看，他们是"相对定居"而不是"绝对定居"，只能说在生产、生活方式上进入了一个社区形式的"定居行猎"和"定居牧鹿"的新阶段。猎民中的老人、妇女、小孩住在固定房屋里，猎手可以近猎也可以远猎，把驯鹿仍放养在山野里使其自己寻苔觅食。这不仅生产、生活两不误，也改善了猎民的生活条件。

　　随着猎民的定居，民族乡政府当年也从奇乾搬到满归镇，改名为满归鄂温克民族乡。1968 年，在满归成立了乡镇合一的满归镇政府。1973 年，实行乡、镇分设的行政管理，民族乡政府迁到距满归镇 17.5 公里的敖鲁古雅河（鄂语"杨树繁茂的河"之意）畔，改名为敖鲁古雅鄂温克民族乡。

　　民族乡党委和政府迁到敖鲁古雅河畔，融入了猎民群众之中，便利了政府与群众之间的联系，也方便了对猎民的管理和服务，加强了乡所在地的建设，增设了党委和政府办公室、中学、文化站、卫生所、电视转播台、供销社、邮电所、银行等设施。特别是党的十一届三中全会以来，政府迅速医治"十年内乱"带来的创伤，拨乱反正，落实各项政策，发展狩猎与养鹿经济，进一步改善猎民的居住条件。从 1980 年开始国家拨款把"木刻楞"房屋全部翻盖成了砖瓦结构的房屋，不仅丰富了猎民的物质文化生活，还开展多种经营，建立了鹿茸加工厂、木材加工厂等乡镇企业。1982 年，经自治区政府批准，由满归林业局每年调拨原料木材 500 立方米、基建用材 500 立方米，增加了经济收入，该厂当年总收入达 21 万元。

鄂温克猎民还长年累月不辞辛苦地穿林海、过雪原，边狩猎边牧鹿于森林中，从 1971 年到 1982 年的 11 年中，他们向全国各地动物园、科研部门提供驯鹿 325 头。他们为了增加收入，改善生活，采集了大量的珍贵药材，猎获了大量的稀有皮张，仅鹿茸一项投放市场，支援国家出口贸易，就赚取外汇 130 多万元。

敖鲁古雅鄂温克民族乡还以原始氏族社会的游猎生产生活方式以及独特的驯鹿文化，吸引着国内外学者、新闻工作者的兴趣，每年都有多人来采访、考察和旅游观光，这里成为一个国内外人士瞩目之地，被学者们称为"驯鹿之乡"。

第十节　积极培养和使用民族干部

几十年来，党和政府积极培养和使用民族干部，从民族乡政府成立起正、副乡长，供销社主任，团委书记都是当地使鹿鄂温克人。他们在党的民族政策的光辉照耀下，以主人翁的姿态行使当家做主的权利，管理本民族内部的事务。他们还与上级党委派来的索伦鄂温克、达斡尔、汉、蒙古族干部互相学习，取长补短，团结合作，努力工作，认真贯彻执行"以驯养驯鹿为主，护、养、猎并举，积极发展多种经营"的生产建设方针，既养鹿又狩猎，发展经济，加强护林防火工作，保护森林资源，建设家乡。一直到改革开放初期的 1979 年，猎民人口增长到 41 户、167 人，到 1982 年驯鹿发展到 1082 头。

党和政府为了提高猎民群众的政治思想觉悟，大力宣传党的方针政策和民族政策的同时，在猎民中培养积极分子，发展党员和共青团员，还多次组织他们到首都北京等地参观学习、旅游观光，让他们目睹社会主义现代化建设的大好形势，开阔视野，增长知识。

鄂温克族自己没有文字，鄂温克猎民几乎都是文盲。新中国成立后，随着民族教育事业的发展，在鄂温克猎民中培养出一些有文化、有知识的年轻人，其中研究生 1 人、大学生 10 多人、中专生 20 多人。他们毕业以后有的在民族乡担任党政领导职务，有的在根河市党政机关工作，也有的在呼伦贝尔市直机关工作。他们当中也有教师、医生、护士、兽医、文学艺术和企业工作人员。

他们中担任过乡级领导干部的有昆德·伊万、尼格来、吉米德、何林、海青、果士克、索继红、玛尼、古兴军、古香莲等十几人，其中任过旗（市）级领导干部的有昆德·伊万，他曾任过额左旗政府副旗长；何林任过根河市政协副主席；昆德·伊万、尼格来还分别任过内蒙古自治区人民代表；还有女画家柳巴毕业于中央民族大学美术系，曾在内蒙古人民出版社做过美术编辑工作。

敖鲁古雅鄂温克民族乡
乡长何林与猎民交谈

时任中共中央政治局委员、中宣部部长刘云山同志，过去在新华社内蒙古分社工作时，在 1981 年秋天去敖鲁古雅采访过使鹿鄂温克人，采访后写了一组反映敖鲁古雅猎民生产、生活现状的调查报告刊登在新华社内部参考上，后来陆续发表在一些报刊上。

后来，内蒙古人民出版社把这些内容汇集在一起冠以《敖鲁古雅风情》为书名出版时，刘云山同志在再版前言中说："在敖鲁古雅的时间短暂，但那里迷人的森林风光、奇特的民族风俗，特别是那些纯朴可爱的鄂温克猎民让人难以忘怀。……可惜的是，后来听说果士克（时任副乡长）得了急病，年纪轻轻的就去世了。果士克是鄂温克猎民中第一个大学生，毕业于长春汽车学院，本来可以留在大城市工作，可他怀着一腔建设家乡、振兴

果士克是鄂温克猎民中的第一个大学生，他既是新选任的副乡长，又是汽车驾驶员

民族的热情和理想回到了敖鲁古雅。在我的印象中果士克是一个充满激情、十分聪明的年轻人，他本来可以为家乡发展、为鄂温克民族的振兴贡献他的才华和智慧，无奈英年早逝，真是令人惋惜。"

随着我国社会主义文化事业的发展，以鄂温克族文学家乌热尔图为代表的一些文学艺术工作者，取材于使鹿鄂温克人的民族风情，著述了富有森林狩猎文化特色的文学作品、影视作品，他们还整理民间歌曲、编排舞蹈、加工精致美观的工艺品等，展现了使鹿鄂温克人的民族风情和艺术风采，深受人们喜爱。

第十一节　传统文化与现代文明结合发展

新中国成立以来，在党的民族政策的光辉照耀下，敖鲁古雅鄂温克民族乡的各项事业有了很大发展。但由于猎民们长期处于狩猎和养鹿相结合的经济状态，始终没有走出森林，乡政府所在地虽然距铁路满归站17公里处，但还是处在森林腹地自然环境中，在某种程度上制约着经济和社会的全面发展。加上森林的大量采伐，野生动物急剧减少，猎民猎获无几，养鹿售茸逐渐成了使鹿鄂温克人的主要产业。

随着改革开放的深入发展，根河市党委和政府设想将驯鹿随苔放牧的经营方式改进成舍饲圈养的经营方式，想结束猎民游迁动荡的生活于是，他们把敖鲁古雅鄂温克民族乡搬迁到根河市西郊4公里的三车间处。

新址虽然远离驯鹿寻苔觅食生存之处，但临近铁路和301国道旁，接近市区，为猎民子女上学、就医治疗、购买物品、对外出行等提供了极大方便，更重要的是为鄂温克民族乡对外开放、发展旅游业创造了更为有利的条件。

在呼伦贝尔市、根河市两级党政领导的重视与关怀下，在新址建有党委和政府办公楼、博物馆、猎民住宅、文化站、卫生院、敬老院等基础设施，其中猎民住宅区31栋小二楼，住进62户猎民，平均每户拥有88平方米；教育方面把根河市二校改称民族小学，供猎民子女就读；医疗方面猎民全部参加城镇医疗保险；猎民还享受城镇居民低保待遇。

如今的敖鲁古雅鄂温克民族乡是传统文化与现代文明相结合的、养鹿与旅游相结合的林海新乡。尤其是旅游事业的发展，民族乡所在地已经成为展现森林游猎文化和驯鹿文化的旅游景区。实践证明，在乡政府所在地附近猎民古革军开办的驯鹿与旅游相结合的森林生态旅游景点，旅游季节来旅游参观的游客络绎不绝，旅游收入也很可观。还有距根河市区40多公里处猎民布东霞（女）经营的驯鹿景点有70多头驯鹿，也吸引众多游客，出售鹿产品和旅游收入一年达十几万元。这不仅为猎民增加了收入，也给民族乡注入了生机和活力，还成了根河市对外开放吸引游客的一大亮点。

　　不过，驯鹿本来是森林里随苔觅食的半驯养式鹿科动物，以"生态移民"为由，不顾驯鹿的采食条件和生存环境，试图实行舍饲圈养，对于驯鹿的生存并不利。急于结束世居山林里游迁动荡的生活，多数猎民被动员赶着驯鹿下山了，只有少数猎民仍留在森林里。然而事与愿违，不久因圈内没有苔藓饲喂，驯鹿又不愿意吃其他饲料，也不愿意喝有异味的自来水和井水，在圈内开始因饥渴倒毙死亡，也有部分驯鹿闯出鹿圈跑进山里逃命了。猎民们不能坐视驯鹿在圈内死掉，只好赶着生存的驯鹿又重新返回山林里随苔觅食了。加上收缴猎民的狩猎枪支（其实枪支对猎民来说是生产工具）后有二十几户无驯鹿的猎民无以为生，猎民有了意见，社会上议论纷纷，有些新闻媒体好像发现了"新大陆"，对敖鲁古雅使鹿鄂温克人的历史和现状纷纷报道，有正面宣传的，也有不公正的报道。如国内南方某市的报纸报道："鄂温克民族纯正血统者仅有60多人了"、"鄂温克猎民一生都离不开酒、驯鹿、猎枪和原始森林，这些都融进了民族的血液里"。某外国公司毫无根据地说："敖鲁古雅使鹿鄂温克人是俄罗斯驯鹿牧人的后裔。"其实，敖鲁古雅使鹿鄂温克人本来就是鄂温克族的一个组成部分，与俄罗斯人根本没有族源关系。

　　还有多家报纸以"最后的驯鹿部落"为题报道宣传使鹿鄂温克人，而"最后的驯鹿部落"、"最后的女酋长"一度成为"时髦"的话题。从内容上看人们似乎对驯鹿的前景有所担忧，其实，在我国56个民族中唯一有驯鹿的敖鲁古雅鄂温克民族乡，在世界上还有驯鹿存在，说明不是孤立的，也不是最后的，有潜力可持续发展，现在世界上有20多个民族，约10万人，驯养250万头驯鹿。我国的驯鹿也有1000头左右，早就被国家列为二级珍稀保护动物；在大兴安岭有天然苔藓供采食；有长期经营驯鹿的有经验的养鹿人；有根河市党委、政府的领导和敖乡党委、政府的管理；有林业部门的配合和支持；这些都说明我们有条件保护和发展驯鹿。2008 年，根河市敖鲁古雅鄂温克民族乡加入国际驯鹿养殖者协会，成为成员单位之一，民族乡的书记兼乡长卜伶生（鄂温克族）被选为该协会的副会长，标志着我国驯鹿养殖业已经走向世界。

新闻媒体以经营驯鹿能手玛利亚·索为典型报道，宣传她坚持真理、吃苦耐劳、奋斗不息的敬业精神，但以"最后的女酋长"为题报道有些不妥，也不切合实际。鄂温克族在公元前 1000 多年就从母系制过渡到父系制，此后在氏族组织中再没有女人当氏族首领的，也没有"酋长"的称谓。玛利亚·索老人在 2009 年度过自己 80 岁生日，由此推算，1945 年 8 月东北解放时她还是一个十五六岁的小姑娘，进入新社会后没有机会，也不可能当什么酋长，也许在氏族属下的"乌力楞"家族公社中担任过什么临时性的职务。

第十二节 发扬光大民族文化

敖鲁古雅鄂温克人，在鄂温克族"三个发展阶段"中处在驯养驯鹿的第二阶段上，在中国鄂温克族中一直是森林中狩猎和养鹿经济相结合的独特分支，在悠久的历史和传统文化中，闪耀着他们的智慧和力量，蕴含着狩猎民族珍贵的文化积淀，保留着他们长期在森林中狩猎生产、生活的原生态特征。在传统社会里他们吸取的营养是现代社会的光辉。

敖鲁古雅使鹿鄂温克人传承的游猎生产、生活方式，是原始人类狩猎生产的继续和发展，是历史遗留下来的"活化石"，从中可以看到原始人类狩猎活动的内容和形式，还可以目睹素有"森林之舟"美称的驯鹿，领略驯鹿文化。从这个意义上说，使鹿鄂温克人的悠久历史和传统文化积淀，像一面镜子照出了古代森林狩猎民族独具特色的森林文化、桦树皮文化、狩猎文化、驯鹿文化、氏族文化、萨满文化、熟皮文化、服饰文化、民俗文化，以及风格典雅的工艺品、"篝火舞"等民间艺术。这些文化富有森林气息和民族特色，被学者们称为北方渔猎民族的"文化宝库"，由此，敖鲁古雅鄂温克民族乡就成了一个富有诱惑力的地方，多年来吸引了很多旅游参观者，也为中外学者研究"狩猎文化"提供了素材和依据。正如学者们所说："任何一个民族的文化遗产，既是本民族的，也是世界的。"

特别是根河市敖鲁古雅民族乡独一无二的"驯鹿文化"，充满神秘感，与大兴安岭优美的森林自然景观以及根河市林城的建设相结合，为旅游产业带来了得天独厚的优势，近几年越来越受到社会各界的广泛关注。根河市党委和政府从实际出发，抓住发展旅游事业的有利时机，积极采取措施挖掘、整理、创新民族文化，办好民俗节庆活动，加快民族旅游产品开发，大力支持民族乡所在地旅游景区建设，吸引着越来越多的游客。以驯鹿文化为龙头开拓旅游产业的新思路、新举措，是民族乡鄂温克人口、驯鹿、旅游业多种经营结合发展的重要途径，也将会推动根河市经济和社会的发展。

根河市为了传承民族文化，保护和弘扬敖鲁古雅使鹿鄂温克人的人文历史，进一步提升"驯鹿之乡"的知名度，推动根河市旅游事业的发展，在 2008 年 6 月至 2009 年 7 月全面改造了敖鲁古雅鄂温克驯鹿文化博物馆。重新开馆后突出森林特色、民族特色，内设狩猎文化、萨满文化、桦树皮文化、驯鹿文化及北极文化 5 个展厅，还有资料放映厅及前厅，设有先进的声、光、电设备，展出文物 200 多件，使古老的传统文化绽放光彩，受到了社会各界人士和有关文物专家的一致好评。

根河市在 2009 年策划创作的大型生态歌舞剧《敖鲁古雅》，以感恩、和谐为主题，以猎民玛利亚·索的讲述和回忆方式，娓娓道出养鹿女和年轻猎民的纯洁爱情故事，以诗化的讲述，原创的原生态乐器、民歌、舞蹈，向世界充分展现了敖鲁古雅鄂温克人狩猎、养鹿生产、生活的场景。

该剧首先在第七届"中国·内蒙古草原文化节"上展演成功，然后于 8 月 26—29 日在首都北京精彩亮相。该剧由"吉祥三宝"团队精心打造，在北京保利剧院连续演出四场，具有浓郁民族特色的原生态演出获得成功，引起巨大反响，使鄂温克传统文化绽放了魅力光彩。

2011 年 5 月，敖鲁古雅艺术团赴智利参加第四届国际民族艺术节，上演使鹿鄂温克民族文化的大型原生态舞台剧《敖鲁古雅》，荣获了包括国际艺术节特别贡献奖等在内的多项国际艺术大奖，成为本届艺术节最受欢迎的团体和节目。乌日娜和布仁巴雅尔获得了智利国际艺术杰出教育成就奖及杰出艺术成果奖。

2011年6月，时任中共中央政治局委员、中宣部部长刘云山同志在内蒙古党委常委、宣传部部长乌兰同志和中共呼伦贝尔市委书记罗志虎同志的陪同下，深入根河市敖鲁古雅鄂温克民族乡视察猎民的生产、生活情况，并与乡党委书记、乡长卜伶生和猎民女强人玛丽亚·索等人亲切交谈，猎民们感谢党和国家领导人的关怀。

敖鲁古雅鄂温克文化生态保护在传承中绽放，在国家级和自治区级非物质文化遗产名录中，有国家级两项，自治区级九项，标志着根河市的文化遗产工作从静态保护发展到活态整体保护。

时任中共中央政治局委员、中宣部部长刘云山深入猎区与女强人玛利亚·索交谈

他们还保留着别具风格的古老的舞蹈，即"篝火舞"（亦称"环舞"和"圈舞"）。篝火舞出现于古代，古代鄂温克人在森林里游猎生活时，有时候在寂静的夜晚点燃篝火，跳起环舞。当时只有舞蹈，没有唱词，氏族的男女老少都来参加，顺着太阳运转的方向转动，跳的人越来越多，圆圈越来越大，舞姿活泼，矫健有力，节奏慢慢加快，转得像旋风，在这高潮中舞者和旁观者不断喊出"伊坑—鄂温—伊—鄂温"的词句，欢呼"欢乐的火"，预祝鄂温克人像火一样的旺盛。

使鹿鄂温克人每当重大节日、举行婚礼或两个氏族相聚的时候，在晚间男女老少一般都到河边，点燃起篝火歌舞，尽情欢乐。人们手拉手围着"高勒布堪"（欢乐的火）跳起来，顺着太阳运行的方向转动，舞姿活泼、矫健有力。后来有了唱词，既是歌又是诗，曲调豪爽，富有森林生活气息。如两个氏族的人相见时边舞边唱：

兄弟姐妹们相见多么不易啊！
来呀，让我们歌舞吧！
不久，我们又要分开了，

　　　为了狩猎的丰收，

　　　为了预祝再相会，

　　　我们欢乐地歌舞吧！

　　这段短小精练的唱词，描述了鄂温克人狩猎生活的情景，又反映了他们时聚时散的游猎生活。

点燃篝火跳起舞　歌唱猎民新生活

　　2013 年 7 月 25 日以"人、驯鹿、自然可持续发展"为主题的第五届世界驯鹿养殖者大会，在中国唯一的驯鹿之乡根河市敖鲁古雅鄂温克民族乡隆重举行。在换届选举中我国根河市人大民委主任古兴军（鄂温克族）被选为第五届世界驯鹿者协会副会长。

第三十二章

通古斯鄂温克人的变迁

通古斯，是指分布在西伯利亚及贝加尔湖以东地区的鄂温克人，在17世纪沙皇俄国向西伯利亚地区扩张后被称为"通古斯人"，今称"莫尔格勒"鄂温克人。

苏联十月社会主义革命胜利时，居住在贝加尔湖以东、石勒喀河与额尔古纳河之间、尼布楚以西、满洲里以东地区"乌鲁楞圭"、"敖嫩宝日金"、"乌者恩"等地一部分游牧通古斯鄂温克人于1918—1919年间陆续迁入我国呼伦贝尔草原特尼河、莫尔格勒河流域居住，从事畜牧业生产。

第一节 原居贝加尔湖以东的古代鄂温克人

在通古斯鄂温克人中传说："很早以前，在贝加尔湖以东地区只有鄂温克人。"这个传说，如果指的是"久远的年代"，那就与《西伯利亚及远东地区各民族》一书中记载的"古代西伯利亚土著居民可能就是鄂温克人的祖先"有些相似。就鄂温克族人类学类型而言，在《鄂温克族简史》一书中记载："在黑龙江上源，石勒喀河洞穴中发现的具备鄂温克族一切本质特征的头盖骨，与和头盖骨一起发现的贝加尔湖地方特有的文化和装饰相似。"从地理条件看，贝加尔湖以东至黑龙江上源石勒喀河山连山、水连水，连成一片，证明贝加尔湖以东至石勒喀河一带原始森林是鄂温克人的祖先生活过的地方。

贝加尔湖以东雅布洛诺威山脉（山中隘路高达4000英尺）、涅尔查河谷（下游除外）和奥列克马河上游，还包括赤塔河上游、卡兰加河、涅尔楚坎河，被称为涅尔琴斯克林区，其中涅尔查河在雅布洛诺威山以东与它的重要支流涅尔楚坎河相汇，流向南方，然后折向东南汇入石勒喀河一带，都是鄂温克人的祖先活动过的地方。在这片地域里记载有八个老氏族，即拉卡西卡基尔、金迪基尔、布勒陶基尔、图鲁亚基尔、安堪嘎基尔、高吉基尔、奇勒查基尔和萨玛基尔，还有两个新氏族，即包尔考奇尔和奥格迪尔，分别属于老氏族高吉基尔和奇勒查基尔，他们起源于贝加尔湖东北的维提姆台原高地，后迁入涅尔琴斯克地域。

公元 4 世纪，鲜卑拓跋部所建的北魏王朝时期，在贝加尔湖以东至黑龙江上游地区出现"室韦"各部。据《隋书》记载："室韦在北齐后分为五部，即南室韦、北室韦、钵室韦、深末怛室韦和大室韦。"其活动范围，在《旧唐书·室韦传》中记载："东至黑水（黑龙江）西至突厥、南接契丹、北至于海。"这里所说的海，是指今贝加尔湖。

"室韦"不是民族集团的名称，是由语族不同的部族、部落组成的，包括蒙古、鄂温克、锡伯族祖先的成分。

公元 7 世纪进入唐代后，唐朝在贝加尔湖以东的室韦各部分为"北山室韦、大如者室韦、小如者室韦、蒙兀室韦"等 9 部，其中除蒙兀室韦外，大部分都是鄂温克和锡伯族的祖先。唐朝在贝加尔湖以东地区设官治民，即室韦都督府管辖了室韦地区的居民，并在尼布楚（今涅尔琴斯克）设宾州白霍部管辖了涅尔琴斯克林区的居民。

在唐代经济和文化的影响下，游牧于土拉、斡嫩、克鲁伦三河上源肯特山一带的蒙兀室韦，利用天然草牧场，发展畜牧业经济，以也速该为首的孛儿只斤部联合各部形成了一个很大的部落联盟，即乞颜部。也速该死后其子铁木真继承父位，经过部落战争，先后征服西抵阿尔泰山、东到大兴安岭的地域，统一了蒙古各部落。

1206 年春，在斡难（鄂嫩）河畔举行"库烈尔台"（部落酋长会议）公推铁木真为蒙古的大汗，尊称成吉思汗，建立蒙古国，以蒙古为国号。

蒙古在建国的第二年（1207 年），成吉思汗就派其长子术赤率领右翼军征服贝加尔湖附近各部落及贝加尔湖以东至黑龙江上游的森林居民，成吉思汗没有把克鲁伦河与鄂嫩河之间的达如花赤部（后呼为达古尔），编制在出征的军队之中，仍保留其氏族组织，让他们镇守故乡，并掌理贝加尔湖以东至黑龙江上游的森林居民。

后来，蒙古忽必烈为帝迁都北京，1271 年改国号为"元"后，1312年在和林（今乌兰巴托西南鄂浑河上游）设置岭北行中书省，由属下的和宁路管辖贝加尔湖以东至黑龙江上游的森林居民。

元末农民大起义，大大削弱了蒙古在世界的统治势力。明军北伐的胜利，以及蒙古帝国西方汗国的分裂和灭亡，使贝加尔湖西南浩里草原的布利亚特蒙古十一姓人向后贝加尔南部草原地带迁移，在色楞格河流域及其支流乌德河，以及鄂嫩河一带逐水草而游牧，贝加尔湖以东地区出现了畜牧业。

原居在贝加尔湖以东赤塔河、音果达河、涅尔查河至尼布楚以西山林中狩猎并养鹿的鄂温克人，因长期从事狩猎和饲养驯鹿而不太重视畜牧业，认为畜牧业经济意义不大，养马不是最重要的，养牛更为次要。后来，在与布利亚特蒙古人的交往过程中，鄂温克人用猎产品从布利亚特人那里换来的都是牲畜或畜产品。鄂温克人对畜牧业有了感性认识，从不习惯到习惯，生活在森林边缘与草原过渡地带的鄂温克人，为了狩猎时乘骑或驮运货物的需要而养起了少量马匹。

明取代元后，15 世纪初，明朝派使臣到东北地区招抚各民族，按照社会进化程度和居住地域把通古斯语族各部分为"建州女真"、"海西女真"和"野人女真"三个部分，把贝加尔湖以东至黑龙江流域上游地区狩猎并兼营牛马畜的鄂温克人称"野人女真"，把外兴安岭一带驯养驯鹿的鄂温克人称"北山野人"，说他们"乘鹿"出入森林。

明朝为了对东北地区进行政治统治和军事压制，设置卫、所治理，以卫所军事组织代行地方政府的职能，管理各族民众之事。

永乐四年（1406 年），在贝加尔湖以东斡难（鄂嫩）河流域设了"斡难河卫"，设卫后 4 年，明成祖朱棣和元朝残余势力作战时，曾亲自到此地，并改名为"玄冥河"。

当时居住在赤塔河、音果达河、涅尔查河下游、尼布楚河一带的纳米雅尔、新纳米雅尔、乍克乍里、白义格里等 8 个大氏族（哈拉），是野人女真的西北支，他们自称"雅米尔部"，并以狩猎为主，同时兼营养马业，因而又被称为"穆尔千"，即使马部，其中乍克乍里氏族头人乍里为部落首领。

永乐六年（1408年），明朝在赤塔河设了"乞塔河卫"。《明实录》载："乞塔河女真野人（指鄂温克人）头目乍里等来朝，设乞塔河卫，命乍里（彻克吉尔）为指挥佥事（明朝官名，负责人之意），余为千百户镇抚，赐予照例。"乍里被明朝任命为指挥佥事，在鄂温克族历史上可能是第一个被朝廷任命的官员。

永乐八年（1410年）12月，乞塔河卫鄂温克人的头目又向明王朝贡献方物，说明鄂温克人与明王朝建立了隶属关系。

乞塔河卫归属奴儿干都司领导，乞塔河卫所居之地——赤塔河是贝加尔湖地区向黑龙江下游航行的起点，可直达奴儿干都司所在地特林。作为管辖贝加尔湖地区的乞塔河卫，还管辖了"北山野人"西支，即外兴安岭以西至维提姆河的使鹿鄂温克人。这个地区是涅尔琴斯克林区，仍有布勒陶基尔、杜勒给基尔、金迪基尔、拉克西卡基尔、图鲁亚基尔、安堪嘎基尔、高吉基尔、奇勒查基尔8个氏族，其中的布勒陶基尔氏族居住在涅尔查河和卡连加河一带；拉克西卡基尔氏族独自在奥列克玛河流域居住；安堪嘎基尔氏族的主要部分在雅库茨克州的南部居住。

明朝在东北边疆地区设置卫、所时，各卫、所都以各族首领担任都督、指挥、千百户、镇抚等职，采取"给与印信，俾仍旧俗，各统其属，以时朝贡"的措施，从而在鄂温克社会中出现了两套组织：一是鄂温克人自己传统的氏族组织；一是官方的军事、政治组织，即卫、所，从而形成了氏族制度和行政制度并存的局面。

明代在汉族文化和邻近民族的影响下，赤塔河、音果达河、涅尔查河和尼布楚河一带的"雅米雅尔"氏族鄂温克人，在狩猎的同时，由养马到养牛，开拓了牧业经济。随着经济结构的变化，人口的增加，产生了一些新的氏族，到明末清初时，共有12个氏族，即杜立给特氏族、杜拉尔氏族、道拉特氏族、那妹他氏族、那哈他氏族（亦叫那乌那基尔）、奥卜特克基日氏族、玛鲁基尔氏族、乌者恩氏族、巴鲁哈金氏族、考闹克特氏族、齐布齐奴特氏族、巴亚基尔氏族。其中以杜立给特、那妹他、巴雅基尔三个氏族为最大，分出许多大家族。杜立给特氏族分为毛克将、西姆萨给、阿齐克将、巴尔基尔、卡扬、那乌那基尔等杜立给特大家族；那妹他氏族分为哈拉那妹他、西勒那妹他两个分支；巴亚基尔氏族分为要考勒巴亚尔基鲁、我乌特巴亚基鲁、我勒克巴亚基鲁等分支和大家族。

每个氏族都有自己的首领和萨满，其中杜立给特氏族的根特木耳，即是氏族首领和萨满。

第二节 哥萨克在贝加尔湖以东地区的骚扰

俄国人在叶尼塞河建立叶尼塞斯克城，在勒拿河建立雅库茨克城，以这两个城为主要据点深入贝加尔湖以东至黑龙江流域地区，但是由贝加尔湖进入黑龙江，必须通过后贝加尔北部地区。

1652年，俄国叶尼塞斯克督军阿法纳西·巴什科夫，企图实现侵入贝加尔湖以东地区的计划，派遣"百人长"彼得·别克托夫率领100人，从叶尼塞斯克出发，沿安加拉河到达贝加尔湖，又经色楞格河、希洛克河、音果达河至石勒喀河（黑龙江上源），1654年占领了尼布楚。

别克托夫进入贝加尔湖以东地区，向尼布楚延伸的过程中，沿途向当地居民强征贡税，勒索牲畜和贵重毛皮，甚至烧杀抢劫，鄂温克人自由幸福的生活受到冲击，处于危难之中。根特木耳于1653年与另一个氏族首领毛考代汉率领本氏族人渡过额尔古纳河迁入大兴安岭根河，及海拉尔河上游一带居住。但是留在当地的鄂温克人群起反抗，坚持抗俄斗争，把别克托夫包围在塞堡里抢走了他们的一些马匹，使俄国人由于缺乏粮食而陷入了极端困难的处境。别克托夫不得不撤离尼布楚，率领剩下的63人分成两队下窜到黑龙江中游，与斯捷潘诺夫会合。

尽管别克托夫在尼布楚没有站住脚跟，但俄国人仍坚持从西方的叶尼塞斯克通过贝加尔湖以东地区开辟一条进入黑龙江的新路线，他们首先巩固贝加尔湖以东地区的占领，进而实现继续入侵黑龙江的计划。提出这一计划的叶尼塞斯克督军巴什科夫被任命为"阿穆尔督军"去黑龙江实现这个计划。1656年7月，巴什科夫奉命率领哥萨克566人，从叶尼塞斯克出发，沿着别克托夫走过的路线，越过贝加尔湖，1658年到达石勒喀河，重占尼布楚，作为指挥部所在地。

巴什科夫立即派波达波夫带领30人到黑龙江寻找斯捷潘诺夫，可是来晚了一步，斯捷潘诺夫已被打死，队伍已被击溃，巴什科夫的如意算盘落了空。但为了巩固对贝加尔湖以东地区的占领，除尼布楚外，他还建立了伊尔根斯克和捷列姆宾斯克塞堡，积蓄力量，窥测时机，以便再进入黑龙江。

巴什科夫为了加固建立的侵略据点，镇压当地各族人民的反抗，四处捕捉劳动力，采取残酷的手段，强迫鄂温克人构筑工事。音果达河水浅，巴什科夫就让民工在水里推拉船和木筏子，用带节的粗棍和尖厉的鞭子催打，民工们忍饥挨饿，吃尽了苦头，受尽了折磨。巴什科夫采取的残酷手段更加激起了当地各族人民的强烈反抗，1662 年尼布楚附近的鄂温克人拒绝缴纳实物税，攻击了有 30 名俄军驻守的城堡。同年 7 月，鄂温克人、蒙古人联合起来进攻希洛克河的伊尔根斯克塞堡，狠狠打击了驻守在这里的俄军。

巴什科夫在这里不仅没有收到多大成效，反而使自己的俄军大批死亡和逃走，到 1662 年底，巴什科夫带领的 566 人只剩下 75 人，企图进入黑龙江的计划成了泡影。

由于在黑龙江上俄国殖民军已被歼灭，巴什科夫的队伍也几乎损失殆尽，于是沙皇政府撤销"阿穆尔督军"，另设"尼布楚总管"。沙皇特派军役贵族伊拉立昂·托尔布津接替巴什科夫为尼布楚总管，管辖贝加尔湖附近及贝加尔湖以东地区的各塞堡，得到了叶尼塞斯克方面人员、粮食和物资的补充。

俄国人在黑龙江失败后，并没有善罢甘休，在贝加尔湖以东地区稍稍站住脚后，为了不断扩大领地面积，1655 年，俄国政府决定加大力量，同时向两个方向出动：一个方向是东进，再次窜犯黑龙江流域，重返雅克萨；一个方向是南下，侵占喀尔喀蒙古管辖的楚库柏兴（色楞格斯克）。

但叶尼塞斯克督军还没有派出军队前，由以尼基伏·切尔尼格夫斯基为首的一群逃犯，从勒拿河纠集 34 人，向南侵入中国，沿途队伍增加到84 人，来到黑龙江上，1665 年冬天占领了雅克萨。

俄国人把贝加尔湖以东地带作为继续入侵黑龙江的跳板。贝加尔湖以东黑龙江上游各族人民的抗俄斗争密切联系，相互呼应，成为一体。俄国侵略军不论从哪个方向过来都逃脱不了我国北方各族人民的打击。如切尔尼格夫斯基重占雅克萨后，有一次抢劫时，就遭到了当地索伦鄂温克人的反抗，打死俄匪 13 人，其余的狼狈逃窜跑回了雅克萨。

1667 年，根特木耳又返回贝加尔湖以东尼布楚一带，俄国政府一直拖延，拒绝交出。但这一事件的发生，也没有动摇贝加尔湖以东通古斯鄂温克人的抗俄斗争，在游牧蒙古人的配合下抗俄斗争连绵不绝。1670 年 4 月，有 5 个哥萨克闯到鄂温克人居住地收税，通古斯鄂温克人夺取了俄军的马匹，还要杀他们，吓得他们趁夜乘筏子逃回了尼布楚。

贝加尔湖以东地区的蒙古人和鄂温克人的抗俄斗争，连绵不绝，声势越来越大。1674 年 11 月，贝加尔湖东岸巴尔古津河流域的金迪吉尔、契卡吉尔两个氏族的通古斯鄂温克人，在氏族首领蒙戈、德尔布格的带领下联合起来举行起义，袭击了巴翁特湖畔的巴翁托夫塞堡，打死俄军多人，解救了被扣押的人质，夺取了军械库，狠狠打击了俄军。然后，起义者随即向东南方向撤离，俄军从各个城堡倾巢出动，追击堵截。

蒙戈、德尔布格二人带领起义军边战边走，在尼布楚附近脱离了俄军的追击，撤退到了额尔古纳河以南的大兴安岭根河流域。

俄国侵略军仍不死心，一直寻找这支起义军。1675 年雅克萨占领军头目切尔尼格夫斯基率领俄军 300 人渡过额尔古纳河深入大兴安岭根河流域，寻找起义军，妄图把他们劫夺过去治罪。

总之，贝加尔湖以东蒙古人和鄂温克人的反侵略斗争此起彼伏，没有停息下来，一直持续到 1689 年中俄两国签订《尼布楚条约》。

第三节　归属俄国期间鄂温克人的生产、生活

康熙二十八年（1689 年）9 月 7 日，中俄两国代表在尼布楚（今涅尔琴斯克）签订《尼布楚条约》，以额尔古纳河为界划定国界，北岸属俄国，南岸属中国，结束了雅克萨战争。

1727 年 8 月 31 日，中、俄双方代表在色楞格河支流布拉河畔，签订《布连斯奇条约》。条约规定中俄中段边界东起额尔古纳河，中经恰克图附近的楚库河，西达唐努乌梁海地区西北角的沙华纳伊岭的大致走向，南属中国，北属俄国，并竖立界碑作为标志。

　　从此，鄂温克族按照当时的居住地域，分别划归中国和俄罗斯两国管辖，形成了"跨界民族"，分别成为两个国家的属民，人口的多数在俄国。据俄国1897年的人口普查，鄂温克人有100多个氏族，人口为64500人，其中在后贝加尔地区的有33500人。

　　中俄两国代表谈判，签订条约的尼布楚是一个通古斯鄂温克人的聚居地，坐落在涅尔查河口、尼布楚河东岸，南距石勒喀河二华里。英国人拉文斯坦在《俄国人在黑龙江》一书中记载："尼布楚最初以一个通古斯（鄂温克）人的首领的名字命名，称为'尼路德斯可伊堡'，后转化为尼布楚的。"后来，俄国人从1669年起兴建尼布楚城，这里逐渐成为一个重要地方，更名为涅尔琴斯克。

　　俄罗斯人向西伯利亚地区扩张，征服了处于原始氏族公社制度和封建制度形成阶段的一些民族，在这一过程中一些想发财的俄罗斯冒险家蜂拥而至，抢购西伯利亚的贵重毛皮和财富，特别是中俄两国签订《尼布楚条约》后，俄国人向西伯利亚地区移民成为了群众运动，俄国政府也把大批囚犯流放到西伯利亚地区谋生，从事狩猎、农业、牧业、采矿业，建设城镇和居民点，设军事、行政机构，加强了对西伯利亚地区的统治。

　　随着人口的大流动，距贝加尔湖以西72公里、下安加拉河岸边的伊尔库茨克发展成为俄罗斯最东部的一个城市。

　　1706年，浩里布利亚特人也东移，如高齐德胜人迁到了色楞格河东岸，与那里的六姓布利亚特人会合后，多数人迁至色楞格河支流乌达河（亦称乌德河），同原居住在那里的布利亚特人一起生活。

　　在贝加尔湖以东地区，俄罗斯人起初为了与新臣民鄂温克人保持和平，按照鄂温克人的传统习俗，原封不动地保持了氏族制度。但俄国人非常关心按期纳贡，为了便于收毛皮税，俄国人逐渐把鄂温克人组织成若干行政单位，从此在鄂温克社会中又出现了两套组织：一套是鄂温克人自己传统的氏族组织；另一套是俄国人传入的行政组织，两套组织并存。在行政组织中正职由俄罗斯人担任，在副职中有鄂温克人，行政组织召开的会议，鄂温克人称为"罗特大会"，罗特大会处理家庭不和、不同集团间的纠纷、婚姻问题等，而行政的职能与氏族的功能有些混淆，有时罗特大会也像氏族会议，鄂温克人也分不清是哪个会议。

1822 年，俄国政府颁布《外族人管理章程》，鄂温克人仍按氏族管理，由族长或经过选举产生的村长领导。其主要职责是处理诉讼和征收赋税。

随着在鄂温克人聚居地区行政组织的建立，沙皇政府为了加快鄂温克人俄罗斯化的进程，安排俄罗斯农牧民与鄂温克人杂居，并提倡与鄂温克人通婚，同时派来大批传教士，向鄂温克人宣传基督教，推行信仰基督教的活动，阻止鄂温克人信仰萨满教。

在这之前，布利亚特人受中国内地蒙古人中传播佛教的影响，加上内地喇嘛涌进来说教，在 18 世纪中叶时，布利亚特人中已经出现了喇嘛和寺庙，沙俄政府也支持喇嘛教的活动，还以法律保证了佛教的合法性，而佛教和基督教两种宗教同时对鄂温克人产生影响。相传，伊尔库茨克的一个俄罗斯官员得了病，先请鄂温克萨满跳神没治好，后请布利亚特喇嘛用药治好了。于是，俄罗斯官员下令发展喇嘛教，禁止萨满教，布利亚特人在俄国人的支持下，抓住鄂温克萨满就严刑拷打，甚至烧死，激起了鄂温克人的强烈不满，导致了鄂温克人和布利亚特人之间的武装冲突。鄂温克人在自己的英雄人物突勒根哈拉带领下，包围了布利亚特巴布吉巴塔尔的营地，布利亚特人趁夜逃走。鄂温克人因而被布利亚特人称为"哈木尼格台呼们"，意为非常有团结的人们。

布利亚特人使用暴力打击鄂温克萨满的做法，遭到了鄂温克人的坚决反对，双方的纠纷导致了民族矛盾，在鄂温克人中推行佛教的企图也没有实现。

俄罗斯人宣传和推行的基督教，与鄂温克人信奉的萨满教也发生了冲突。萨满教为了维护自己的生存极力反对新传入的异教，基督教的传教士说，萨满教是鬼不是神，鄂温克人不理睬，他们就烧掉鄂温克人供奉的"神"像，又说东正教和喇嘛教都有经卷，萨满教什么也没有。于是，萨满也编造一套故事说："上天曾让鄂温克人取经，可是鄂温克人的经卷不小心被牛吃了，所以萨满教就没有了经卷，而经卷都在萨满的记忆当中，上天早已允许凭记忆的宗教存在。"后来，传教士又使新招，让鄂温克人生下小孩即去教堂洗礼，给小孩起名字，并告诉信什么教。就这样潜移默化，鄂温克人中开始有人信仰东正教，但没有放弃信仰萨满教，基督教未能取得显著效果，但两种宗教并存，鄂温克人仍认为萨满教是主要宗教。

俄罗斯移民逐渐向贝加尔湖以东的赤塔河、音果达河、涅尔查河至石勒喀河深入，布利亚特人占领了涅尔琴斯克地域南部的乌耳得加河（亦称乌勒杜尔加河），在这一带狩猎和兼营少量牛马业的鄂温克人迁移到了石勒喀河与额尔古纳河之间的地带。

石勒喀河与额尔古纳河之间的地带，可分为草原和草原向森林过渡地带两种类型。石勒喀河以东部分呈现过渡性特征，石勒喀河与额尔古纳河中间地区的南部、乌达河以北的西部也属于这种类型，而鄂嫩河至色楞格河属于草原类型。

在石勒喀河和额尔古纳河深谷，尤其是过渡地带，水草丰美，适宜饲养牛马，气候比北方温和，土地也适于耕耘，是农牧民赖以生存的好地方。

石勒喀河与额尔古纳河之间地带的鄂温克人分为两部分而居，一部分是加集木尔河流域及乌鲁柳圭河谷地带，后来被称为曼科瓦游牧通古斯人；另一部分在波尔贾河流域，后来被称为博尔贾游牧通古斯人。

被称为曼科瓦游牧通古斯人的有萨玛基特、巴亚基特、杜勒给特、科努特、拉西·纳麦特、卡拉·纳麦特和奇普努力特等氏族。这些氏族名称词尾都有"特"字，他们自己传说："根特木耳是杜勒给特氏族的首领，而别的氏族也随着都挂上了'特'字。"

散布在乌鲁柳圭河流域的通古斯人中有一部分散居到满洲里以东，距额尔古纳河 20 里的乌鲁柳圭、乌者恩，以及距额尔古纳河 200 里的敖嫩宝日金等地。

至于他们迁徙的时间，从因宗教纠纷引起的武装冲突中的英雄人物突勒根哈拉的尸体埋在额尔古纳河北岸"突勒库"山上巴嘎巴海昆地来看，他们是在突勒根哈拉活着的时候迁徙过来的。他们还说，突勒根哈拉的马鞍子被土埋着，还露着一点鞍座，旁边还插着他的刀，刀柄还能看得见，这说明死去的时间也不是很久远，大概是在 18 世纪末或 19 世纪初，与很多通古斯人迁徙的时间相吻合。

1802 年，沙皇政府命令贝加尔湖以南的布利亚特人腾出英格代河流域的草场，让俄罗斯农民开垦耕耘，因而这里的布利亚特人在 19 世纪初陆续迁移到鄂嫩河以南，额尔古纳河西北的敖嫩宝日金、吐日嘎、宝日吉、乌鲁柳圭等地，与这里的通古斯人为邻或杂居生活。俄国人在"蒙考夫"地区设行政机关，由俄罗斯人领导，管辖这一地区的鄂温克人。为了便于管理，由蒙考夫机关指派，用了两个鄂温克人，一个是杜勒哈特氏族头人，一个是那妹尔氏族头人。俄罗斯人还规定，鄂温克人到16岁后每人每年缴三个卢布的人头税，缴给氏族头人，再由头人上交。

1851年，沙皇尼古拉一世下令成立后贝加尔边疆区。次年12月14日，俄国进步的贵族和军官——十二月革命党人，为了推翻沙皇君主专制政体而举行的暴动失败后，沙皇把5个重要首领绞死，把其余的政治犯连同家眷流放到赤塔河流域，他们同迁移过来的俄罗斯移民逐渐兴建起了一个城市，即今日的赤塔市。

后来，在赤塔城的辐射下，俄罗斯人向额尔古纳河以北地区扩散，人口增加，村屯星罗棋布，19世纪初，额尔古纳河北岸附近的村落达45处之多。俄国政府把鄂温克人和俄罗斯人都统一在同一行政组织内，一般相当于"县"级机构叫"沃鲁斯"，下面有"坡烧鲁克"，相当于区或乡一级。在政权机构中的领导人和工作人员，基本上都是俄罗斯人，但在"沃鲁斯"机构中曾有过鄂温克人的副职叫"革勒瓦"，名叫奥波那和额尔策的鄂温克人先后担任过"革勒瓦"，在"坡烧鲁克"中一般都有鄂温克人副职，叫"他拉西娜"，选举产生，任期3—5年。

生活用品由距鄂温克人居住地"乌鲁楞古"30里的小镇"基里斯克"供应，但因价格高，货又不全，所以鄂温克人来到满洲里购物，近处的骑马当天可返回，坐车需两天返回。

由于俄罗斯人和布利亚特人与鄂温克人杂居，又统一在同一行政组织中，因此俄国人的行政组织逐步取代了鄂温克人氏族组织的传统职能，氏族只剩下了代表姓氏（哈拉）的作用。

18世纪90年代，在后贝加尔地区驯鹿疫病流行，鄂温克人失去了交通工具和食物来源，他们不得不考虑新的生活出路，在邻近布利亚特人牧业经济的影响下，他们选择了畜牧业经济，这部分鄂温克人从19世纪初开始养牛、马、羊，从事畜牧业。

他们从事畜牧业之初，牲畜头数很少，绝大多数家庭只有2—3头牛，多者也不超过 10 头。但是，勤劳勇敢的鄂温克人在从事畜牧业的实践中不断增长知识、积累经验，提高了经营畜牧业经济的能力，他们逐水草放牧，接羔保畜，打贮草、搭棚、盖圈，防止自然灾害，保护牲畜安全过冬过春，牲畜头数发展很快，逐渐转变为以牧业为主的经济生活，到 20 世纪初，鄂温克人的牧业经济达到了相当规模。

在"敖嫩宝日金"100 多户鄂温克人中出现了 3 个牧业大户，其中一个叫"查卡待"，是这个地区鄂温克的头人，他有 4000 只羊、500 匹马、300 头牛、100 峰骆驼；另一个叫"安登"，有 3000 多只羊，800 匹马、300 头牛、100 峰骆驼；还有一个叫"哥也格"，有 2000 多只羊、300 多匹马、300 多头牛、70 多峰骆驼。另外，还有很多中等户，一般有 500—600 只羊、50—60 头牛、40 匹马。

"敖嫩宝日金"地区鄂温克人的产业结构形成了"以牧为主，农猎结合，多种经营"的生产格局。在 100 多户鄂温克人中，受俄罗斯人经济生活影响，有 20 多户人与俄罗斯人通婚，从事农业生产，住俄罗斯式的木板房，过俄罗斯式的生活；有 80 户从事畜牧业，住毡包，其中兼营农业的有 50 户，兼营狩猎的有 30 户。

以"乌鲁楞古"为中心，有 3 个鄂温克人聚居点，即萨布罗特、布拉库、奥兰宝鲁格，再加上散居的鄂温克人共有 100 多户，他们与俄罗斯人和布利亚特人杂居，俄罗斯人较多，约有 80—90 户，布利亚特人较少。在乌鲁楞古河下游也有鄂温克人聚居点叫"都热卡儒勒"，有 30 多户鄂温克人，十几户布利亚特人，主要从事畜牧业。

乌鲁楞古河上游的 100 多户鄂温克人中没有太大的牧业户，约有 20% 较富裕的人家，有羊 1000 多只、牛 60—100 头、马 60 匹、骆驼 20—30 峰；约 30% 是中等户，有牛 20—30 头、马 30 匹、羊几十只；其余 50% 的人家是贫困户，有牛 2—3 头，马 1—2 匹。

由于畜牧业的发展，狩猎降到次要地位，鄂温克人把狩猎作为副业生产，每年冬天仍有使用燧石枪行猎的人，他们有时还越界来到大兴安岭根河流域森林中狩猎，出售猎获的兽肉、兽皮，增加收入。

在 20 世纪初，俄国人又改变行政区划，把同一行政组织的体制改为按民族系统管理的体制，把赤塔河以东地区的鄂温克人划为单独管理，头人的官衔叫"扎依僧"，上一级的叫"索斯来巴嘎奇拉"，归属赤塔衙门领导。

第四节　迁入我国呼伦贝尔草原居住

俄国十月革命胜利，苏维埃政权诞生的消息传遍俄国各地，俄国各族人民欢呼胜利的时候，被推翻的反动势力企图恢复自己的统治，组织了反对苏维埃政权的阴谋活动。

后贝加尔地区布利亚特人中的少数反动官员、富裕户、上层人物及喇嘛害怕革命，逃避革命，企图逃往喀尔喀蒙古及呼伦贝尔草原，并在布利亚特牧民群众中进行迁徙逃亡的宣传，企图蒙蔽、拉拢不明真相的牧民一起潜逃。他们还推举官员那木德格、巴格达诺夫等人，来呼伦贝尔会见了当时呼伦贝尔副都统衙门首脑，申请迁来呼伦贝尔的事宜，副都统衙门的官员意见不一致，有的赞成，有的反对，但在主张迁来的左厅厅长成德等人的坚持下，副都统衙门终于同意了布利亚特人迁来呼伦贝尔的申请。那木德格等人第二次又来商定了布利亚特人迁来后的居住区域和游牧区域，居住区域确定为锡尼河、维特根河、维纳河流域。

那木德格等人得到呼伦贝尔副都统衙门批准并确定居住地域消息后，在布利亚特人中大力宣传，力求把浩里和阿古区的布利亚特人全部迁到呼伦贝尔。但是，广大牧民不愿意离开自己的故乡到陌生的地方

莫日格勒河

生活，大多数人反对迁移，迁徙和反迁徙的争论异常激烈。正在这时，在俄国内地被红军击溃的白匪阿塔曼（长官）、谢苗诺夫等人率其残部窜入布利亚特地区，他们盘踞在边境附近，垂死挣扎，反抗红军，到处绑架适

龄男子来补充兵员，还抢劫役马及其他牲畜，弄得民不聊生，因而布利亚特牧民产生了躲避战乱的想法。在那木德格等人的煽动引诱下，从1918年初开始有些布利亚特人和通古斯（鄂温克）人越界迁移到我国呼伦贝尔草原的今新巴尔虎右旗和陈巴尔虎旗境内。

居住在额尔古纳河西北敖嫩宝日金、乌者恩、乌鲁柳圭（亦称乌鲁楞古）、布如珠等地的鄂温克人，在俄国十月社会主义革命时受布利亚特人和白俄罗斯人的影响，从1918年初起离开俄境，迁入我国呼伦贝尔地区今新巴尔虎旗左旗嵯岗附近；但不久他们听到沙皇胜利的谣言后又返回了原居住地，其实是十月革命取得了胜利。但受蒙蔽而不知晓十月革命是怎么回事的鄂温克人，在民国八年（1919年）还陆续迁移到呼伦贝尔草原的特尼河、莫尔格勒河一带居住。这样往返造成了经济上的很大损失，迁来时14岁的西苗恩回忆说："离开敖嫩宝日金时，我们有牛13头、马3匹、车2辆。1919年再来时，只剩下2匹马、2辆车，我家5口人，我和哥哥都给白俄当了雇工。"

鄂温克人在迁徙过程中消耗较大，1918年、1919年两年往返迁移过来的约有50多户、300人左右，按牲畜头数计算较富裕的只有一户叫米哈伊尔，有羊1500只、牛70头、马20匹；还有10户有60多头牛，其余的都是有10头牛以下。因牲畜少，各小家庭除以"尼莫尔"形式互助合作养畜外，有50%的牧户给白俄当牧工，从事放牧、打贮草、剪羊毛及伐木等工作，维持生活。在根河流域及上库力、拉布达林一带的牧民为白俄雇佣的达30户。

他们迁居呼伦贝尔草原莫尔格勒河、特尼河流域居住时，原有索伦鄂温克人30多户，加上通古斯鄂温克人50多户，共80多户，约500多人。当时中国处在民国年间，归属索伦左翼鄂温克"达木恩达"嘎拉达管辖，从敖嫩宝日金村过来的通古斯鄂温克人图喜格为章京，管理了这部分鄂温克人。

第五节　日本法西斯的残酷迫害

1932年冬，日本侵略军占领呼伦贝尔地区后，通古斯鄂温克人在日本帝国主义的殖民统治下，在政治上惨遭迫害，经济上遭受破坏，人民生活到了极为贫穷的境地。

日本侵略者认为通古斯鄂温克人是从苏联过来的，加上居住在北靠额尔古纳河边境地区，与额尔古纳河以北俄国境内的通古斯鄂温克人隔河相望，所以在政治上不信任他们。在特尼河、青格尔、那吉，以及黑山头（呼和道布）、额尔登陶勒盖、哈日诺尔等地都驻扎有日本军队和边境警察，还实行边民证，由牙克石警察队给鄂温克牧民发放边民证，控制鄂温克人在边境地区的活动，警察特务横行在鄂温克人居住的地方，探听和监视鄂温克人的言论和活动。

1937 年，三河的日本特务机关以搜捕苏联特务为由，突然逮捕了鄂温克牧民车车、高·达喜、皮·米特、普·占布拉、阿力克谢、布利亚特旦巴 6 人，关押在三河日本宪兵队的监狱里，进行严刑拷打，逼问其"苏联特务"罪行。

后来，日本特务将车车派往苏联境内搞特务活动，再无音讯；高·达喜被日本人注射细菌放回家后惨死在家里；皮·米特克等 4 人被送到三河军用飞机场

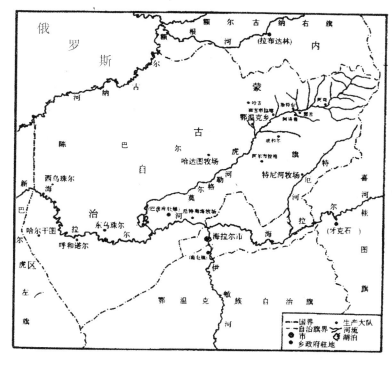

陈巴尔虎旗鄂温克族分布略图

当劳工，1945 年被日本特务用汽油烧死在三河飞机场。

1938 年，兴安北省将索伦旗北部的特尼河、莫日格勒河两个苏木，以特尼河为界划给陈巴尔虎旗。陈巴尔虎旗将特尼河、莫日格勒河两个苏木合并为一个苏木，即特尼河苏木，设于阿迪盖，委任从敖嫩宝日金村过

来的通古斯鄂温克人巴日迪为苏木达。

日本人因对通古斯鄂温克人在边境地区居住很不放心，迫使一些通古斯鄂温克人南迁到大兴安岭西坡、索伦旗境内的沙巴尔吐、莫盖吐、乌鲁西、乌兰岗等地。由于气候寒冷，夏天草高、冬天雪深因而牲畜大量死亡，南迁时有30多匹马、40多头牛、300多只羊，搬到乌鲁西后几年里，牲畜全部死光，牧民成为无畜户。但他们还是不敢回，待日本投降后，才陆续搬回了莫日格勒河、特尼河草原。

1938年，特尼河沙巴尔吐村的鄂温克人里·钢克被抓去当伪国兵，在伪满第十军管区第八团驻防蒙古边界的一个连队里当士兵。1939年5月，诺门罕战争爆发后，日本将大批伪国兵调到前线，为日本帝国主义当炮灰。里·钢克所在的连队正在前沿，日夜防守在战壕里，随时都有亡死的危险。里·钢克怀着不为日本人当炮灰，保住年轻生命的念头，在7月中旬的一天夜里，独自一人骑马逃离了诺门罕战场。他跑回沙巴尔吐村后，为了防备警察宪兵的追捕，白天隐藏在北山桦树林里，晚上偷着回家吃一点茶饭。后来，扎罗木德警察所得知后，海拉尔日本宪兵队立即派警察宪兵追踪，9月初的一天晚上里·钢克照常偷着回家时，被早已隐藏守候的警察捕获。

日本宪兵队抓到里·钢克后把他关押在监狱里，在审问了他逃离战场的经过后，日本宪兵作出了"没有发现其他重大问题，免予追究刑事责任"的决定，把他交给了原所在部队第八团，送回原驻守蒙古边界的连队继续当士兵。但里·钢克回连队后，在"逃兵"这项政治帽子的压力下，思想情绪始终安定不下来，日夜盼望有朝一日能够获得自由。他不满日本法西斯管制下的军队生活，于1940年9月上旬的一天夜里，偕同连里的一名布利亚特蒙古士兵，各骑一匹马，携带一支"三八"步枪和子弹，再次逃离所在连队，跑回沙巴尔吐村看望老母亲后，跑到额莫勒哈达山，再次开始了不见人烟的隐匿生活。

里·钢克和布利亚特士兵，为了度过寒冷的冬天，在德日莫勒吉谷里挖地窖子准备住处时，扎罗木德警察所又探听到了消息。海拉尔日本宪兵队立即派20多名警察宪兵到额莫勒哈达山搜捕，他们在林间草地上发现两匹带绊子的马后，确认里·钢克和布利亚特士兵藏身于这里。警察宪兵隐在山谷的密林里探听动静，观察情况，决定天黑后再行动，天黑后他们确实发现了地窨子有灯光，警察特务顺着灯光包围了地窨子，喊话令地窨子里的人缴械投降，里·钢克听到突如其来的喊话声后，马上熄灯，与布利亚特士兵商量后缴械投降了。

里·钢克第二次被抓后，在海拉尔被关押了 1 年，1941 年被送到齐齐哈尔监狱关押，1945 年日本投降前夕惨遭杀害。里·钢克由于反抗日本帝国主义的法西斯统治，两次逃离伪国兵，最后还是死在了日本人的枪口下。

日伪时期，通古斯鄂温克牧民在经济上遭受了重大剥削，承受了名目繁多的苛捐杂税，除每年 7 月以牛、羊折缴外，畜产公司还低价格收购牛、羊，特别是收购良种军马，而鄂温克牧民能骑用的骟马已所剩无几，后来连骑用的马都被牵走了，牧民到了步行放牧的地步，到 1945 年特尼河苏木鄂温克人的牲畜只剩下 1000 多头只。

早在俄国时就从事畜牧业，并积累了经营畜牧业经验和技术的通古斯鄂温克人，在日本侵略者统治的年代里，以坚强的意志和劳动能力，坚持了打草、贮草、搭棚、盖圈，千方百计地保护了一些牲畜存栏，还注重牲畜品种质量，他们从白俄手中得到了三河牛马，为牲畜头数的持续发展和畜牧业经济效益的提高打下了基础。

第六节　通古斯鄂温克人的新生

热爱劳动、勤俭持家的通古斯鄂温克人，在 1945 年获得解放后，从日本帝国主义的奴役下走出来，由黑暗走向了光明。

1948 年，由索伦旗（今鄂温克族自治旗）迁来 20 多户鄂温克人与原居莫格勒河与特尼河一带的 80 多户鄂温克人联合成立了莫日格勒苏木，下设哈吉、塔拉甘两个嘎查。

1949 年 2 月，以甫日布为旗长的陈巴尔虎旗人民政府成立的同时，中共呼盟工委派来中共党员朱儒木图同志为陈巴尔虎旗公安局局长。

从此，陈巴尔虎旗的建党建政和民主改革运动，根据内蒙古党委对牧区提出的始终坚持"三不两利"（不分、不斗、不划阶级和"牧工牧主两利"）的政策，结合牧区的实际，开展了以废除封建特权为主要内容的民主改革。

据索·蒙赫达赉编著的《鄂温克苏木的鄂温克人》一书中记载："当时，在陈巴尔虎旗鄂温克民族地区开展民主改革面临着如下必须解决的热点问题：一是民主建政，二是发展党组织，三是培养民族干部，四是贯彻'三不两利'政策，五是解放生产力，发展牧业生产，改善鄂温克牧民生活。"

民主改革运动在全旗深入开展的时候，从独立骑兵第9团派来的9名干部战士组成的工作组深入特尼河鄂温克人聚居地方开展工作，其中有一位叫苏荣的鄂温克族共产党员，他们宣传党的民族政策和民主改革的重大意义，物色和培养鄂温克青年积极分子，同时做民族知名人士的工作，争取他们积极配合民主改革运动。在使民主改革运动逐步有序开展的同时，全旗的建党、建政工作也有了进展，1949年8月以朱儒木图为书记的陈巴尔虎

马日克给牧民传达文件

旗党支部成立，还有一位派来陈旗工作的索伦鄂温克人郭布库为党支部宣传委员。

1949年10月1日，中华人民共和国的成立，大大激发了鄂温克族人民的生产、生活积极性。

同年10月，陈巴尔虎旗人民政府把聚居在特尼河、孟根础鲁和沿海拉尔河游牧的20多户鄂温克人，在毕鲁图的10多户鄂温克人，以及在九家屯的20多户俄罗斯侨民和20多户汉族居民组织起来，成立了共产党领导下的第一个人民政权——特尼河苏木人民政府。

在民主改革运动中，有一大批鄂温克族青年积极分子和鄂温克族知名人士投入到革命洪流中来，在民主革命斗争中茁壮成长起来。后来，他们在旗、苏木级领导岗位上工作了多年，如乌·额尔德尼、马·宝音图、那·

优格尔、希・都格尔、额勒登、那・都古尔、苏云（女）、马日克、那木斯来、达日玛（女）及烈士森皮勒等。其中乌・额尔德尼在"文化大革命"前任过陈巴尔虎旗政协副主席，后又任旗人大副主任、政协副主席。还有马日克任过旗政协副主席、旗人大副主任，他还因捉拿过潜入我国的敌特分子而受到过内蒙古自治区的表彰奖励。他们都在艰苦的年代里参加革命工作，新中国成立后也一直在为家乡的革命和建设事业奋斗着。

新中国成立后，通古斯鄂温克人翻身得解放，政治上的自由促进了经济的发展和生活水平的改善。在党和政府的关怀与支持下，牧区民主改革运动，结合牧区的实际，认真贯彻执行"三不两利"政策，利用水草丰美的天然牧场，采取定居与游牧相结合的经营方式，使鄂温克人的畜牧业经济迅速发展，牲畜头数从 1945 年的 1000 多头（只）增长至 1950 年的 3300 头（只），到 1953 年又增长到 8118 头（只）。

1953 年 5 月，特尼河苏木人民政府迁至那吉，从此那吉成为这部分鄂温克人的政治、经济和文化中心，使散居多处的鄂温克牧民有了统一的人民政权。

1953 年，陈巴尔虎旗那达慕大会期间，时任内蒙古自治区民政厅处长的索伦鄂温克人满都呼、贺其业乐图和武德秀 3 人来宣传人民选举法。旗里派通古斯鄂温克人宝音图配合，他们在深入特尼河苏木调查了解了"通古斯"人的生产、生活、历史、语言、风俗习惯后认为"通古斯"是鄂温克人，他们也自称"鄂温克人"，因而向有关部门提出"索伦"、"通古斯"、"雅库特"三个部分人应该恢复并统一"鄂温克"族族称的建议。

中共陈巴尔虎旗旗委及时研究，认为应该按民族政策办事，尊重当地少数民族的意见统称"鄂温克族"，该苏木当时鄂温克人有 1219 人，占该苏木总人口的 90%以上，应该成立鄂温克苏木。

满都呼处长与普日布旗长向中共呼盟盟委书记古韦、盟长德力格尔同志汇报，盟委同意了成立鄂温克苏木。

1953 年 10 月 8 日，特尼河苏木召开第一次人民代表大会，全苏木共有 55 名代表参加，其中鄂温克族代表 47 人，占代表总数的 85.45%，并且选出旗人代会代表 9 名（其中鄂温克人 6 名）、盟人代会代表 1 名、内蒙古人代会代表 1 名。这次代表大会行使民主权利，选举出第一个以"鄂温克"名称命名的鄂温克民族苏木人民政府。通古斯鄂温克人那・优格尔为苏木达，索伦鄂温克人苏荣为副苏木达，在政府机关也配备了几名鄂温克干部职工。

鄂温克民族苏木人民政府建立起来了，一个有行使一定自主权的少数民族基层政权诞生了，消息传遍了大兴安岭以西的呼伦贝尔草原，沿得尔布耳河居住的 30 多户鄂温克人和居住在巴彦哈达苏木胡芦苏图嘎查的十几户鄂温克人也先后搬迁到鄂温克苏木来居住。

新中国成立后，特别是民族乡政府的成立，使鄂温克族人民享有了管理本民族内部事务的自治权利，他们以极大的热情投入社会主义革命和建设事业中，发愤图强，努力奋斗，发展经济。在 1953—1954 年的大风雪灾害中虽然死了一些牲畜，牲畜头数还是突破了 1 万大关，从 1953 年的 8118 头（只）增长到 12874 头（只），其发展速度是惊人的，比新中国成立初期增加了 22 倍之多。

苏木认真贯彻执行"人畜两旺"政策，不仅牲畜头数快速增长，人民健康更得到了重视。政府广泛开展性病防治工作，先后防治性病患者 331 名，在 1952 年成立卫生所后继续加强防治工作，几年内性病患者人数逐年减少，加上大力推行新法接生，大大降低了婴儿死亡率，鄂温克人口逐年上升。

通古斯鄂温克人过去没有学校，政府于 1952 年 6 月在那吉建立了一所民族小学培养鄂温克族人才，当时有 105 名鄂温克学生，4 名鄂温克人任教。在几年内从这所小学毕业升入中学的学生有 20 名，达·道力格尔和额勒德木 2 人上了呼和浩特卫生学校学习，后又考入内蒙古医学院。这些学生毕业后当干部的还有 9 名。党和政府为了进一步加强少数民族教育事业，从 1957 年开始给鄂温克学生每人每月 14 元的助学金，从 1958 年开始，住宿的鄂温克学生食宿由国家供给，还有服装补助费。

新中国成立后的几年里，"索伦"、"通古斯"、"雅库特"三个部分的代表人物不断提出恢复并统一"鄂温克"族称的要求，特别是在内蒙古自治区人代会上由索伦鄂温克代表满都呼、通古斯鄂温克代表丹金、雅库特鄂温克代表昆德·伊万等人提出的统一"鄂温克"族称的议案，引起了内蒙古党委和政府的重视。政府指示有关部门派干部深入鄂温克人聚居地方调查了解，并责成呼盟委统战部专门召开征求"索伦"、"通古斯"、"雅库特"三部分人的民族名称统一问题的座谈会，经过讨论，三部分人的代表一致同意恢复并统一"鄂温克"族名称。

鉴于上述情况，根据鄂温克族人民的意愿，按照党的民族政策，内蒙古自治区人民政府于1958年3月5日发出通知：取消"索伦"、"通古斯"、"雅库特"称谓，恢复并统一"鄂温克"族称。恢复固有的民族称谓，解决了长期民族分隔的历史问题，为民族内部团结进步打下了基础。

民族苏木在发展过程中也受大环境的影响，经历了从民族苏木到人民公社化，中间经过"文化大革命"十年内乱，又从人民公社恢复为民族苏木政府的历史过程。

第七节　开拓进取　发展各项事业

党的十一届三中全会拨乱反正，落实了各项政策。1984年，鄂温克苏木又恢复原名称，在党的民族政策的光辉照耀下，苏木党、政领导，解放思想，团结合作，执政为民，开拓进取，发展经济。

畜牧业是鄂温克苏木的基础产业，境内有两个较大牧场：一个是莫尔格河流域的哈吉、灰腾；另一个是斯格尔基牧场。斯格尔基是个容纳牲畜较多的冬季牧场，而哈吉和灰腾是理想的夏季牧场。他们利用水草丰美的优良牧场，坚持"以牧为主，多种经营"的经济建设方针，

宝迪扎布在阿达盖的木刻楞住宅前

着手落实牧业经济政策，实行牧业户"双承包"责任制，牲畜作价归户。从此，牧民有了属于自己的牲畜，生产积极性高，牧民们更加注重抗灾保畜，使牲畜安全过冬过春。如鄂温克苏木雅图克嘎查党支部书记达·斯日格玛（女），在1983—1989年牧区遭受特大"白灾"时，她带领牧民群众奋战在抗灾第一线，使本嘎查没有损失一头牲畜，创造了战胜"白灾"

的奇迹。她发扬团结互助精神，拿出一部分饲草支援了其他嘎查的受灾牧民。她还带领牧民打储草、建设棚圈，在 1989 年底，仅 100 多人口的嘎查中，就有 28 型拖拉机 5 台、手扶拖拉机 7 台，进一步增强了抗灾能力，走上了建设养畜的发展道路。她在 1979—1983 年两次被评为全国"三八红旗手"。

在畜牧业生产上，还陆续涌现了许多被上级政府和有关部门授予"劳动模范"、"著名牧民"、"优秀牧民"光荣称号的人物。

党和政府在少数民族地区致力于发展民族经济的同时，也非常重视民族教育事业的发展，在没有民族文字的鄂温克族中以蒙文、汉文培养出不少有文化有知识的人才。如参军后考入上海艺术学院、毕业后在内蒙古军区歌舞团当演员的少数民族歌唱家的那布其玛（女）；中央民族学院少数民族语言文学系毕业，多年在海拉尔师范专科学校任教，现任呼伦贝尔大学蒙文系副教授的扎·森德玛（女）；内蒙古师范学院毕业后，多年在海拉尔一中、陈巴尔虎旗二中任教，被评为中小学"高级教师"的乌日金；扎兰屯卫生学校毕业后，多年在鄂温克苏木中心院任医士、副院长，后调到陈巴尔虎旗人民医院任医师、科副主任、主治医师的那仁其木格（女）；在政界有中专文化程度，在鄂温克苏木任过苏木达、书记，后来在陈巴尔虎旗人民政府任副旗长、旗委常委、纪检委书记、旗政协副主席、旗委统战部部长的宝迪扎布，以及呼盟卫生学校毕业后，多年在鄂温克苏木工作，又任陈巴尔虎旗人大副主任的旭日（女）。

2003 年，全苏木牲畜头数达到 137888 头（只），创历史新高，同时牛奶销售量达到 2710 吨，牧民人均收入达到 3024 元。由于牧民生活水平的提升，有线电话、程控电话、移动电话、摩托车、汽车、电视机、电冰箱等高档商品已进入了牧民家庭。

全苏木总面积 5540 平方公里，著名的莫尔格勒河流经 80 公里，辖有孟根诺尔、哈吉、阿尔山、必鲁图、雅图格、恩河、辉屯 7 个嘎查。根据 1990 年统计，全苏木总户数 524 户、人口 2140 人，有鄂温克、蒙古、汉、回、满、达斡尔等 8 个民族，其中鄂温克族 1398 人，占总人口的 65.3%。

随着苏木畜牧业经济和文教卫生事业的发展，苏木政府所在地——阿达盖的建设也有了很大发展，现有小学、幼儿园、文化馆、电影院、电视差转台各一处，边防中心医院一所，还有供销社、粮站、信用社、兽医站、农机站、邮电所、公安派出所等单位。

鄂温克族是"跨界民族"，在陈巴尔虎旗 193 公里俄边境线上，鄂温克苏木在辉屯嘎查有 28 公里边界，该嘎查鄂温克牧民有 63 户、200 多人在边境附近草原上放牧。嘎查党支部书记德格吉日呼家 6 口人就居住在额尔古纳河南岸 2 公里处，与额尔古纳河以北的鄂温克人隔河相望。

"跨界民族"的"界"是指国界，即国家疆界，通过疆界区分，划定了各国主权范围，分别在两个或多个现代国家中居住的同一民族，就是"跨界民族"。

"跨界民族"是指在紧靠边界两侧，居住地直接相连的同一民族，而且也指在相邻国家边界附近及纵深地区活动的同一民族。他们在风俗习惯、宗教信仰、语言、民族感情等方面都有相同或相似之处，可以发挥"跨界民族"这一优势，进行经济和文化交流。

总之，新中国成立以来，在党的民族政策的光辉照耀下，通古斯鄂温克人由于民族名称的恢复与统一，鄂温克民族苏木人民政府的成立，民族平等、团结、互助民族关系的形成，鄂温克族人民在党和政府的领导下，致力于社会主义革命和建设事业；在畜牧业生产长足发展的时候，经历"人民公社化"和"文化大革命"运动，党的十一届三中全会后，政府落实各项政策，改革开放、发展经济，畜牧业生产再创新高，牲畜头数成倍增长，牧民收入增加、生活水平提高，曾经有过全旗条件最好的苏木级小学；有了全旗最好的天然矿泉水——阿达盖泉水；有了以三河牛著称的奶牛基地；有了初步实现机械化的牧业经济；牧民过上了崭新的幸福生活。

千年流淌的额尔古纳河

鄂温克青年骑手

穿冬装的鄂温克妇女

鄂温克婚礼

牧民的牲畜头数
迅速增长

牧民们有了自己的拖拉机

机械化打草

牧区四轮马车

鄂温克族大学生

鄂温克族小学生

敖　包

鄂温克人在迁徙中

第三十三章

鄂温克哈拉（姓氏）

姓氏是人类古老的一种文化形态，姓萌芽于原始社会的图腾崇拜，根植于氏族繁衍，距今约18000年。人类以血缘关系结合起来组成的"氏族公社"，既是社会组织，又是经济组织，是维系血亲、区分族别的重要依据。

第一节　氏族（哈拉）的演变

氏族公社，起初由几十人组成，初为母系制，后为父系制，氏族内部禁止通婚，实行氏族外婚姻制，共同劳动，共同分配。

鄂温克人的祖先早期的氏族，以周围环境中的某种动物为"图腾"（鄂语称"嘎勒布勒"）表示氏族。"图腾"一词，来源于印第安语，图腾崇拜是世界各民族普遍存在的原始宗教的信仰形式，逐渐成为氏族的标志。鄂温克人的祖先崇拜的动物图腾主要有熊、蛇、鹰、天鹅及其他鸟类，都属于保护之列，绝不可伤害。

鄂温克人的祖先早期以氏族语言把"氏族"称为"给日"，如"萨玛给日"、"巴利克给日"、"图鲁亚给日"等，表示本氏族的名号。

这种自然崇拜的形式和偶像，即图腾名称，成为最早的社会组织——氏族名称，进而演化为该氏族共有的姓源。

中华民族的姓氏，在先秦时期互相有别，"姓氏双轨"，分别使用，同时并存，"姓"表示宗族的起源、出处，是原有的大宗的称号；"氏"是后起的、分支的、小宗的族号。"姓"产生于母系氏族社会，"氏"产生于父系氏族社会。秦汉以后，"姓氏合一"即姓氏一体化，是中华民族姓氏史上的一个重要发展。

古代鄂温克人随着原始氏族社会的发展，祖先崇拜取代动物崇拜后，由于民族要素的基本形成，以通古斯语族语言把"氏族"称为"哈拉"，成为标志血缘关系的称号。而"给日"在汉语中转述为"基尔"。

鄂温克氏族组织体系中，每个氏族的历史有长有短，有老氏族也有新氏族，凡是在氏族名称词尾带"给日"或"基尔"的氏族是母系制时期的老氏族。

这种现象，在通古斯鄂温克人的哈拉中较多，在索伦鄂温克人的哈拉中也有，使鹿鄂温克人把家族公社仍称"乌力楞"，这说明鄂温克人把母系制时期的氏族名称和父系制后的"乌力楞"称谓延续传承至近代和现代。

鄂温克人的祖先所形成的"氏族公社"起初有三种职能：一是血亲关系，即哈拉作用；二是行政职能，组织氏族成员们的生产、生活；三是政教合一，氏族首领兼任宗教主持人，即萨满教主持人。

氏族与狩猎相结合，生产力与生产关系相适应，形成氏族制度，持续时间很长。随着原始氏族社会的发展，氏族组织的三种职能逐渐发生变化，在青铜器时代出现驯鹿驯养业后，母系制过渡到父系制。政教分离，男性氏族首领不再兼任宗教主持人，由于母居制转变为父居制，一夫一妻制家庭形成，促进了人口的增长，引发了氏族组织的分化。氏族为了调整婚姻关系和便于管理使用驯鹿，在氏族属下分出若干"乌力楞"（子孙们之意）世系家族公社。在元代中后期至明代，贝加尔湖以东至黑龙江上游以东鄂温克人中牛马饲养业的发展，使他们需要在山林河谷地带固定场所饲养，氏族属下也为了调整婚姻关系和便于饲养牲畜，又分出了若干"毛哄"世系家族公社。清代初期，在黑龙江上游的索伦鄂温克人被迫迁至嫩江流域、大兴安岭东麓地区后，在康熙年间以佐领制取代氏族制，取消了氏族的行政职能，氏族只剩下固有的"哈拉"作用。

鄂温克人的"氏族"即哈拉，也是维系血亲、表示宗族起源的，是原有大宗的族号；"乌力楞"和"毛哄"是后起的、分支的、小宗的族号。在称呼"哈拉"和"毛哄"时，以通古斯语族鄂温克语支语言的特点，把"哈拉"加在姓氏名称的后面，如某某哈拉，说"毛哄"的时候，先说"哈拉",再说某某"毛哄"。

鄂温克族的"哈拉"多以地名、河名、山名为特征。如索伦鄂温克人有三个比较大的"哈拉",每个"哈拉"的名字都含有一定的意思,如"杜拉尔"是"在河旁边的人"之意;"涂格敦"是"在秃山下边住的人"之意;"那哈塔"是"在山南坡住的人"之意。如"乌力斯"哈拉,因为住在黑龙江上游以东乌鲁苏河湾的乌鲁苏穆丹("穆丹"是鄂温克语"尽头"之意)而得名。

称呼某个部分群体时,根据鄂温克族"大分散、小聚居"的分布特点,称呼这一部分人或那一部分人,鄂语称"俄日梅音或塔日梅音"。

再就是根据鄂温克人多依山傍水居住的特点,一般以"千"来表示某某河流的人,如"雅鲁千"意在雅鲁河的鄂温克人,还有"辉千"是指辉河的鄂温克人。

第二节　氏族解体　哈拉还在

17世纪中叶,由于战争引起边界变动后,鄂温克人被分割为"跨界民族",进入了复杂多变的关系中。清代以佐领制取代了索伦鄂温克人的氏族组织,并依地域分为若干行政区域内居住。具有悠久历史和传统文化的鄂温克人,在清代平时猎貂纳贡和战时出征打仗的双重压力下,仍按传统的习俗,保持了固有的"哈拉"(姓氏)和"毛哄"分支。

第一,在清代初期,索伦鄂温克人迁至大兴安岭、嫩江流域地区后,在布特哈地区按河流分布为九个部分,在每个部分(梅音)中都有若干"哈拉"(姓氏)和"毛哄"(分支)的鄂温克人。他们是:

(1)嘎布卡千,居住在嫩江东岸平原地带,有涂格敦、武力斯日、金科日、萨玛给日、郭包勒、索多勒哈拉,其中涂格敦哈拉分为乌达依日、阿姆拉卡依日、俄姆坎苏、第拉依日、白鲁依日毛哄。

(2)讷谟日千,居住在嫩江以东的讷谟尔河流域,有图木先杜拉日、阿本千、姆鲁特哈拉。

(3)甘河千,居住在甘河下游西南,有萨玛给日、敖拉哈拉。

(4)诺敏千,居住在嫩江以西的诺敏河流域,有杜拉日、萨玛给日、敖拉、武力斯日哈拉。

（5）格尼千，居住在格尼河流域，有俄都涂格敦、俄都那哈塔、尼斯混那哈塔、卡拉塔基日哈拉。

（6）阿荣千，居住在阿伦河流域，有杜拉日，分为俄都达拉日、尼斯混杜拉日、图木先杜拉日、西盘杜拉日；涂格敦分为俄都涂格敦、尼斯混涂格敦；那哈塔分为俄都那哈塔、尼斯混那哈塔等毛哄。

（7）音千，居住在音河流域，有土拉日、达图、巴亚给日、卜力杰日、卡尔其日、阿本千、何音、哈赫日、依克基日哈拉。其中杜拉日哈拉分为俄都杜拉日、尼斯混杜拉日、哈哇尼杜拉日、西盘杜拉日，达图哈拉又分为俄都达图、尼斯混达图、蒙高达图毛哄。

（8）雅鲁千，居住在雅鲁河流域，有杜拉日、涂格敦、西格敦、阿本千、哈赫日哈拉。其中杜拉日哈拉分音哈哇尼、雅鲁哈哇尼、何音哈哇尼、哈什哈哇尼、西盘杜拉日，涂格敦又分为俄都达图、尼斯混达图、蒙高达图、俄都何音、尼斯混何音、西都日达图、萨玛基日、何音毛哄。

（9）济沁千，居住在济沁河流域，有白亚给日、杜拉日、哈赫日、卜力杰日、依格基日哈拉。

第二，清雍正十年（1732年）从布特哈地区调遣呼伦贝尔游牧戍边的索伦八旗索伦鄂温克人，在清代末年，按河流分布为四个部分，在每个部分都有若干“哈拉”（姓氏）和“毛哄”（家族）的鄂温克人。他们是：

（1）辉千，哈拉、毛哄最多，有杜拉尔（日）、涂格敦、西格登、哈赫尔（日）、阿本千等几个哈拉。哈拉中毛哄较多的有：杜拉尔分音哈哇尼、雅鲁哈哇尼、西阿莲哈哇尼、哈拉（苏）哈哇尼、西阿盘杜拉日、哈赫尔（日）。涂格敦分俄都达图、尼斯混达图、蒙高达图、俄都何音、尼斯混何音、西阿都鲁达图、萨玛基日何音。

（2）伊敏千，有蒙高达图、阿本千、古然杜拉日哈拉。

（3）莫合尔图千，有涂格敦哈拉。

（4）特尼千，有布图木先杜拉日、那哈塔哈拉。

他们都是从布特哈地区前来呼伦贝尔驻牧戍边的，所以“哈拉”和“毛哄”多与布特哈鄂温克人相同，如雅鲁哈哇尼、哈拉苏哈哇尼、音哈哇尼毛哄，有明显的雅鲁河、音河“河名”特征。

第三，清嘉庆二十五年（1820 年）从俄国境内勒拿河流域地区迁来中国境内大兴安岭原始森林中的使鹿鄂温克人，在清咸丰八年（1858 年）又迁至大兴安岭西北部原始森林中驯养驯鹿并狩猎生活，他们是今日的敖鲁古雅鄂温克人，他们起初有四个氏族，后来又分化出两个氏族，共六个氏族（哈拉），在每个氏族中都有"乌力楞"家族公社：

布勒多特氏族，有两个"乌力楞"；索罗共氏族，有四个"乌力楞"；卡尔他昆氏族，有两个"乌力楞"；固德林氏族，有两个"乌力楞"；给力克氏族，有一个"乌力楞"；索罗托斯氏族。

第四，苏联社会主义革命胜利后的 1918—1919 年两年，从额尔古纳河以北的俄国境内迁入中国呼伦贝尔草原特尼河、莫尔格勒河流域居住的游牧通古斯鄂温克人的"哈拉"即姓氏，在新中国成立初期有 12 个。

（1）杜立给特，其中有木克奇恩杜立给特、西日萨特杜立给特（西木萨基尔）、阿齐克将杜立给特（阿齐克七阿基尔）、巴亚基尔杜立给特、卡杨杜立给特、那乌那基尔杜立给特。

（2）那妹他，其中有哈拉那妹他、西勒那妹他。

（3）巴亚基尔，其中有要靠勒巴亚基尔、俄乌特巴基尔、俄勒克巴基尔。

（4）奥布特克基尔，其中有奥斯特基尔、奥勒特给特。

（5）玛鲁基尔，哈拉玛鲁基尔。

（6）那哈塔那乌那基尔。

（7）乌者恩造鲁大特。

（8）杜拉尔。

（9）道拉奥特。

（10）巴拉基金。

（11）齐布齐奴特。

（12）靠闹克特。

在 12 个姓氏中，有老氏族和新氏族姓氏（哈拉）之分，如杜立给特、那妹他、巴亚基尔氏族为最大，但他们为了调整婚姻关系等原因分化出了一些新姓氏。据 1998 年出版的《陈巴尔虎旗志》统计，鄂温克苏木鄂温克人的姓氏发生了一些变化，共有 21 个哈拉：

齐布齐奴特、西日·考奴特、查干·考奴特、乌勒德给特·杜立嘎德、那木那给德·杜立嘎德、阿其格干·杜立嘎德、奇木切给德·杜立嘎德、哈彦·杜立嘎德、额布特给得·杜立嘎德、哈日·玛日给德、西日·玛日给德、乌者恩、哈日·那米德、西日·那米德、造勒陶德、巴雅给德、奇木切给德·巴雅给德、股库勒·巴雅给德、巴勒克给德、阿拉坦干、格利增布日·哈日·那米德。

第三十四章

传统文化及节庆习俗

第一节　传统文化

鄂温克族，是具有悠久历史和传统文化的森林狩猎民族，从久远的年代走来，在漫长的历史岁月里，以森林为家园，走山穿林，游猎生活，生死都在大森林中，一代接一代，前赴后继，历经沧桑，奋斗不息，创造了具有森林狩猎文化特色的生产、生活方式，充满了森林、狩猎、驯鹿文化气息，传承于民众之中，不断地补充和深化，创造和积蓄了内容丰富多彩的传统文化资源，即森林狩猎文化，分类有：森林文化、狩猎文化、驯鹿文化、氏族文化、萨满文化、民俗文化、婚礼文化、葬礼文化、节庆文化、服饰文化、桦树皮文化、熟皮文化、工艺文化等。

鄂温克族的悠久历史和传统文化，是鄂温克族的精神财富，是文化瑰宝，在氏族与狩猎相结合发展的过程中，代代相传，成为继往开来的精神动力，使鄂温克人锤炼成为勤劳、勇敢而有智慧的民族，是具有敬业精神、吃苦耐劳、艰苦奋斗的民族，是热爱生活、关爱人生、团结友爱、尊老爱友、助人为乐的民族，对正义事业忠心耿耿、奋勇效力的民族，是性格开朗、朴实、直爽，恪守纪律的民族；讲究礼节，热情好客，氏族与氏族之间，人与人之间，和谐共处，认为外来人不会背着自己的房子出来，而在鄂温克人中流传有一句格言：

有火的屋才有人来，
有枝的树才有鸟落。

古代鄂温克人，在悠悠岁月里，依靠自己的智慧和力量，共同创造和积蓄的诸多文化资源，不断地补充和深化，内容丰富多彩，形式多样，成为民族性、群众性的习俗，传承于民众之中，流淌在鄂温克人的血液里。

随着时代的变迁，社会的发展，各民族之间交往的增多，鄂温克族从幽静的游猎生活转入复杂多变的关系中，根据所处自然环境的不同，出现了养殖业和种植业经济成分，即草原游牧文化和农耕文化，融入多元文化之中，贴近了时代发展的步伐。

历史是民族的根脉，文化是民族的灵魂，是民族凝聚力的源泉，森林狩猎文化伴随鄂温克社会持续时间很长，是从原始氏族社会传承下来的原生态文化积淀，它以有形的（或无形的）文化载体，承载着鄂温克历史、文化、语言、习俗、宗教、节庆、婚礼、信仰、追求等诸多文化内涵，保持的鄂温克心态和性格特征，是我们认知悠久历史和领略传统文化的源泉。

在传统文化中，随着民族的形成和发展，出现的节庆习俗，即节庆文化，比较活跃，节庆活动为人们增添许多温情与热烈气氛，渗透于人们的思想和行为中，产生感召力，焕发活力，催人奋进。

鄂温克族自己的节日主要有民族节日"瑟宾节"，牧区有庆丰收的"米阔鲁节"，农牧区还有祭"敖包"的习俗。鄂温克族还享用中华民族的共同节日——"春节"、"国庆节"、"清明节"、"端午节"、"中秋节"等。这些节日出现的年代、内容、形式都各不相同，但体现了中华民族是一个大家庭的特点。

第二节　民族节日——瑟宾节

《中国民俗文化丛书》"少数民族节日"一文中记载："各个民族在长期的特殊生产和生活中，既创造了共同的节庆文化与节日体验，也由于不同族源、不同历史、不同信仰，形成了各不相同的节日文化，而那些独具风情的仪式、歌舞与文化娱乐项目，更是不同民族千百年来集体创造的结晶。"

"瑟宾节"是鄂温克族古老而传统的节日，始于古代以鄂温克各氏族联合组成的"猎鹿人"集团为主体，联合长期在共同地域内和相同的自然环境中生活的猎鹿人，在共同的斗争中结成了经济上的联系，他们在相互交流中形成共同语言及习俗，这些渗透于猎鹿人的意识形态里形成了共同的心理素质，他们以"鄂温克"名称联结起来，形成了一种巨大的凝聚力，凝聚成民族要素，成了一个同一的古代民族。

古代民族的形成和发展，是鄂温克人的一大盛事。在当时的历史条件下，古代鄂温克人高兴地在森林里利用寂静的夜晚，点燃篝火，跳起环舞（篝火舞），氏族的男女老少都来参加，跳的人越来越多圆圈越来越大，顺着太阳运行的方向转动，舞姿活泼，矫健有力，节奏慢慢加快，转得像旋风。在这高潮中舞者和旁观者相呼应，不断地喊出"伊炕—鄂温—伊炕—鄂温"的词句，欢呼着"欢乐之火"和"鄂温克"名称。这说明"瑟宾节"是以篝火活动和民族形成为契机逐渐发展成为共同的民族节日的。"节日"是人与人之间情感的表达，是人们对民族情感的表达，也是人们对自然界情感的表达。节日的形成使鄂温克人有了自己的民族"节日"。"节庆"活动的欢乐气氛，起到了凝聚人们的思想感情、增进团结和友谊、振奋民族精神的作用。

猎鹿人集团发展成为统一的古代民族后，各种形式的社会活动也多了，但古代鄂温克人因长期在森林中游猎生活，缺乏年华记忆，而对年轮一般以"很早或

篝火舞

很久以前"来表示，苏联伊·戈戈列夫著的《太阳的崇拜者》一书中也说："很久以前，在一个极偏僻的密林深处，生活着一支驯养驯鹿的鄂温克猎民，有一次他们猎获到狗熊后，按照节日的习俗举行了全氏族的人都参加的盛大集会，即'瑟宾节'。人们从白天到夜晚，点燃篝火尽情地欢乐。"

在原始社会末期祖先崇拜取代动物崇拜，猎人们可以猎杀狗熊后，古代鄂温克人仍然认为动物精灵的实体是生命，动物的大脑和五脏是动物精灵的所在，所以禁忌食用而挂在大树上风葬，因而人们在集会时首先成群结队地寻找一棵高大的树，把熊的颅骨挂在树上风葬，崇敬大森林的主人。然后回到集会地点，边吃熊肉边喝熊肉汤，到了晚上点燃篝火，手舞足蹈，欢快地跳起舞来，有的仿效熊瞎子走路的姿势，故意把两脚尖往里勾，跳舞的人们充满激情的喊叫声和老人、孩子们的呼应声，打破了夜晚的沉寂，猎人们高兴地度过一个夜晚，太阳又从山和林间升起，标志着新的一天的到来。

从此，在古代鄂温克人中出现了"黑熊搏斗舞"，一般由三人表演，都扮演黑熊，开始两只黑熊先上，上身略向前倾，两膝微屈，双手放在膝盖上，起舞后不停地跳跃，仿效熊走路的姿势，把两脚尖往里勾，肩和头不断地摇摆，嘴里发出粗重的"哈莫—哈莫"声，再跳起来后，第三只黑熊上场，在两只黑熊旁边做劝解动作，意思是不要再搏斗了。

后来，由于古代鄂温克人长期游猎生活，分布很广，相互间不便交流，共同的习俗不易得到补充和发展，加上其他民族习俗的渗透，"瑟宾节"逐渐淡化，甚者失传。但"篝火舞"保留至今，还有了唱词。

新中国成立后，由于鄂温克族族称的恢复与统一，自治旗和民族乡（苏木）的相继成立，特别是改革开放以来，随着经济和社会的发展，民族文化呈现出百花争艳的景象。

内蒙古鄂温克族研究会根据鄂温克族干部和群众的要求，广泛征求意见，结合历史与现实，决定恢复失传多年的古老而传统的节日——"瑟宾节"。在1993年11月召开的内蒙古鄂温克族研究会第三届会员代表大会上，代表一致通过重新确立"瑟宾节"（"欢乐、祥和、吉祥"之意）为鄂温克节日名称，节日时间定为春末夏初，风和日丽的季节，公历每年6月18日，并暂定"彩虹"歌舞为节日歌舞，使传统的民族节日再现，回归鄂温克人中间，正式成为当代鄂温克民族节日。

民族节日，不仅鄂温克人所享用，在共同地域内的其他民族也可以参与分享。在这别具风格、丰富多彩的节日活动中，一般在早晨有敖包的祭"敖包"，白天举行庆典仪式，主持人致辞，进行文娱、体育表演，晚上举行"篝火"① 晚会，人们载歌载舞，尽情欢乐，增添许多温情与热烈气氛。这些节目结合地区特点，展示森林狩猎文化特色的传统文化，以及草原游牧文化和农耕文化。节日在当今社会里得到进一步传承和弘扬，活跃了鄂温克族人民的政治、文化生活，增进了友谊和团结，激励人们振奋民族精神，振兴民族经济。

"节日"活动，要历史与现实相结合，从各地实际出发，因地制宜进行。规模可大可小，鄂温克族聚居地方的自治旗、民族乡（苏木）、民族村（嘎查），以及个人家庭都可以举行；活动的内容要从民族特点出发，结合地区特点和时代特

鄂温克猎民点燃篝火，讲述着火的神话

征，安排一些丰富多彩、形式多样、群众喜闻乐见，既有热烈气氛，又有催人奋进、团结向上的节目。"瑟宾节"是鄂温克族唯一的民族节日，大家要像中华民族的大小节日一样珍惜它、传承它。使"节日"活动逐渐向基层普及，渗透于人民群众的思想和行为中，产生感召力，传承于民众之中，充满生机与活力。

第三节　中华民族传统节日——春节

春节，是中华民族的盛大节日，是古代人对农历岁首的祭祀与庆贺活动成为民俗习惯演变而来的。周朝人在公堂上除旧迎新，汉武帝颁行《太初历》确定农历正月初一为岁首。其实立春是二十四节气的首节，它

---

① 篝火，是指野外或空旷的地方燃烧的火堆，也指用铁笼子罩着的火堆。鄂温克人自古以来崇敬火，火与人类生活密切相关，古代鄂温克人长期使用摩擦取火技术，一直保留到17世纪。人们在森林中经常捡干木燃起"火堆"烧烤兽肉食用，猎人们高兴地在"火堆"旁跳起来，手舞足蹈，表达对"火神"的感激之情。而"篝火舞"被古人们称为"欢乐之火"，代代相传，逐渐成为鄂温克节日的雏形，后来融入民族节日"瑟宾节"的主要内容和形式。

是迎春的节日，春天是充满生机与希望的时节，而立春与岁首交融与勾连，在中华大地上传承了数千年之久，为中国人所享用，形成了丰富多彩的节日习俗。

辛亥革命以后为了在时间上与世界同步，使用公元纪年，将公历 1 月 1 日定为元旦。农历合乎农时，便于民生，人们将农历正月初一改为"春节"，农历与公历并用。

在传统的社会里，民间把"春节"习惯称"年"或"大年"。人们在岁末年初的过渡时节里集中展示民族文化传统，增添许多温情与热闹。在这个特别的日子里，人们辞旧岁，迎新年，欢欢喜喜过大年。

鄂温克人的祖先长期在森林中狩猎生产，进行氏族生活，虽然感受着春夏秋冬季节的变化，但不知道冬尽春来的时节里有节日。后来，随着中国社会的发展，中原地区汉族经济和文化向东北地区传播，加上经历过几个封建制朝代或地方政权管辖，封建意识和封建礼俗的渗透与鄂温克人的生活方式和风俗习惯相结合，定居生活的索伦鄂温克人首先接受并认同了中华民族的传统节日——春节。

鄂温克族的春节（鄂语称"阿涅"）习俗，与汉族的春节习俗大同小异，但由于所处的地理位置的不同，以及生产、生活方式、风俗习惯上的某些差异，节日在内容和形式上别具风格，形成了丰富多彩而具有民族特色的春节习俗。

人们在节前就开始忙碌过大年，腊月二十三过"小年"送灶神上天，二十四扫尘。"小年"之后外出的人回来，家里人办年货，杀猪杀鹿宰羊，准备过大年。

腊月三十（鄂语称"布屯"），贴对联，人们聚集在家迎候大年，晚上吃年夜饭，燃放爆竹，辞旧岁。用丰盛的供品供奉祖先神，向祖先叩拜，然后晚辈向长辈叩头拜年，敬酒、敬烟，祝福长辈健康、长寿。晚上是不眠之夜，全家老少团聚在一起，点灯熬夜达旦不眠。

正月初一，新年来到，人们互相拜年，农区的人们先给有老人的人家拜年，然后亲属、朋友、邻居之间拜年。牧区的人们骏马奔驰，各包之间往来驰骋拜年，每到一家首先向人家的祖先叩拜，然后再给长辈和兄长拜年，并祝以美好的祝词，主人则给来拜年的人一些礼物。

晚上，人们穿着节日的盛装，中、青年男女聚集在较大的房子里，尽情地欢乐，载歌载舞，迎新春；老年人给青少年讲古论史，生动感人，具有深刻的教育意义。

阿罕拜舞

从腊月二十三日到腊月三十日，从正月初一至初五，一直到正月十五元宵节的数日里，人们都沉浸在温情与热闹之中。这期间还举行盛大而形式多样的歌舞、赛马、射箭、摔跤、拔河等文体活动。

春节过后，还过二月二龙抬头、清明节、端午节、中秋节。

第四节　民间传统习俗——祭"敖包"

祭"敖包"，是从古代人们的祭祀活动演变而来的。"敖包"是一种宗教信仰的象征物，是在祭祀活动需要固定场所后出现的，大都建在山包或山顶上，用石头块堆积起来。

"敖包"在古代鄂温克人心中象征着"神"在其位，世袭传颂，是对"神灵"的一种精神寄托。因此，在传统的社会里，氏族公社和"毛哄"家族公社一般都设有自己的"敖包"。

在巴音胡硕祭"敖包"的人们

鄂温克人每年5—6月之间举行一次祭"敖包"大会，杀牛宰羊做祭品，祭"山神"、祭"龙王"，祈求风调雨顺，四季平安，人兴年丰。祭"敖包"是一种公共性的祭祀活动，也是民间的盛大节日，男女老少都来参加，还要进行射箭、赛马、摔跤等活动。

第五节　伊木纳节　米阔鲁节

"伊木纳节"和"米阔鲁节"，都是牧区牧民的庆丰收节，因这部分鄂温克人分居在中、俄两国边界两侧草原上游牧而出现了两个不同的名称。

"伊木纳节"，是呼伦贝尔牧区鄂温克人特有的丰收节，在18世纪一部分鄂温克人迁来呼伦贝尔后从事草原畜牧业以后出现的，是从古代鄂温克人猎归后庆丰收活动演变而来的节日。它是伴随草原畜牧业经济的发展形成的一种"节日"习俗，它标志着草原上的鄂温克人从传统的狩猎经济过渡到现代畜牧业经济的特征。

"米阔鲁节"是游牧通古斯鄂温克人在额尔古纳河以北俄国境内时，于19世纪由于畜牧业经济的发展出现的，延续至我国境内呼伦贝尔的莫尔格勒河流域。

"米阔鲁"丰收节，一般在每年公历4—5月上中旬接羔保育生产活动告一段落之后的5月下旬举行。这一天，人们清早起床，青壮年从浩特（牧村）的一头开始，逐户给马烙印、除坏牙、剪耳记、剪鬃毛和给羊割势等。老人们在这一天送给儿女、外甥、侄子们母羊羔，祝福他们畜群兴旺。

剪羊耳记　　　　　　　　　给羔羊去势

新中国成立前，还聚会祭祀保护牲畜安全的"吉雅奇"神，以全羊熟肉供神，祈求牲畜安全和人畜两旺。然后开宴，主人杀牛宰羊招待客人，以通古斯鄂温克人的习俗为例，青壮年们不论到谁家，主人为前来帮助劳动的人们和前来庆丰收的客人们设宴致谢。酒席按先茶后酒的习惯进行，敬酒时，主人捧一木盘，上面放两个酒杯，依次敬让，并向帮助割势的人敬献哈达，宣布仔畜和牲畜增加的情况。酒席间，大家载歌载舞，尽情欢乐，从一家转到另一家，牧民们整天都沉浸在丰收的喜悦之中。有的还进行摔跤、赛马等体育活动。

经济是民族的基础，
文化是民族的灵魂。
历史是民族的根脉，
是民族凝聚力的源泉。
传统文化中吸取的营养，
成为现代社会的光辉。

第三十五章

当今中国的鄂温克人

1945 年，世界反法西斯战争和中国人民抗日战争胜利，全国各族人民取得了民族解放斗争的胜利。可是国民党反动派发动内战，中国人民在中国共产党的领导下，掀起解放战争和土地改革运动，人口较少的鄂温克族人民也参军参战，投入民主改革斗争中，为打倒国民党反动派、解放全中国而奋斗，贡献了自己的微薄之力。

第一节　进入崭新的时代

1949 年 10 月 1 日，中华人民共和国的成立，标志着中国人民站起来了。鄂温克族人民也和全国各族人民一样成为新中国的主人，古老的游猎民族焕发了活力。从此，鄂温克族人民站在新的历史起点上，以极大的热情投入社会主义革命和建设事业，发愤图强，努力奋斗。从事新型行业和职业人口增多，人民群众经济生活水平得到了提高，鄂温克族人民群众聚居地方的政治、经济和社会发生了根本性的变化，呈现出"政治安定、经济发展、人口兴旺"的新局面。

回眸历史，鄂温克族从远古走到现代，走了很长的路，经历艰苦岁月，奋斗不息，进入了中国共产党实行各民族一律平等，建立起团结、互助的新型民族关系，各少数民族聚居地方实行民族区域自治的新时代。

鄂温克族人民在中国共产党的领导下，经历了解放战争和民主改革运动，新中国成立后又经历了农牧业合作化和人民公社化运动。1958 年，内蒙古自治区人民政府根据党的民族政策，按照鄂温克族人民的意愿和要求，首先解决了鄂温克族族称的恢复与统一，使鄂温克族以鄂温克名称立于民族之林。接着实行民族区域自治，报请国务院批准成立了鄂温克族自治旗，使鄂温克族人民享有了管理本民族内部事务的自治权利。从此，鄂温克族从衰亡走向新生，从分隔实现统一，以鄂温克名称成为新型民族关系中的一员，步入了与各民族共同繁荣发展的新阶段。

不久，在"文化大革命"期间，内蒙古自治区东部四个盟划归东北三省管辖，在十年内乱之后，于 1979 年 7 月 1 日，原属内蒙古自治区的东部四个盟又重

中共呼伦贝尔市委书记罗志虎同志深入鄂温克族自治旗视察

新划归内蒙古自治区管辖，落实了党的民族区域自治政策。

特别是根据党的十一届三中全会精神，党的工作重点转移到经济建设上，改革开放的春风吹遍全国各地，鄂温克族人民和全国各族人民一样积极响应党的号召，在当地党委和政府的领导下，解放思想，与时俱进，利用当地自然资源，开拓进取，经济、社会、文化、教育、卫生和科技事业有了很大发展，走上了持续、快速、有序的发展道路。如鄂温克族自治旗以经济建设为中心发展各项建设事业，工业和牧业的快速发展取得了令人瞩目的辉煌成就，2011 年，财政总收入突破 20 亿元；地方财政收入完成 17.3 亿元。城镇居民人均可支配收入和牧民人均纯收入分别完成 16793 元和 11081 元。

中共呼伦贝尔市委常委、鄂温克族自治旗委书记高润喜在主持会议并讲话

　　鄂温克族人民聚居的地方，在党和国家的关怀下，经济和社会事业长足发展，城乡人民人均收入不断增长，人民群众的生活水平有了显著改善。鄂温克族人民正在改变着自己的命运，农牧民群众添置新毡包，盖新砖瓦房，购置拖拉机、汽车、摩托车、收音机、电视机、电话（座机）、移动电话（手机）、电脑、电冰箱等高档生产、生活用品，以及储蓄存款日益增多，出现了经济一年比一年发展、社会一年比一年繁荣、生活一年比一年改善的新局面。鄂温克族从经济基础到上层建筑发生了翻天覆地的变化，进入了历史上前所未有的发展阶段。

牛群　鄂温克旗摄影家协会提供　　　羊群　鄂温克旗摄影家协会提供

马群　鄂温克旗摄影家协会提供

　　随着中国特色社会主义建设事业的发展以及鄂温克族的经济和社会发展、人口的增长和干部队伍的成长壮大，鄂温克族中的有识之士为了继承和发扬鄂温克族的历史和文化，乘着改革开放的东风，与时俱进，组建了鄂温克族"研究会学术组织"，并恢复了民族节日——"瑟宾节"，深受鄂温克族干部和群众的欢迎。他们以喜闻乐见的形式，活跃在鄂温克族人民群众的政治和文化生活中，催人奋进，鼓舞士气，增进了团结和友谊，成为振奋民族精神和振兴民族经济的精神动力。

　　新中国成立已经半个多世纪，从历史风云中看光辉历程，随着全国经济和社会的发展，鄂温克族人民群众聚居的地方，根据党的各项方针和政策，结合当地实际情况，发愤图强，艰苦奋斗，解放思想，开拓进取，迈着雄壮的步伐，继承和发扬鄂温克族的优秀传统，从物质生活到精神生活，谱写了许多光彩夺目的新篇章。

第二节　干部队伍的成长壮大

鄂温克族干部队伍，是在中国共产党的领导下，从解放战争时期到新中国成立后的社会主义建设时期，分为三个阶段发展的。

第一阶段，是在 1945 年抗日战争胜利后，中国共产党派遣党、政、军干部和军队进入东北地区开展工作，派到黑龙江省和内蒙古东部地区的革命干部深入到原布特哈地区和呼伦贝尔地区开展工作，宣传党的路线、方针和政策，动员少数民族参加革命斗争。鄂温克族中的进步青年和青年知识分子积极响应党的号召，投入到革命斗争中来，其中有些是通过当时的军政干部学校和军政大学培养成为革命干部的。他们中有的参加东北解放战争；有的在地方参加民主改革斗争，组建人民政权。在那战火纷飞的年代里，他们艰苦奋斗，经受了革命斗争的考验，为打倒国民党反动派、解放全中国而奋斗，贡献了自己的力量。

第二阶段，是在 1949 年 10 月 1 日中华人民共和国成立后，由于各级人民政权的建立健全，各项建设事业的开展，特别是文化、教育、卫生事业的发展，全民社会主义觉悟水平的提高，以及在鄂温克族中新型行业和职业人口的发展，涌现了一批有文化、有知识的干部队伍，拓宽了鄂温克族干部来源。大体可分为四个部分：一是新中国成立前的革命干部；二是大专院校及中专毕业生；三是从基层农、牧、猎民中选拔上来的；四是来自复员退伍军人。

这些干部在党的培养教育下，认真学习马列主义、毛泽东思想，提高理论和政策水平，在社会主义革命和建设事业中锻炼成长，他们执政为民，成为了在少数民族地区乃至其他地方能够治理政治、经济和文化事业的干部队伍。

从 1966 年初开始的"文化大革命"席卷全国，执行极左路线，把各级党、政领导干部当走资本主义道路的当权派批斗，在内蒙古地区制造了所谓的"内人党"及其变种组织，践踏民族政策，破坏民族团结，伤害了广大少数民族干部和群众。鄂温克族领导干部图盟巴雅尔、乌尼满都、贺其尔图、巴图热仓、业喜丹巴等人被迫害而死。还有很多鄂温克族干部以莫须有的罪名从领导班子中被排斥出去，如鄂温克族自治旗在 1968 年成立旗革命委员会时，在旗革命委员会 16 名委员中，只有 1 名鄂温克族牧民代表。而在旗革委会机关 28 名工作人员中竟没有鄂温克族干部。这种反常现象直到粉碎"四人帮"之后的两三年中也没有得到根本扭转，只是充实了几名领导干部和科局级干部。

第三阶段，是在 1978 年 12 月党的十一届三中全会以后，全党纠正"文化大革命"的错误，拨乱反正，落实各项政策，进入了以经济建设为中心的改革开放时期。在这新的历史时期，鄂温克族干部的组成有下列四个特点：一是在"文化大革命"中受到冲击被排斥在外的一些干部重返工作岗位，又因年龄关系逐渐离休退休。二是按照革命化、年轻化、知识化、专业化的要求，具有大专学历而又年轻的干部被提拔到各级领导班子中来。三是大专院校毕业生按专业分配到各条战线上工作。四是选送具有高中文化程度的年轻职工到大专院校进修学习回来后充实到干部队伍中。

1980 年初吴守贵来鄂温克族自治旗工作时，正处于"文革"结束，改革开放初期，担任旗委书记工作千头万绪，要拨乱反正、落实各项政策；要进行牧业经济改革，实行生产责任制的同时，注意到了干部问题。鄂温克族干部很少，不利于贯彻执行党的民族区域自治政策，也不适应自治旗政治、经济和文化事业发展的需要。因此，在 1981 年初经旗委研究决定，派组织部副部长孙桂芹和劳动人事局局长阿尔腾两位同志联系自治区的大专院校选送了鄂温克青年职工 40 人到大专院校进修学习。他们经过两年的学习回来后补充了鄂温克族干部队伍，成为了自治旗各条战线上的骨干力量。

对此，新华社内蒙古分社记者和其（蒙古族）同志做过报道：鄂温克族自治旗把 40 名具有高中毕业文化水平的鄂温克族在职青年选送到区内外一些大中专院校进修学习。这些青年品行端正、学习用功，插班学习一般都能跟上进度。

这个旗的旗委书记吴守贵（鄂温克族）说："有这样多的青年人进修学习，在我们民族的历史上是没有过的。这些青年的学习费用都由旗里负担，进修两年后，再回旗里工作，他们回来后，对鄂温克族自治旗的经济文化和发展将会起到重要作用。"

鄂温克族由于人口少，居住分散，又无本民族文字，所以鄂温克族的文化教育事业基础很差，单靠考试择优录取的途径，能踏入大学门槛的青年为数很少。自新中国成立以来，鄂温克族的大中专院校毕业生不到百人，在校的大学生和中专生也屈指可数，初、高中升学率也比较低。由于十年内乱的影响，鄂温克族干部队伍已青黄不接。

根据上述情况，旗委和旗政府在自治区政府的支持下，办了一所以鄂温克名称命名的中学，即鄂温克中学，并相应解决师资、寄宿、教学语言、教师待遇等具体问题。为了培养更多的人才，还从在职的鄂温克族职工中选送一批青年到大中专院校进修，对于这一培养干部的特殊措施，内蒙古自治区的文教办公室、高教局以及有关大中专院校都给予了热情支持和协助。

我在鄂温克族自治旗工作时，有一次在教育工作会议上讲过，鄂温克族因为自己没有文字，学蒙古文还是学汉文，要尊重鄂温克人自己的选择，有条件的还可以学外文。在汉族为主体的国家里生活，提倡学国家通用的汉语文，可以直接接受用汉语文传授的知识，有利于鄂温克青少年的智力开发，知识增长。在牧区鄂温克族聚居的小学、初中，教育部门要安排汉语文课程，配汉语文教师，为鄂温克青少年接受汉语文教育创造条件。这关系到培养人才，快出人才，多出人才，尽快适应社会主义现代化建设的需要。

鄂温克族的干部队伍，从解放战争起的半个多世纪以来，虽然在"文化大革命"中受到一些挫折，但在党的十一届三中全会以后，经过拨乱反正，落实了干部政策，有些干部重新回到工作岗位。加上大专院校毕业生的增多，整个鄂温克族在改革开放以来，在邓小平理论和"三个代表"重要思想的指引下，是与时俱进的。在中国特色社会主义建设事业中，培养和造就了一大批德才兼备的鄂温克族干部队伍，1958 年成立自治旗时鄂温克族干部仅有 82 人，至 2007 年底发展到 562 人，增长了 5 倍。

据 2007 年的统计，鄂温克族干部在呼伦贝尔市各级党、政机关和群众团体中有公务员共 426 人，其中党委 179 人，政府 222 人，群众团体 25 人。这说明鄂温克族干部不仅数量上有增长，而且素质也在提高。

鄂温克族干部分布很广，有在自治旗机关和民族乡工作的，其中有的担任自治旗和民族乡的党、政主要领导职务；有在各旗（市）、盟（市）、自治区（省）党、政、人大、政协机关，文化、教育、卫生、科技、群众团体、企业、事业单位任职工作的，其中担任副厅级至副省级职务的有 15 人（其中有解放军少将 2 人）。鄂温克族从地方至中央的各级党代会、人代会、政协会议都有代表出席参与商议国家大事，在全国、全区、全市的各条战线上也有教授、博士、学者、总工程师、主任医师、专家等不同等级的专业人才，在文学、文艺、体育方面也有有名气的专业工作者，其中具有代表性的人物有民族作家乌热尔图，电影表演艺术家图们，民族作曲家明太，民族歌唱家乌日娜，民族油画家武军，民族摔跤手扎木苏荣，还有荣获国家部、委级英雄、模范、先进工作者荣誉称号的人物。

中国共产党全国代表大会代表

姓名	性别	单位及职务	参加会议名称	参会时间
业喜巴图	男	时任中共鄂温克族自治旗委员会书记	中国共产党第十二次全国代表大会	1982 年
叶喜扎木苏	男	时任中共鄂温克族自治旗委员会书记	中国共产党第十三、十四次全国代表大会	1987、1992 年
巴雅尔图	男	时任内蒙古军区副司令员、少将	中国共产党第十四次全国代表大会	1992 年
乌热尔图	男	时任呼伦贝尔市文联主席	中国共产党第十五次全国代表大会	1997 年
杜海明	男	时任呼伦贝尔市艺术学校校长	中国共产党第十六次全国代表大会	2002 年
正月	女	时任鄂温克旗辉河中心校校长	中国共产党第十七次全国代表大会	2007 年
梅花	女	鄂温克旗伊敏苏木中心校校长	中国共产党第十八次全国代表大会	2012 年

中华人民共和国全国人民代表大会代表

姓名	性别	单位及职务	参加会议名称	参会时间
高希布	男	时任鄂温克族自治旗人民政府副旗长	第三届全国人民代表大会	1964 年
阿尤勒图贵	女	时任鄂温克族巴彦嵯岗苏木牧民	第四届全国人民代表大会	1975 年
哈斯托娅	女	鄂温克旗辉苏木牧民	第五届全国人民代表大会	1978 年
武占廷	男	时任黑龙江省讷河县新旺鄂温克民族乡政府乡长	第六届全国人民代表大会	1983 年
娜仁格日勒	女	鄂温克旗辉苏木牧民	第六届全国人民代表大会	1983 年
贺喜格扎布	男	时任鄂温克族自治旗人民政府旗长	第七、八届全国人民代表大会	1988、1994 年
杜古	男	时任鄂温克族自治旗人民政府旗长	第九、十届全国人民代表大会	1998、2003 年
朝克	男	中国社科院民研所研究员、突出贡献专家、国家高层人才哲学社会科学领军人才	第九、十、十一、十二届全国人民代表大会	1998、2003、2008、2013 年
色音图	男	鄂温克族自治旗人民政府旗长	第十一、十二届全国人民代表大会	2008、2013 年

全国政协委员

姓名	性别	单位及职务	参加会议名称	参会时间
涂景福	男	时任鄂温克族自治旗人民政府旗长	全国政协第六届委员会委员	1983 年
吴守贵	男	时任呼伦贝尔盟副盟长	全国政协第七届委员会委员	1988 年
萨希荣	男	时任内蒙古政协委员会副秘书长	全国政协第八、九届委员会委员	1996、1998 年
杜梅	女	内蒙古文联电视艺术家协会副主席、秘书长、一级作家	全国政协第十、十一、十二届委员会委员	2003、2008、2013 年

荣获国家级英雄、模范、先进工作者

姓名	性别	荣誉称号	表彰时所在单位	表彰单位	表彰时间
斯瑟勒	女	全国社会主义青年积极分子	鄂温克孟根楚鲁公社	国务院	1958 年
哈斯挂	女	全国妇幼保健工作先进工作者	鄂温克辉公社	国务院	1959 年
淑义	女	全国"三八红旗手"、全国农业劳动模范	鄂温克旗南屯公社	全国妇联、国务院	1959 年
斯琵勒	女	全国"三八红旗手"	鄂温克孟根楚鲁公社	全国妇联	1979、1983 年
金宝	男	民族团结先进个人	时任鄂温克旗伊敏苏木苏木达	国务院	1988 年
那日哈吉德	男	劳动模范	鄂温克旗北辉苏木	国务院	1989 年
武亚明	女	全国优秀教师	鄂温克旗第四小学	国家教委、人事部、中国教育工会	1990 年
颜志春	男	小标兵称号	鄂温克旗第四小学	国家教委、团中央、全国妇联、中国少儿活动中心	1990 年
孟和托雅	男	民族教育先进个人	时任鄂温克旗统战部部长	国家民族事务委员会	1991 年
涂玉珍	女	工会积极分子	鄂温克旗职业中学	全国总工会	1993 年
熬德巴拉	女	"五一"劳动奖章、优秀计划生育工作者	鄂温克锡尼河东苏木计生办	全国总工会、国家计划生育委员会	1997、1998 年
正月	女	全国妇女民族团结模范	鄂温克旗北辉中心校校长	全国妇联、总工会	1998 年
恩和其其格	女	第六届少数民族运动会"道德风尚"奖	鄂温克旗残疾人联合会理事长	国家民委、体委	1999 年
韩杰	男	全国公安部二级英模	时任扎兰屯市萨马街鄂温克民族乡公安派出所所长	公安部	1999 年

姓名	性别	荣誉称号	表彰时所在单位	表彰单位	表彰时间
涂建国	男	优秀党支部书记、优秀党务工作者	边防部队边队指导员	北京军区	20世纪90年代
那晓光	男	第四届全国各族青年团结进步优秀奖	时任中共鄂温克旗旗委副书记	国家民族、团中央、全国青年联合会	2004年
正月	女	全国优秀教师、全国中小学品德课优秀教师	鄂温克北辉中心校校长	教育部	2004年
涂宏文	男	全国民族团结进步模范个人	时任中共鄂温克旗旗委常委、办公室主任	国务院	2005年
群力	女	全国自然保护区先进个人	内蒙古自治区野生动物保护中心副主任、高级工程师	国家环保总局、国家林业局、农业部、国土资源部、科技部、中科院	2006年
敖金福	男	全国民族团结进步模范个人	时任鄂温克族自治旗人大主任	国务院	2009年

1945年，抗日战争胜利后，鄂温克族人民在革命斗争和建设事业中因公牺牲，而被中华人民共和国民政部、地方政府和军中追认为"革命烈士"的有：

能登扎布，涂格敦哈拉，今鄂温克族自治旗巴彦嵯岗苏木鄂温克人，1947年8月17日在战斗中牺牲，1989年4月25日，被中华人民共和国民政部追认为"革命烈士"，并颁发了《革命烈士证明书》。

杜寿阳，杜拉尔哈拉，今莫力达瓦达斡尔族自治旗杜拉尔鄂温克民族乡鄂温克人。1946年2月在战斗中牺牲，1946年10月在军中授予"革命烈士"称号。

杜美川，杜拉尔哈拉，今莫力达瓦达斡尔族自治旗巴彦鄂温克族乡鄂温克人，1946年11月遭遇土匪牺牲，1951年被上级政府追认为"革命烈士"。

森皮勒，西木严哈拉，今陈巴尔虎旗鄂温克苏木鄂温克人，1948年11

月在部队执行任务中牺牲，1983 年陈巴尔虎旗人民政府追认为"革命烈士"，并颁发了《革命烈士证明书》。

苏荣，杜拉尔哈拉，今鄂温克族自治旗伊敏苏木鄂温克人，1956 年 5 月在救火中不幸牺牲，1956 年 12 月，经内蒙古自治区人民政府批准，追认为"革命烈士"。

那彩廷，那哈塔哈拉，今阿荣旗查巴奇鄂温克民族乡鄂温克人。1947 年在战斗中牺牲，1947 年在军中追认为"革命烈士"。

边强，阿荣旗得力其尔鄂温克民族乡马河猎民村民族小学鄂温克少年，因抢救溺水同学而牺牲。在 2008 年和 2009 年，由中华人民共和国民政部、呼伦贝尔市委、市政府追认为"革命烈士"、"感动内蒙古人物"、"呼伦贝尔见义勇为道德模范"光荣称号。

第三节　人口发展与分布

1949 年 10 月 1 日，中华人民共和国成立，鄂温克族人民和全国各族人民一样，成为新中国的主人。政治地位的提高，极大地调动了鄂温克族人民的积极性，在党和人民政府的领导与关怀下，鄂温克人民致力于发展民族经济和文教卫生事业。随着经济和文化生活条件的改善，对各种疾病的有效治疗和控制从根本上扭转了人口下降的趋势；鄂温克族从衰亡走向新生，鄂温克族的人口状况发生了巨大变化，鲜明地体现在几次人口普查中：

1953 年第一次人口普查，全国索伦鄂温克人口为 6200 人，比新中国成立前 1947 年的 5238 人增长 18%。

1964 年第二次人口普查，全国鄂温克族人口为 9618 人（包括通古斯、雅库特鄂温克人口数），比 1953 年增长 56.15%。

1982 年第三次人口普查，全国鄂温克族人口为 19358 人（其中民族复归部分有 2700 人），比 1964 年增长 100.37%。

1990 年第四次人口普查，全国鄂温克族人口为 26315 人，比 1982 年增长 35%。

2000 年第五次人口普查，全国鄂温克族人口为 30505 人（其中男

14740 人、女 15765 人），比 1990 年的 26315 人增加 4195 人，增长 14%。

中华人民共和国成立后，在党的民族政策的光辉照耀下，鄂温克族人口发展很快，出现了人口兴旺发达的新局面，从解放初期的 1947 年到 2000 年，在 53 年间，全国鄂温克族人口在 5238 人的基础上增长到 30505 人，增加 25436 人，增长 4 倍多。这是在鄂温克族发展史上的一次飞跃，是一件大喜事。

新中国成立后，鄂温克族人口之所以能够迅猛发展，出生率上升，死亡率下降，人口自然增长率提高，正如《鄂温克族人口概况》一书序言中所说的那样："一个民族的经济状况，是人口生存和增殖的基本条件，民族的兴旺发达必须以经济的繁荣发展为基础。"[①] 鄂温克族正是如此，它的人口发展与民族经济的发展，政治的自由，以及国家在人口生育政策上所给予的宽松条件有直接关系。

新中国成立后，随着社会主义现代化建设事业的发展，鄂温克族人民如鱼得水，人口兴旺发达。随着人口数量的增长和人口素质的提高，鄂温克族的行业和职业构成以及人口的分布发生了很大的变化。归纳起来有三个特点：

其一，鄂温克族的行业和职业构成，在新中国成立后随着政治、经济和文化建设事业的发展，由狩猎、牧业、农业、渔业向多方面发展。根据 1982 年第三次人口普查显示，农牧林渔业人口占总在业人口的 62.09%，其他行业占到 37.91%，其中在国家党政机关和群众团体的占 10.22%；教育、文化艺术事业的占 7.38%；商业、供销、物资、饮食业的占 6.33%；卫生、体育、社会福利事业的占 3.63%；其他行业的占 15% 以下。鄂温克族的行业和职业构成的变化，以及其他行业的出现和发展，特别是扩大到国家的政治、经济和文化战线上，标志着鄂温克族的进步和发展。

其二，鄂温克族人口逐渐向外扩散。根据国家社会主义建设事业的需要，随着鄂温克族干部的调动，嫩江流域的鄂温克族人口也开始逐步向外扩散。首先，向西北的大兴安岭深处直至越过大兴安岭，分布到呼伦贝尔草原，其中迁入大兴安岭腹部鄂伦春自治旗的鄂温克族人口最多。其次，

---

① 沈斌华、高建刚：《鄂温克族人口概况》，内蒙古大学出版社 1989 年版，序言第 2 页。

分布到本省区——内蒙古自治区和黑龙江省境内各地。2000 年第五次人口普查显示，内蒙古自治区有 26201 人（其中在呼伦贝尔市 25768 人），黑龙江省有 2076 人，新疆维吾尔自治区有 72 人。再次，因工作关系分布到外省区的鄂温克族人口，据 2000 年第五次人口普查显示，共有 2676 人，分布在除西藏自治区外北京市等 27 个省市区。

其三，鄂温克族人口向城镇发展。随着文化、教育、卫生事业的发展，鄂温克族人口素质的提高，干部和职工队伍的壮大，以及城镇建设的发展，鄂温克族进城的人口逐年增多，鄂温克族聚居的旗市、乡镇所在地都有鄂温克人，如莫力达瓦达斡尔族自治旗所在地尼尔基镇在 1990 年有鄂温克族 803 人，占全旗鄂温克族 4928 人的 1/5。鄂温克族自治旗所在地巴彦托海镇在 2000 年鄂温克族有 3308 人，占全旗鄂温克族人口 9702 人的 1/3，分布在其他旗市的鄂温克人中也有居住在旗市所在地城镇的人。如 2006 年居住在海拉尔市的鄂温克族人口发展到 1153 人，分布在全国各省市区的一般也都居住在该省市区所在地。

鄂温克族人口的变迁，使他们放弃了很多原居住地村屯，如原布特哈地区索伦鄂温克人在清代初期有 70 多个村屯，到清代末年、民国至日伪时期减少 30 多个村屯，加上新中国成立后的向外扩散，据 1982 年第三次人口普查显示，原布特哈地区的鄂温克村屯减少到 18 个村屯（其中莫力达瓦旗有巴彦、萨玛街、奎勒河、伊斯卡、都克塔尔、达克浅、后沃尔奇村；讷河县有嘎布卡、百露村；阿荣旗有查巴奇民族村、查巴奇猎民村、文布奇、莫尔丁、那克塔、得力其尔、马合、维古奇村；扎兰屯市有萨马街村），大大缩小了鄂温克人在嫩江流域地区的分布面积。

2006 年分布在呼伦贝尔市各旗市的鄂温克族人口

全市总计	28008 人
鄂温克族自治旗	10329 人
莫力达瓦达斡尔族自治旗	6236 人
鄂伦春自治旗	3560 人
陈巴尔虎旗	2058 人

续表

全市总计	28008 人
海拉尔区	1153 人
阿荣旗	2117 人
扎兰屯市	1342 人
根河市	427 人
牙克石市	419 人
额尔古纳市	114 人
满洲里市	110 人
新巴尔虎左旗	100 人
新巴尔虎右旗	43 人

鄂温克族人口虽然有了很大发展，但仍然属于少数的少数，仍需要继续发展。中共中央政治局常委、全国政协主席贾庆林在 2006 年 7 月来呼伦贝尔市考察工作时，到鄂温克族自治旗伊敏苏木毕鲁图嘎查牧民布仁巴图家中，与当地干部群众亲切交谈，了解牧民群众的生产、生活情况。在了解到鄂温克民族是国家三少民族之一，人口仅 3 万左右时，他指出党中央、国务院对包括鄂温克族在内的全国 23 个人口较少民族的发展非常重视，给予特殊政策，促使他们能够迅速发展起来，人口也要不断增加；并指明了人口较少的少数民族发展人口的必要性。

在这里我们再回顾一下当代鄂温克族人口发展的历程。新中国成立后，鄂温克族人口由于政治、经济和社会的发展，对各种疾病的有效治疗和控制，人口出生率上升，死亡率下降，自然增长率提高。以索伦鄂温克人为例，解放后 1947 年为 5238 人，新中国成立后恢复与统一民族名称，加上民族回归部分，到 2000 年第五次人口普查显示全国鄂温克族人口增长到 30505 人，其中有 25436 人是新中国成立后出生的，成了新中国成立后鄂温克族人口的主体。他们的子女长大成人后，又延续生儿育女，鄂温克族人口保持了增长的态势，这标志着鄂温克是具有生机和活力的民族。

这是新中国成立前后的青壮年夫妇生儿育女为本民族人口发展做出的贡献。

可是，现在鄂温克族人口发生了变化，出现了下滑的趋势，内蒙古2010年第六次全国人口普查主要数据公报显示：同2000年第五次全国人口普查相比，汉族人口增加826729人，增长了4.39%；蒙古族人口增加196943人，增长了4.89%；其他少数民族人口则减少72778人，减少了8.07%。

再看鄂温克族自治旗2010年第六次全国人口普查主要数据公报显示：与2000年第五次全国人口普查相比，汉族人口减少8111人，减少了9.03%；蒙古族人口减少1093人，减少了3.97%；其他少数民族人口减少2626人，减少了8.90%。但作为自治旗没有表明自治民族人口减少多少。

其实，全国人口还是在增长，如大陆人口在十年中年平均增长率为0.57%，从高增长降到低增长的水平上，这是一个可喜的变化。但是，不实行计划生育的达斡尔、鄂温克、鄂伦春等少数民族人口减少了，是个问题，提示少数民族人口聚居地方的各级领导，尤其是人口较少的鄂温克族干部和群众要引起注意。大家都知道，生育和生存是人类必备的两大要素，民族是以人口组成的，人口是生产力，其中的成年人是人口生产和创造财富的主要力量，是民族生存和发展的主体，而孩子是民族的未来，但有赖于青壮年夫妇的生育，他们的生育状况如何关系着每个家庭人口的延续和民族人口的发展。

一是要正确对待生育问题，大家知道，生育是人类天经地义、理所当然的大事，是青壮年夫妇分内的事，也是不可推卸的责任，要摆正家族人口的延续和民族人口发展的关系。多生几胎可能给个人家庭带来一些负担，这可以理解，但是一胎太单，万一出现意外夭折就没有孩子了，老了谁来养老送终，还是多生几个孩子有把握。利用国家对人口较少的少数民族给予的宽松政策，有间隔的生育，做到优生优育，宁可付出点辛苦，多生几个孩子对家庭对民族都有利，也许其中有的孩子长大成人后会成为对社会、对国家有用的人才。

二是要正确理解新时期人口和计划生育工作的主要内容是稳定低生育水平，提高出生人口素质。这是正确的，但稳定在低生育水平上，我理解的是指人口生育应该降到低水平的民族而言的，可是现在鄂温克族也出现了人口下滑的趋势。在这种情况下，由于出生率和死亡率相抵，即使生二胎，对本来人口基数低的鄂温克族来说，人口状况也不一定会有明显改善。因此，我们还是要坚持"以人为本"的理念，在致力于经济和文化事业发展的同时，还要注重人口生产，增加人口数量、提高人口素质是人口问题的关键所在，人口生产任重而道远，不可松懈放任自流，还要大力宣传现阶段的人口政策，造成舆论氛围，做到"家喻户晓、人人皆知"，使鄂温克族干部和群众正确理解现行的人口政策，为增加鄂温克族人口而努力，力争人口增长态势。

第四节　鄂温克族族称的恢复与统一

鄂温克，是鄂温克族的自称。在漫长的历史岁月里，鄂温克人以森林为家园，从事狩猎生产过着氏族生活，经历了不同的社会发展阶段，经济和文化落后。在当时的历史条件下，外界可能不知道这部分人是什么族群，所以没有以鄂温克名称记载于史籍中，而以鄂温克人当时的分布情况和生产、生活特点，一个朝代给一个名称，连续出现了很多不同的名称。

进入 17 世纪，沙皇俄国向西伯利亚地区扩张，国内东北地区女真族再次复兴，由白山（长白山）到黑水（黑龙江）统一东北地区时把鄂温克人分别称为"通古斯"和"索伦"，后来在日伪时期对使鹿鄂温克人又给予"雅库特"称谓，一直延续到解放后的新中国成立初期。

这三个部分人由于在历史上所处的自然环境不同，在生产、生活方式上产生了某些差异，但不论哪个部分（梅音）都称自己是鄂温克人，有共同的语言、风俗习惯、经济生活特点和宗教信仰，也有浓厚的民族凝聚力，如使鹿鄂温克人的领袖人物坤德依万向上级政府反映说："我们是鄂温克人，不是雅库特人。"

根据鄂温克人的要求，20 世纪 50 年代初，中共内蒙古东部区党委派干部调查过这个部分少数民族，证明上述三个部分都是同一民族。1953年，内蒙古自治区人口普查会议上，鄂温克族干部也提出了名称问题。1956 年在自治区政协会议上，鄂温克族政协委员将统一名称当作提案提交大会，并在当年召开的自治区人民代表大会上也提出在鄂温克族较大的聚居区——索伦旗的基础上建立鄂温克族自治旗的议案。1957 年 3 月 23 日，在呼和浩特工作的鄂温克族干部满都呼、沙驼也以书面形式向自治区党委提出了鄂温克族干部对本民族问题的意见。

鄂温克族的上述要求，自治区党委和政府高度重视，并责成有关部门着手进行调查研究工作。1957 年 7 月，呼盟盟委统战部专门召开征求"索伦"、"通古斯"、"雅库特"三个部分人的民族名称统一问题的座谈会。会议由副盟长兼统战部长乌如喜业勒图主持，参加会议的代表共 18 人，其中有索伦 9 人、通古斯 2 人、雅库特 3 人，还有鄂伦春 4 人。代表们一致同意恢复并统一"索伦"、"通古斯"、"雅库特"三个部分人的"鄂温克"名称。

鉴于上述情况，内蒙古自治区人民政府批准，于 1958 年 3 月 5 日，取消"索伦"、"通古斯"、"雅库特"称谓，恢复并统一了"鄂温克族"族称，圆满解决了长期民族分隔的历史问题。从此，鄂温克人以"鄂温克"名称闻于世，立于民族之林，并载入史册。

第五节　实现民族区域自治

中国共产党一向把国内的民族问题当作中国革命的一个重要组成部分，领导各族人民为中华民族的解放，为建立一个各民族一律平等、团结、互助的新中国而奋斗。在新中国成立初期的 1951 年 4 月 24 日政务院就发布《关于人民民主政权建设工作的指示》，第六条要求"少数民族聚居地区的各级人民政府，应根据当地具体情况，认真地推行民族区域自治，适时地建立民族自治机构"。

1954 年，全国人民代表大会公布实施的第一部《中华人民共和国宪法》明确规定："少数民族聚居地方，可施行区域自治，自治机关的形式，可依照区域自治内大多数人民的意志决定。在多民族聚居地方，自治机关应有各个民族的适当名额的代表。自治机关除了一般的地方国家机关的政权外，还可以行使自治权。即依照国家法律规定的权限管理本地方的财政；依照当地民族的政治、经济和文化的特点，制定自治条例和单行条例。"实现民族区域自治，是鄂温克族人民梦寐以求的愿望。1956 年，鄂温克族人民代表满都呼、昆德依万等同志，根据鄂温克族人民的意愿，向内蒙古自治区第四届人民代表大会提出在原索伦旗的基础上建立鄂温克族自治旗的议案。内蒙古党委和政府领导十分重视鄂温克族人民的这一愿望，随即派调查组到索伦旗进行调查研究，和各族人民进行充分的协商，广泛征求各族人民的意见和要求。

在充分考察了解鄂温克族和其他民族的历史关系和现实情况之后，内蒙古自治区党委和政府认为：

在 18 世纪初，清王朝调遣鄂温克、达斡尔、巴尔虎蒙古、鄂伦春兵丁 3000 人，其中鄂温克人 1636 人进驻呼伦贝尔草原，编为八旗，统称为索伦左右翼八旗，在兵丁总数中鄂温克兵丁占 56% 还多，这几个民族共同开发和保卫祖国的边疆——呼伦贝尔草原，而鄂温克居重要地位。

在新中国成立前，历代反动统治阶级奴役汉族劳动人民的同时，对少数民族实行歧视、压迫、掠夺的大民族主义统治，使鄂温克族处于无权地位。他们政治上受歧视，经济上受剥削，文化上落后，几乎到了民族灭亡的地步。但是，英勇顽强的鄂温克族人民为了自己民族的生存，与历代反动统治以及外国帝国主义占领者展开了不屈不挠的斗争。他们在鄂温克草原上保护了自己的聚居区、语言和风俗习惯。

新中国成立后，在党的民族政策的光辉照耀下，鄂温克族人民争取平等，摆脱贫困落后，实行区域自治的要求非常强烈。当时从全旗的政治、经济、文化发展的实际情况来看，鄂温克也已经具备了实行区域自治的条件。从民族构成上说，当时全旗总人口为 10535 人，其中鄂温克族 2558 人、达斡尔族 2345 人、蒙古族 3818 人，汉族和其他少数民族 1816 人。

这个时期党的建设也有了很大发展，全旗共建立 32 个党支部，拥有党员 501 名，其中鄂温克族党员 82 名、达斡尔族党员 159 名、蒙古族党员 255 名，其他民族党员 5 名。

同时，在党的民族政策的关怀下，民族干部队伍也成长起来了。当时全旗干部总数 417 人，其中鄂温克族干部 92 人、达斡尔族干部 112 人、蒙古族干部 207 人，其他民族干部 6 人。这些干部在革命斗争中受到锻炼，有一定的觉悟，成为了建设自治旗的骨干。

内蒙古自治区人民政府依据上述条件，根据宪法规定，于 1958 年 4

月 11 日向国务院提出"撤销内蒙古自治区索伦旗，成立鄂温克族自治旗"的报告。经国务院 1958 年 5 月 29 日全体会议第七十七次会议通过，决定撤销索伦旗，在原索伦旗的行政区域内设立鄂温克族自治旗。内蒙古自治区人民政府根据国务院的批准，决定在 1958 年 8 月 1 日正式成立鄂温克族自治旗。经过短短数日认真而紧张的筹备，按预定日期，在旗所在地巴彦托海镇举行了鄂温克族自治旗成立大会。当大会宣布以图盟巴雅尔（鄂温克族）为旗长，尤力吉、毕力格图为副旗长的自治旗人民政府成立时，到会的各族干部群众以长时间的掌声致以热烈祝贺。从此，鄂温克族人民实现了管理自己内部事务的自治权利。对于历史上饱经民族压迫的鄂温克族人民来说，实现民族区域自治是破天荒第一次，是鄂温克族人民在政治生活中的一件大喜事。

当年，自治旗辖有辉苏木、伊敏苏木、巴彦嵯岗苏木、锡尼河西苏木、巴彦托海镇和一个国有牧场。

根据党的民族区域自治政策，在鄂温克族自治旗成立的前后，散居在其他行政区域内的鄂温克族也相继成立了民族乡政府。

1953 年 10 月 8 日，在陈巴尔虎旗成立了鄂温克苏木人民政府。

1956 年 9 月，在阿荣旗成立了查巴奇索伦民族乡，后改鄂温克民族乡。

1956 年，黑龙江省讷河县成立瞻仁索伦乡，后改称为鄂温克民族乡人民政府。

1956 年 11 月 18 日，在莫力达瓦旗（1958 年改为自治旗）成立了杜拉尔索伦民族乡，后改为鄂温克民族乡人民政府。

1956 年 12 月 19 日，在阿荣旗成立了得力其尔索伦民族乡，后改为得力其尔鄂温克民族乡。

1956 年 12 月，在阿荣旗成立音河索伦民族乡，后改为达斡尔鄂温克民族乡。

1957 年，在当时的额尔古纳旗（今根河市）成立了敖鲁古雅鄂温克民族乡。

1958 年 10 月，在莫力达瓦达斡尔族自治旗成立了巴彦鄂温克民族乡。

1984 年 9 月 27 日，在扎兰屯市成立了萨马街鄂温克民族乡。

鄂温克族人民在党和国家的关怀下，实行民族区域自治。成立自治旗和民族乡以来，鄂温克族团结兄弟民族人民共同奋斗，以极大的热情从事社会主义建设事业。特别是改革开放以来，他们开拓进取，使自治地方的各项建设事业蓬勃发展，鄂温克族人民群众生活水平大大提高，衣、食、住、行条件改善，电视机、摩托车、汽车也已进入鄂温克人家庭，鄂温克族人过上了自由幸福的生活，进入了空前的发展阶段。

鄂温克族自治旗成立 50 年来，综合实力大大加强，2007 年，全旗地区生产总值达到 33.4 亿元；财政总收入完成 7.8 亿元；城镇居民人均可支配收入 9730 元；牧民人均纯收入 5630 元，牲畜达 89 万头（只）。在西部百强县排位 60 位次，在全国少数民族自治县排位第二位次。

鄂温克族人民回顾过去，看看现在，新旧对比，对于所发生的重大变化，由衷地感到高兴，感谢共产党给带来的幸福生活，而自治旗和民族乡每当"逢十"都举行隆重的庆祝活动，总结经验，弘扬成就，展望未来，欢庆党的民族政策的伟大胜利。

现在，"逢十大庆"在自治旗和民族乡已经成为惯例，也成为了鄂温克族人民的盛大"节日"。

第六节　鄂温克族民俗及文化艺术展览

1985 年，根据国家民委民族文化宫的安排，在北京民族文化宫举办了《鄂温克族民俗文化艺术展览》，由呼盟行署副盟长吴守贵主持，以北京民族文化宫、鄂温克族自治旗人民政府、盟文化处、民族宗教事务处、盟展览馆为主办单位，在盟文化处副处长查干巴拉，办公室主任程道宏，展览馆吴同元、苏日台等同志的努力下筹备就绪后，于 9 月上旬进京。

展览开幕前，9 月 12 日在民族文化宫举行了记者招待会，新华社、人民日报社、中央人民广播电台、中央电视台等 41 家新闻单位共 52 名记者出席，吴守贵介绍了展览的意义、目的以及鄂温克族的简要历史和现状。

1985 年是鄂温克族的历史上具有深刻纪念意义的一年。9 月 14 日上午，国庆节前夕，全国 56 个民族之一的《鄂温克族民俗及文化艺术展览》，在北京民族文化宫正式开幕。

在热烈而隆重的剪彩仪式上，吴守贵副盟长首先代表主办单位致了开幕词，在致辞中说："人口很少的鄂温克族人民有史以来第一次在祖国的首都——北京，展出自己民族的民俗风貌和文化艺术成果，这是鄂温克族人民政治和文化生活中的一件大喜事，也是党的民族政策的伟大胜利。我们感到非常光荣，特别高兴。在此，我代表鄂温克族人民，向关心和支持鄂温克族人民的各级领导和有关单位的同志们表示最诚挚的谢意！"

接着由全国政协副主席、中共中央统战部部长、国家民委主任杨静仁，全国政协副主席胡子昂、钱昌照剪彩。前来出席开幕式的领导还有中共中央统战部副部长江平，国家民委副主任任英、洛布桑、苏和，文化部副部长周巍峙，内蒙古自治区党委副书记、人大常委会主任巴图巴根，以及全国人大常委会民族委员会副秘书长萨义尔，国家民委办公室主任高锐，内蒙古党委宣传部部长刘云山，中国社会科学院民族研究所昭那斯图，北京民族文化宫主任白奎、副主任张甫民，内蒙古自治区人大常委会副秘书长满

一九八五年，吴守贵在北京民族文化宫《鄂温克族民俗文化艺术展览》开幕式上致辞

吴守贵在文化艺术展览会致开幕词

都呼，内蒙古师范大学党委书记沙驼以及鄂温克族自治旗、鄂温克民族乡、海拉尔、呼和浩特、北京等地的鄂温克族代表。

进入展厅观看后，杨静仁、胡子昂、钱昌照为展览题了词，巴图巴根同志用蒙文题词"祝鄂温克族兴旺发达"。在展览过程中，正在北京参加全国党代会的内蒙古党委书记周惠，党委副书记、自治区政府主席布赫，以及全体代表分别来到展厅观看了展览。周惠同志题词"祝贺鄂温克族兴盛繁荣"，特别是布赫同志的题词富有森林草原气息：

草原多骏马，

林中尽奇才，

塞上春长在，

万民跳扎海。

中央和自治区党政领导人高度赞扬了鄂温克族在社会主义建设中做出的贡献及涌现出的众多人才，表达了他们对兄弟民族的美好祝愿。

这次展览，鄂温克族展示了自己悠久的历史和传统文化，内容丰富多彩，分类有森林文化、狩猎文化、驯鹿文化、萨满文化、民俗文化、服饰文化、节庆文化、桦树皮文化、草原游牧文化、农耕文化，以及兽皮、桦树皮工艺文化等。特别是新中国成立后，在党的民族政策的光辉照耀下，鄂温克族人民以极大的热情投入社会主义革命和建设事业，在政治、经济、文化、教育、卫生、体育等方面取得了很大成就，通过 317 幅照片、154 件实物，以及文字说明和录像等形式，向中外各界介绍了鄂温克族的历史和现状。观众赞扬鄂温克人是"森林骄子、草原主人"。在京城仅十几天的展览，就接待了中外各界人士 5 万人，并通过报刊、广播、电视使更多的人了解了鄂温克族，特别是中国国际广播电台，用 38 种语言向全世界转播，大大提高了鄂温克族的知名度。

这个展览在鄂温克族干部和群众中，以及在兄弟民族中，都引起了强烈反响。各级领导莅临参观盛大的开幕式，并挥笔题词，广泛的宣传报道、川流不息的观众、热情洋溢的祝词，都给参观者留下了极为深刻的印象。

根据周惠、布赫同志的指示，11 月 11 日展览移到呼和浩特博物馆展出，与青城各族人民群众见了面。自治区人大常委会主任巴图巴根为开幕式剪了彩，潮洛蒙、乌力更、暴彦巴图、云照光等领导同志出席开幕式并观看了展览。

展览结束后，为了广泛宣传，扩大影响，由我担任主编，程道宏任副主编，胡艳芳、何秀娟为编辑出版了《鄂温克民俗文化艺术展览资料选编》一书。

第七节　成立鄂温克族研究会

前面说过，鄂温克族是一个具有悠久历史和传统文化的森林狩猎民族，只有语言，没有文字，随着时光的流逝，把许多故事淹没在历史尘埃中，给后人留下了不少不解之谜。但由于我国考古史学研究工作的开展，鄂温克族以传统的森林狩猎生产、生活特点从南北朝时期开始在我国的史籍中出现零星片段的记载，进入19世纪以后中外学者关注鄂温克族历史，掀起三次热潮。

第一次是"通古斯"一词从俄罗斯传入西方后，学者们发现通古斯（鄂温克）语与满语的密切关系后，奥地利首都维也纳的民族学家卡尔·耶特马尔，以及菲歇尔、卡斯特伦、希基什等人研究鄂温克人的祖先，发表了许多论文，比较突出的著作有19世纪末叶希基什写的《通古斯人》和20世纪初叶史禄国（希罗科戈罗夫·谢尔盖·米哈伊洛维奇）写的《北方通古斯的社会组织》。他们的研究活动在19世纪下半叶至20世纪初叶盛极一时。

第二次是中华人民共和国成立后的50年代，国家民委组织民族学家和民族工作者深入少数民族地区，对各少数民族的社会和历史进行了大规模的调查研究，搜集了大量的资料。然后，把收集的资料加以整理，编辑出版，如《民族问题五种丛书》之一的《鄂温克族的社会历史调查》，对鄂温克族社会历史研究提供了重要资料，还有民族学家吕光天著的《北方民族原始社会形态研究》，以及国家民委民族问题五种丛书编辑委员会编辑出版的《鄂温克族简史》一书，比较系统地论述了鄂温克族的社会历史。

第三次是我国进入改革开放后，鄂温克族干部和群众为了继承和发扬鄂温克族的历史和文化，促进当今鄂温克族各项事业的发展。1984年12月31日，在呼和浩特成立了内蒙古鄂温克族研究会，不久黑龙江省鄂温克族研究会相继成立。鄂温克族有史以来第一次有了自己研究自己民族历史和文化的群众性学术团体，这也是联结鄂温克同胞加强团结和友谊的一种社会组织。它不仅担负了研究鄂温克族历史和文化的光荣任务，也将会有助于鄂温克族各项事业的发展。

一　第一届会员代表大会

20世纪80年代我国处于改革开放时期，也是各民族共同繁荣发展的时期，当时在内蒙古社科联工作的武永智同志与鄂温克族自治旗的哈赫尔、宾巴同志共同商量提出了成立鄂温克族研究会的倡议，又得到满都呼、吴守贵同志的同意。1984年5月10日，满都呼、武永智、哈赫尔、宾巴向内蒙古党委宣传部提出申请，经内蒙古社科联转报自治区党委宣传部。同年7月3日获得批准成立鄂温克族研究会，并指定沙驼同志主持研究会的筹备工作。接着，于10月15日在呼和浩特召集有关人员28人，由沙驼同志主持召开了成立内蒙古鄂温克族研究会的筹备会议，讨论研究了召开会员代表大会的准备工作。

经过一段筹备之后，于1984年12月29—31日，在呼和浩特内蒙古人大常委会礼堂举行了第一届会员代表大会。来自内蒙古自治区呼和浩特市及呼伦贝尔盟鄂温克族自治旗、鄂伦春自治旗、阿荣旗、陈巴尔虎旗、扎兰屯

内蒙古自治区鄂温克族研究会成立大会

市、额尔古纳左旗、海拉尔市机关、学校、企事业单位的鄂温克族代表共90多人参加了大会。会议由满都呼同志主持，沙驼同志致开幕词，讲了成立鄂温克族研究会的必要性和这次代表大会的任务。内蒙古自治区党政领导布赫、巴图巴根、郝秀山、奇俊山、布特格奇、陈炳宇、乌力更等到会热烈祝贺。内蒙古党委副书记、人大常委会主任巴图巴根做了重要讲话，强调了成立研究会的重要性，指明了研究会的方向和任务。

会上经过酝酿讨论，通过了《鄂温克族研究会章程》，选举了理事会理事43人、常务理事18人，并选举沙驼为会长，满都呼、吴守贵、贺兴格、乌热尔图、乌云达赉、叶喜扎木苏为副会长，宾巴为秘书长，萨音莫日根、武永智、乌日根布、杜·道尔吉为副秘书长。

12 月 31 日下午进行闭幕式，并举行晚宴，答谢了自治区党政领导和有关部门的负责同志。接着与会人员统一到北京，在国家民委的支持下参观游览了故宫、中南海、颐和园、明十三陵、八达岭等名胜古迹。

鄂温克族研究会的成立，在鄂温克族的发展史上揭开了新的一页，标志着鄂温克族有史以来第一次有了自己研究自己民族历史和文化的群众性学术团体，也成为若干行政区域内鄂温克族同胞之间相互交往的平台。研究会担负研究鄂温克族历史和文化的光荣而艰巨的任务，得到了区内外鄂温克族同胞的热烈拥护和支持，成为鄂温克族人民政治和文化生活中的一件大喜事。

研究会既是学术团体，又是社会团体，它具有"民族性、群众性、学术性"三个特点。它既要研究鄂温克族的历史和文化，研究鄂温克族的过去、现在和未来，又要把历史与现实相结合，为鄂温克族各项事业的发展提供智力支持或理论指导。它还要联结各地鄂温克同胞，开展健康有益的社会活动，互相联系，交流思想感情，增进友谊，共同进步，还可以利用"跨界民族"的特点，与俄联邦的鄂温克人进行经济和文化方面的交往。

鄂温克族研究会成立后，在内蒙古党政领导的关怀和自治区社科联的指导下，在改革开放的大潮中，遵循着"百花齐放、百家争鸣"的双百方针，各位理事联络其各自所在地的鄂温克同胞。为了继承和发扬鄂温克族的历史和文化，研究会动员有识之士开展了收集、挖掘、整理鄂温克族文化瑰宝的活动，推动了研究会工作的起步和发展。

1987 年是鄂温克、达斡尔、巴尔虎蒙古、鄂伦春兵丁进驻呼伦贝尔驻牧戍边 255 周年。内蒙古鄂温克族研究会副会长贺兴格、秘书长宾巴、常务理事哈赫尔同志，与鄂温克族自治旗史志办、文化局、旗政协文史委员会联合举行了"纪念索伦部驻防呼伦贝尔 255 周年座谈会"，并在大雁镇索伦湾山顶上立了索伦部进驻呼伦贝尔戍边的纪念碑。

又鉴于内蒙古境内鄂温克族绝大多数聚居在呼伦贝尔盟（今为市）的实际以及各旗市研究会的相继成立，为了便于联系工作和社会活动，研究会会址于 1988 年底转移到鄂温克族自治旗所在地——巴彦托海镇。鄂温克族自治旗党政领导非常重视，从事业编制中解决了 3 个专业人员编制，安排了办公室和活动经费，调来颜连柱、奈登、托亚为办公室工作人员。

二　第二届会员代表大会

内蒙古鄂温克族研究会第二届会员代表大会，于 1989 年的 11 月 22—24 日，在莫力达瓦达斡尔族自治旗召开。来自全区各地的会员代表共 83 人，其中第一届理事会会长、副会长、常务理事、理事 39 人，莫旗旗委书记额尔德木图、旗长苏和等旗党政领导光临大会祝贺。

大会在主席团领导下进行，满都呼主持开幕式，沙驼致开幕词，莫旗旗委书记额尔德木图、黑龙江省鄂温克族研究会副会长涂吉昌致辞。

副会长宾巴代表第一届理事会做了理事会工作报告，总结了第一届理事会 5 年来的工作，并提出了下届理事会工作的建议。通过讨论、审议，一致通过了工作报告。副会长武波远就本会《章程》修改草案做了说明，经过审议，一致通过。副会长哈赫尔就换届选举有关事项做了说明。

根据主席团的提名，对第二届理事会候选人名单，经过充分酝酿之后进行投票，选举产生了理事会理事 61 人，并一致推举沙驼和卓利格图为名誉会长。

接着，召开第二届第一次理事会议，选出常务理事 21 人，并选举吴守贵为会长，选举满都呼、涂景福、贺兴格、贺希格扎布、乌热尔图、武波远、宾巴为副会长，由武波远兼秘书长。并指定杜国良、颜连柱、图布新达来、涂·晨亮、杜玉林为副秘书长，颜连柱为研究会办公室主任。

三　第三届会员代表大会

1993 年 11 月 4—6 日，内蒙古鄂温克族研究会第三届会员代表大会在鄂温克族自治旗召开，来自全区各地的会员代表 110 人出席了大会。

由吴守贵致开幕词，指出了这次大会的任务是总结前届工作，交流经验，明确研究会今后的任务；改选研究会领导班子，调整、充实、加强领导力量，从而进一步加强研究会自身建设，增强生机和活力，促进学术研究工作。其议程如下：第一，听取并审议第二届理事会工作报告；第二，选举第三届理事会理事、常务理事、正副会长和秘书长，以及推选名誉会长和顾问；第三，修改章程；第四，讨论通过鄂温克族节日和吉祥物。

接着，中共呼盟盟委副书记额尔德木图讲话，黑龙江省鄂温克族研究会会长杜柳山、中共鄂温克族自治旗旗委副书记杜古致辞。第二届理事会副会长乌热尔图做了第二届理事会工作报告。武波远做了修改章程报告；哈赫尔做了选举办法说明报告；杜·道尔吉作了确立鄂温克族节日"瑟宾"节和吉祥物驯鹿的说明报告。

根据主席团提出的第三届理事会候选人名单，在充分协商、酝酿的基础上进行了投票选举，选出第三届理事会

吴守贵在内蒙古鄂温克族研究会第三届会员代表大会上讲话

理事76人，其中新增中、青年理事22人。接着召开三届一次理事会，选出29名常务理事，其中新增中、青年常务理事11人。选举吴守贵为会长，乌热尔图、贺希格扎布、萨希荣、杜·道尔吉、杜国良、杜古为副会长，杜国良兼秘书长。

大会还推举沙驼、卓利格图、满都呼、涂敏、萨音巴雅尔、涂景福为名誉会长，推举贺兴格、武波远、宾巴、哈赫尔、乌云达来、哈斯毕力格为顾问。

常务理事会第一次会议决定哈赫尔为驻会顾问、敖玉珍为驻会常务理事，还任命了图布新达来、杜玉林、涂晨亮、涂安娜为副秘书长兼办公室主任，涂林娜、都古尔巴图为办公室副主任，涂柳华为工作人员创办了《鄂温克研究》刊物。

在闭幕式上，首先通过了第二届理事会工作报告的决议；通过了把每年的6月18日定为鄂温克民族节日瑟宾节和以驯鹿为鄂温克族吉祥物的决议；并原则通过了修改《章程》报告的决议。

第三届理事会副会长贺希格扎布致闭幕词，大会圆满闭幕。

四　第四届会员代表大会

第四届内蒙古鄂温克族研究会于2000年11月8—10日在鄂温克族自治旗举行，代表和来宾190余人（其中代表141人）出席大会。在开幕式

上的讲话中，吴守贵指出这次大会的主要任务，是总结第三届理事会的工作，研究今后的任务，修改章程，并选举出新的理事会。同时向大会提出了年逾花甲不宜再进入理事会继续担任会长的请求，并为了使研究会工作

继往开来，请大家选举年富力强而有一定学识的人为第四届理事会会长的建议。

大会在充分酝酿和讨论的基础上，选举产生了第四届理事会理事 129 人，并推举沙驼、卓利格图、吴守贵、涂敏、巴雅尔图、萨音巴雅尔、涂景福为名誉会

巴雅尔图在讲话

长，乌云达来、哈赫尔、朝克、萨希荣为顾问，选举出常务理事 39 人，选举乌热尔图为会长，叶喜扎木苏、贺喜格扎布、杜古、杜国良、杜·道尔吉、敖强、达喜扎布、宝迪扎布、萨金寿为副会长。

会上还表彰了先进研究会、优秀学会工作者。莫旗、鄂温克旗研究会被评为先进研究会，萨金寿等 18 人被评为优秀学会工作者。

值得一提的是，为了以后的研究会工作有个好的《章程》可遵循，根据国家民政部制定的《社会团体章程示范文本》精神，结合鄂温克族的实际情况，依据十几年来研究会工作的经验，吴守贵亲自修改《章程》稿，在原稿上做了大量修改和补充，共 6 章 35 条，基本上做到了条理化、规范化的要求，经过代表们逐章逐条讨论后在大会上一致通过。

总之，鄂温克族研究会成立以来，在中国特色社会主义理论指引和各有关党政领导的重视与关怀下，各旗市研究会相继成立，在改革开放的大潮中，鄂温克族干部职工积极参与研究会活动，做了许多健康有益的工作：一是建立健全了研究会组织，建章立制，制定了《鄂温克族研究会章程》，设了办事机构，加强了研究会自身建设；二是积极开展学术研究活动，搜集、整理资料，撰写论文，先后创办《鄂温克族研究文集》和《鄂温克研究》刊物，刊登了许多文章；三是通过几年来的活动，联结鄂温克同胞增强了团结和友谊，活跃了鄂温克族人民的政治和文化生活，促进了共同进步和发展，还利用"跨界民族"的特点，与俄联邦境内的鄂

温克人进行了交流。

研究会所取得的成果，只是一个阶段的成果，因为历史只有起点，没有终点，研究会任重而道远，还要伴随鄂温克社会历史与时俱进，向前发展，走向未来。

第八节　确立鄂温克民族节日——瑟宾节

鄂温克是具有悠久历史和传统文化的森林狩猎民族，以森林为家园，在狩猎生产和氏族生活过程中，住着"仙人柱"（撮罗子）。随着萨满的跳神，祭祀祖先、猎归后庆丰收等集会活动的增多，古代鄂温克人的娱乐活动形式也多样化了。通过各种集会和娱乐活动增强了人们的凝聚力，以氏族为单位，男女老少都参加的"篝火舞"逐渐演变成"瑟宾"节，亦称"瑟布金"（"欢乐祥和"之意）。节日活动是人与人之间情感的表达，是人们对民族情感的表达，是人们对自然界情感的表达。节日活动由氏族首领主持，每年举行一次。当时很多氏族每年都举行一次"瑟宾"活动，瑟宾逐渐成为民族节日。

但是，由于鄂温克人狩猎活动范围很广，具有"大分散，小聚居"的分布特点，而且因后来的历史原因成为中国和俄国间的"跨界民族"，他们长期分离，不便相互交流，"瑟宾节"无法得以延续、补充和发展，而逐渐失传。

在改革开放过程中，各民族共同繁荣发展，各民族间交往增多，鄂温克族干部和群众建议，鄂温克族应该有自己的民族节日。这一要求引起内蒙古鄂温克族研究会重视，被列入议事日程，研究会专门发出通知征求了对节日名称和节日时间的意见，黑龙江省鄂温克族研究会也参与了征求意见活动，几年来搜集上来的意见，归纳起来有："乌义仁"、"斯布金"、"苏仁"、"阿格达仁"、"斜仁"等方案。

根据上述几种方案，内蒙古自治区鄂温克族研究会第二届第三次常务理事会专门做了研究，还邀请黑龙江省鄂温克族研究会派代表参加了讨论。会上大家认为，有必要确立鄂温克民族节日，搜集上来的名称都很好，但鉴于鄂温克族分布较广的特点，还是继续沿用古老而传统的节日名称——"瑟宾节"为宜，内容也很好，欢乐祥和之意，历史与现实结合起来，不论哪个部分鄂温克人都能接受，可以成为鄂温克族的共同节日。

为此，在1993年11月召开的研究会第三届会员代表大会上一致通过了"瑟宾"为鄂温克民族节日名称，节日时间定为每年的6月18日，并暂定"彩虹"歌舞为节日歌舞。并号召鄂温克族聚居地方的旗（市）、乡（苏木）、村（嘎查）的干部和群众（包括个人家庭）届时都要开展节日活动。

将失传多年的古老而传统的节日——瑟宾节重新确立起来，也正是传承非物质文化遗产的举措。传统的节日民俗再现，回归到鄂温克人中间，正式成为当代鄂温克族的民族节日，增添了许多温情与热烈气氛，在别具风格、内容丰富多彩的节日活动里，人们载歌载舞，活跃着鄂温克族人民群众的政治和文化生活。瑟宾不仅是鄂温克人的节日，为了增进友谊和团结，也欢迎共同地域内的兄弟民族参与分享节日的欢乐。

1994年3月30日，瑟宾节即将来临之际，为了隆重而热烈地欢庆第一个节日，内蒙古鄂温克族研究会在鄂温克族自治旗召集各旗（市）研究会会长和秘书长联席会议，着重讨论研究了欢庆民族节日——瑟宾节问题。经过研究大家认为：瑟宾节产生于古代，活动的内容和形式比较原始，我们现在进行节日活动，要适应发展了的新形势，要注入新的内容和形式。要从民族特点、地区特点和时代特点出发，在各级党委和政府的领导下，结合各地的实际情况，采取形式多样、丰富多彩的方式进行活动。

根据大家讨论的意见，在会议结束时我提出了几点要求：

一是向鄂温克族干部和群众宣传民族节日的意见和目的、宣传节日活动的内容和形式。

二是向有关旗（市）党委、人大、政府领导请示汇报节日活动和安排意见，建议鄂温克族自治旗政府呈文请示旗人大常委讨论通过。

三是欢庆节日活动要由鄂温克族聚居地方（自治旗、民族乡、民族村）政府牵头主办，各旗（市）鄂温克族研究会协助。

四是由于是第一个节日，重点放在鄂温克族自治旗，各旗（市）研究会和各民族乡派代表来参加，并邀请有关领导和人士参加。

五是节日活动的内容和形式，参照传统习惯结合现实，安排丰富多彩的文艺、体育活动。通过节日活动广泛宣传"瑟宾节"的意义和目的，同时，要进行形势任务、社会主义教育、爱国主义教育，激发干部和群众的积极性，开拓进取，振奋民族精神、振兴民族经济。

六是节日活动的经费由主办单位自行筹措，本着"既有节日气氛，又要少花钱"的原则，安排好节日活动。

1994年6月18日，鄂温克草原蓝天白云，阳光高照，漫无边际的大草原一片绿色景象。在伊敏河畔景色宜人的巴彦胡硕敖包山上，一面面彩旗迎风飘展，呼盟各旗（市）、各鄂温克民族乡代表、各地嘉宾集聚在一起，怀着激动的心情，迎来了首次鄂温克族"瑟宾节"。

在圆锥顶豪华舞厅门前，悬挂着鄂温克族研究会会徽，在红色横幅上写着"鄂温克族瑟宾节庆祝大会"几个醒目的大字。

在主席台上就坐着原内蒙古人大常委会副主任、内蒙古鄂温克族研究会名誉会长沙驼，原呼盟盟长、原东北内蒙古煤电联合公司副经理、内蒙古鄂温克族研究会名誉会长卓利格图，原内蒙古政协常委、内蒙古鄂温克族研究会名誉会长满都呼，原呼盟副盟长、内蒙古鄂温克族研究会会长吴守贵，中共鄂温克族自治旗旗委书记包志儒，

内蒙古鄂温克族研究会副会长、鄂温克族自治旗人大常委会主任贺希格扎布讲话

旗人大常委会主任贺喜格扎布，旗人民政府旗长杜古，旗委副书记敖强，旗政协主席达力巴雅尔；应邀参加的还有呼盟盟委副秘书长鲍喜，呼盟盟委统战部副部长苏荣扎布，黑龙江省鄂温克族研究会副会长杜育勤，以及扎兰屯市鄂温克族研究会会长、原市人大副主任叶喜德瓦，呼和浩特市鄂温克族研究会会长、内蒙古大学教授陶格敦巴雅尔，陈巴尔虎旗鄂温克族研究会会长、旗纪检委书记宝迪扎布，还有新闻媒体等人员达千余人。

在悠扬的鄂温克歌曲声中，庆祝大会于当日下午2点开幕，由内蒙古鄂温克族研究会副会长、鄂温克自治旗旗长杜古主持，旗人大常委会主任贺喜格扎布讲话，接着沙驼、满都呼共同祝愿。通过欢庆"瑟宾节"活动，鄂温克人民增强民族意识，加强各民族的大团结，发扬民族文化，激励鄂温克族人民开拓进取，为建设中国特色的社会主义贡献力量。

在鄂温克族自治旗政府副旗长涂志峰的指挥下，大型的文艺、体育活动项目开始。身着五颜六色鄂温克族节日盛装的人们欢快地跳起来了，唱起来了！旗直机关方队表演了"彩虹"集体舞，中老年人表演"努日给勒"舞，辉苏木牧民方队表演了"斡日切"舞（天鹅舞）。他们以活泼、奔放、粗犷的舞姿，以优美动听的歌声，表达了鄂温克族人民对家乡、对社会主义祖国、对伟大的中国共产党的热爱。鄂温克中学少年方队以热情活泼的舞蹈，表达了鄂温克少年对鄂温克草原的深厚感情和对未来的无限希望。

与此同时，还进行了摔跤、角力、颈力等传统的体育项目比赛，企业运动员们以极大的热情，在赛场上大显身手。尤其是参与角力、颈力项目比赛的男女选手们，个个身手不凡。比赛取胜者还获得了颁奖。

另外，还有 20 多名外国贵宾赶到了节日会场，对具有民族特色的传统文艺、体育活动产生了浓厚的兴趣，把鄂温克族人民欢乐的场景摄进了镜头中。

傍晚 8 时许，在巴彦胡硕旅游点宽敞明亮的舞厅里，举行了盛大的舞会。

"瑟宾节"既是民族节日，又是民间节日，引起了鄂温克族干部和群众的浓厚兴趣。在当年 6 月 18 日这一天，

"节日"里吴守贵、叶希扎木苏、贺希格扎布、达喜扎布等人在巴彦胡硕祭完"敖包"后的合影

鄂温克族聚居的旗（市）、民族乡（苏木），在各该旗（市）党政领导的重视与关怀下，都进行了隆重而热烈的庆祝活动，鄂温克族干部和群众欢欣鼓舞，积极参加，成功地举行了第一个节日活动，为今后欢庆瑟宾节揭开了序幕。

新中国成立后，由于鄂温克族族称的恢复与统一、自治旗和民族乡的相继成立，特别是改革开放以来，随着经济和社会的发展，民族文化呈现出百花争艳的新景象，鄂温克优美动听的歌舞剧《彩虹》和大型生态歌舞剧《敖鲁古雅》以及体育项目《枪枢》（鄂语称"枢体能"，都是从传统社会里吸收的营养，成为了现代社会的光辉，在国内外引起了很大的

影响。

还有自 1964 年起在呼伦贝尔盟工作多年的陈奎元同志，担任过中共呼伦贝尔盟委书记，1989 年底调离，在担任全国政协副主席期间还怀念着多年工作、生活过的呼伦贝尔，在《心声集》一书中还以"鄂温克草原"[①] 为题写了一首诗：

> 蓝天碧澈远山高，
> 水满河湖草没腰。
> 帐房毡白夏营满，
> 牛羊食饱长秋膘。
> 风清气凉游人爽，
> 马背推拔牧女骄。
> 银碗连斟高粱酒，
> 心潮涌起似海潮。

第九节　对外开放和交流

苏联十月社会主义革命的胜利和新中国的成立拯救了鄂温克族，鄂温克族从黑暗走向光明，迎来了新生，实现了以"鄂温克"为正式名称。

党的十一届三中全会后，党把工作重点转移到经济建设上，实行改革开放政策。各国之间交往的增多，在对外开放、对内搞活的全方位开放过程中，"跨界民族"一词出现于 20 世纪 80 年代初我国的学术界，逐渐引起人们的重视与研究。《中国跨界民族》一书中指出："我们应大力加强跨界民族的研究和探讨，充分发挥跨界民族的优势，促进对外开放和交流，促进边疆地区经济文化事业的发展。"

中、俄两国毗邻，山水相依，两国的鄂温克人语言相同、人脉相连，可利用跨界民族的优势，友好交往，促进边疆地区经济和文化事业的发展。

---

① 陈奎元：《心声集》，中国社会科学出版社 2013 年版，第 85 页。

1998年8月1日，俄罗斯联邦的鄂温克代表团应邀来参加了鄂温克族自治旗成立40周年庆典活动，并互相介绍了两国鄂温克人的生产、生活情况，进行了鄂温克族历史和文化方面的学术交流。

1989年12月5—20日，时任副盟长的吴守贵带领呼伦贝尔盟农业机械考察团一行6人，即侯玉嫦、崔国忠、陈宝柱、张惠智、赵秀珍，参观访问了苏联赤塔州和布利亚特自治共和国，考察了他们的农牧业生产和农牧业机械化管理，参观了自然博物馆，游览了贝加尔湖。返回后我写过《贝加尔湖纪行》一文，发表于《呼伦贝尔日报》上。

1990年9月30日，内蒙古鄂温克族研究会涂景福、贺兴格等同志应邀参观访问了苏联布利亚特自治共和国的乌兰乌德市、阿尔拉等地区。返回后写有《访问苏联境内鄂温克族简况》一文，发表于《鄂温克族研究文集》上。

2000年7月，鄂温克族自治旗研究会副会长哈森其其格一行3人，赴俄罗斯阿津斯克区鄂温克人聚居的胡日玛汉地区进行友好访问并参加了"巴力珠力"（瑟宾节）活动。

2002年8月28日—9月8日，鄂温克族自治旗鄂温克族研究会一行13人，由哈斯额尔德尼带队到俄罗斯联邦的巴翁特区、乌兰乌德市、伊尔库茨克等地区进行参观考察。返回后写有《俄罗斯鄂温克地区纪行》一文，发表于《鄂温克研究》刊物上。

2005年6月下旬至7月上旬，鄂温克族自治旗人民政府组织的中国—鄂温克族访问团，以乌热尔图为团长、阿尔腾巴图为秘书长，杜刚、哈森其其格、涂门、伊·托雅、乌日娜、其木格一行8人，对俄罗斯联邦东西伯利亚地区的萨哈（雅库特）自治共和国雅库茨克市进行了友好访问。往返途中在布利亚特共和国的乌兰乌德市短暂停留，游览了世界著名的贝加尔湖风光，观看了乌兰乌德市建市339周年的庆祝活动。返回后写有《访俄罗斯萨哈（雅库特）共和国随笔》一文，发表于《鄂温克研究》刊物上。

俄罗斯联邦圣彼得堡（列宁格勒）大学教授鄂温克人娜佳女士多次来中国鄂温克人聚居地方访问考察，与鄂温克族研究会进行了历史、语言、文学方面的学术交流。

前排左一俄联邦布里亚特共和国乌兰乌德市邮电局长安德烈（鄂温克族）来鄂温克族自治旗访问时的合影

原呼盟盟长卓利格图、副盟长吴守贵和俄罗斯萨哈自治共和国访问团合影

俄罗斯布利亚特自治共和国乌兰乌德市"太阳"公司总经理鄂温克人杜拉金·安德烈来鄂温克族自治旗访问时合影

俄罗斯联邦圣彼得堡（列宁格勒）大学教授鄂温克人娜佳女士来中国鄂温克族自治旗访问考察，与鄂温克族自治旗人大主任哈森其其格、副旗长戴福杰交谈

附：在"旗庆"和"瑟宾节"活动中的几个优秀节目

集体舞

集体舞

马队准备入场

鄂温克彩虹舞

摔跤手入场

赛　马

女方队入场

鄂温克集体舞

赛　牛

鄂温克抢枢表演队

鄂温克男女青年人

第三十六章

调整猎民村产业结构

几百年来，长期在大兴安岭东麓次森林地带依山傍水，仍以传统的狩猎生产为主，经营少量的牛马畜生活的鄂温克猎民，由于林区的开发，山区人口的增加，狩猎区域逐渐缩小，野生动物明显减少，猎获物不多，猎民收入很少，生活处在贫困线上。

之所以这样，归根结底是产业结构问题。新中国成立后，政治上解放，但在经济上变化不大，没有随着社会的发展、周围环境的变化而调整产业结构，选择新的生产门路。

长期依靠狩猎生产，处于贫穷落后状态的猎民，不仅没有什么经济基础，也没有占有可开垦的土地，而且自我发展能力也很差。不论怎么说，事到如今，进入改革开放的年代，在社会主义现代化建设的新时期，猎民的生产、生活问题到了该解决的时候了。

那么，怎么解决，出路何在？我考虑发展方向，想到了"一方水土养一方人"这句话，他们应当利用当地土地资源、草场资源发展农牧业生产。这就需要打破世世代代在森林中狩猎生产的传统产业，调整产业结构，进行一场产业革命。我正在考虑这个问题时，1900年春末夏初到扎兰屯市后，扎兰屯市人大副主任业喜德瓦、萨马街鄂温克民族乡乡长长吴俊山找我谈此事。吴俊山说："我们想组织猎民开地发展农业生产，要求上级在资金上给予支持。"他这个想法正合我意，我回到盟行署后，找盟财政处农财科科长杜荣久商量，他说："可以拿出一部分财政支农周转金扶持，低利息，四年偿还。"

1990年6月6日，我主持召开盟长办公会议，扎兰屯市副市长吕志，萨马街鄂温克民族乡乡长吴俊山，阿荣旗副旗长朱志洲，查巴奇鄂温克民族乡乡长那平和，盟农业、土地、财政、民族、水利处以及农行、农业开发办、扶贫办负责同志参加，研究了猎民农业开发问题。大家一致认为两乡猎民村传统的狩猎生产方式需要改革，单一的狩猎生产现在已经满足不了猎民的生活需要。由于产业结构单一，猎民的生产、生活至今还是比较落后的，需要调整产业结构，拓宽生产门路，充分利用当地农业资源，开辟农、牧业生产，进行农业开发，在适当维持狩猎生产的同时，大力发展种植业、养殖业和多种经营，逐渐取代狩猎生产。

第一，把两乡猎民村的农业开发列入旗市农业开发规划，组建全村猎民参加的集体性质的农场，机械化作业，适度规模经营；组成强有力的领导班子，实施开发工作，引导猎民走上发展农业生产的道路。

第二，按照农牧林综合开发的要求，搞好规划，分步实施，经营规模从1990年起至1992年，两乡猎民村各达到一万亩的生产能力，今年各开5000亩，明年再开5000亩，选好开发地块后，抓紧办理土地审批手续。

第三，投资规模，每亩按100元计算，两个猎民村各安排100万元，今年各安排45万元（其中财政周转金40万元，支援不发达地区专项资金5万元），购置农业机械和农机具，农行负责安排柴油、种子、化肥、农药等生产费用。

第四，要动员和组织猎民参加农业生产劳动，宣传调整产业结构的重要意义，宣传农业开发的必要性和发展前景，号召他们振奋民族精神，振兴民族经济，发扬艰苦奋斗、自力更生精神，发展农业生产，增加收入，尽快脱贫致富。

第五，猎民村农业开发的劳动力主体是鄂温克猎民，组织他们从事农业生产劳动的同时，要协助他们学习农业生产知识、掌握农业生产技术，也可以聘请农业技术人才。

第六，两旗市、两乡政府要加强领导，作为一件大事抓紧抓好，这是直接抓民族经济的一项重要措施，各有关部门密切配合，搞好服务和具体指导。农场要搞好经营管理，实行责任制，责、权、利相结合，分配要合理，防止吃大锅饭、搞平均主义。

1990年6月15日我召集盟直有关部门，听取了鄂伦春自治旗副旗长杜芳春同志在猎民乡、村开发农业，建立猎民家庭农场意见的汇报；在建旗40周年大庆前建立10个猎民家庭农场，共投资300万元，要求盟行署解决5万元。鄂伦春猎民调整产业结构，改变单一的狩猎生产方式，从事农业生产是一件好事，行署从盟财政支农周转资金中安排30万元，从农行开发性贷款中安排20万元，共解决了50万元。

然后，我就到扎兰屯，与分管农业的副市长吕志及农业、土地、林业、民族部门的负责人到萨马街乡，与乡长吴俊山共同踏查了济沁河流域宜农荒原，确定了猎民村在本站开发，建立鄂温克猎民农场。

吴守贵与扎兰屯市市长吕志、市委统战部部长吴俊杉视察萨马街鄂温克农场时的留念

接着，我到阿荣旗，与分管农业的副旗长朱治洲及农业、林业、土地、民族部门负责人到查巴奇，与乡长那平和及猎民村书记丹巴共同踏查荒原，确定了在大嘎达奇沟开发，建鄂温克猎民农场。但这时，我发现了一个问题，乡党委的领导人说，猎民不会使用农业机械，主张找外乡的机耕队来给开地，拿机耕费用。我一听这么干可不好，于是，我就让他们找猎民村的党支部书记丹巴等几个人召开了座谈会。他们说我们有开过汽车、拖拉机、收割机的人，只要有机械，我们会使用，自己能开地。这样制止了雇外乡机耕队开地的主张，避免了走弯路。

两乡干部和猎民非常高兴，资金到位后及时购进拖拉机等农机具，发扬自力更生、艰苦奋斗精神，远征几十里地，野外住宿，昼夜操作，开垦宜农荒原，在封冻前两乡猎民村各开发5000亩地，并达到了播种状态，我也提高了给予投入支持农业开发的信心。

1990年10月我与盟委副秘书长鲍喜、行署副秘书长于海岐、盟民族宗教事务处副处长杜国良、盟财政处农财科副科长刘文莉，在阿荣旗传达贯彻全国、全区经济工作座谈会精神之后，与阿荣旗副旗长朱治洲，民族事务局长郭英及农业、林业、土地、财政、民政等部门负责人，于10月

30 日、31 日分别深入马河、维古奇两个猎民村进行实地考察，深入猎民户了解生产、生活情况，并和乡、村干部讨论了如何发展经济、改变面貌的路子。

在实地考察之后，11 月 1 日我在阿荣旗主持召开了关于维古奇、马河两个猎民村进行农业开发的现场办公会议，这时除了参加考察的人员外，阿荣旗旗委书记陶克、代旗长纪志国和德力其尔鄂温克民族乡、音河达斡尔鄂温克民族乡的党委书记、乡长也参加了会议。

在讨论中，大家一致认为，猎民村群众仍处于贫困落后的状态，需要采取有效措施，解决他们的生产、生活问题，首先要解决温饱问题，进而脱贫致富；唯一的出路就是调整产业结构，利用当地资源，发展农牧业生产。最后，我做了总结讲话，并将议定的事项纪要如下：

第一，维古奇、马河两个村的历史和现状及自然资源条件，适宜发展农牧业生产和多种经营。因此，确定两个村的生产建设方针为："以农为主，农牧猎结合，多种经营，全面发展"。

第二，两个村的农业开发，在近期内应着重发展农业生产，各开垦宜农荒地 5000 亩，进行机械化作业，集体经营，实行责任制。

第三，资金渠道，盟安排 80 万元（其中财政周转金 40 万元，扶贫资金 20 万元，民族事业费 10 万元，农行贷款 10 万元），两个村各 40 万元，资金分步到位，今年年底前财政周转金到位 20 万元（每村 10 万元），其余资金明年春季到位，资金除无偿部分外，均为三年偿还。

第四，加强思想政治工作，广泛宣传农业开发、发展农牧业生产的意义和目的，动员鄂温克族猎民积极参加生产劳动，同时学习农业生产知识，尽快掌握农机、农艺技术。

第五，加强对两村农业开发的领导，两级领导要有专人分工具体领导，两村干部要挑重担，率领群众搞好农业开发。

第六，两村的自然条件适合养畜，可以发展奶牛、肉牛，旗政府在资金上给予扶持，购进基础母牛。

阿荣旗现场办公会议结束后，于 11 月初我到扎兰屯市，与副市长吕志及有关部门的同志到萨马街鄂温克族乡，和乡长吴俊山、副书记张铁山等一起到猎民农场看了开的耕地，不仅开出 5000 亩地，而且耙了几遍。达到了播种状态。又想到查巴奇猎民农场，我就返回阿荣旗，与旗委书记陶克、旗长纪志国及有关部门的同志到查巴奇鄂温克民族乡，与乡长那平和等同志一起到大嘎拉奇沟看了猎民村开的地，也由他们的丹巴书记带领猎民开出了 5000 亩地，而且耙了几遍，达到了播种状态，我放心了，同时对乡所在地的民族村也安排了一套农具的资金。

后来，我又到莫力达瓦达斡尔族自治旗，与旗长刘永杰、副旗长盖秀兰到杜拉尔鄂温克民族乡，对以鄂温克猎民为主的后卧尔奇村，盟、旗共同安排了农业开发资金 30 万元。

猎民在驾驶收割机收割小麦　吴守贵深入查巴奇鄂温克民族乡视察猎民农场

这样由盟、旗市投入萨马街、查巴奇、音河维古奇、得力其尔马河、杜拉尔后卧尔奇五个猎民农场的资金（包括财政周转金、民族事业费、扶贫资金、农行贷款）到 1991 年达 295 万元，其中萨马街、查巴奇201.3 万元。

萨马街、查巴奇两乡各开出 6000 亩地，音河维古奇和得力其尔马河各开出 2500 亩地。

调整猎民产业结构的事，始终牵动着我的心，在离职后的第一年，即1991 年 9 月的金秋时节，我在有关旗市领导的陪同下，视察了萨马街、查巴奇、得力其尔、维古奇、后卧尔奇村的农业开发情况。猎民们正在紧张而高兴地驾驶联合收割机收割着丰硕的果实，有的在晒麦场上挥舞木锹翻晒着金色的麦粒，准备运往粮库交粮，如萨马街猎民播种 5000 亩小麦，亩产 300 斤，总产达 150 万斤，产值可达 60 万元；查巴奇猎民播种 5013亩小麦（其中 1400 亩受灾），总产达 140 万斤，总收入可达 56 万元。这说明已经初见成效，我很高兴，但也担心受干扰走弯路，或者出现反弹半途而废，所以我对乡、村干部反复强调了两句话："贵在坚持，重在发展。"

果真不出所料，有的受到干扰，走了弯路，有的抵制干扰，健康发展，如查巴奇在书记那平和、乡长戴福杰的指导下，逐渐完善经营方式，把猎民村开发的土地承包给各户自主经营，并由单一的播种小麦扩大到效益较高的大豆、土豆等多种作物上来，得到了更多的实惠。

几年后，在一篇新闻报道中说，查巴奇鄂温克猎民放下猎枪、驾驶铁牛，兴建机械化农场，仅 5 年时间土地由 284 亩扩大到 5000 亩，人均收入由不足 200 元增加到 2196 元，固定资产已初具规模，总产总额达 178 万元。

总之，查巴奇鄂温克猎民村从 1990 年开发农业至 2013 年，总收入增长到 6259200 元，人均收入从 600 元增长到 15600 元（增加了 26 倍），房屋从茅草房到砖木结构房，人均住房面积从 9 平方米增加到 20 平方米，猎民群众的生活水平明显改善。

可见，从猎民村的实际出发，调整产业结构，所采取的政策和措施得力，大大激发了猎民群众从事种植业的积极性。他们更新观念，放下猎枪，改变传统的狩猎生产方式，自己动手，驾驶铁牛，到距村较远的山沟里开垦荒地，在野外食宿，辛勤劳动，播种大田，生产粮食，而且在实践中边学边干，不仅掌握了机务、种植技术，也提高了经营管理水平。在当时走过弯路的也逐渐纠正过来，把开发的土地交给猎民村自行管理，并承包给猎民各户自主经营。这说明大兴安岭浅山区猎民已经进入了农耕生活，实现了由狩猎经济向农业经济的转变，这是鄂温克人在经济发展史上的一大进步。

最后，慷慨陈词四句话：

　　同样山河　同样土地，更新观念　调整产业。
　　放下猎枪　驾驶铁牛，辛勤劳动　开垦荒地。
　　播种大田　喜获丰收，收入增长　改善生活。
　　总结经验　发扬成绩，开拓创新　走向未来。

附录

沙皇俄国向西伯利亚地区扩张
——对鄂温克族的影响

西伯利亚地区，分为东西伯利亚和西西伯利亚。叶尼塞河以西至乌拉尔为西西伯利亚；叶尼塞河以东至鄂霍茨克海为东西伯利亚。东西伯利亚地势很高，其中叶尼塞河与勒拿河之间的高原，冬长而冷，群山起伏，森林茂密，河流纵横交错，栖息有各种野生动物。

公元9世纪，在欧洲东部地区的斯拉夫各族以基辅为中心结成"基辅罗斯"大公国，建立了留利克王朝。1237年，成吉思汗之孙拔都入侵俄罗斯。15世纪末，伊凡三世摆脱鞑靼人的统治，建立了统一的俄罗斯中央集权国家。

西伯利亚地域辽阔，资源丰富，特别是东西伯利亚地区森林茂盛，河流纵横交错，野生动物种类繁多，盛产优质貂皮。当时在世界市场上西伯利亚盛产的貂皮售价很高，成了沙皇俄国国库收入的重要来源，而西伯利亚地区就成为沙皇政府扩张的重要目标。

伊凡四世（雷帝）从1547年起改称沙皇后，开始向东扩展版图，先后征服客山、阿斯特拉罕等地。

16世纪末起，沙皇俄国越过乌拉尔山脉，向西伯利亚地区扩张，1587年在鄂毕河（全长4070公里）与托博尔河汇流处建立了托博尔斯克城。1602年哥萨克沿通古斯卡河（安加拉河）移动，从塔斯河口不远处的曼捷结雅出发，沿鲁汗河和塔斯河向叶尼塞河进发。

一 俄国人第一次见到鄂温克人

1606年，俄国人第一次见到了居住在叶尼塞河右岸的鄂温克人，曼捷结雅的哥萨克从 1614 年开始向上通古斯卡河的鄂温克人征收毛皮税。1619 年，在叶尼塞河（全长 4130 公里）中游建立了叶尼塞斯克城，同时加紧收税，从 1623 年开始向所有居住在叶尼塞河附近，下通古斯卡河、奇纳河以及威吕河的鄂温克人收税，根据哥萨克当时的记录已有 18 个氏族纳贡。

接着哥萨克沿威吕河向勒拿河挺进，进入勒拿河（全长 4320 公里）流域后，1632 年，在勒拿河上建立雅库斯克城的同时，在向勒拿河流域和北雅库特地区收税时，了解到的鄂温克部落有：卡汤加河（茶丹加河）流域的凡雅德尔部落，威吕河上支流的努加姆讷雅勒部落，通古斯卡河上支流东穆达尔部落等，共有十几个氏族，其中凡雅德尔部落就有 6 个氏族。

哥萨克抵进勒拿河后，以雅库茨克为据点，向四面八方扩张，东面到鄂霍茨克海滨，发现有名为"奇连"的鄂温克氏族，以捕鱼为生；北面向北冰洋堪察加半岛挺进，南面越过外兴安岭，侵入黑龙江流域。

鄂温克女人

鄂温克男人

叶尼塞斯克和雅库茨克二城的建立，成为了哥萨克继续深入贝加尔湖以东至黑龙江流域地区的两个主要据点。雅库茨克督军彼得·戈洛文于 1643 年 6 月 25 日，派遣哥萨克人侵黑龙江的同时，叶尼塞斯克督军阿法纳西·巴什科夫也从叶尼塞斯克派出以瓦西利·柯列斯尼科夫、伊凡·保哈鲍夫、伊凡·加尔金等人为首的几批哥萨克队伍，侵入贝加尔湖东南地区寻找金银矿，并向布利亚特蒙古人和鄂温克人收税。1648 年，他们在贝加尔东岸锡穆建立了侵略据点，名为巴尔古津塞堡。同年，在贝加尔湖附近建立了乌达（现在的下乌达）要塞。

17 世纪初，俄罗斯人了解到哈丹加河流域的瓦尼亚达尔、维留伊河上游的切姆达尔、勒拿河上游和通古斯卡河下游的那里基尔、安加拉河的萨玛基尔等较大的氏族，都有自己的领袖和领地。

俄罗斯人在叶尼塞河、勒拿河流域地区，接触到了许多在原始森林中狩猎并驯养驯鹿的鄂温克人，俄罗斯人因第一次见到鄂温克人，不了解鄂温克人是什么族群，也不知道怎么称呼他们。当鄂温克人自我介绍说"我们是鄂温克人"时，他们不予理睬，鄂温克人反问他们是什么人时，他们也不回答。鄂温克人说你们是"罗西亚人"，俄罗斯人说那你们是"罗西亚雅库特人"，就是不承认他们是鄂温克人。雅库特人对鄂温克人有一个称呼，叫"通古斯人"。俄罗斯人对这个称呼很感兴趣，哥萨克向沙皇的报告中提到"通古斯人"，于是就成为俄国人称呼鄂温克人的官方名称。俄罗斯人扩展到贝加尔湖地区后，凡是遇到鄂温克人就称"通古斯"人，鄂温克人也不知道是什么意思，感到很奇怪。对来自陌生人的这种称呼，鄂温克人很不满意，但也无可奈何，于是，鄂温克人也反过来称他们"罗塔"、"罗特"，而不称为俄罗斯人。

后来，"通古斯"一词逐渐被西方人采纳于人种学上，成为语言学上的术语，今称"满洲、鄂温克、鄂伦春、赫哲、锡伯族"为通古斯语族。

《西伯利亚及远东地区各民族》一书"鄂温克人"一章中记载："通古斯这个名称的渊源还很不清楚。对此，学者们提出过很多假说。目前我们只能说通古斯的词源既不是俄语也不是鄂温克语，而是很古老的中亚人某种语言。"

二　当地居民奋起反抗哥萨克

随着哥萨克队伍的深入，一心想发财的一批批俄国商人、官吏、兵痞，从叶尼塞斯克和曼加捷亚两个方向闯进勒拿河流域，骚扰勒拿河流域的森林居民，强征贡税，抢夺毛皮和其他物资，随意烧杀抢掠，残酷压迫和剥削当地居民——鄂温克人。

　　沙俄军役人员和毛皮商们的强盗行径，激起了鄂温克人的愤怒和反抗。《北方通古斯的社会组织》一书中记载："我们从俄国人的证言中得知，在17世纪初他们遇到的通古斯人，有三百名战士由一个被俄国人称为达奴拉的英雄（索尼格）人物率领，这表明他们是几个氏族联合在一起的军事单位。"他们以弓箭抵抗使用火器——燧石枪的哥萨克都遭到了打击，使得涌进来的一群群冒险家们更加疯狂地掠夺贵重毛皮。贪图贵重毛皮的俄罗斯人一方面强征贵重毛皮，任意抢劫猎民的猎获物；另一方面自己或雇用别人直接打贵重毛皮动物。在他们接二连三的轮番骚扰下，不仅当地居民不得安宁，而且野生动物也越来越少了。

　　1643年，沙皇俄国政府派遣哥萨克入侵我国黑龙江流域后，在我国军民的抗击下，哥萨克陷入了困境，俄国政府认识到，从北方雅库斯克进入黑龙江不是一条安全适宜的路线。因此，要侵占黑龙江地区必须开辟新路线，建立新基地，即从西方的叶尼塞斯克进入贝加尔湖以东，占领后贝加尔地区，以便进入黑龙江流域。

　　由贝加尔湖进入黑龙江，必须通过后贝加尔北部地区，这个地区群山连绵，山峰耸立，有山峰高达7000英尺的巴尔古津斯基山脉，山峰高达6500英尺的伊卡茨基山脉，高度达3000英尺的维提姆台地，山中隘路高达4000英尺的雅布洛诺威山脉。接近黑龙江上游，除了石勒喀河和额尔古纳河深谷以外，海拔高度都在2000英尺以上，其间山岭重叠、河流交叉、草木茂盛、土地肥沃、资源丰富，地理上与黑龙江毗连，山连山，水连水，并且有许多条相互衔接的河流可以通航。

　　1652年，俄国叶尼塞斯克督军阿法纳西·巴什科夫企图实现侵占贝加尔湖以东地区的计划，于是派遣"百人长"彼得·别克托夫率领100人，从叶尼塞斯克出发，沿安加拉河到达贝加尔湖，又经色楞格河、希洛克河、音果达河至石勒喀河（黑龙江北源），于1654年占领了尼布楚。

　　别克托夫进入贝加尔湖以东地区，向尼布楚延伸的过程中，沿途一路向当地居民强征贡税，勒索牲畜和贵重毛皮，甚至烧杀抢劫，使鄂温克人自由、幸福的生活受到冲击，处于危难之中。在尼布楚以西山林中的根特木耳于1653年与另一个氏族酋长毛考代汗率领本氏族人渡过额尔古纳河，迁入大兴安岭根河及海拉尔河上游一带居住。但是留在当地的鄂温克人群起反抗，坚持了抗俄斗争，把别克托夫包围在塞堡里，抢走了他们的一些马匹。俄国人由于缺乏粮食而陷入了极端困难的处境，别克托夫不得不撤离尼布楚，率领剩下的 63 人分成两队流窜到黑龙江中游，与斯捷潘诺夫会合。

尽管别克托夫在尼布楚没有站住脚，俄国人仍坚持从西方的叶尼塞斯克通过贝加尔湖以东地区开辟一条进入黑龙江的新路线，首先巩固贝加尔湖以东地区的占领，进而实现继续入侵黑龙江的计划。提出这一计划的叶尼塞斯克督军巴什科夫被任命为"阿穆尔督军"去黑龙江实现这个计划。1656 年 7 月，巴什科夫奉命率领哥萨克 566 人，从叶尼塞斯克出发，沿着别克托夫走过的路线，越过贝加尔湖，1658 年到达石勒喀河，重占尼布楚为指挥部所在地。

巴什科夫立即派波达波夫带领 30 人到黑龙江寻找斯捷潘诺夫，可是来晚了一步，斯捷潘诺夫已被打死，队伍已被击溃，巴什科夫的如意算盘落了空。

巴什科夫努力巩固对贝加尔湖以东地区的占领。除尼布楚外，他还建立了伊尔根斯克和捷列姆宾斯克塞堡，积聚力量，窥测时机，以便再进入黑龙江。

他为了加固建立的侵略据点，镇压当地各族人民的反抗，四处抓捕劳动力，采取残酷的手段，强迫鄂温克人构筑工事。音果达河水浅，他就让民工在水里推拉船和木筏子，用带节的粗棍和尖厉的鞭催打他们，民工们吃尽苦头，受尽折磨，也常忍饥挨饿。

巴什科夫采取的残酷手段，更加激起了当地各族人民的强烈反抗，1662 年尼布楚附近的鄂温克人拒绝缴纳实物税，攻击了有 30 名俄军驻守的城堡。同年 7 月，鄂温克人、蒙古人联合起来进攻希洛克河的伊尔根斯克塞堡，狠狠打击了驻守在这里的俄军。

巴什科夫在这里不仅没有收到多大成效，自己的军队反而大批逃走和死亡，到 1662 年底，他带来的 566 人只剩下 75 人，企图进入黑龙江的计划竟变成了泡影。由于在黑龙江上游俄国殖民军已被歼灭，巴什科夫的队伍也几乎损失殆尽，沙皇政府立即撤销"阿穆尔督军"，另设"尼布楚总管"。沙皇特派军役贵族伊拉立昂·托尔布津接替巴什科夫为尼布楚总管，管辖贝加尔湖附近及贝加尔湖以东地区的各塞堡，而且得到了叶尼塞斯克方面人员、粮食和物资的补充。

俄国人在黑龙江失败后，并没有善罢甘休。在贝加尔湖以东地区稍稍站住脚后，为了不断扩大领地面积，1655 年，俄国政府决定加大力量。俄国人把贝加尔湖以东地带作为继续入侵黑龙江的跳板。可是贝加尔湖以东黑龙江上游各族人民的抗俄斗争密切联系，相互呼应，融为了一体，俄国侵略军不论从哪个方向过来都逃脱不了我国北方各族人民的打击。切尔尼格夫斯基重占雅克萨后，有一次出来抢劫时，遭到了当地索伦鄂温克人的反抗，俄匪被打死 13 人，其余的狼狈逃窜跑回了雅克萨。

俄军采取建立塞堡、修筑工事、开辟道路、逐步推进的战略，相继建立了尼布楚、雅克萨、楚库柏兴（色楞格斯克）三个重要基地，同时也建立了巴尔古津、乌丁斯克、捷列姆宾斯克、伊尔根斯克、叶拉文斯克等小据点，准备向两个方向出动：一个方向是东进，再次窜犯黑龙江流域，重返雅克萨；一个方向是南下，侵占喀尔喀蒙古管辖的楚库柏兴。

俄国殖民军依托若干据点，利用坚固的工事和优势火力，镇压当地各族人民的反抗。他们每占领一地都派驻军队，设置殖民机构，勒索贡税，绑架人质，修造教堂，建立奴隶农庄，并竭力拉拢、收买当地上层分子做鹰犬，加紧镇压各族人民的反抗。

俄国殖民当局推行野蛮的人质制度，到处捕捉居民，关押在据点里，逼迫人质们的亲属缴纳毛皮、牲畜或从事无偿劳动，而人质们的亲属为了给被关押的亲人供应食物并保证他们的生命安全，被迫住到每个侵略据周围，如仅有 30 名哥萨克的小据点捷列姆宾斯克抓到鄂温克人质后，强迫他们每人向沙皇缴纳 5 张貂皮，鄂温克居民住到塞堡周围的就有 200 人。

贝加尔湖以东地区居住着喀尔喀蒙古人、布利亚特蒙古人和通古斯鄂温克人，从俄国殖民军踏上贝加尔湖以东土地的那一天起他们就不断地进行了反对俄国占领军的斗争，到处打击侵略者，抗俄斗争连续不断，声势越来越大。

1674 年 11 月，在俄国殖民军统治下，饱经苦难的贝加尔湖东岸巴尔古津河流域的金迪吉尔、契卡吉尔两个氏族的鄂温克人，在氏族首领蒙戈、德尔布格带领下联合举行了一场大起义，袭击了巴翁特湖畔的巴翁托夫塞堡，打死打伤俄军多人，解救了被扣押的人质，并夺取了军械库，狠狠打击了俄匪。起义者随即向东南方向撤离，俄军从各个城堡倾巢出动，追击堵截。

蒙戈和德尔布格二人带领起义军边战边走，在尼布楚附近摆脱了俄军的追击，撤退到额尔古纳河以南的大兴安岭根河流域。

俄军仍不死心，一直寻找这支起义军，1675 年，雅克萨占领军头目切尔尼格夫斯基率领俄匪 300 人越过额尔古纳河深入大兴安岭根河流域，寻找蒙戈、德尔布格带领的起义军，妄图把他们劫夺过去治罪。

总之，贝加尔湖以东各族人民的抗俄斗争，一直持续到 1689 年尼布楚条约签订的时候。

三　西伯利亚地区鄂温克人的变迁

鄂温克人是分布最广的民族，他们居住地的面积相当于西伯利亚地区的7/10和远东地区的1/4。在这广阔的领域内鄂温克人以氏族（哈拉）为单位生活，每个氏族都有自己的领地，拥有河流、山林，作为自己的狩猎区域，按季节围绕山林循环狩猎。

据记载，17 世纪初，俄罗斯人扩张到西伯利亚地区时，鄂温克各氏族中较大的氏族有：哈丹加河流域的瓦尼亚达尔、维留伊河上游的切姆达尔、勒拿河上游和通古斯卡河下游的那里基尔、安加拉河的萨玛基尔等，他们都有自己的领袖。

17 世纪以后，随着向西伯利亚和远东地区的扩张，俄罗斯人占领了鄂温克人居住的维留伊河，安加拉河（通古斯卡河）和毕留萨河中游，以及英格达河上游、巴尔古津河的中游和阿穆河（黑龙江）上游左岸地区。

沙皇政府还向这些地区大量移民，增加人口，开垦土地，采伐森林，建城堡和村屯，设官治民，而在这些地区俄罗斯人、雅库特人和布里雅特人占了多数。他们不仅占领鄂温克人的领地，骚扰狩猎生产，还向鄂温克人强征毛皮税，抓捕人质从事无偿劳动，给鄂温克人造成了很大的经济负担和灾难。他们还通过基督教对鄂温克人施加压力，阻止信仰传统的萨满教，以及语言及风俗习惯的影响，使鄂温克人在精神上受到了很大的伤害。

鄂温克人向东西伯利亚地区扩展后，在与近邻民族交往过程中，由于语言混杂，逐渐分成以方言区别的若干集团，其中有一支以"埃文人"的名称出现，他们分布在勒拿河以东区雅库特（今萨哈）自治共和国的东北地区、马丹加州鄂霍茨克海沿岸北部、堪察加半岛以及楚克奇民族地区西部。特别是雅库特人对于通古斯人影响非常强烈，不仅占领通古斯人的领地，占有领域统治权，而且在语言和风俗习惯，甚至在人种学特征上严重影响着鄂温克人。居住在威吕河、奥伦克河、巴纳阿尔河和下阿尔丹河的鄂温克人已经开始雅库特化，其中有一个叫道勒嘎内的通古斯集团已经忘了本民族语言，完全吸收了雅库特人的一切特征。

面临如此众多的民族势力，鄂温克人处于复杂而多变的关系中，如何应付这种局面，对鄂温克人来说至关重要。鄂温克人为了维护自己民族的生存和利益，在抵制和斗争的同时，也采取了一些回避和防范措施：一方面离开故地，向四处迁徙，开辟新的生活基地，如叶尼塞河流域的许多鄂温克人迁移到塔斯河和鄂毕河流域；勒拿河流域的一部分使鹿鄂温克人迁徙到石勒喀河后分成两个部分，其中的一部分迁至黑龙江以东的结雅河和布列亚河流域，另一部分越过黑龙江来到大兴安岭北部林区居住，这就是今日的敖鲁古雅使鹿鄂温克人；巴尔古津地区鄂温克人中有几个氏族迁移到涅尔琴斯克林区；在石勒喀河、涅尔查河下游和乌鲁尔加河之间过渡带的游牧鄂温克人迁移到石勒喀河与额尔古纳河之间的曼科瓦地区；19世纪，还有些鄂温克人迁居到阿穆尔河下游和萨哈连岛。另一方面为了在众多民族集团中保持自己民族的独立性、语言和风俗习惯，保持自己民族的生存，鄂温克人采取有效方法，坚持民族制度，不与其他民族通婚，保持了自己民族的语言和习俗。

在这方面鄂温克人显示出非凡的能力，与人口多的民族保持了平衡，据俄罗斯政府1897年的人口普查，在俄国的鄂温克人有100多个氏族，人口为64500人（其中在后贝加尔地区的有33500人）。

俄罗斯人、布利亚特人和雅库特人的大量流入和扩展造成的民族杂居共处，是民族融合的先决条件。他们对鄂温克人从经济基础到上层建筑领域里施加的影响非常强烈，鄂温克人自身也存在很多薄弱环节，如人口少，社会经济发展缓慢，仍处于氏族社会阶段，并长期处于大分散、小聚居的分布状态等，在客观上已经有了被大民族同化的可能性。

其一，鄂温克人由于各氏族之间相隔较远，不便相互交往，沟通思想感情，共同的语言和习俗不易得到补充和发展，制约了共同进步和发展从而在生产、生活方式上产生了某些差异，有些地方的鄂温克人还在邻近民族的影响下，在生产、生活方式上接近了其他民族。

其二，鄂温克人处在若干行政区域内，与其他民族为邻或杂居生活，在周围民族的包围之中，在彼此接触和交往过程中，异族的经济和文化，不断渗透和影响着鄂温克人的经济生活和精神生活。而鄂温克人传统的狩猎经济结构和社会形态也逐渐发生变化，产生了新的产业，即牧业和农业，出现了从事牧业和农业的居民。

其三，鄂温克人分散在西伯利亚和远东地区的广阔地域里，以氏族为单位流动生活，在其发展过程中，随着人口的增加，不断分化出新的氏族或改变了氏族名称，这些新氏族虽然都自称鄂温克人，但在史籍中没有以鄂温克名称出现过，对外交往中只突出了氏族名称，很少提到鄂温克这个名称，因而在有些学者的著作中出现了许多混乱的名称。随着生产、生活方式的变化，鄂温克族观念逐渐淡薄，有的随着氏族制度失去约束力，与其他民族通婚，鄂温克语言和习俗混杂或失去，逐渐融合到了邻近民族集团之中，出现了一些俄罗斯化、布利亚特化和雅库特化的鄂温克人。

四　鄂温克社会经济结构开始变化

在复杂而多变的关系中，鄂温克人走过了艰难历程，经受住了考验，保持了一个民族集团的地位。但他们传统的狩猎、养鹿和捕鱼三种经济结构，在邻近牧业和农业民族的影响下开始变化，有的鄂温克人放弃狩猎，在森林与草原过渡地带从事牧业和农业，过上了牧耕生活。从此，鄂温克人的经济发展分为两大部分：仍从事狩猎和饲养驯鹿的部分鄂温克人主要居住在叶尼塞河到鄂霍茨克海的东西伯利亚地区，与俄罗斯人和雅库特人为邻或杂居；从事牧业和农业的一部分鄂温克人主要居住在后贝加尔南部森林与草原的过渡地带，与俄罗斯人和布利亚特人为邻或杂居。

通古斯人经济结构的变化主要发生在后贝加尔地区，而贝加尔地区的特征，明显分为两种不同类型，即林区和草原。林区是后贝加尔北部的特征，而草原则是后贝加尔南部的特征。北部可分为三大地区，西部为巴尔古津林区，包括维提姆河的上游和奇纳河、巴翁特湖地区，阿玛拉特河略低地区，穆亚河地区，吉林达河与基季米特河地区；中部为涅尔琴斯克林区，包括康达河与尤玛尔申河、卡兰加河、涅尔查河与涅尔楚坎河、尤玛尔申河上游、卡兰加河和赤塔河、奥列克玛河；再就是一个单独地区，即石勒喀河与额尔古纳河之间的东部林区。但石勒喀河以东呈现出草原向林区的过渡地带，在石勒喀河与额尔古纳河中间地区的南部、乌达河以北地区西部也属于过渡地带类型，而斡难河和色楞格河流域地区属于草原类型。

在自然环境和农牧业经济的影响下，居住在后贝加尔地区的通古斯人形成了两种类型的经济集团，即饲养驯鹿并狩猎的通古斯人和游牧的通古斯人。饲养驯鹿并狩猎的部分通古斯人主要有分布在巴尔古津地区的 15 个氏族和涅尔琴斯克林区的 10 个氏族。其中有的分布在过渡地带，与布利亚特人和俄罗斯人杂居。还有上安加拉河流域通古斯人的人数大致与巴尔古津通古斯人相同，以狩猎、饲养驯鹿和捕鱼为生，但他们所有的驯鹿头数比巴尔古津通古斯人的驯鹿多。饲养牛马游牧的通古斯人部分在过渡地带和草原地区，分别与布利亚特人和俄罗斯人杂居。

游牧的通古斯人也可以分为两个部分，一部分是仍讲通古斯语并自称为鄂温克的，另一部分是已忘掉通古斯语讲布利亚特语，自称为哈米尼干的。讲通古斯语的通古斯人分为以下几个部分：一是曼科瓦通古斯，他们住在额尔古纳河上游和铁路沿线，上加集木河流域是他们的中心；二是博尔集亚通古斯，住在上述同一地区，主要在博尔集亚河流域；三是吉林达通古斯，有库奇基尔氏族饲养牛马为生，是巴尔古津河谷的一个小集团，与游牧通古斯人有联系。此外，在南北贝加尔河过渡带还有几个游牧通古斯人小集团，散居于布利亚特人中间，以饲养牛马为生。如其中的一个集团，仍然居住在巴尔古津河谷的塔佐兀鲁斯，他们的行政中心在巴尔古津市附近鲍顿。在 20 世纪初，他们正处于向农业过渡的时期，而在通古斯人中就出现了从事农业的居民。

另外，在贝加尔湖附近的萨玛基尔氏族和巴翁特湖附近的金迪基尔氏族主要以捕鱼为生。

根据鄂温克人产业结构的变化，俄国学者做过一个分析，认为 20 世纪初，包括中国大兴安岭东西两侧和蒙古爱罗河流域在内，在鄂温克人中从事狩猎和饲养驯鹿的大约有 31500 人，从事牧业和农业的约有 45500 人，合计 77000 人，其中从事牧业和农业的人口已经占了多数。这说明，鄂温克人中的大部分人已经实现了由狩猎业到农牧业的转变，这种经济结构的变革，是鄂温克族经济发展史上的一大进步，它带动了鄂温克社会形态的变化和发展。

五　苏联十月革命胜利后的鄂温克人

鄂温克族是"跨界民族"，分布在中华人民共和国和俄罗斯联邦共和国两国境内。

苏联十月社会主义革命的胜利和新中国的成立拯救了鄂温克人，使鄂温克人从黑暗走向光明，迎来新生，"鄂温克"名称正式问世。

在《西伯利亚及远东地区各民族》一书中记载："鄂温克人普遍地称自己为'鄂温克'，而以前他们以'通古斯'、'毕拉尔'、'玛涅格尔'著称。目前，'鄂温克'已成为他们的正式名称。"

苏联十月社会主义革命胜利后，苏联政府于 1927 年人口普查统计时，鄂温克族人口为 38804 人。

鄂温克族居住地域极端分散，西起鄂毕河流域，东至太平洋沿岸的广大地区，北起北冰洋，南至黑龙江以东地区的森林、河流、海边，以狩猎、养鹿、捕鱼为生。

鄂温克族有很多方言，一般可分为三种基本方言，北方方言有伊令波、叶尔波格地方方言；南方方言有波德卡莫—通古斯聂波地方方言；东方方言有奥列克莫、萨哈林地方方言。

苏维埃政权在实行社会变革的过程中，根据苏联政府的民族政策，1924 年，在北极圈附近极北地区成立了"发展机构"——北方委员会，这是为了帮助原始氏族社会群体的少数民族向进步的社会主义过渡。政府派干部去帮助使鹿鄂温克人建设了第一个"文化基地"，即通斯卡"文化基地"，就设在郭克楚姆河（也叫图鲁河）与下通古斯卡河汇合处。

在"文化基地"设有 15 个床位的医院，有门诊、实验室、药房，还有兽用和细菌实验的实验室；有一所学校，还有图书馆和商店。为了保证交通和通信，设有机动船、一小群驯鹿和无线电台。还建有土著房，可作为"艺术中心"和"会议厅"。

1930—1931 年的国家行政区划中，库乐特巴扎（文化基地）成为"图拉"鄂温克区的行政中心，进而发展成为俄罗斯联邦鄂温克族自治区的首府。在后来的几十年中，图拉的人口稳步发展，到 1989 年发展到7616 人。

苏维埃政权实行民族自治，1927 年建立伊利姆比亚、贝加尔和通古斯—春那鄂温克民族区，1930 年联合为鄂温克民族专区。

1928—1929 年间，还制定了以拉丁字母为基础书写鄂温克语的文字，1937 年改定为俄语字母。

1931 年出版了用鄂温克语文字印刷的书籍，从 30 年代开始，学校使用鄂温克语进行教学。

1989 年，俄罗斯联邦政府公布的人口中，鄂温克族有 29901 人。

鄂温克族人口居住的范围及分布，东起鄂霍茨克海沿岸，西到鄂毕—额尔齐斯河谷，北起北冰洋，南到贝加尔湖和阿穆尔河（黑龙江）。分布在秋明州和托木斯克州的贝基特、伊利佩亚和通克斯—春那鄂温克自治专区有 3500 人；泰梅尔自治专区的杜金区，克拉斯诺亚尔斯克边疆区的图鲁汗臣，伊尔库茨克州的勃达宾区、契卡丹格区、卡恰格区和吉林区，赤塔州的卡拉尔区、通吉尔—奥廖克玛区和通科琴区，阿穆尔州的捷尔图拉克区、纽任区、结雅区、结雅—乌楚尔区、上谢连吉区和上布利亚区，布里亚特自治共和国的巴尔古津区、巴翁特夫区和贝加尔区有 1700 人；雅库特（萨哈）自治共和国的奥克玛区、乌斯季—玛亚区、奥连涅克区、日岗区和阿尔丹区有 14400 人；哈巴罗夫斯克边疆区的库尔—乌尔来亚区、阿扬—玛亚区、通古斯—楚米坎区；萨哈林（库页岛）州的东萨哈林区和雷勃诺夫区也散居有鄂温克人。

参考书目

1. ［苏联］M. G. 列文、L. P. 波达波夫：《西伯利亚及远东地区各民族》，苏立柱译（美国芝加哥大学出版社 1956 年版），载《鄂温克族研究文集》第一辑，内蒙古自治区鄂温克族研究会 1989 年版。

2. 《鄂温克族简史》编写组编写：《鄂温克族简史》，内蒙古人民出版社 1983 年版。

3. 史禄国：《北方通古斯的社会组织》，吴有刚、赵复兴、孟克译，内蒙古人民出版社 1985 年版。

4. 吕光天：《北方民族原始社会形态研究》，宁夏人民出版社 1981 年版。

5. 内蒙古少数民族社会历史调查组和中国科学院内蒙古分院历史研究所编：《达斡尔、鄂温克、鄂伦春、赫哲史料摘抄》，1961 年版。

6. 内蒙古自治区编辑组编写：《鄂温克族社会历史调查》，内蒙古人民出版社 1986 年版。

7. 北京师范大学清史研究小组编写：《一六八九年的中俄尼布楚条约》，人民出版社 1977 年版。

8. 陆文海：《成吉思汗传》，河北人民出版社 1997 年版。

9. 张博泉、苏金源、董玉瑛编著：《东北历代疆域史》，吉林人民出版社 1981 年版。

10. 李洵：《明清史》，人民出版社 1957 年版。

11. 谢珂：《抗战史上的光辉一页》，载《马占山将军》，中国文化出版社 1987 年版。

12. 金春子、王建民编著：《中国跨界民族》，民族出版社 1994 年版。

13. 吴守贵：《鄂温克人》，内蒙古文化出版社 2000 年版。

14. 沈斌华主编：《鄂温克族经济简史》，内蒙古大学出版社 1995 年版。

15. 吴守贵主编：《鄂温克族人物志》，内蒙古文化出版社 1996 年版。

16. 薛双喜：《鄂温克族的痛苦遭遇》，载《呼伦贝尔文史资料》第 4 辑，1988 年版。

17. 卓利格图：《草原之子》，吉林人民出版社 2004 年版。

18. 杜国良：《猎人之子》，内蒙古文化出版社 2006 年版。

19. 杜·道尔基、杜柳山主编：《鄂温克地名考》，民族出版社 2007 年版。

20. 2000 年第五次人口普查，全国鄂温克族人口由鄂温克族自治旗统计局提供。

21. 2006 年呼伦贝尔市鄂温克族人口由呼伦贝尔市统计局提供。

结　语

　　《鄂温克历史文化发展史》一书，根据《鄂温克人》一书中提出的"两条主线"和"三个发展阶段"的观点，以考古学和人类学研究的成果为依据，参考民族学研究的成果，紧紧结合人类文明发展的进程，随着研究工作的深入，发现有些久远的故事鲜活起来，而抓住鄂温克社会历史的脉络，顺着鄂温克人走山穿林游猎生活的历程，遵循其自身发展的自然规律，分清三个发展阶段，即使用弓箭，实现以狩猎为主；驯鹿驯养业的出现，有了可支配的动物；养殖业和种植业的兴起，步入生产性经济。破解历史难题，突破"断代"现象，贯穿鄂温克社会，首尾相连，以翔实的史料，系统地叙述了鄂温克社会历史。

　　以"两条主线"为框架，从鄂温克之源——贝加尔湖说起，系统地叙述了鄂温克人的祖先从久远的年代走过来的社会历史，包括分布在广袤的森林地带狩猎并驯养驯鹿的生产、生活的历史；依靠自己的智慧和力量，造就森林狩猎文化特色的生产、生活方式；讴歌了在漫长的历史岁月里，前赴后继，一代接一代，历经沧桑，奋斗不息，谱写的民族历史和文化发展史；进入17世纪以后在复杂多变的关系中，相关朝代对鄂温克族的影响和邻近民族之间的关系；叙述了在旧社会鄂温克族处于无权地位，在政治上受压迫和经济上受剥削的悲惨生活的历史；也歌颂了英勇顽强的鄂温克族人民与历代反动统治集团不屈不挠的斗争精神；在中国共产党的领导下，鄂温克族人民由黑暗走向光明，古老的游猎民族焕发活力，积极响应党的号召，投入到革命斗争中，参军参战，为祖国的解放事业贡献了微薄之力。

　　1949年10月1日，中华人民共和国成立，中国人民进入了崭新的时代，中国共产党实行各民族一律平等，鄂温克族人民和全国各族人民一样成为新中国的主人，古老的游猎民族焕发活力，以极大的热情投入社会主义革命和建设事业中，鄂温克族人民群众聚居的地方呈现出"政治安定，经济发展，人口兴旺"的新局面。

特别是改革开放以来，鄂温克族人民在党和政府的领导下，解放思想，与时俱进，开拓进取，利用当地自然资源，经济、社会、文化、教育、卫生和科技事业长足发展，城乡人民收入不断增长，人民群众的生活水平有了显著改善，进入了历史上前所未有的发展阶段。

新中国成立后，在党和国家的关怀下，鄂温克族社会从经济基础到上层建筑发生了根本性的变化，其中包含了在政治和文化生活中注入活力的四件盛事：一是民族族称的恢复与统一，二是实行民族区域自治，三是鄂温克族研究会的成立，四是民族节日"瑟宾节"的重新确立。

"结语"是指本书的结束语，因为历史只有起点，没有终点，鄂温克族的历史与人类历史一样，任重而道远，随着时代的变迁，社会的发展，与时俱进，继往开来，在继承和创新中发展。把鄂温克族的悠久历史和传统文化两大优势发扬光大，成为现代社会的光辉。

后 记

　　《鄂温克历史文化发展史》一书，是为了系统、准确、完整地反映鄂温克族历史的本来面貌，意在为鄂温克人，以及为热爱鄂温克族历史和文化的读者提供可读的历史书，也许传至后人，惠及子孙后代。

　　感谢为本书提供图片资料的中共呼伦贝尔市委员会办公厅文印中心主任王艳军，呼伦贝尔盟科技处原处长崔显义，内蒙古鄂温克族研究会办公室副主任涂柳华，呼伦贝尔市总工会阿鹏，鄂温克族自治旗摄影家协会、鄂温克中学美术高级教师孙勇，扎兰屯市鄂春民族乡文化馆吴景胜等同志的大力支持；本书还得到了呼伦贝尔市档案史志局原科长苏勇同志的指导，在此表示诚挚的谢意。

　　但鄂温克族历史悠久，本民族又无文字记载，搜集到的资料有限，加上在资料的取舍、编写体例、文字表述等方面，难免有疏漏和不当之处，希望读者给予指正。

阿布干

2014 年 9 月 15 日